中国审美教育经典文选

朱志荣 主编

江蘇鳳凰教育出版社
Phoenix Education Publishing, Ltd

图书在版编目(CIP)数据

中国审美教育经典文选/朱志荣主编. —南京:江苏凤凰教育出版社,2023.3
ISBN 978-7-5743-0192-4

Ⅰ.①中… Ⅱ.①朱… Ⅲ.①审美教育—中国—文集
Ⅳ.①G40-014

中国版本图书馆 CIP 数据核字(2022)第 226347 号

书　　名	**中国审美教育经典文选**
主　　编	朱志荣
策　　划	章俊弟
责任编辑	徐念一
装帧设计	夏晓烨
责任监制	石贤权
出版发行	江苏凤凰教育出版社(南京市湖南路 1 号 A 楼　邮编 210009)
苏教网址	http://www.1088.com.cn
照　　排	南京前锦排版服务有限公司
印　　刷	江苏凤凰盐城印刷有限公司
厂　　址	江苏省盐城市亭湖区希望大道中路 70 号
开　　本	787mm×1092mm　1/16
印　　张	28
版　　次	2023 年 3 月第 1 版 2023 年 3 月第 1 次印刷
书　　号	ISBN 978-7-5743-0192-4
定　　价	68.00 元
网店地址	http://jsfhjycbs.tmall.com
公 众 号	苏教服务(微信号:jsfhjyfw)
邮购电话	025-85406265,025-85400774,短信 02585420909
盗版举报	025-83658579

目　录

二、两汉

三、魏晋南北朝

四、唐宋元

五、明清近代

凡　例

一、本《中国审美教育经典文选》（以下简称《文选》）为中国审美教育思想史、中国美学史以及中国艺术教育史等研究提供文献资料，具有一定的参考价值。

二、本《文选》系从浩瀚的中国古代典籍中辑录而成，均以学界普遍认可的权威、可靠版本为据。

三、本《文选》文字校勘均依底本。底本校勘记有明确是非判断者，据之对正文进行改正；无明确是非判断者，于注释中出校记两存。

三、本《文选》所录篇目，上自先秦，下至晚清近代，以篇目为纲，大体上按照典籍的成书年代或典籍作者的活动时间先后排序。

四、本《文选》对所辑文献进行直接注释，而不进行繁琐的考证，以帮助普通读者理解和阅读。

五、本《文选》在所录篇目正文之前编写了提要，提示了本篇目的作者基本情况和基本审美教育思想。

前　言

朱志荣

美育有广义和狭义之分。广义的美育，是指人的一切审美活动，包括欣赏自然美景、欣赏艺术等，都对人的心灵产生潜移默化的影响，都在滋润人的心田，是铸就人的精神世界的有机部分。这是一种自发的美育。从审美的意义上说，审美即美育。而狭义的美育，则指经过自觉地、能动地规划，有意识地进行的审美教育，如学校里的艺术教育等，尤其是幼儿园、中小学期间的艺术课程，都是经过专家精心设计和规划出来的，通过优秀的艺术名作，对不同年龄、不同层次的对象进行因势利导的审美感化。幼儿园、中小学的艺术教育，不只是学习艺术技巧，更主要的是让同学们获得感动。在美育的实施过程中，学校在自觉地培养学生积极、健康的审美能力和审美趣味方面起着重要作用，但是仅仅靠学校的课堂美育，是远远不够的。人们在自发地欣赏大好河山，进博物馆、美术馆、音乐厅欣赏艺术品的时候，都可以获得美的熏陶。而学校自觉的美育对人们自发的审美活动起到一定的指导作用。当然，狭义的美育是有限度的，完整的美育过程是自发的美育和自觉的美育相统一。因此，广义的美育与狭义的美育是相辅相成的。

广义的美育和狭义的美育一起，共同推动人生境界的提升。审美具有超越的功能，让人从审美感受中获得解放和超越。我们生活的世界，不可能完全脱离功利，但是可以通过审美提升自我，达到更高的精神境界。因此，审美有更高层次的追求，是人的全面发展不可或缺的重要方式和途径。审美活动的过程，就是自我建构的过程。在马斯洛所说的需求层次中，审美教育满足了人们高层次的需求，美育使人真正实现自我的价值。在人生境界的最高层次上，真善美是高度统一的。

我们这里所说的“审美教育”，主要是指狭义的审美教育，即经过理性规划的、自觉的审美教育，它们通常以学校教育中的审美教育和社会艺术教育中的审美教育为主。我们的审美教育研究，也将为自觉的审美教育实施提供理论基础。

中国古代的美育思想，有着悠久的传统。中国上古的美育意识从自发到自觉，在诗、歌、舞一体的“乐”中表现得尤为明显。西周时代的庠序之教，已经将礼、乐一并纳入教育的内容。在中国最早的学校萌芽时期，审美教育就已经开始了。《周礼》《礼记》中提到的“成均之法”中，就包含着美育的内容。“成均”为五帝时学校的名称，以乐教为主，乐教又以礼为核心，诗、乐为辅。《乐记》认为乐和其它艺术从情感上打动人，具有潜移默化的感化特征。除了“乐”，还有“诗”。孔子的教育用《诗》《礼》《乐》为教材，主张成就人的教育始于学诗，自立于学礼，完成于学乐，其中的诗教、乐教中就包括美育。

汉代秉承儒家教化观，在礼乐教化和诗教的基础上体现美育，重视修身养性，重视陶冶心灵。汉初从无为而治到独尊儒术，重视人格修养，在以仁义为中心的教化中强调怡情怡性，进一步推进礼乐教育，使德育与美育相辅相成。他们强调在遵循人的情性的规律的基础上，重视人与自然的和谐，重视个人与社会的和谐，重视音乐的娱心自乐功能，推进道德教化和艺术教育，使先秦的美育观得到了进一步的完善和深化。

三国魏晋时期，因为社会动荡，传统的儒家政治教化秩序被打破，美育的社会教育生态被破坏殆尽，但以家庭家族为组织构成的美育形式却是纷繁多样的，成就也是极为显著的。人的个性获得了一定程度的解放，名士们常常追求一种超尘绝俗、顺任自然的美育观，重视修性养生，重视提升素养，通过审美活动养气畅神，由澄怀味象而观道，造就理想的君子人格。刘义庆的《世说新语》将魏晋士人的人格多元化，崇尚自然对人格的影响。人们追求品格与风神。这时，人们在反思、怀疑和对抗旧传统、旧信仰、旧价值观念的过程中觉醒。

隋唐时期的美育思想与德化天下的政治理想相辅相成，既重视礼乐教化，又重视修心养性，尤其强调在诗歌教化、绘画怡情和书法修身中陶冶性情。它既扬弃了两汉时代的政教中心论，又纠正了魏晋南北朝后期过分倚重审美而忽略教化的倾向。唐初提倡文学的审美教育作用与政教功能的兼容。其他如文学观念中的不平则鸣和忧患意识是唐代审美教育中的重要特色。

宋代大兴书院和私塾，推动中唐以来重建“新儒学”的思潮，将“理学”提高为本体，复归对人“心性”的思考，为这一时期审美教育思想的繁荣奠定了坚实的理论基础。在“理学”思潮的影响下，“宋初三先生”倡导恢复儒家礼乐教化的思想；周敦颐、张载试图建构“新儒学”道德修养本体论与心性论；二程则在前人基础上谈理想人格的培养，深化道德修养问题的研究；最终朱熹系统地梳理理学本体论思想，认为“理”是万物的根本，强调“义理”修身，人应该接受“理”的感化，其中就包含着美育思想。这种思想集中呈现于文学艺术领域，很多文人、思想家在谈及作诗、作文、作乐时，无不在“新儒学”思潮的影响下，注重作品的“理”学品质，强调作品对人“心”的感化以及作品本身所蕴含的创作者自身的道德修养。宋代学者在名教与自然之间，在理与艺之间，实现人格的培养与造就，体会“孔颜乐处”的最高境界。

明清时期一方面延续了宋代的理学思想，复古思潮勃兴，以儒为宗，独尊理学，十分重视礼乐诗文的教化功能，另一方面，手工业和商业水平明显提升，城市日渐繁荣，市民阶层不断扩大，小说、戏剧等通俗艺术大量涌现，成为当时审美教育的重要载体，促使我国古代审美教育从拘泥于贵族士大夫的狭小圈子向一般平民大众普及的转化，重视教化与娱乐功能的统一。其中呈现出崇雅尚古，强调艺术与政教、审美与道德合一的鲜明特色。但这个时期的民间却倡导对个体人性的发展，对合理情感的抒发和对自由的积极追求。

中国古代的审美资源是丰富的，其中之一就表现为美育文献的深厚积累。美育对于人性情的陶冶、情感的净化都不是一朝一夕可以完成的，而是如春风化雨般地逐渐沁入人的心灵，是一个潜移默化的过程。阅读经典的美育文选就如细雨润物，播下美的种子。同时，美育能让人从中获得充分的自由，这不仅表现在主体对于美育的陶冶是心甘情愿地接受的，而且表现在主体接受美育时能够表现出主体能动的创造性。我们今天提倡美育，让美育在人的全面发展中发挥应有的功能。

中国近代美育思想，是在西学东渐的背景下，借鉴西方美育思想的基础上形成的。人们重视把人从传统的封建礼教中解放出来，重视趣味教育，重视情感的感化。100 年前，蔡元培先生提出“以美育代宗教”，从学理上说，美育是美育，宗教信仰是宗教信仰，两者是不可以相互替代的。但是，从中国当时的社会现实和中国传统文化心理来看，他提出以美育代宗教又是非常必要且切中时弊的。当时的中国，在新旧社会交替的背景下，有些人过度夸大宗教的作用，使得“宗教救赎论”观点泛滥。当时杨仁山提出要以佛教拯救世道人心，陈撄宁提出“道教救国”，余日章提出“基督救心”，康有为等人提出以孔教对抗基督教，以拯救道德。一时间谭嗣同、梁启超、章太炎等人纷纷跟从，要求以宗教拯救道德。正是在这样的社会历史背景下，蔡元培本着科学主义的精神，在重视德育、智育的基础上，提出“以美育代宗教”，使人获得情感的陶冶，提升人的精神境界，对中国的美育实施起到了重要的推动作用。尤其是从当时的社会现实和中国传统重感悟、重当下体验的文化心理角度看，以美育代宗教具有一定的可行性。

在人的整体发展历程中，美育是不可或缺的，美育有助于人们崇尚自然，发展个性。美育通过提高人的审美能力，培养人们积极健康的审美趣味，陶冶人的心灵，使人格得以健全，从而提升人的境界。我们需要与时俱进，通过狭义的美育和作为广义美育的审美活动互补，推进人的全面发展。我们期待出现更多的优秀艺术作品，期待出现更多的审美创造物，使创造者和欣赏者都能在审美活动中获得熏陶和感染，从而造就身心健康、全面发展的人。

我们编选这本《中国审美教育经典文选》，一方面是为从事美育研究的同仁和广大美育爱好者提供一部便于阅读的文献，另一方面，也为我们今后撰写一套《中国审美教育通史》做准备。《中国审美教育通史》绝不同于《中国美学通史》，也不同于《中国教育通史》，而应当紧扣“审美教育”这个主题。

本文选的内容，先秦两汉部分由丁月华编选，魏晋南北朝隋唐部分由高丹编选，宋元部分由张颖编选，明清近代部分由谭玉龙编选，魏刚负责全部文献及其注释的整理，由我本人负责统筹。

一、 先秦

山海经·中山经

先秦典籍里，诗词歌舞、器乐演奏等多和祭祀有关。

关于《山海经》的作者和写作年代，自西汉刘秀（歆）以来的正统说法，都认为是大禹、伯益所记，实际却不是出自一人之手，也不是作于一时。《山海经》里有很多对祭祀场景的描述，其实就是教人在特殊的场景里该怎么去做，《山海经》里不是所有的祭祀场景描述里都有音乐舞蹈出现，下面选取的两段是《山海经》里出现了舞蹈、音乐、装饰等描述的。

引据袁珂校注：《山海经校注（增补修订本）》，巴蜀书社 1993 年版。

一

凡①岷山之首，自女几山至于贾超之山，凡②十六山，三千五百里。其神状皆马身而龙首。其祠③：毛用一雄鸡瘗④，糈⑤用稌⑥。文山⑦、勾檷、风雨、騩之山，是皆冢⑧也，其祠之：羞⑨酒，少牢⑩具，婴毛一吉玉。熊山，席也，其祠：羞酒，太牢具，婴毛一璧。干儛，用兵以禳；祈，璆冕舞⑪。

---

① 凡：表示概括。

② 凡：表示总合。

③ 其：这些。祠：春祭，后来泛指祭祀。

④ 瘗（yì）：掩埋。

⑤ 糈（xǔ）：精米，古代用以祭神。

⑥ 稌（tú）：稻米。

⑦ 文山：郝懿行注释："此上无文山，盖即岷山也；《史记》又作汶山，并古字通用。"

⑧ 冢：高大的坟墓。

⑨ 羞：美味的食品。

⑩ 少牢：旧时祭礼的牺牲，牛、羊、豕俱用叫太牢，只用羊、豕二牲叫少牢。

⑪ "干儛"等四句：禳则干舞，祈则冕服持玉以舞也。意思是手执盾牌舞蹈，这样是为了禳除灾祸；想祈求祥瑞，就要身穿礼服手持美玉跳舞。儛，拿着盾牌舞蹈。璆（qiú），同"球"，一种美玉。

二

凡首阳山之首，自首山[①]至于丙山，凡九山，二百六十七里。其神状皆龙身而人面。其祠之：毛用一雄鸡瘗，糈用五种之糈。堵山[②]，冢也，其祠之：少牢具，羞酒祠，婴毛一璧瘗。騩山，帝也，其祠羞酒，太牢其，合巫祝二人儛，婴一璧。

① 首山：即首阳山。
② 堵山：即楮山。

尚　书

《尚书》是我国进入文字记载的历史时期以后最早的一部由史臣载笔写下的文献。它的内容包括夏商周的最高统治者在政治活动中所形成的一些诰语、誓词、谈话记录等。《尚书》中一些篇目的写成年代存有争议，一般认为《今文尚书》所存28篇为较可靠的先秦文献。《尚书·尧典》为《今文尚书》第一篇，写成年代有唐、虞、夏、周、秦、汉诸说，大抵以周代之说较近是。《尚书·尧典》里记载了帝尧的形象之美，记载了帝尧管理有序、天地人和之美。有关遵循自然之理、礼乐制度、做事有序的倡导，即美育。《尚书·皋陶谟》里记录了最美德行——九德；记载了希望一国臣子依据不同德行而不是官位配章服、车服的理想；记录了帝舜借用音乐歌舞以察民情并看如何施教于民的方法。在《牧誓》里有对武舞以及宣誓式的军事舞蹈的誓师词的记录，指出武舞对临行作战前的战士有振奋士气的作用。

引据阮元校刻：《十二经注疏·尚书正义》，中华书局1980年版；标点依李学勤主编：《十三经注疏(标点本)》，北京大学出版社1999年版。

舜　典

帝曰："夔[①]，命汝典乐[②]，教胄[③]子，直而温，宽而栗，刚而无虐，简而无傲[④]。诗言

① 夔：相传为舜禹朝廷中典乐的官员。
② 典乐：主管音乐。
③ 胄：同"育"。
④ 直而温，宽而栗，刚而无虐，简而无傲：正直而色温和；宽宏而庄重；刚直犹不暴虐；宽大简略而不傲慢。

志[①]，歌永言[②]，声依永，律和声[③]。八音[④]克谐[⑤]，无相夺伦[⑥]，神人以和[⑦]。”夔曰："於[⑧]！予击石拊石[⑨]，百兽率舞[⑩]。”

皋陶谟

皋陶曰："都[⑪]！亦[⑫]行[⑬]有九德。亦言其人有德，乃言曰，载[⑭]采采[⑮]。”禹曰："何？”皋陶曰："宽而栗[⑯]，柔而立[⑰]，愿而恭[⑱]，乱[⑲]而敬，扰[⑳]而毅[㉑]，直[㉒]而温[㉓]，简[㉔]而

---

① 志：卜辞里字形从止下一，像人足停止在地上。本义是停止在心上，记忆的意思。诗言志：闻一多在《歌与诗》一文中指出《诗》本身也是一种史，是记事的。社会日趋复杂，为配合新的环境，散文应运而生，习惯便派定韵文史为“诗”，散文史为“志”。“诗言志”中的”“诗”应是指《诗三百》，孔子编辑了《诗三百》后，诗与歌合流，志(情)并重。所以，“诗言志”翻译为“于记事中言志”。

② 郑康成注《尧典》“诗言志，歌永言”，亦曰："诗所以言人之志意也，永长也”，歌又所以长言诗之意。闻一多指出，无论以志为意或为情，这观念只有歌与诗合流才能产生。“歌永言”的意思是运用歌咏以宣扬诗中所言所寄以使之感言。永，拉长。

③ 声依永，律和声：宫商角徵羽五声依歌咏的需要(而运用)，五声的音高要用六律律管来确定。六律六吕指十二律，即指古乐的十二调。阳律六：黄钟、太簇、姑洗、蕤宾、夷则、无射；阴律六：大吕、夹钟、中吕、林钟、南吕、应钟，共为十二律。

④ 八音：金石丝竹匏土革木八种乐器。

⑤ 克谐：能够和谐(演奏)。

⑥ 无相夺伦：不要扰乱诸音旋律。无，勿，不。

⑦ 神人以和：用于神则神和，用于人则人和。

⑧ 於：表示呼声或赞叹。

⑨ 击石拊石：(按音律有轻有重地)打击石磬。

⑩ 百兽率舞：百兽都(受感动)相率起舞。

⑪ 都：句首语气词，无意义。

⑫ 亦：句首语气词，无意义。

⑬ 行：品行，行为。

⑭ 载：行。

⑮ 采采：事事。和前面连起来的意思是总言其人有德，必言其行某事，某事为可信验也。

⑯ 栗：庄重。

⑰ 柔而立：性格柔和而行事又坚定自立。

⑱ 愿而恭：老实善良而恭敬谨慎。

⑲ 乱：治，治理的才能。

⑳ 扰：和顺。

㉑ 毅：刚毅勇敢。

㉒ 直：正直。

㉓ 温：温和。

㉔ 简：宽大率略。

廉①，刚②而塞③，强④而义⑤。彰⑥厥⑦有常，吉⑧哉！……”

益　稷

禹曰：“……无⑨若丹朱⑩傲⑪，惟慢⑫游是好。傲虐⑬是作⑭，罔昼夜⑮额额⑯。罔水行舟⑰，朋淫于家⑱，用殄⑲厥⑳世㉑。予㉒创㉓若㉔时㉕，娶于涂山，辛、壬、癸、甲㉖。启呱呱而泣，予弗㉗子，惟荒㉘度土功㉙。弼㉚成㉛五服㉜，至于五千，州十有

① 廉：品行方正。
② 刚：刚健。
③ 塞：《史记》训为“实”，笃实。
④ 强：无所屈挠。
⑤ 义：合于正义。
⑥ 彰：同“章”。
⑦ 厥：同“其”。
⑧ 吉：善。
⑨ 无：毋，不要。
⑩ 丹朱：相传为尧之子。
⑪ 傲：傲慢，轻侮。（《说文》，傲，嫚也。）
⑫ 慢：《说文》里解释为“惰也”。
⑬ 虐：戏谑。
⑭ 作：为。
⑮ 罔昼夜：日夜不息。罔，无。
⑯ 额额：无休息之状。
⑰ 罔水行舟：在无水陆地行舟。
⑱ 朋淫于家：成群地在家里淫乱。朋，群。
⑲ 殄（tiǎn）：断绝、断尽。
⑳ 厥：同“其”，他的。
㉑ 世：世系。
㉒ 予：同“余”，我。
㉓ 创：伤。
㉔ 若：《尔雅·释言》里解释为“顺也”。
㉕ 时：《尔雅·释诂》里解释为“是也。”连起来的意思是：“依我看顺着这种做法是一种伤害，所以不顺之”。
㉖ 辛、壬、癸、甲：此处有文字错乱，根据诸多版本注释，应为辛日娶于涂山，经壬、癸至于甲日（离家治水），共四日。
㉗ 弗：不。
㉘ 荒：大，这里指九州四海之土。
㉙ 度：成就。土功：治水之功。
㉚ 弼：辅助。
㉛ 成：定。
㉜ 五服：王畿之外每五百里为一服，五服相距为五千里。

二师[①]。外薄[②]四海[③]，咸建五长[④]。各迪有功[⑤]，苗顽弗即工[⑥]，帝其念哉！”帝曰：“迪[⑦]朕德，时[⑧]乃[⑨]功惟叙[⑩]。”皋陶方[⑪]祗[⑫]厥叙[⑬]，方施象刑[⑭]惟明。

夔曰：“戛击[⑮]鸣球[⑯]，搏拊[⑰]琴瑟[⑱]以咏。祖考[⑲]来格[⑳]。虞宾[㉑]在位，群后[㉒]德让[㉓]。下[㉔]管[㉕]鼗[㉖]鼓，合止[㉗]柷敔，笙镛[㉘]以间[㉙]，鸟兽跄跄[㉚]。箫韶[㉛]九成[㉜]，凤皇来仪[㉝]。”夔曰：“於！予击石拊石，百兽率舞，庶尹[㉞]允[㉟]谐。”

---

① 州十有二师：地方之制，言划分区域的管辖人数。
② 薄：迫，靠近。
③ 四海：指四方，普天之下。
④ 咸建五长：该句解释多分歧，《王制》解释：“五国以为属，属有长”；一说五长指五等诸侯；一说五长为众官之长。
⑤ 各迪有功：各诸侯长领导治水工作。迪，领导。
⑥ 顽弗即工：顽梗不就事工。
⑦ 迪：遵循。
⑧ 时：是。
⑨ 乃：你的。
⑩ 叙：同“序”，治水之功有次序。
⑪ 方：于四方。
⑫ 祗：敬。
⑬ 厥叙：指治水之功的次序。
⑭ 象刑：让受刑者使用带有某种特别象征的“图象”的衣物器具，从而达到惩罚犯罪者和儆戒其他人的作用。
⑮ 戛击：即柷敔，两种乐器，分别在奏乐开始和结束时击奏。
⑯ 鸣球：玉磬，一种乐器。
⑰ 搏拊：一种用于拍击的古乐器。
⑱ 琴瑟：两种弦乐。
⑲ 祖考：祖先。
⑳ 来格：来临，降临。
㉑ 虞宾：舜的来宾，即丹朱。
㉒ 群后：诸侯。
㉓ 德让：诸侯助祭的时候，年龄爵位相同的，有德的在先。
㉔ 下：堂下。
㉕ 管：一种乐器。
㉖ 鼗：像鼓，但是比鼓小的一种乐器。
㉗ 合止：合奏和停止。
㉘ 笙镛：两种乐器。镛：大钟。
㉙ 以间：交替迭奏。
㉚ 跄跄：跳舞的样子。
㉛ 箫韶：舜时最受赞誉的音乐。
㉜ 成：曲一终为一成。
㉝ 凤皇来仪：凤凰来舞而有容仪。
㉞ 庶尹：众官之长。庶，众。
㉟ 允谐：和谐一致。一说一同跳舞，谐通“偕”。

周　易

《周易》是我国最古老的一部筮占之书，约成书于西周时期。起初编纂此书的目的，是便于占算时检索吉凶的结果。春秋时期，有人依附于它的卦爻形式发挥哲学思想。战国时期，一些儒家学者系统整理了一批解说《周易》的作品，并把它们编纂成书。到了"独尊儒术"的汉代，《周易》被奉为儒家经典，成为经学家们研治的一项专门学问，这就是易学。《周易》是中华文化的源头活水，它既蕴含着民族先哲们的理性精神，又凝结着华夏儿女的审美情结。天人合一，心物交融体现着《周易》的审美境界，立象尽意为中国传统美学提供了基本的审美原则，阴阳平衡论是中国传统美学的审美取向和基本形态。《蒙卦》通过占筮的形式集中地反映了古代的教育原则、思想、方法，强调受教育者内在的求知欲望、学习的积极性、主动性在教育中的重要作用，主张宽严结合、在惩罚手段的运用上掌握适当的尺度等；《履卦》体现了"君子坦荡荡"的教育思想；《否卦》阐述了通泰与否塞的道理以及相互之间的转化；《贲卦》以其特有的辩证思维对婚礼习俗中的"文饰"现象进行了思考，追求一种以自然显露自身真实面貌为最高标准的本色境界；《大过卦》《小过卦》阐明事物阴阳失衡时刚柔相济的补救办法；《节卦》中认为，天地有节度才能常新，国家有节度才能安稳，个人有节度才能完美。《易经》重视象，从卦象、爻象中推衍出许多深刻的哲理，由象的创意和可能性生出形形色色的变化。

引据阮元校刻：《十三经注疏·周易正义》，影印嘉庆二十年江西南昌府刻本，艺文印书馆2017年版；标点参考李学勤主编：《十三经注疏（标点本）》，北京大学出版社1999年版。

蒙　卦

坎下艮上

蒙[1]：亨[2]。匪我[3]求童蒙，童蒙求我。初筮告，再、三渎，渎则不告。利贞。

……

初六：发蒙[4]，利用刑人[5]，用说桎梏，以往吝[6]。……

九二：包蒙[7]吉。纳妇[8]吉。子克家。……

六三：勿用取女。见金夫[9]，不有躬，无攸利。……

六四：困蒙[10]，吝。……

六五：童蒙吉[11]。……

上九：击蒙[12]，不利为寇，利御寇。……

履　　卦

兑下乾上

履：虎尾，不咥[13]人。亨。

……

初九：素[14]履往，无咎。……

九二：履道坦坦，幽人[15]贞吉。……

六三：眇能视[16]，跛能履。履虎尾，咥人凶。武人为于大君[17]。……

九四：履虎尾，愬愬[18]，终吉。……

---

① 蒙：卦名，下坎、上艮，象征“蒙释”。《序卦传》：“物生必蒙”“蒙者，蒙也，物之释也”。

② 亨：亨通。

③ 我：指启蒙之师。

④ 发蒙：垦荒时割草伐木。

⑤ 刑：即“型”，用作动词，指以典型、法式教人。

⑥ 以：等于“如”，如果。整个句子是说初六如果不专心受教“发蒙”，急于求进，必将“往”而有“吝”。初六处蒙之始，适合启蒙教育，才能端正品质，免犯罪恶，不至于身遭受桎梏。

⑦ 包蒙：这是譬喻九二阳刚居下卦中位，被初三、四、五诸阴所包，犹如蒙师居于众学子之中，正施教诲，故“吉”。

⑧ 纳妇：迎娶妻子。

⑨ 金夫：以金喻人之美。

⑩ 困蒙：此谓六四当“蒙”之时，以阴处上下两阴之间，犹如远离蒙师。

⑪ 童蒙吉：此谓六五阴柔居尊，谦下应二，好比童蒙虚心柔顺，承教于师，故“吉”。

⑫ 击蒙：喻蒙师高居上位，以严厉措施教治蒙稚者。

⑬ 咥：咬。

⑭ 素：朴素。

⑮ 幽人：幽静安恬者。

⑯ 眇能视：眼盲强看。

⑰ 武人：即勇武之人，喻六三。为，有“效力”之义。

⑱ 愬(shuò)愬：恐惧的样子。

九五：夬履，贞厉①。……

上九：视履考祥②，其旋元吉③。……

否 卦

坤下乾上

否之匪人①，不利君子贞。大往小来。

……

初六：拔茅茹，以其汇②，贞，吉亨。……

六二：包承③，小人吉，大人否，亨④。……

六三：包羞⑤。……

九四：有命⑥无咎。畴离祉。……

九五：休否，大人吉⑦。其亡其亡，系于苞桑⑧。……

上九：倾⑨否，先否后喜。……

贲 卦

离下艮上

贲⑩：亨。小利有攸往⑪。

---

① 夬(guài)履：当“履”之时，有刚断果决，小心行走之象，意犹“守正防危”。

② 考祥：全面仔细地考虑吉凶祸福的体现。

③ 旋：转也，犹言“转身”。所在句承前句意，说明上九尊居乾极，能转身下应兑三，为刚能返柔，履能守谨之象。顾获吉之大。

① 匪人：一说是衍文，不特解其意。

② 拔茅茹，以其汇：此爻处“否”之初，三阴在下同质相连而退，与上卦之阳本应而不应，姑下文诫以“贞吉，亨”，即守持正固然后有吉。

③ 包：包容，指二包容于五。承：顺承，指二承五。这是说明六二居“否”下卦之中，犹如以柔顺之道包容于九五，而奉承之，故有“小人吉”之象。

④ 大人否，亨：九五之大人不必与相包承，而其道乃亨。

⑤ 羞：羞辱。整句的意思是“六三，被包容为非，终致羞辱”。

⑥ 命：此处指扭转否道的“天命”，又兼含九五“君命”之意。

⑦ 休：作动词，犹言“休止”。意思是：九五，休止否闭局面，大人可获吉祥。

⑧ 其亡其亡，系于苞桑：心中时时自警：将要灭亡，将要灭亡，就可以像系结于丛生的桑树一样安然无恙。

⑨ 倾：覆灭，倒下。

⑩ 贲(bì)：卦名，下离、上艮，象征“文饰”。

⑪ 小利有攸往：“文饰”之时，弱小者犹须加饰，可致亨通。

……

初九：贲其趾，舍车而徒[①]。……

六二：贲其须[②]。……

九三：贲如濡如，永贞吉[③]。……

六四：贲如皤如，白马翰如[④]。匪寇，婚媾。……

六五：贲于丘园[⑤]，束帛戋戋[⑥]。吝，终吉。……

上九：白[⑦]贲，无咎。……

大　过

巽下兑上

大过[⑧]：栋桡[⑨]；利有攸往，亨。

……

初六：藉用白茅[⑩]，无咎。……

九二：枯杨生稊[⑪]，老夫得其女妻，无不利。……

九三：栋桡，凶。……

九四：栋隆[⑫]，吉。有它吝。……

九五：枯杨生华，老妇得其士夫，无咎无誉。……

上六：过涉灭顶[⑬]，凶，无咎。……

---

① 贲其趾，舍车而徒：文饰自身的足趾，舍弃坐车而甘于徒步行走。徒，徒步。

② 须：面上的须毛，喻六二所上承的九三。

③ 贲如濡如，永贞吉：文饰得那样俊美，与人频频相施惠泽，永久守持正固可获吉祥。

④ 贲如皤如，白马翰如：句中的“皤”为素白，“翰”为喻，人既质素，则马亦白也。

⑤ 丘园：山丘园圃，喻朴素自然。

⑥ 束帛戋戋：一束丝帛很少，上下连起来的意思是贲饰于“丘园”之象，犹如持微薄的“束帛”礼聘“贤士”。

⑦ 白：素也。

⑧ 大过：卦名，下巽、上兑，象征“大为过甚”。

⑨ 栋桡(náo)：栋梁两端柔弱不胜重压，以至曲折弯挠，喻示事物刚大者片面过甚，柔小者不甚其势。

⑩ 藉：用物垫于下以承物。白茅：一种柔软洁白的草。

⑪ 稊(tí)：用作“荑”，意思是树木新生的芽和枝。

⑫ 隆：中间高起来，即下挠之势平复。

⑬ 灭顶：水淹过头顶。

节　卦

兑下坎上

节[①]：亨，苦节[②]不可贞。

……

初九：不出户庭[③]，无咎。……

九二：不出门庭，凶。……

六三：不节若，则嗟若[④]，无咎。……

六四：安节[⑤]，亨。……

九五：甘节[⑥]，吉。往有尚[⑦]。……

上六：苦节，贞凶，悔亡。……

小　过

艮下震上

小过[⑧]：亨，利贞。可小事[⑨]，不可大事。飞鸟遗之音[⑩]，不宜上，宜下，大吉。

……

初六：飞鸟以凶。……

六二：过其祖，遇[⑪]其妣，不及其君。遇其臣，无咎。……

九三：弗过防之，从或戕[⑫]之，凶。……

九四：无咎，弗过遇之，往厉必戒，勿用永贞[⑬]。……

---

① 节：卦名，下兑、上坎，象征“节制”。

② 苦节：意思是节制过度。

③ 户庭：庭院。

④ 嗟：感慨，叹息。若：语气助词。

⑤ 安节：安于节俭的生活。

⑥ 甘节：适当节制而令人感到甘美适中。

⑦ 尚：尊尚，资助，帮助。

⑧ 小过：卦名，下艮、上震，象征“小有过越”。

⑨ 小事：周代祭祀和战争是大事，其它都是小事。

⑩ 遗：留下。音：鸟的叫声。

⑪ 遇：礼遇，“过”的反义词。

⑫ 戕：伤害。

⑬ “九四”句：九四未居适当的阳刚位置，无所咎害，但是前往应和将有危险，务必自戒，不可施展才用，而要永久守持正固。

六五：密云不雨，自我西郊，公弋取彼在穴[①]。……

上六：弗遇过之，飞鸟离[②]之，凶，是谓灾眚[③]。……

系辞（上）

天尊地卑，乾坤定[④]矣。卑高以陈，贵贱位矣。动静有常，刚柔断矣[⑤]。方以类聚，物以群分[⑥]，吉凶生矣。在天成象，在地成形，变化见矣。是故刚柔相摩[⑦]，八卦相荡。鼓之以雷霆，润之以风雨。日月运行，一寒一暑[⑧]。乾道成男，坤道成女。乾知大始[⑨]，坤作成物。乾以易知，坤以简能[⑩]。易则易知，简则易从。易知则有亲，易从则有功。有亲则可久，有功则可大。可久则贤人之德，可大则贤人之业。易简而天下之理得矣。天下之理得，而成位乎其中矣[⑪]。

……

一阴一阳之谓道[⑫]，继之者善也，成之者性也[⑬]。仁者见之谓之仁，知者见之谓之知[⑭]，百姓日用而不知[⑮]，故君子之道鲜[⑯]矣。

显诸[⑰]仁，藏诸用，鼓万物而不与圣人同忧[⑱]，盛德大业，至矣哉！富有之谓大业，日新之谓盛德[⑲]。生生之谓易[⑳]，成象之谓乾，效法之谓坤，极数知来之谓占，通

---

① 六五：密云不雨，自我西郊，公弋取彼在穴：六得五位，阴之盛也，浓云密布而不下雨，从西郊升起，王公竭力摄取隐藏穴中的害兽，也就是除害矫弊的意思。

② 离：通“罹”，谓遭受，此指飞鸟遭射之象，喻上六过极自取灾凶。

③ 眚(shěng)：眼睛长白翳；过错。

④ 乾坤定：《周易》以阴阳为本，乾坤为纯阳纯阴之卦，因此《系辞传》先总说乾坤性质。

⑤ 动静有常，刚柔断矣：古人认为天绕地转，故称为天动地静。常，指一定不变的规律。断，判断，决定。

⑥ “方以类聚”两句：事情和人物，都是类聚群分的。方，《周易本义》：“谓事情所向”，指事情。

⑦ 摩：言阴阳之交感也。

⑧ “鼓之以雷霆”四句：这里举雷霆、风雨、日月、寒暑为例，说明天上物象的阴阳变化。

⑨ 知：王念孙《经义述闻》说：“知犹为也，为亦作也。”

⑩ 乾以易知，坤以简能：互文，即乾坤以易智简能，即乾坤的生长万物都是以容易简单来显示它们的智慧和才能。知，同“智”。

⑪ 成位：定位。

⑫ 一阴一阳之谓道：一阴一阳的矛盾变化就叫作“道”。

⑬ 继之者善：阴阳对立转化化生万物，化生万物是善。成之者性：形成万物，每一物各有一个本性。

⑭ 仁者见之谓之仁，知者见之谓之知：对道的化生万物有各种看法，有的从善的角度称它为仁，有的从智慧的角度称它为智，即没有看到全面。

⑮ 百姓日用而不知：百姓每天在按照道来办事却不认识道。

⑯ 君子之道：即认识全面的道。鲜：少。

⑰ 诸：之于。

⑱ 不与圣人同忧：圣人为济世利民而忧，道的济世利民是无所用心的，所以没有忧。

⑲ 富有之谓大业，日新之谓盛德：说明“圣人”之“业”在于广泛获得万物的归附，其“德”在于日日增新，不断更善。

⑳ 生生之谓易：阴阳转易相生，是《周易》的变易思想。

变之谓事，阴阳不测之谓神[①]。……

系辞（下）

八卦成列，象在其中矣[②]。因而重之，爻在其中矣[③]。刚柔相推，变在其中矣[④]。系辞焉而命之，动[⑤]在其中矣。吉凶悔吝者，生乎动者也。刚柔者，立本者也。变通者，趣时者也。吉凶者，贞胜[⑥]者也。天地之道，贞观[⑦]者也。日月之道，贞明者也。天下之动，贞夫一[⑧]者也。

……

古者包牺氏[⑨]之王天下也，仰则观象于天，俯则观法于地，观鸟兽之文，与地之宜，近取诸身，远取诸物，于是始作八卦，以通神明之德，以类万物之情。作结绳而为罔罟[⑩]，以佃以渔[⑪]，盖取诸离[⑫]。

① 乾：指“在天成象”。坤：指“俯则观法于地”。法：法则，地的构成，有它的法则。极数知来：占筮极尽筮草数与爻数来知未来的吉凶。占：用筮草来占吉凶，筮草有一定的数目，看爻辞定吉凶，爻也有数目。事：事情，通过变化形成的事情。神：指神妙。

② 八卦成列，象在其中矣：八卦创成而分列其位，万物的象征就都在其中了。

③ “因而重之”两句：八卦由爻构成，但用爻来分别事情的吉凶等，是在六十四卦中，所以说爻在六十四卦中。

④ “刚柔相推”两句：在六十四卦中，爻有变动，阴爻变阳爻，阳爻变阴爻，成为另一卦，所以说刚柔相推。

⑤ 命：告。动：指人的趋吉避凶的行动。

⑥ 贞胜：以正为胜，正则吉，不正则凶。

⑦ 贞观：守正则被人崇敬观仰。观，瞻仰。

⑧ 贞夫一：正于一，一指天地之道，以合于天地之道为正，即以合于自然规律为正确。

⑨ 包牺氏：即伏羲氏。相传原始社会中进入渔猎时代的氏族，已经能够结网来捕捉鸟兽和捕鱼。《系辞传》作者认为伏羲氏始作八卦。又认为伏羲氏作六十四卦，所以说他的作网，大概是从《离》卦来的。

⑩ 罔罟：罗网。

⑪ 佃：捕鸟兽。渔：捕鱼。

⑫ 离：即离卦，离上离下。《周易集解》：“虞翻曰：‘离为目，巽为绳。目之重者唯罟罛，故结绳为罟’。”

春秋公羊传

公羊高

公羊高，战国时期齐国人，史学家。孔子整理修订《春秋》后，公羊高对《春秋》进行补充、解释、阐发，遂成《春秋公羊传》。

《隐公五年》中说，仲子是鲁桓的母亲，隐公只是摄政，又并非是仲子之子却举行祭礼。祭礼上的乐舞，天子是八行舞队，公爵是六行，隐公作为诸侯应用四行，而他用六行舞队是一种僭越。《庄公》谈及了庄公在鲁桓公庙的椽头上雕刻花纹是不合礼法的。《宣公八年》有关于祭祀的礼乐描写，都可以视为美育。

引据阮元校刻：《十三经注疏·春秋公羊传注疏》，影印嘉庆二十年江西南昌府刻本，艺文印书馆 2017 年版；标点依李学勤主编：《十三经注疏（标点本）》，北京大学出版社 1999 年版。

隐公五年

九月，考①仲子②之宫。考宫者何？考犹入室也，始祭仲子也。桓未君，则曷为祭仲子？隐为桓立，故为桓祭其母也。然则何言尔？成公意也。

初献六羽③。初者何？始也。六羽者何？舞也。初献六羽，何以书④？讥。何讥尔？讥始僭诸公也⑤。六羽之为僭奈何？天子八佾⑥，诸公六⑦，诸侯四⑧。诸公者何？诸侯者何？天子三公称公，王者之后称公，其余大国称侯，小国称伯、

---

① 考：祭礼名。宫：即庙。

② 仲子：惠公的母亲。

③ 献：献演。六羽：乐舞名。

④ 何以书：为什么要记载这件事。

⑤ 僭（jiàn）：越分。指超越身份，冒用在上者的职权行事。

⑥ 八佾（yì）：古代天子专用的乐舞。八人为列，八八六十四人，法八风。

⑦ 诸公六：公爵专用的乐舞，六人为列，六六三十六人，法六律。

⑧ 诸侯四：诸侯用的乐舞，四人为列，四四十六人，法六律。

子、男。天子三公者何？天子之相也。天子之相，则何以三？自陕而东者，周公主之[①]；自陕而西者，召公主之[②]；一相处乎内。始僭诸公，昉于此乎？前此矣。前此则曷为始乎此？僭诸公犹可言也，僭天子不可言也[③]。

庄　　公

二十有四年，春，王三月[④]，刻桓宫桷[⑤]。何以书？讥。何讥尔？刻桓宫桷，非礼也。

宣公八年

壬午[⑥]，犹绎[⑦]。万入去籥[⑧]。绎者何？祭之明日也。万者何？干舞[⑨]也。籥者何？籥舞也。其言万入去籥何？去其有声者，废其无声者，存其心焉尔[⑩]。存其心焉尔者何？知其不可而为之也。犹者何？通可以已也[⑪]。

---

① 周公：名姬旦。周文王之子，辅助周武王灭纣，建周王朝，封于鲁。武王死，成王幼，周公摄政。管叔、蔡叔挟殷的后代武庚作乱，周公东征，平武庚、管叔、蔡叔之乱。七年，建成周洛邑。周代的礼乐制度相传都是周公所制订。

② 召公：姓姬，名奭（shì），周的支族，周武王之臣。因封地在召，故称召公。武王灭封，封召公于北燕。成王时，与周公旦分陕而治。陕：即今河南陕县。何休注："陕县，盖今弘农陕县是也。"

③ 僭天子不可言也：何休注："前僭八佾于惠公庙，大恶，不可言也。还从僭六羽议，本所当托者。非但六也，故不得复传上也。"

④ 王三月：周历三月。

⑤ 刻桓宫桷：在鲁桓公庙的椽头上雕刻花纹。

⑥ 壬午：六月十七日。

⑦ 绎：古代称正祭的次日又祭为"绎"，即连续两天举行祭祀。

⑧ 万：武舞名。籥（yùe）：古管乐器。有吹籥舞籥两种。吹籥似笛而短小，三孔；舞籥长而六孔。

⑨ 干舞：持盾牌表演的一种舞蹈。

⑩ 存其心焉尔：将籥管的演奏节拍保留在心间。

⑪ 已：停止。

国　语

左丘明

左丘明，一说复姓左丘，名明，春秋末期的史学家、文学家、思想家、散文家。左丘明所撰《国语》是我国古代的国别体史书著作。记录范围为上起周穆王十二年，下至智伯被灭。《国语》中包括各国贵族间朝聘、宴飨、讽谏、辩说、应对之辞以及部分历史事件与传说。《国语》中有“夫美也者，上下、内外、小大、远近皆无害焉，故曰美。若于目观则美，缩于财用则匮，是聚民利以自封而瘠民也，胡美之为?”等语句，对政治功利上而非形式上的美作了定义，是一种关于社会美的言说。而以“惟其施令德于远近”等作为政事美的评价标准，这样美和善就有了联系，美和善二者在这里是统一的。这些观点对于今日的美育具有一定的参考价值和意义。

引据王树民、沈长云点校：《国语集解》，中华书局2002年版。

密康公母论小丑备物终必亡

恭王游于泾上，密康公从，有三女奔之①。其母曰：“必致之于王②。夫兽三为群，人三为众，女三为粲③。王田④不取群，公⑤行下众⑥，王御⑦不参一族。夫粲，美之物也。众以美物归女，而何德以堪之。王犹不堪，况尔小丑⑧乎！小丑

---

① 恭王：穆王之子恭王伊扈。泾：水名。密：古国名，在今甘肃灵台。康公：密国国君，姬姓。奔：不由媒氏。

② 致：送，给。

③ 粲：韦昭注“粲”为“美”。

④ 田：田猎。

⑤ 公：诸侯。

⑥ 下众：不敢诬众。《〈国语〉韦昭注辨正》认为，中间省略了车，也就是遇众下车的意思。但是这样解释似乎仍然不妥，古礼君主遇卿下车，入国不驰，入里则行轼礼。说明君主遇众并不是任何时候都要下车，有时候行轼礼即可。此处“下”似乎可以解释为“下于”，“公行下众”一说为即使天子出行，遇到众人也要表现出谦逊和尊重，不敢轻视。

⑦ 御：妇官。

⑧ 小丑：指地位上较低的一类(此处相对于天子之位来讲)。丑，类。

备物，终必亡。”康公不献，一年，王灭密。

虢文公谏宣王不籍千亩

古者，太史[①]顺时𧶘土，阳瘅愤盈，土气震发，农祥[②]晨正[③]，日月底[④]于天庙[⑤]，土乃脉[⑥]发。

定王论不用全烝之故

夫王[⑦]公诸侯之有饫[⑧]也，将以讲事成章[⑨]，建大德[⑩]，昭大物[⑪]也，故立成[⑫]礼烝[⑬]而已。饫以显物[⑭]，宴以合好，故岁饫不倦，时宴不淫[⑮]，月会[⑯]、旬[⑰]修、日完不忘[⑱]。服物昭庸[⑲]，采饰显明[⑳]，文章比象[㉑]，周旋[㉒]序顺[㉓]，容貌有崇[㉔]，威仪有则[㉕]，五味实气，五色精心，五声昭德，五义[㉖]纪宜，饮食可飨，和同可观，财用可

---

① 太史：掌管国家典籍、星历和祭祀的官员。
② 农祥：指二十八宿中的房星。
③ 晨正：立春之日，晨中于午也，指房星在正月中晨出现于南天，古人以此作为立春到来的标志。
④ 底：至。
⑤ 天庙：营室。指二十八宿中的室宿，当时每到正月，日、月都出现在这一带。
⑥ 脉：理。
⑦ 王：天子。
⑧ 饫：礼之立成为饫。
⑨ 讲事：讲军旅，议大事。章：章程。
⑩ 大德：大功。
⑪ 大物：大器。
⑫ 立成：不坐。
⑬ 烝：升。
⑭ 显物：示物备。
⑮ 时宴不淫：一时之间必有宴礼，不至于沉湎于酒色。
⑯ 会：计。
⑰ 旬：十日。
⑱ 日完：一日之所为。不忘：不忘其礼也。
⑲ 服物昭庸：冕服旗章所以昭其功。庸，功也。
⑳ 采饰显明：五采之饰所以显明德也。
㉑ 比象：比文以象山、龙、华虫之属也。
㉒ 周旋：容止。
㉓ 序：次。名以次比顺于礼也。
㉔ 崇：饰。容止可观也。
㉕ 则：法。
㉖ 五义：谓父义、母慈、兄友、弟恭、子孝。

嘉，则顺而德建[①]。古之善礼者，将焉用全烝？

单穆公谏景王铸大钟

二十三年[②]，王将铸无射，而为之大林[③]。单穆公曰："不可。作重币以绝民资，又铸大钟以鲜其继[④]，若积聚既丧，又鲜其继，生[⑤]何以殖[⑥]？且夫钟不过以动声，若无射有林，耳弗及也。夫钟声以为耳也，耳所不及，非钟声也。犹目所不见，不可以为目也。夫目之察度也，不过步武[⑦]尺寸之间，其察色也，不过墨丈寻常[⑧]之间。耳之察和也，在清浊[⑨]之间，其察清浊也，不过一人之所胜。是故先王之制钟也，大不出钧[⑩]，重不过石[⑪]。律度量衡[⑫]于是乎生，小大器用于是乎出，故圣人慎之。……"

宁嬴氏论貌与言

阳处父如卫，反，过宁[⑬]，舍于逆旅[⑭]宁嬴[⑮]氏。嬴谓其妻曰："吾求君子久矣，今乃得之。"举[⑯]而从之。阳子道与之语，及山[⑰]而还。其妻曰："子得所求而不从之，何其怀[⑱]也！"曰："吾见其貌而欲之，闻其言而恶之。夫貌，情之华也；言，貌

---

① 建：立。

② 二十三年：周景王二十三年(前522年)，鲁昭公二十年。

③ 无射：古代十二音律之一，此指能发出这一音声的乐钟。大林：指低音的林钟乐钟。

④ 鲜其继：寡其继，用物过度，妨于财也。

⑤ 生：财。

⑥ 殖：长。

⑦ 步武：此指距离不远。古代称半步为武。

⑧ 墨丈寻常：古代称半丈为墨，两寻(八尺为寻)为常。

⑨ 清浊：律吕之变。黄钟为宫则浊，大吕为角则清。

⑩ 钧：指乐音的标准。以木长七尺者弦系之以为钧法。

⑪ 石：古代以120斤为一石。

⑫ 律度量衡：律，五声阴阳之法。度，丈尺。量，斗斛。衡有斤两之数，生于黄钟。黄钟之管容秬黍千二百粒。粒百为铢，是为一龠。龠二为合，合重一两。

⑬ 宁：晋邑，在今河南修武。

⑭ 旅：客。

⑮ 嬴：姓。

⑯ 举：起。

⑰ 山：温山，在今河南修武北。

⑱ 怀：思。

之机也。身为情[①]，成于中。言，身之文也，言文而发之，合[②]而后行，离则有衅[③]。今阳子之貌济，其言匮，非其实也。若中不济而外彊之，其卒将复，中外易矣。……”

师旷论乐

平公说新声[④]，师旷[⑤]曰：“公室其将卑乎！君之萌兆[⑥]衰矣。夫乐以开[⑦]山川之风，以耀[⑧]德于广远也。风德以广之[⑨]，风山川以远[⑩]之，风物以听之[⑪]，修诗以咏之，修礼以节之。夫德广远而有时节[⑫]，是以远服而迩不迁。”

史伯为桓公论兴衰

声一无听，色一无文，味一无果[⑬]，物一不讲[⑭]。王将弃是类[⑮]也，而与刬同。天夺之明，欲无弊，得乎？

伍举论台美而楚殆

夫美也者，上下、内外、小大、远近皆无害焉，故曰美。若周于目观则美，缩[⑯]于财用则匮，是聚民利以自封[⑰]而瘠民也，胡美之为[⑱]？夫君国者，将民之与

① 身为情：情生于身。
② 合：情、言、貌三者合而后行。
③ 衅：瑕。
④ 平公：晋平公。说：乐。新声：指卫国等地民间流行的新音乐。
⑤ 师旷：晋国的乐师，名旷，字子野。
⑥ 兆：形。
⑦ 开：通。故八音以通八风。
⑧ 耀：明。
⑨ 风德以广之：风宣其德，广之于四方。
⑩ 远：远其德。
⑪ 风物以听之：风化之动，物莫不倾耳听之。
⑫ 有时节：作之有时，动有礼节。
⑬ 果：美。
⑭ 讲：论校。
⑮ 类：和。
⑯ 缩：取。
⑰ 封：厚。
⑱ 胡：何。

处，民实瘠矣，君安得肥？且夫私欲弘侈，则德义鲜少，德义不行，则迩[1]者骚[2]离[3]，而远[4]者距违。天子之贵也，唯其以公侯为官正[5]，而以伯子男为师旅。其有美名也，唯其施令德于远近，而小大安之也。若敛民利以成其私欲，使民蒿[6]焉忘其安乐，而有远心[7]，其为恶也甚矣，安用目观？

① 迩：境内。
② 骚：愁。
③ 离：叛。
④ 远：邻国。
⑤ 官正：官长。
⑥ 蒿：耗。
⑦ 远心：叛离。

管　子

管　仲

管仲(约前723—前645),姬姓,管氏,名夷吾,字仲,颍上(今安徽颍上)人。春秋时期著名的政治家、军事家、经济家,法家代表人物,周穆王的后代。他曾辅助齐桓公,被尊称为“仲父”,以“尊王攘夷”相号召,“九合诸侯,一匡天下”,使齐桓公得以成为春秋五霸之首。《管子》一书虽然题为管仲撰,但却是先秦时期各学派的言论汇编而成。其内容博大精深,包含有道、名、法等各家的思想以及天文、历数、经济和农业等方面的知识。而其中以黄老道家著作最多,其次为法家著作,其余各家杂之,其中的法家思想实则乃是道家影响下的法家思维。其书约成于战国(前475～前221)时代至秦汉时期。

《管子》一书的思想丰富,如《牧民》《形势》等篇讲述了霸政法术;《侈靡》《治国》等篇则论述了经济生产;《七法》《兵法》等篇言兵法;《宙合》《枢言》等篇谈哲学及阴阳五行等;其余如《大匡》《小匡》《戒》《弟子职》《封禅》等为杂说。至于和美育有关的内容,如《立政第四》谈到了一些规定,如饮食有标准,衣服有制度,按爵位制定享用等级;工匠不进行刻木镂金,女红也不求文采花饰,国家就会富足。《幼官第八》讲述了器物制作得好,在于工艺周到;教化实行得好,在于施教仔细。动与静失去纪律,行与止就没有规则。所以,要慎重根据四时来变化作息,分理财物出入来整饬交易,要明白休养生息以解除凶灾,审查财物取予来进行总算等。

引据梁运华整理:《管子校注》,《新编诸子集成》本,中华书局2004年版。

立政第四

度爵而制服,量禄而用财。饮食有量,衣服有制,宫室有度,六畜人徒有数,舟车陈器有禁。修生①则有轩冕、服位、谷禄、田宅之分,死则有棺椁、绞

① 修生:“生”上不当有“修”字。生,指活着之意。一说修身即“饰身”。

衾[1]、圹垄[2]之度[3]。

幼官第八

器成于僇[4]，教行于钞[5]，动静不记[6]，行止无量[7]。戒[8]审四时以别息[9]，异[10]出入[11]以两易[12]，明养生以解固[13]，审取予以总之[14]。

宙合第十一

可正而视，言察美恶，审别良苦[15]，不可以不审。操分不杂，故政治不悔[16]。定而履，言处其位，行其路，为其事，则民守其职而不乱，故葆统而好终[17]。深而迹，言明墨章书[18]，道德有常，则后世人人修理而不迷，故名声不息。

心术上第三十六

天之道虚，地之道静。虚则不屈，静则不变，不变则无过，故曰不伐[19]。洁其

---

① 绞衾：死者衣被。
② 圹垄：坟墓。
③ 度：规定。
④ 僇：通“穆”，肃静。
⑤ 钞：同“眇”，细微。
⑥ 不记：没有纪律。记，通“纪”。
⑦ 无量：没有规则。
⑧ 戒：慎重，小心。
⑨ 息：生长。
⑩ 异：分别。
⑪ 出入：指财务出入。
⑫ 两易：整顿交易秩序。
⑬ 解固：除去吝惜之心。固，护吝。
⑭ 总之：统计总算。
⑮ 审别良苦：区分优劣。苦，粗滥，质量差。
⑯ 不悔：没有灾祸。
⑰ 葆统而好终：保持国家纲纪，取得好的结果。
⑱ 明墨：绳墨尺寸分明。章书：彰明规定。
⑲ 不伐：不自夸耀。

宫，阙[①]其门。宫者，谓心也。心也者，智之舍也，故曰宫。洁之者，去好过[②]也。门者，谓耳目也。耳目者，所以闻见也。物固有形，形固有名，此言不得过实，实不得延名[③]。姑形以形[④]，以形务[⑤]名，督言正名，故曰圣人。

心术下第三十七

人能正静者，筋肕[⑥]而骨强。能戴大圆者[⑦]，体乎大方[⑧]。镜大清者[⑨]，视乎大明[⑩]。正静不失，日新其德，昭知天下，通于四极。金心在中不可匿[⑪]，外见[⑫]于形容，可知于颜色。善气迎人，亲如弟兄；恶气迎人，害于[⑬]戈兵。不言之言，闻于雷鼓。金心之形，明于日月，察于父母。

白心第三十八

人言善亦勿听，人言恶亦勿听。持而待之[⑭]，空然勿两之[⑮]，淑然自清[⑯]，无以旁言[⑰]为事成。察而征[⑱]之无听辩，万物归之，美恶乃自见。

---

① 阙：开。
② 好过：即嗜好引起的过错。
③ 延名：扩展名声。
④ 姑形以形：从形体实际出发说明形体。
⑤ 务：趣，趋向，确定。
⑥ 肕：通“韧”。
⑦ 大圆：指天。
⑧ 大方：指地。
⑨ 大清：指水。
⑩ 大明：日月。
⑪ 匿：隐藏。
⑫ 见：同“现”。
⑬ 于：胜过。
⑭ 持而待之：保留同时有所等待。
⑮ 空然勿两之：勿以为偶，即言善不以为善，言恶不以为恶的意思。
⑯ 淑然自清：自然而然地显明出来。
⑰ 旁言：他人的话。
⑱ 征：通“证”，证实，证明。

五行第四十一

一者本①也，二者器②也，三者充③也，治④者四也，教⑤者五也，守⑥者六也，立⑦者七也，前⑧者八也，终⑨者九也，十者然后具五官于六府也⑩，五声于六律也⑪。六月日至⑫，是故人有六多⑬，六多所以街⑭天地也。天道以九制，地理以八制，人道以六制。以天为父，以地为母，以开乎万物，以总一统。通乎九制、六府、三充而为明天子。修概⑮水，上以待乎天堇⑯。反五藏⑰以视⑱不亲⑲。治祀⑳之，下以观地位。货㉑曋㉒神庐㉓，合于精气。已合而有常，有常而有经。审合其声，修十二钟㉔，以律人情。人情已得，万物有极，然后有德。

禁藏第五十三

禁藏于胸胁之内㉕，而祸避于万里之外，能以此制彼者，唯能以己知人者也。

---

① 本：指农事。
② 器：指农具。
③ 充：人力充足。
④ 治：管理。
⑤ 教：教化。
⑥ 守：设立官职，守护各业。
⑦ 立：立事，成事。
⑧ 前：通“剪”。一说与前王比隆。
⑨ 终：有始有终，成就各业。
⑩ 五官：据下文，包括东方士师、南方司徒、西方司马、北方李官，中央为都官。六府：按礼记为“司土、司水、司木、司草、司器、司货”六职。
⑪ 五声：宫、商、角、徵、羽，古代的五个声调。六律：古代节制声调的单位名称。
⑫ 六月日至：夏至和冬至，相距六个月。
⑬ 六多：人禀纯阴纯阳而生。阴阳发展到极致都要六个月，所以称“六多”。
⑭ 街：道，连接。
⑮ 概：平。
⑯ 天堇：奖惩不爽的天道，与下文“地位”相对。堇，当作“谨”，一说“馑”。
⑰ 五藏：心、肝、脾、肺、肾，古称五藏。这句是强调待人要真诚。
⑱ 视：看待，对待。
⑲ 不亲：不服从。
⑳ 治祀：指宗教祭祀活动，由君主主持。
㉑ 货：通“化”。
㉒ 曋：通“躔”，陈列。此处作“升入”解。
㉓ 神庐：庙祠。
㉔ 钟：即下文的“五钟”，故借以指音律。
㉕ 禁：禁止。此处指国家不允许的事情。

夫冬日之不滥[①]，非爱[②]冰也。夏日之不炀[③]，非爱火也。为不适于身，便于体也。夫明王不美宫室，非喜小也。不听钟鼓，非恶乐也。为其伤于本事，而妨于教也。故先慎于己而后彼，官亦慎内而后外，民亦务本而去末。

地员第五十八

凡听徵，如负猪[④]豕，觉而骇。凡听羽，如鸣马在野。凡听宫，如牛鸣窌[⑤]中。凡听商，如离群羊。凡听角，如雉[⑥]登木以鸣，音疾以清。凡将起五音，凡首，先主一而三之[⑦]，四开以合九九[⑧]，以是生黄钟[⑨]小素之首以成宫。三分而益之以一，为百有八，为徵[⑩]。不无有，三分而去其乘[⑪]，适足以是生商[⑫]。有三分而复于其所，以是成羽[⑬]。有三分去其乘，适足以是成角[⑭]。

弟子职第五十九

先生施教，弟子是则。温恭自虚，所受是极[⑮]。见善从之，闻义则服。温柔孝悌，毋骄恃力。志毋虚邪，行必正直。游居有常，必就有德。颜色整齐，中心必式[⑯]，夙兴夜寐，衣带必饬。朝益暮习，小心翼翼。一此不解[⑰]，是谓学则。

---

① 滥：滥浆，指向水中放入冰块以取凉。
② 爱：吝惜。
③ 炀：烤火。
④ 负猪：指尾巴上举之猪。负，翘尾巴。猪受惊而尾巴上翘。
⑤ 窌：同“窖”。
⑥ 雉：野鸡。
⑦ 凡首：一开始。主一：即假定基数为“一”。三之：即一除以三。
⑧ 四开以合九九：即把弦三等分长，再把每一份三等分长，这样共进行四次，则弦的长度合计为九九八十一份。四开即四次除以三。
⑨ 黄钟：十二律之一。
⑩ “三分”三句：以三为主，益一为 4/3，去一为 2/3。黄钟八十一，三分益一，即 81 乘以 4/3，得徵。
⑪ 乘：三分之一。
⑫ 生商：108 乘以 2/3，为 72，得商。
⑬ 成羽：72 乘以 4/3，为 96，成羽。
⑭ 成角：96 乘以 2/3，为 64，成角。
⑮ 极：穷究。
⑯ 式：取法。
⑰ 解：懈怠。

道　德　经

老　子

老子，姓李名耳，字聃，一字伯阳，或曰谥伯阳。春秋末期人，生卒年不详，出生于陈国苦县。中国古代思想家、哲学家、文学家和史学家，道家学派创始人和主要代表人物。老子存世作品有《道德经》（又称《老子》）。在老子的美育思想中，首先就提到人格塑造问题。他认为，健康纯美、超凡脱俗、精神充溢的人格是理想的人格。这种人格具有"圣"的特性，体现了至真、至善、至美、至乐的审美追求。老子主张崇尚自然，无为而无不为，大音希声、大象无形的美育思想。"道生一，一生二，二生三，三生万物。"老子"道法自然"、去伪存真的审美价值，有无相生、虚实相形的意境追求和以简驭繁、大巧若拙的表现手法为当今美育提供了有益启示。《老子》的成书年代过去多有争论，至今仍无法确定，许多人把它定在了春秋到西汉前期，不过根据 1993 年出土的郭店楚简推算，成书年代至少在战国中前期。

引据楼宇烈校释：《老子道德经注校释》，《新编诸子集成》本，中华书局 2008 年版。

上　篇

一　章

道可道，非常道①；名可名，非常名②。

---

① 道可道，非常道：道是可以阐述解说的，但是并非完全等同于浑然一体、永恒存在而又运动不息的那个大道。前一"道"，名词，指浑然一体的宇宙本体、永恒存在的天地万物之源、运动不息而又对立转化的规律和法则。因此，又称为"一"。《三十九章》曰："昔之得一者——天得一以清，地得一以宁，神得一以灵，谷得一以盈，万物得一以生，侯王得一以为天下正。"《四十二章》曰："道生一，一生二，二生三，三生万物。"后一"道"，动词，阐述，解说。常道，指浑然一体、永恒存在、运动不息的大道。

② 名可名，非常名：道名也是可以命名的，但是并非完全等同于浑然一体、永恒存在、运动不息（转下页）

无名[①]天地之始[②]，有[③]名万物之母[④]。

故常无欲，以观其妙[⑤]；常有欲，以观其徼[⑥]。

此两者同出而异名，同谓之玄[⑦]，玄之又玄，众妙之门[⑧]。

二 章

天下皆知美之为美，斯恶已[⑨]；皆知善之为善，斯不善已。故有无相生[⑩]，难易相成[⑪]，长短相较[⑫]，高下相倾[⑬]，音声相和[⑭]，前后相随[⑮]。

是以圣人处无为之事[⑯]，行不言之教[⑰]，万物作焉而不辞[⑱]，生而不有[⑲]，为而不恃[⑳]，功成而弗居[㉑]。

夫唯弗居，是以不去[㉒]。

(接上页)的道之名。前一“名”，名词，道之名。后一“名”，动词，命名，称谓。常名，指浑然一体、永恒存在、运动不息的道之名。《二十五章》曰：“有物混成，先天地生。寂兮寥兮，独立而不改，周行而不殆，可以为天地母。吾不知其名，强字之曰‘道’，强为之名曰‘大’。大曰‘逝’，逝曰‘远’，远曰‘反’。”

① 无名：指道。《三十二章》曰：“道常无名，朴。”

② 天地之始：天地的本初。

③ 有：指由道而产生的万物。《三十二章》曰：“始制有名。”

④ 万物之母：万物的本原，即无名之道是天地的本初，天地混沌初开，然后有万物的产生，才能制名，而道正是天下初始和万物产生的源头和动力，即母体。《四十章》曰：“天下万物生于‘有’，‘有’生于‘无’。”

⑤ 妙：微妙。

⑥ 徼(jiào)：边际。

⑦ 玄：玄妙幽深。

⑧ 众妙之门：天地万物变化的总源头。

⑨ 斯恶已：就显露出丑了。斯，则，就。恶，丑陋，与美相反。已，表肯定的语气词，相当于“了”。

⑩ 相生：互相依存。生，存。

⑪ 相成：相反相成。成，成就。

⑫ 形：比较，显现。

⑬ 倾：侧，依靠。

⑭ 音声相和：音与声互相和谐。音，组合音。声，始发声。和，和谐。

⑮ 随：跟随。

⑯ 圣人处无为之事：圣人用无为的方式处事。圣人，老子理想中的具有道行的统治者。无为，不妄为，顺其自然，无为而治。《十章》曰：“爱民治国，能无为乎？”

⑰ 不言：不用言词，不用发号施令。《五章》曰：“多言数穷，不如守中。”《四十三章》曰：“不言之教，无为之益，天下希及之。”

⑱ 万物作焉而不辞：万物兴起而不首倡。作，兴起。

⑲ 有：占有。

⑳ 恃：倚仗，依赖。

㉑ 居：当，任，据。

㉒ 去：离。与“居”相反。

六　　章

谷神不死[1]，是谓玄牝[2]，玄牝之门，是谓天地根。绵绵若存[3]，用之不勤[4]。

八　　章

上善若水[5]。水善利万物而不争，处众人之所恶[6]，故几于道[7]。

居善地[8]，心善渊[9]，与善仁[10]，言善信[11]，正善治[12]，事善能[13]，动善时[14]。夫唯不争，故无尤[15]。

十二章

五色[16]令人目盲，五音[17]令人耳聋，五味令人口爽[18]，驰骋畋猎令人心发狂[19]，难得之货令人行妨[20]。

---

① 谷神：此指道，生养天地万物的神灵。谷，养。

② 玄牝(pìn)：微妙的母体。

③ 绵绵若存：绵延不绝好像永远存在着。

④ 勤：辛劳，倦怠。

⑤ 上善：至善，极致的善。

⑥ 所恶(wù)：厌恶的地方。指低洼之处。

⑦ 几于道：近于道。

⑧ 居善地：居住低洼之地。《三十九章》曰："贵以贱为本，高以下为基。"《六十六章》又曰："江海所以能为百谷王者，以其善下之。"因此，低洼之地就是善地。

⑨ 心善渊：思虑深邃宁静。

⑩ 与善仁：交接善良之人。仁，当为"人"。

⑪ 言善信：说话遵守信用。

⑫ 正善治：为政精于治理。

⑬ 事善能：处事发挥特长。

⑭ 动善时：行动把握时机。

⑮ 尤：过失。

⑯ 五色：青、黄、赤、白、黑，泛指多种颜色。

⑰ 五音：宫、商、角、徵(zhǐ)、羽，泛指多种音乐。

⑱ 五味：甜、酸、苦、辣、咸，泛指多种味道。爽：差失。

⑲ 畋猎：打猎。

⑳ 妨：伤害。《三章》曰："不贵难得之货，使民不为盗。"

是以圣人为腹不为目[①]，故去彼取此[②]。

十三章

宠辱若惊[③]，贵大患若身[④]。何谓宠辱若惊？宠，为下得之若惊，失之若惊[⑤]，是谓宠辱若惊。

何谓贵大患若身？吾所以有大患者，为吾有身，及吾无身，吾有何患[⑥]！故贵以身为天下，若可寄天下；爱以身为天下，若可讬天下[⑦]。

十四章

视之不见名曰夷[⑧]，听之不闻名曰希[⑨]，搏之不得[⑩]名曰微[⑪]。此三者不可致诘[⑫]，故混而为一。其上不皦[⑬]，其下不昧[⑭]，绳绳不可名[⑮]，复归于无物[⑯]，是谓无

---

① 为腹不为目：只为温饱生存，不求纵情声色。目，代称色、音、味、畋猎、宝货等诸多欲望诱惑。《十九章》曰："见素抱朴，少私寡欲，绝学无忧。"

② 去彼取此：抛弃物欲，只要温饱。《四十四章》："名与身孰亲？身与货孰多？得与亡孰病？甚爱必大费，多藏必厚亡。故知足不辱，知止不殆，可以长久。"

③ 宠辱若惊：得宠和受辱就感到惊恐不安。若，则，就。

④ 贵大患若身：重视自己的身体如同重视祸患一样。联系下文，意在强调重视自己的身体。若，如。

⑤ 得之若惊，失之若惊：得到宠辱感到惊恐，失去宠辱也感到惊恐。《十六章》曰："致虚极，守静笃。"《三十七章》曰："不欲以静，天下将自正。"《四十四章》曰："知足不辱，知止不殆，可以长久。"《四十六章》曰："祸莫大于不知足，咎莫大于欲得。"

⑥ "吾所以有大患者"四句：我之所以有大祸患，是因为我有自身的私利；如果我没有自身的私利，我还有什么祸患？及，若，如果。

⑦ "故贵以身为天下"四句：说明贵身、爱身是能够寄托天下的关键。贵身爱身，就是贵己为我，全性保真，唯有如此，就不会轻身徇物，放纵私欲，才能爱惜他人生命，遵循自然规律，各安其居，各乐其俗。《四十四章》曰："名与身孰亲？身与货孰多？"就是强调贵身。《二十六章》曰："奈何万乘之主而以身轻天下？"则显然反对轻身。

⑧ 夷：即无形。《经典释文》曰："钟会云：'灭也，平也。'"

⑨ 希：即无声。《经典释文》曰："希，疏也，静也。"

⑩ 搏：拊拍。

⑪ 微：即无形体。《经典释文》曰："细也。"

⑫ 诘(jié)：讯问。

⑬ 皦(jiǎo)：清白，清晰。

⑭ 昧：阴暗。

⑮ 绳绳：无边无际。

⑯ 复归于无物：还原为没有物态。复归，还原。无物，无形态。

状之状，无物之象。是谓惚恍[1]。迎之不见其首，随之不见其后。执古之道，以御今之有[2]，能知古始[3]，是谓道纪[4]。

二十二章

曲则全[5]，枉则直[6]，洼则盈[7]，敝则新[8]，少则得[9]，多则惑[10]。

是以圣人抱一，为天下式[11]。

不自见故明[12]，不自是故彰[13]，不自伐故有功[14]，不自矜故长[15]。夫唯不争，故天下莫能与之争。古之所谓曲则全者，岂虚言哉！诚全而归之[16]。

下　篇

四十三章

天下之至柔，驰骋[17]天下之至坚，无有入无间[18]，吾是以知无为之有益。

不言之教，无为之益，天下希及[19]之。

---

① 惚恍：似有似无，茫然不定。
② 以御今之有：用来驾御当今的具体事物。
③ 古始：宇宙的初始。
④ 道纪：道的纲纪。
⑤ 曲则全：弯曲才能保全。
⑥ 枉则直：委屈才能伸直。
⑦ 洼则盈：低洼才能盈满。
⑧ 敝则新：破旧才能更新。
⑨ 少则得：少取才能多得。
⑩ 多则惑：贪多反而惑乱。
⑪ 圣人抱一，为天下式：圣人坚守大道为天下的楷模。式，法式，楷模。
⑫ 不自见(xiàn)故明：不自我表现，因此聪明。见，同“现”，显现。明，聪明。
⑬ 不自是故彰：不自以为是，因此彰显。是，正确。彰，彰显，显著。
⑭ 不自伐故有功：不自我炫耀，因此有功。伐，夸，自矜。
⑮ 不自矜故长：不自我骄傲，因此长久。矜，矜夸，骄傲。
⑯ 诚：确实。
⑰ 驰骋：使……奔驰，驱使。
⑱ 无有入无间：无有之形可以进入无间隙之中。
⑲ 希：少。及：至，到达。

八十一章

信言不美①，美言不信②；善者不辩③，辩者不善④；知者不博⑤，博者不知⑥。圣人不积⑦，既以为人⑧，己愈有；既以与人，己愈多。

天之道，利而不害。圣人之道，为而不争。

① 信言：真实的话语。
② 美言：华丽的言词。
③ 善者：善良的人。
④ 辩者：巧辩的人。
⑤ 知者：有真知的人。
⑥ 博者：广博的人。
⑦ 不积：不积累财物。
⑧ 既：尽，全部。

论　语

《论语》内容涉及诸多方面，一般以每一篇第一句中的二三个字作为篇名。《学而》是《论语》第一篇的篇名。孔子希望他的弟子以及所有的人，都能够达到贫而乐道、富而好礼的理想境界，因而在平时对弟子的教育中，就把这样的思想讲授给学生。《为政》谈及了对《诗经》的评价，一句“思无邪”道出诗歌创作追求真性情的实质，也谈及了对于文化知识和其他社会知识，人们应当虚心学习、刻苦学习，抱着实事求是的态度，谨言慎行，言而有信，这些是求学之人带给人的美的感受。《八佾》中，孔子把礼、乐与仁紧紧联系起来，提出了“绘事后素”的命题，质地不洁白，不会画出丰富多彩的图案，重要的是要从内心和感情上体悟礼的根本，符合礼的要求。《里仁》中，子曰：“里仁为美”。仁者，爱憎分明。《子罕》涉及孔子的教育思想，如修养高尚的人格的“绝四”；知也有涯，“叩其两端而竭”的思维方式。孔子的教育是全人格教育，即人的全面发展，不仅是知识技能而且是更为本质的精神活动，所以发人至深、催人奋进。孔子周游列国，对各地的艺术教育进行了实地考证，回到鲁国又致力于整理《诗经》的配乐，使雅乐、颂乐各有其用处，孔子以实际行动告诉人们艺术采风和体验对于艺术创作和理论研究的重要性。《论语》中“吾日三省吾身”的教导，“节用而爱人，使民以时”，“礼之用，和为贵”，君子应该克制追求物质享受的欲望，温和、善良、恭敬、俭朴、谦让的美德教育等都是美育的重要内容。

引据阮元校刻：《十三经注疏·论语注疏》，影印嘉庆二十年江西南昌府刻本，艺文印书馆2017年版；标点依李学勤主编：《十三经注疏（标点本）》，北京大学出版社1999年版。

学　而

子[①]曰："学而时习[②]之，不亦说[③]乎？有朋自远方来，不亦乐乎[④]？人不知而不愠，不亦君子乎？[⑤]"

……

曾子[⑥]曰："吾日三省[⑦]吾身：为人谋而不忠[⑧]乎？与朋友交而不信乎？传[⑨]不习乎？"

……

有子曰："礼之用[⑩]，和为贵[⑪]。先王之道[⑫]，斯[⑬]为美。小大由[⑭]之，有所不行[⑮]。知和而和，不以礼节之，亦不可行也。"

---

① 子：古时对男子的尊称。《论语》中"子曰"的"子"皆用来称孔子，犹云"先生"。

② 时：按时。习：复习。《国语·鲁语下》："士朝受业，昼而讲贯，夕而习复，夜而计过，无憾而后即安。"学新习旧，人们往往追求新鲜感，重视学新，而不重视复习，或厌倦复习，故此处孔子特别强调"习"的重要和乐趣。"习"不仅可以巩固所学，如曾子所说"传不习乎"，子夏所说"日知其所亡，月无忘其所能"，而且"习"不是简单的重复，往往能悟出新意，不断有所发现，如孔子所说"温故而知新"。

③ 说(yuè)：同"悦"。

④ "有朋"二句：不仅指一般朋友相会之快乐，更有深一层含义。孔子认为，会友既有益于切磋学问，又有益于观摩道德，有助于学养，故说"乐"。

⑤ "人不知"二句：知，了解。愠(yùn)，愤怒。君子，《论语》中使用君子一词，或指有地位的人，或指有修养的人，需据前后文意而定。此处指后者，多数亦同此。此二句亦与学有关，指学习目的。孔子认为，君子的学习旨在于充实自己，小人学习旨在向别人炫耀，故惟有君子方能做到"人不知而不愠"，而小人总是计较虚名，惟恐别人不看重自己。

⑥ 曾子：孔子的弟子，名参(shēn)，字子舆，南武城(今山东费县)人。

⑦ 日：每日。三省：从三方面反省。

⑧ 谋：策划。忠：忠诚。"忠"为仁之重要内涵，与"恕"共同构成孔子关于"仁道"之两面说法。

⑨ 传：指老师之传授。

⑩ 礼：此处主要指区别尊卑贵贱的等级制度及与之相应的礼节仪式。用：推行，施行。

⑪ 和：和谐，调和。贵：尚。以上二句反映了儒家的礼治思想：礼的根本作用在于区别差异。

⑫ 先王：指儒家理想中的前代圣明君王，如尧、舜、禹、汤、周文王、周武王。道：指政道。

⑬ 斯：此，指"礼之用，和为贵"。

⑭ 小大：小事大事。由：遵循。

⑮ 不行：行不通。

为　政

子曰："《诗》三百[1]，一言以蔽[2]之，曰：'思无邪[3]。'"

八　佾

子夏问曰："'巧笑倩[4]兮，美目盼[5]兮，素以为绚兮[6]。'何谓也？"子曰："绘事后素[7]。"曰："礼后[8]乎？"子曰："起予者商[9]也！始可与言《诗》已矣。"

……

子曰："射不主皮[10]，为力不同科[11]，古之道[12]也。"

……

子曰："《关雎》乐而不淫[13]，哀而不伤[14]。"

……

子谓《韶[15]》："尽美[16]矣，又尽善[17]也。"谓《武[18]》："尽美矣，未尽善也。"

---

① 《诗》三百：指《诗》三百篇，盖举成数而言。《诗经》现存三百零五篇，连同有题无辞的六笙诗共计三百十五篇。可见传世之《诗经》篇数，与孔子当时所见一致。

② 言：用于语言文字的计数单位，或指一个字，或指一句话，此指后者。蔽：覆盖，引申为概括。

③ 思无邪：语出《诗经·鲁颂·駉》，"思"原为语助词，表示感叹。孔子借用此语来评价《诗》，"思"指思想，此语变成"思想内容纯正"之意。

④ 倩(qiàn)：面颊美好。指微笑时面颊呈现酒窝。

⑤ 盼：眼珠黑白分明。

⑥ "巧笑"三句：前两句见《诗经·卫风·硕人》，后一句不见今传《诗经》，当是佚句。素，白。绚(xuàn)，文采。

⑦ 后素：有二解。一说为"后于素"之意，素指素地(白底子)，与《礼记·礼器》所云"白受采"同。另一说为"以素为后"，指绘画以白色勾勒的最后一道工序"素功"。

⑧ 礼后：意谓用礼修饰在具备美质之后。

⑨ 起：启发。商：子夏之名。

⑩ 射不主皮：射艺不以能否射中靶子为主，而以射箭的姿态能否合于礼，节奏能否合于乐为主。皮，箭靶子。

⑪ 为：因为。力：力量，力气。科：品类，等级。

⑫ 古之道：指古代的礼道。

⑬ 淫：过度，滥。

⑭ 伤：过度悲哀，伤情，伤感之意。

⑮ 谓：评论。韶：舜时的乐曲名。

⑯ 美：美好。指艺术形式而言。

⑰ 善：好。指思想内容而言。

⑱ 武：周武王时的乐曲，反映武王伐纣的内容。

里　仁

子曰："里仁为美[①]。择不处仁[②]，焉得知[③]？"

……

子曰："见贤思齐焉，见不贤而内自省也。"

公冶长

子曰："巧言、令色、足恭[④]，左丘明耻之，丘亦耻之。匿怨而友其人[⑤]，左丘明耻之，丘亦耻之。"

雍　也

子曰："贤哉，回也！一箪[⑥]食，一瓢饮[⑦]，在陋巷[⑧]，人不堪[⑨]其忧，回也不改其乐。贤哉，回也！"

……

子曰："不有祝鮀之佞[⑩]，而有宋朝[⑪]之美，难乎免于今之世矣。"

……

子曰："质胜文则野[⑫]，文胜质则史[⑬]。文质彬彬[⑭]，然后君子。"

---

① 里：居处。这里作动词用，"居住"之意，与下文的"处"字互文见义。里仁：意谓居住在有仁德的地方。美：善。

② 择：指择居。处：居住。

③ 焉得知：怎能算是明智呢？焉得，怎能。知，同"智"，明智。

④ 足恭：过分恭敬。足，多。过分恭敬而不以礼节制，则有巴结、谄媚之嫌，难免卑躬屈膝。另一说是两只脚做出恭敬逢迎的姿态来讨好别人。这里采用前一说。

⑤ "匿怨"句：指心内相怨但表面伪装亲热。

⑥ 箪(dān)：古时用来盛饭的圆形竹器，类似筐。

⑦ 饮：指水。

⑧ 陋巷：陋室。

⑨ 堪：能承担，能忍受。

⑩ 不有：没有。祝鮀(tuó)：卫国大夫，祝为宗朝官名，以官为氏，字子鱼，仕卫灵公。佞：口才。

⑪ 宋朝：宋国的公子朝，有美貌，出奔卫国，仕为大夫。

⑫ 质：内在本质。胜：超过。文：文采，文饰。野：粗俗。

⑬ 史：虚浮不实。《礼仪·聘礼》："辞多则史，少则不达。"

⑭ 彬彬：相杂适中的样子。

……

子曰："知者乐水，仁者乐山。知者动，仁者静。知者乐，仁者寿。"

……

子曰："觚[①]不觚，觚哉！觚哉[②]！"

述而

子曰："志于道[③]，据于德[④]，依于仁，游于艺[⑤]。"

……

子在齐闻《韶》，三月不知肉味[⑥]，曰："不图[⑦]为乐之至于斯[⑧]也。"

……

子曰："饭疏食[⑨]饮水，曲肱[⑩]而枕之，乐亦在其中矣。不义而富且贵，于我如浮云。"

……

叶公[⑪]问孔子于子路，子路不对。子曰："女奚[⑫]不曰，其为人也[⑬]，发愤忘食[⑭]，乐以忘忧[⑮]，不知老之将至云尔[⑯]。"

---

① 觚(gū)：青铜酒器，口型如喇叭，细腰，高圈足，用以盛酒。全句意用觚当遵循礼数，若用之失礼，则不成为觚。

② "觚哉"二句：连续感叹，惜其已变，乖舛不类。

③ 道：指典范的政治理想。

④ 据：执守。德：道德，主要指仁德。

⑤ 游：广泛涉猎。艺：指礼、乐、射、御、书、数等六艺。

⑥ 三月：泛指时间较长。不知肉味：指忘却肉味之美。

⑦ 图：料想。

⑧ 斯：此，指以上在齐闻《韶》的效果。全句的意思是不料欣赏音乐竟达到如此境界。

⑨ 饭：吃。疏食：粗粮饭。

⑩ "曲肱"句：意谓弯起胳膊枕着安歇。肱，上臂，此处泛指胳膊。

⑪ 叶(shè)公：楚国大夫沈诸梁，字子高，为楚国司马沈尹戌之子，其采地为叶，僭称公。叶，楚国地名，今河南叶县南三十里古叶城即其地。

⑫ 奚：何。

⑬ 为人：做人。

⑭ 发愤：勤奋，指努力学习。

⑮ 以：而。

⑯ 不知：谓不觉，忘却，不理会。云尔：如此而已。

泰 伯

子曰："兴于《诗》[①]，立于礼[②]，成于乐[③]。"

乡 党

入公门[④]，鞠躬[⑤]如也，如不容[⑥]。

立不中门[⑦]，行不履阈[⑧]。

过位[⑨]，色勃如也，足躩如也，其言似不足者。

摄齐升堂[⑩]，鞠躬如也，屏气似不息[⑪]者。

出，降一等[⑫]，逞[⑬]颜色，怡怡如也。

没阶[⑭]，趋进，翼如也。

复其位[⑮]，踧踖如也。

……

君子不以绀緅饰[⑯]，红紫不以为亵服[⑰]。

---

① 兴：兴起，引发。全句意谓思想感情引发于《诗经》。何以如此？因为孔子认为《诗经》思想感情纯正。

② 立于礼：指立身于礼。

③ 成于乐：完成于乐。指陶冶性情，铸造品格，靠乐来完成。故孔子对乐不仅追求"尽美"，而且追求"尽善"。

④ 公门：君门。诸侯之室有库门，有雉门，有路门，入公门当指由外朝入库门。

⑤ 鞠躬：恭敬谨慎貌。

⑥ 不容：指容不下身子。

⑦ 立不中门：不正当门中间而立。

⑧ 阈（yù）：门槛。

⑨ 位：君位。此处指君主在治朝（路门之外）与群臣揖见时所立之位。治朝退，此位已虚，过位即指由治朝经路门入内朝议政时经过此位。

⑩ 摄：提起。齐（zī）：缝了边的长衣下摆。摄齐是为了避免让脚踩着倾跌失容。堂：指路寝（正寝）之堂。

⑪ 屏（bǐng）气：抑止呼吸，形容谨慎畏惧的样子。息：呼吸。

⑫ 等：台阶。

⑬ 逞：舒展。

⑭ 没（mò）：尽。

⑮ 复其位：意谓返回时经过治朝之君位。

⑯ 绀（gàn）：稍微带红的黑色，即后世所称的天青、红青。緅（zōu）：也是带红的黑色，比绀黑多红少，颜色更暗。饰：领、袖的缘边。绀、緅皆接近于庄重礼服之黑色，故不可用作装饰、陪亲的缘边。

⑰ 红紫：有二说。其一，认为"红""紫"为间色，不正。《论语集解》曰："红紫皆不正，亵尚不衣，（转下页）

当暑，袗絺綌[1]，必表而出之[2]。

缁衣[3]，羔裘[4]。素衣，麑[5]裘。黄衣，狐裘。

亵裘长[6]，短右袂[7]。

必有寝衣，长一身有半[8]。

狐貉之厚以居[9]。

去丧，无所不佩[10]。

非帷裳，必杀之[11]。

羔裘玄冠不以吊。

吉月[12]，必朝服而朝。

齐[13]，必有明衣，布。

齐必变食，居必迁坐[14]。食不厌精，脍不厌细[15]。食饐而餲[16]，鱼馁而肉败[17]，不食。色恶，不食。臭恶[18]，不食。失饪[19]，不食。不时[20]，不食。割不正[21]，不食。不得其酱[22]，不食。

肉虽多，不使胜食气[23]。

（接上页）正服无所施。”其二，认为“红”“紫”虽为间色，然接近于做礼服的正色，故连类而同样受到尊重。亵服：家居时穿的便服。

① 袗(zhěn)：单衣，亦指穿单衣。絺(chī)：细葛布。綌(xì)：粗葛布。全句意谓穿葛布做的单衣。

② 表：外衣。此指罩上外衣。出：指出门、出外。

③ 缁：黑色。衣：指反毛裘衣外罩的上衣，称作裼(xì)衣。下文“素衣”“黄衣”同。

④ 羔裘：古时所谓羔裘，一律指黑色羊皮裘。

⑤ 麑(ní)：幼鹿，其毛为白色。

⑥ 亵裘：家常所服皮裘。

⑦ 袂(mèi)：衣袖。短右袂：指把右边的衣袖做得较短，便于做事。

⑧ “必有”二句：意谓睡觉一定有被子，长短相当于一个人身长的一又二分之一。

⑨ 居：坐，此处指坐褥。全句意谓用毛厚的狐貉皮以为坐褥。

⑩ “去丧”二句：意谓按期脱掉丧服以后，便没有什么饰物不可以佩带。

⑪ “非帷”二句：比较非帷裳与帷裳的不同做法。帷裳：上朝、祭祀时穿的礼服。用正幅布做，于腰间褶叠收缩，紧以着身，像百褶裙一样。杀：减省，削减。杀之：对正幅布进行宽窄剪裁，使腰身减少，半于下摆。

⑫ 吉月：每月初一。诸侯于每月朔日行高庙听政之礼。

⑬ 齐：同“斋”，斋戒。

⑭ 齐必变食，居必迁坐：意谓斋戒时，一定改变日常饮食，居住也要改变日常居处。

⑮ 食：饭食。厌：同“餍”，饱足，贪饱。精：精善之米。脍(kuài)：细切的鱼肉。

⑯ 饐(yì)：食物腐败变味。餲(ài)：与“饐”同义，而腐败程度更重。

⑰ 馁(něi)：鱼类腐烂叫馁。败：肉类腐烂叫败。

⑱ 臭(xiù)：气味。

⑲ 饪(rèn)：煮熟。失饪：烹饪生熟火候失当。

⑳ 不时：不是吃饭的时间。

㉑ 割不正：肉切得不方正。

㉒ 不得其酱：意谓不得相宜之酱。

㉓ 胜食气：胜过粮食。一说“气”通“饩”，谷物、主食。

唯酒无量，不及乱①。

沽酒②市脯③不食。

不撤姜④食，不多食。

颜　渊

颜渊问仁。子曰："克己复礼为仁⑤。一日克己复礼，天下归仁焉⑥。为仁由己，而由人乎哉⑦！"颜渊曰："请问其目⑧。"子曰："非礼勿视，非礼勿听，非礼勿言，非礼勿动⑨。"颜渊曰："回虽不敏，请事斯语矣⑩。"

……

子曰："君子成人之美，不成人之恶。小人反是。"

子　路

子曰："君子和而不同⑪，小人同而不和。"

季　氏

孔子曰："君子有三戒：少之时，血气未定⑫，戒之在色⑬。及其壮⑭也，血气

---

① "唯酒"二句：意谓只有酒没有固定用量，以不致酗醉昏乱，失于检点为限。

② 沽酒：买的酒。

③ 市脯：买的干肉。

④ 撤姜：去掉姜。

⑤ 克己复礼：即"约之以礼"。克，克制，约束。复，返。

⑥ "一日"二句：意谓一旦克己复礼，天下人就会用仁来称许他了。归：犹"与"，称许。

⑦ "为仁"二句：意谓修养仁德全靠自己，难道取决于别人吗。

⑧ 目：纲目。纲为统系纲的大绳，目为从属于纲的纲眼，引申为从属于总纲的细则。

⑨ "非礼"四句：意谓非礼之事不要看，非礼之事不要听，非礼之事不要讲，非礼之事不要做。一切以礼为准则。

⑩ "回虽"二句：意谓颜回我虽不聪敏，请让我按照这话去做。

⑪ 君子：本章的君子与小人，指有德与无德之别。和：调和。同：等同。

⑫ 血气：元气，精力。未定：指尚未成熟。

⑬ 戒之：应该戒忌的，所戒。色：情欲，女色。

⑭ 壮：壮年。

方刚，戒之在斗[①]。及其老也，血气既衰，戒之在得[②]。”

孔子曰：“君子有三畏[③]：畏天命，畏大人[④]，畏圣人之言[⑤]。小人不知天命而不畏也，狎[⑥]大人，侮[⑦]圣人之言。”

……

孔子曰：“君子有九思[⑧]：视思明，听思聪[⑨]，色思温[⑩]，貌思恭，言思忠[⑪]，事思敬，疑思问，忿思难[⑫]，见得思义[⑬]。”

……

子曰：“见善如不及，见不善如探汤[⑭]。吾见其人矣，吾闻其语矣[⑮]。隐居以求其志，行义以达其道[⑯]。吾闻其语矣，未见其人也。”

阳　　货

子曰：“小子何莫[⑰]学夫《诗》？《诗》，可以兴[⑱]，可以观[⑲]，可以群[⑳]，可以怨[㉑]。迩之事父，远之事君[㉒]，多识于鸟兽草木之名。”

---

① 斗：争斗，斗殴。

② 得：指贪得，贪求。

③ 畏：指敬畏。

④ 大人：指品德高尚，能力高强，身居高位，能够治国、平天下之伟人。

⑤ 圣人：指品德最高尚（比“仁”还高）、智慧最高超、能够广济博施之人。

⑥ 狎（xiá）：轻蔑，轻慢。

⑦ 侮：轻慢，轻贱。

⑧ 思：考虑，用心，注意。

⑨ 听：听觉灵敏。

⑩ 色：容态。

⑪ 忠：真诚，由衷。“忠”与“信”有别，“忠”发自内心，“信”表现为行动。

⑫ 忿（fèn）：愤怒，怨恨。难：指患难，祸患。

⑬ 得：指收获，得益。

⑭ “见善”二句：意谓见到善如同赶不及似的急切追求，见到不善如同探试沸水一样急忙躲开。探，探试，探测。汤，滚烫的热水。此属只求独善其身的处世态度。

⑮ “吾见”二句：意谓我既见到过这样的人，我又听到过这样的话。

⑯ “隐居”二句：意谓避世隐居以信守其独善之志，循义而行以实现其所信仰之道。

⑰ 小子：《论语集解》引包咸曰：“小子，门人也。”何莫：何不，为什么不。

⑱ 兴：《诗》写作手法之一，托事于物。

⑲ 观：指观察社会。因《诗》多反映世情民俗，政治得失，故云。

⑳ 群：合群，会合。一指《诗》中有交友的内容，可以借鉴；又指与人交际、交往。

㉑ 怨：讥讽，怨刺。

㉒ “迩（ěr）之”二句：意谓近则可以用来事奉父亲，远则可以用来事奉君主。迩，近。之，连词，相当于“则”。

子　张

子夏曰："博学而笃志①，切问②而近思，仁在其中矣。"

……

子夏曰："百工居肆③以成其事，君子学以致④其道。"

尧　曰

子张问于孔子曰："何如斯⑤可以从政矣？"子曰："尊五美，屏⑥四恶，斯可以从政矣。"子张曰："何谓五美？"子曰："君子惠而不费⑦，劳而不怨⑧，欲而不贪⑨，泰而不骄⑩，威而不猛⑪。"子张曰："何谓惠而不费？"子曰："因民之所利而利之，斯不亦惠而不费乎？择可劳而劳之，又谁怨？欲仁而得仁，又焉贪？君子无众寡，无小大，无敢慢⑫，斯不亦泰而不骄乎？君子正其衣冠，尊其瞻视⑬，俨然人望而畏之，斯不亦威而不猛乎？"子张曰："何谓四恶？"子曰："不教而杀谓之虐⑭，不戒视成⑮谓之暴，慢令致期谓之贼⑯，犹之与人也，出纳之吝谓之有司⑰。"

---

① 笃志：志向坚定。
② 切问：即近于问、喜好问之意。切，靠近，贴近。
③ 百工：各种工匠。肆：店铺。手工业厂店合一，前店后厂，故云"百工居肆"。
④ 致：求得，获得。
⑤ 斯：则。
⑥ 屏（bǐng）：摒除，摒弃。
⑦ 惠而不费：施恩惠而又不须破费。指不能靠施舍赈济，应主要靠行不扰民之政，因势利导，因地制宜，使民众生产致富。
⑧ 劳而不怨：役使民众却又使民众不怨恨。劳，辛劳，烦劳，此处指役使。
⑨ 欲而不贪：有欲望却不贪心。欲既指正当的欲望，又指有节制的恰当欲望，或采用正当方法满足的欲望。
⑩ 泰而不骄：雍容大方却不骄傲自大。
⑪ 威而不猛：威严却不凶猛。
⑫ "君子"三句：意谓君子无论人多人少，事大事小，从不敢怠慢。
⑬ 瞻视：观瞻，指外观、仪表。
⑭ 虐：凶残。
⑮ 戒：告诫。视成：督责成功。
⑯ 慢令致期：下令缓慢却限期紧迫。致期，犹"时刻"，限定日期。此处指紧限日期。贼：伤害。
⑰ "犹之"二句：意谓如同给别人东西，出手吝啬叫做有司。出纳，财务的支出和收入，此处为偏义复词，只有"出"义。

孟　子

孟　轲

孟子，名轲（约前372—前289），字子舆，战国时邹国人。孟子的生平与孔子有很多相似之处，都经历了读书、游历、教育三阶段，他们的思想主张都未能被当时的统治者采纳，以著书立说为务；将"得天下英才而教育之"作为自己的人生乐趣。正因如此，孟子被尊称为"孔子之后第一人"。

关于《孟子》一书的写作时间，最早见于《史记·孟子荀卿列传》，文曰："退而与万章之徒序《诗》《书》，述仲尼之意，作《孟子》七篇。"这应是孟子晚年的事情。孟子晚年仕齐，因劝谏齐宣王伐燕事不被听从而辞职。这时孟子感到失望，同时也感到自己年事已高，主张又不能实现，于是归隐乡里，不再出游，从事著书。

引据阮元校刻《十三经注疏·孟子注疏》，影印嘉庆二十年江西南昌府刻本，艺文印书馆2017年版；标点依李学勤主编：《十三经注疏（标点本）》，北京大学出版社1999年版。

卷八·离娄下

孟子曰："大人者，不失其赤子[①]之心者也。"

……

孟子曰："博学而详说之，将以反[②]说约也。"

① 赤子：婴儿。

② 反：通"返"。

卷九 · 万章上

故说诗者不以文[①]害辞[②]，不以辞害志。以意逆[③]志，是为得之，如以辞而已矣，《云汉[④]》之诗曰："周余黎民，靡有孑[⑤]遗[⑥]。"信斯言也，是周无遗民也。

卷十二 · 告子下

孟子曰："舜发于畎亩[⑦]之中，傅说[⑧]举于版筑[⑨]之间，胶鬲[⑩]举于鱼盐之中，管夷吾[⑪]举于士，孙叔敖举于海[⑫]，百里奚举于市[⑬]。故天将降大任于是人也，必先苦其心志，劳其筋骨，饿其体肤，空[⑭]乏[⑮]其身，行拂[⑯]乱其所为，所以动心忍性[⑰]，曾[⑱]益其所不能。人恒[⑲]过，然后能改。困于心，衡[⑳]于虑，而后作。征[㉑]于色，发于声，而后喻[㉒]。入则无法家拂士[㉓]，出则无敌国外患者，国恒亡。然后知生于忧患，而死于安乐也。"

---

① 文：字。
② 辞：语。
③ 逆：迎。
④ 云汉：《大雅》中的篇名。
⑤ 孑：独立之貌。
⑥ 遗：脱。
⑦ 畎(quǎn)亩：田间，田地。
⑧ 傅说(yuè)：殷武丁时人，曾为刑徒，在傅险筑墙，后被武丁发现，举用为相。
⑨ 版筑：一种筑墙工作，在两块墙版中，填入泥土夯实。
⑩ 胶鬲(gé)：殷纣王时人，曾以贩卖鱼、盐为生，周文王把他举荐给纣，后辅佐周武王。
⑪ 管夷吾：管仲。士：此处指狱囚管理者。当年齐桓公和公子纠争夺君位，公子纠失败后，管仲随他一起逃到鲁国，齐桓公知道他贤能，所以要求鲁君杀死公子纠，而把管仲押回自己处理。鲁君于是派狱囚管理者押管仲回国，结果齐桓公用管仲为宰相。
⑫ 孙叔敖：春秋时楚国的隐士，隐居海边，被楚王发现后任为令尹(宰相)。
⑬ 百里奚举于市：春秋时的贤人百里奚，流落在楚国，秦穆公用五张羊皮的价格把他买回，任为宰相，所以说"举于市"。
⑭ 空：穷。
⑮ 乏：绝。
⑯ 拂：戾，言使之所谓不遂，多背戾也。
⑰ 性：指气禀食色而言耳。
⑱ 曾：同"增"。
⑲ 恒：常。
⑳ 衡：通"横"，指不顺。
㉑ 征：验。
㉒ 喻：晓。
㉓ 法家：有法度的大臣。拂士：辅佐的贤士。拂，假借为"弼"，辅佐。

卷十三 · 尽心上

孟子曰："孔子登东山[①]而小鲁，登太山而小天下，故观于海者难为水，游于圣人之门者难为言。观水有术，必观其澜。"

……

孟子曰："食[②]而弗爱，豕交之也。爱而不敬，兽畜之也。恭敬者，币之未将[③]者也。恭敬而无实，君子不可虚拘。"

……

公孙丑曰："道则高矣美矣，宜若登天然，似不可及也。何不使彼为可几[④]及而日孳孳也。"孟子曰："大匠不为拙工改废绳墨，羿不为拙射变其彀率[⑤]。君子引而不发，跃如也。中道而立，能者从之。"

---

① 东山：鲁国东之蒙山。

② 食：动词，使之食，引申为奉养。

③ 将：送。

④ 几(jī)：将近，差一点。

⑤ 彀(gòu)率：拉开弓的标准。

诗　　经

从美育角度看，《诗经》有对领舞者、君子、女子和生活之美好的描述，虽然没有专门指涉美育，但可以间接看成是今天审美教育所要传承的内容。以人为审美对象，对人的品德、学识、相貌、体态的欣赏式描述可以看成是美育的内容。如《简兮》是一首赞美舞师的诗。《考槃》是一首古老的隐士之歌，创造了一个清淡闲适的意境。《硕人》出自《国风·卫风》，是卫人赞美卫庄公夫人庄姜的诗。全诗写她出嫁来到卫国时的盛况。诗中的赞美之词可以看出那个时期卫国人对女性的审美标准。《蟋蟀》这首诗反映了东周时期唐地的风情，唐俗勤俭，故其民间终岁劳苦，不敢少休。诗歌强调了要及时行乐，但是不可太过度，要有节制。《鹿鸣》是周王宴会群臣宾客的一首乐歌。鹿是一种温驯的动物，它见到食物会呼唤同伴，以鹿鸣起兴，表现国君礼贤下士，君臣融洽的景象，表达了社会关系的和谐之美，后来《鹿鸣》也成为贵族宴会或举行乡饮酒礼、燕礼等宴会的乐歌，美育教化功能得以体现。《常棣》是一首写兄弟宴饮之乐的诗，从各个方面论述了“凡今之人，莫如兄弟”的道理。有危难时刻出手相助的兄弟情谊是人生幸事，诗的最后也提到了家庭和乐，这是美之体现。《菁菁者莪》用比兴手法，反复吟咏对于君子长育人才的欢愉之情，同时也描述了青年学子见到君子的欢乐。也有研究者认为这是一首情歌，表现女子与君子相见，获得君子厚赐后的喜悦心情。《鼓钟》是诗人在淮水上欣赏周王朝音乐，由音乐而歆慕古代圣贤创造美好音乐的功德。诗中记录了钟、鼓、琴、瑟、笙、磬、雅、南、籥等多种乐器共同演奏的场面。

引据阮元校刻：《十三经注疏·毛诗正义》，影印嘉庆二十年江西南昌府刻本，艺文印书馆 2017 年版；标点依李学勤主编：《十三经注疏（标点本）》，北京大学出版社 1999 年版。

简　　兮

简兮简兮[①]，方将《万》舞[②]。日之方中[③]，在前上处[④]。硕人俣俣[⑤]，公庭《万》舞[⑥]。

有力如虎，执辔如组[⑦]。左手执籥[⑧]，右手秉翟[⑨]。赫如渥赭[⑩]，公言锡爵[⑪]。

山有榛[⑫]，隰有苓[⑬]。云谁之思？西方美人[⑭]。彼美人兮，西方之人兮！

考　　槃[⑮]

考槃在涧，硕人之宽[⑯]。独寐寤言[⑰]，永矢弗谖[⑱]。

考槃在阿[⑲]，硕人之薖[⑳]。独寐寤歌，永矢弗过[㉑]。

考槃在陆[㉒]，硕人之轴[㉓]。独寐寤宿，永矢弗告[㉔]。

---

① 简：鼓声。一说形容舞师武勇之貌。

② 方将：正要，将要。万舞：古代在朝廷、宗庙或各种祭祀仪式上跳的舞蹈，由文舞与武舞两部分组成，文舞执羽籥(yuè)，武舞执干戚。

③ 方中：正好中午。

④ 在前上处：指舞师所处的位置，在整个舞蹈队伍的最前头。或指舞台前明显的位置。

⑤ 硕人：身材高大的人。俣(yǔ)俣：高大魁梧的样子。

⑥ 公庭：公爵的庭堂。

⑦ 辔(pèi)：马缰绳。组：编织的排排丝线。这里指用五彩丝帛做成的舞具，舞师手执模仿驾车的动作。

⑧ 籥：一种管乐器名，形状像笛子。

⑨ 秉：持。翟(dí)：野鸡的长尾羽，舞蹈者所执。

⑩ 赫：红色。渥(wò)：湿润。赭(zhě)：赤土，一说是一种赤色的矿物颜料。

⑪ 公：卫公。锡爵：赏酒。锡，同“赐”。爵，酒器。

⑫ 榛：灌木名，其果实似栗而小，可食。

⑬ 隰(xí)：低洼而潮湿之地。苓：苍耳，一说通“莲”，即荷花。

⑭ 西方：周室地区。美人：指舞师。这位舞师来自周室地区，卫国在其东面。

⑮ 考：筑成，建成。槃(pán)：架木为屋。方玉润《诗经原始》引黄一正曰：“槃者，架木为室，盘结之义也。”一说“考”为“扣”的假借字。“槃”通“盘”，指盛水的木制器皿，意指贤人扣盘而歌。又，毛诗正义云：考槃，刺庄公也。考，成也。槃，乐也。

⑯ 硕人：大人，美人，贤人。这里指隐者。宽：宽敞。

⑰ 独寐寤言：独睡、独醒、独自言。指不与人交往。

⑱ 永：长久。矢：发誓。弗谖(xuān)：不忘记。

⑲ 阿(ē)：大陵，或以为曲陵。

⑳ 薖(kē)：宽大的样子。

㉑ 弗过：永远不复入君之朝，一说永不过问世事。过，过从，交往。

㉒ 陆：高平之地。

㉓ 轴：盘桓不行貌。

㉔ 弗告：不以此乐告人。

硕　人

硕人其颀①，衣锦褧衣②，齐侯之子③，卫侯之妻④。东宫之妹⑤，邢侯之姨⑥，谭公维私⑦。

手如柔荑⑧，肤如凝脂⑨。领如蝤蛴⑩，齿如瓠犀⑪。螓首蛾眉⑫，巧笑倩兮⑬，美目盼兮⑭。

硕人敖敖⑮，说⑯于农郊。四牡有骄⑰，朱幩镳镳⑱，翟茀⑲以朝。大夫夙退⑳，无使君劳。

河水洋洋㉑，北流活活㉒。施罛濊濊㉓，鳣鲔发发㉔。葭菼揭揭㉕，庶姜孽孽㉖，庶士有朅㉗。

---

① 颀(qí)：高大。其颀，身材高大的样子。
② 衣锦褧(jiǒng)衣：这句指里面穿着华丽的锦衣，外面罩着麻布制的罩衫，是女子出嫁途中所着装束。衣，前“衣”字，作动词用，即穿的意思。褧，罩衫。
③ 齐侯：指齐庄公。子：女儿。
④ 卫侯：指卫庄公。
⑤ 东宫：指齐太子得臣。东宫为太子住地，因称太子为东宫。
⑥ 邢：国名，在今河北邢台。姨：指妻子的姐妹。
⑦ 谭：国名，在今山东济南历城。维：是。私：姊妹的丈夫。
⑧ 柔荑(tí)：柔嫩的初生白茅的幼苗。
⑨ 凝脂：凝结的脂肪，形容肤色光润。
⑩ 蝤蛴(qiúqí)：天牛的幼虫，白色细长。形容脖颈长而白。
⑪ 瓠犀(hùxī)：葫芦籽。形容牙齿白而整齐。
⑫ 螓(qín)：虫名，似蝉而小，它的额头宽大方正。这里形容额头宽阔。蛾：蚕蛾，它的触角细长而弯。
⑬ 倩(qiàn)：口颊美貌的样子。
⑭ 盼：黑白分明的样子。
⑮ 敖敖：身材高大的样子。
⑯ 说(shuì)：停驾休息。
⑰ 四牡：驾车的四匹雄马。有骄：健壮的样子。
⑱ 朱幩(fén)：马两边用红绸缠绕做装饰。镳镳：盛美的样子。
⑲ 翟茀(fú)：用山鸡羽毛装饰的车子。茀，古代车厢上的遮蔽物。
⑳ 夙退：早点退朝。
㉑ 河：黄河。洋洋：水茫茫的样子。
㉒ 活活：水流动的样子。
㉓ 施：设，张。罛(gū)：渔网。濊(huò)濊：撒网入水声。
㉔ 鳣(zhān)：大鲤鱼，一说鳇鱼。鲔(wěi)：鲟鱼，一说鳝鱼。发(bō)发：亦作“泼泼”，鱼盛多的样子，一说鱼尾摆动的声音。
㉕ 揭揭：向上扬起的样子，形容长势旺。
㉖ 庶：众。姜：姜姓女子。春秋时期诸侯女儿出嫁，常以姊妹或宗室之女从嫁。齐国姜姓，所以称“庶姜”。孽孽：盛势。
㉗ 庶士：指随从庄姜到卫的齐国诸臣。朅(qiè)：威武的样子。

蟋蟀

蟋蟀在堂①，岁聿其莫②。今我不乐，日月其除③。无已大康④，职思其居⑤。好乐无荒⑥，良士瞿瞿⑦。

蟋蟀在堂，岁聿其逝⑧。今我不乐，日月其迈⑨。无已大康，职思其外⑩。好乐无荒，良士蹶蹶⑪。

蟋蟀在堂，役车⑫其休。今我不乐，日月其慆⑬。无以大康，职思其忧。好乐无荒，良士休休⑭。

鹿鸣

呦呦⑮鹿鸣，食野之苹。我有嘉宾，鼓瑟吹笙。吹笙鼓簧，承筐是将⑯。人之好我，示我周行⑰。

呦呦鹿鸣，食野之蒿。我有嘉宾，德音孔昭⑱。视民不恌⑲，君子是则是效⑳。我有旨酒㉑，嘉宾式燕以敖㉒。

---

① 堂：厅堂。
② 聿(yù)：语气助词，有“遂”的意思。莫：同“暮”。
③ 除：去。
④ 已：过度。大康：过于安乐。
⑤ 职：还要。居：任的职位。
⑥ 好：喜好。荒：荒废。
⑦ 瞿(jù)瞿：惊顾的样子，这里有警惕之意。
⑧ 逝：去。
⑨ 迈：逝去。
⑩ 外：本职之外的事情。
⑪ 蹶(guì)蹶：勤恳敏捷的样子。
⑫ 役车：农役用的车子。
⑬ 慆：逝去。
⑭ 休休：安闲的样子。
⑮ 呦(yōu)呦：鹿鸣叫的声音。
⑯ 承：双手捧着。将：送。
⑰ 示：告诉。周行：大路。此处指处事应遵循的正确道理。
⑱ 德音：符合道理的话。孔：很。昭：明。
⑲ 视：同“示”。不恌(tiāo)：不轻薄。
⑳ 则：法则，榜样。效：仿效。
㉑ 旨酒：甜美的酒。
㉒ 燕：宴饮。敖：遨游。

呦呦鹿鸣，食野之芩。我有嘉宾，鼓瑟鼓琴。鼓瑟鼓琴，和乐且湛[①]。我有旨酒，以燕乐嘉宾之心。

常　棣

常棣之华[②]，鄂不韡韡[③]。凡今之人，莫如兄弟。
死丧之威[④]，兄弟孔怀[⑤]。原隰裒矣[⑥]，兄弟求矣。
脊令[⑦]在原，兄弟急难。每[⑧]有良朋，况也永叹[⑨]。
兄弟阋于墙[⑩]，外御其务[⑪]。每有良朋，烝也无戎[⑫]。
丧乱既平，既安且宁。虽有兄弟，不如友生[⑬]。
傧尔笾豆[⑭]，饮酒之饫[⑮]。兄弟既具[⑯]，和乐且孺[⑰]。
妻子好合，如鼓瑟琴。兄弟既翕[⑱]，和乐且湛。
宜尔家室[⑲]，乐尔妻帑[⑳]。是究是图[㉑]，亶其然乎[㉒]！

---

① 湛（dān）：同“耽”，乐之久。
② 常棣（dì）：木名，一作“棠棣”，又名郁李。
③ 鄂：通“萼”，即花萼。不（fū）：花托。韡（wěi）韡：鲜明的样子。
④ 威：通“畏”。
⑤ 孔：甚。怀：思念。
⑥ 原：高平之地。裒（póu）：聚集。
⑦ 脊令：鸟名，即鹡鸰，亦名雍渠。《郑笺》：“雍渠，水鸟。而今在原，失其常处，则飞则鸣，求其类，天性也。犹兄弟之于急难”。
⑧ 每：虽。
⑨ 况：兹。永：长。
⑩ 阋（xì）：争斗。墙：墙内，家庭之内。
⑪ 外：墙外。务：通“侮”。
⑫ 烝：久，长久。一说为发语词。戎：帮助。
⑬ 友生：朋友。生，语助词。
⑭ 傧（bìn）：陈列。笾（biān）：竹制器具，用来盛水果、干肉等。豆：木制盛肉器。
⑮ 饫（yù）：酒足饭饱。
⑯ 具：通“俱”，到齐。
⑰ 孺：相亲。
⑱ 翕（xī）：合，聚合。
⑲ 宜：安。
⑳ 帑（nú）：通“孥”，儿女。
㉑ 究：深思。图：考虑。
㉒ 亶（dǎn）：确实。然：这样。

伐　木

伐木丁丁，鸟鸣嘤嘤。出自幽谷，迁于乔木。嘤其鸣矣，求其友声①。
相彼鸟矣，犹求友声。矧伊人矣②，不求友生？神之听之，终和且平③。
伐木许许，酾酒有芎④。既有肥羜⑤，以速诸父⑥。宁适不来⑦，微我弗顾⑧。
於粲洒扫⑨，陈馈八簋⑩。既有肥牡，以速诸舅⑪。宁适不来，微我有咎⑫。
伐木于阪⑬，酾酒有衍⑭。笾豆有践⑮，兄弟无远⑯。民之失德，干糇以愆⑰。
有酒湑我⑱，无酒酤我⑲。坎坎鼓我，蹲蹲舞我⑳。迨我暇矣㉑，饮此湑矣。

菁菁者莪

菁菁者莪㉒，在彼中阿㉓。既见君子，乐且有仪㉔。
菁菁者莪，在彼中沚㉕。既见君子，我心则喜。

---

① 友声：同类的声音。
② 矧(shěn)：况且。伊人：是人，这人。
③ 终：既。
④ 酾(shī)酒：滤酒。有芎(xù)：即“芎芎”，形容酒美。
⑤ 羜(zhù)：羊羔。
⑥ 速：召，请。诸父：同姓长辈。
⑦ 宁：宁可。适：凑巧。
⑧ 微：非。顾：念。
⑨ 於(wū)：叹美词。粲：鲜明洁净。
⑩ 馈(kuì)：食物。簋(guǐ)：盛食品的器具。
⑪ 诸舅：指异姓长辈。
⑫ 咎：过错。
⑬ 阪：斜坡。
⑭ 有衍：即“衍衍”，盛满的样子。
⑮ 践：陈列。
⑯ 无远：不要疏远，别见外。
⑰ 干糇(hóu)：干粮。此处指粗劣食物。愆：过错。
⑱ 湑(xǔ)：滤酒。我：语尾助词，犹“兮”，即今之“啊”。
⑲ 酤：买酒。
⑳ 蹲(cún)蹲：当作“墫墫”，跳舞的样子。
㉑ 迨：趁着。
㉒ 菁菁：茂盛的样子。莪(é)：莪蒿，又名萝蒿。
㉓ 中阿(ē)：即“阿中”。《毛传》：“阿中也。大陵曰阿。”即大土山。
㉔ 仪：法式，榜样。
㉕ 沚：水中小沙洲。

菁菁者莪，在彼中陵[1]。既见君子，锡我百朋[2]。

汎汎杨舟[3]，载沉载浮[4]。既见君子，我心则休[5]。

鼓　钟

鼓钟将将[6]，淮水汤汤[7]，忧心且伤。淑人君子[8]，怀允[9]不忘。

鼓钟喈喈[10]，淮水湝湝[11]，忧心且悲。淑人君子，其德不回[12]。

鼓钟伐鼛[13]，淮有三洲[14]，忧心且妯[15]。淑人君子，其德不犹[16]。

鼓钟钦钦[17]，鼓瑟鼓琴，笙磬[18]同音。以雅以南[19]，以籥不僭[20]。

大　田[21]

大田多稼，既种既戒[22]，既备乃事[23]。以我覃耜[24]，俶载[25]南亩。播厥百谷，既

① 中陵：《毛传》："中陵，陵中也。"陈奂《诗毛氏传疏》："中阿，阿中。中沚，沚中。中陵，陵中。皆倒字以就韵。"

② 锡：赐，赠。朋：上古以贝为货币，五贝为朋。

③ 汎汎：漂浮不定的样子。杨舟：杨木做成的舟。

④ 载：或。

⑤ 休：休休然，喜悦快乐。

⑥ 鼓：敲击。将(qiāng)将：即"锵锵"，象声词，形容钟声响亮。

⑦ 淮水：今之淮河。汤(shāng)汤：水大流急貌。

⑧ 淑人君子：美德之人。淑，善。

⑨ 怀：怀念。允：语助词。

⑩ 喈喈：象声词，形容钟声和谐。

⑪ 湝(jiē)湝：水流貌，犹"汤汤"。

⑫ 回：邪。

⑬ 伐：击打。鼛(gāo)：大鼓。

⑭ 三洲：淮河上的三个小岛。可能为当时贵族奏乐处，在历次大水中，已被淹没。

⑮ 妯(chōu)：忧思之甚。

⑯ 犹(yù)：《郑笺》："犹当作瘉。瘉，病也。"指过错，缺点。

⑰ 钦钦：象声词，犹"将将"。

⑱ 磬：古乐器名，用玉或美石制成，有孔穿绳索悬于架上，敲击发声。

⑲ 雅：古乐器名，状如漆筩而弇口，大二围，长五尺六寸，以羊皮鞔之，有两组疏画。是用手拍打以协调节奏的乐器。南：乐器名，形似铃。这两种乐器名，后来都演变为乐调名，即《二雅》和《二南》。

⑳ 籥(yuè)：古代管乐器，似排箫。不僭：指乐不相乱。僭，差失，混乱。

㉑ 大田：面积广阔、地力肥美的耕田。

㉒ 种：指选种子。戒：同"械"，指修农具。

㉓ 备：完备。乃事：这些事，指上述工作。

㉔ 覃耜(sì)：锐利的犁头。覃，"剡"的假借，锐利。耜，犁头。

㉕ 俶(chù)：开始。载：从事。

庭且硕[①]。曾孙是若[②]。

既方既皂[③]，既坚既好[④]，不稂不莠[⑤]。去其螟螣[⑥]，及其蟊贼[⑦]，无害我田稚[⑧]。田祖有神[⑨]，秉畀炎火[⑩]。

有渰萋萋[⑪]，兴雨祈祈[⑫]，雨我公田，遂及我私[⑬]。彼有不获稚[⑭]，此有不敛穧[⑮]；彼有遗秉[⑯]，此有滞穗[⑰]，伊寡妇之利[⑱]。

曾孙来止，以其妇子，馌彼南亩，田畯至喜。来方禋祀[⑲]，以其骍黑[⑳]，与其黍稷[㉑]。以享以祀，以介景福。

鸳　鸯[㉒]

鸳鸯于飞，毕之罗[㉓]之。君子万年，福禄宜[㉔]之。

鸳鸯在梁[㉕]，戢其左翼[㉖]。君子万年，宜其遐福[㉗]。

---

① 庭：通“挺”，挺直，直生。硕：大，指肥壮。

② 曾孙是若：指庄稼长势好，顺曾孙之意。若，顺。

③ 方：“房”的借词，指谷穗始生，籽粒外苞尚未合拢。皂(zào)：指籽粒初生，尚未坚实。

④ 既坚既好：指籽粒坚实、饱满。

⑤ 稂(láng)：谷之有穗而不结实者。莠：似谷的野草，又名狗尾草。

⑥ 螟：食禾心的害虫。螣(tè)：食叶的害虫，即蝗虫。

⑦ 蟊(máo)贼：食禾根的害虫，又名蝼蛄。

⑧ 稚：幼禾。

⑨ 有神：有灵。

⑩ 秉畀(bì)炎火：此为古代用火消灭害虫的方法。秉，拿。畀，给予，此指投入火中。炎火，烈火。

⑪ 有渰(yǎn)萋萋：犹言“渰渰萋萋”，阴云密布之貌。

⑫ 兴雨：当从另本作“兴云”。祈祈：云盛貌。

⑬ 遂：遍。私：私田。旧以为指井田制，中为公田，四周八块皆为农民的私田。

⑭ 不获稚：没收割的未熟之禾。

⑮ 不敛穧(jì)：未收起的成把的遗禾。穧，聚禾成把。

⑯ 遗秉：漏掉的禾束。

⑰ 滞穗：丢落地里的禾穗。

⑱ 利：好处。此指寡妇享利。

⑲ 来方禋(yīn)祀：曾孙到来正在举行祭祀。来，到来，指曾孙到来。一说语助词，无实意。方，正在。禋，祭祀时升烟。

⑳ 骍黑：赤黄色与黑色的牺牲物。即牛羊猪之类。

㉑ 与：加上。

㉒ 鸳鸯：水鸟名。此鸟雌雄相守，偶居不离，古人以之象征恩爱夫妻。

㉓ 毕：长柄的捕鸟小网。罗：罗网。

㉔ 宜：安。

㉕ 梁：水中拦鱼的石坝，即鱼梁。

㉖ 戢(jí)：敛。《经典释文》引《韩诗》曰：“戢，捷也，捷其噣于左也。”谓鸳鸯止息时将喙插在左翅下。

㉗ 遐：长远。

乘马在厩①，摧之秣②之。君子万年，福禄艾之③。

乘马在厩，秣之摧之。君子万年，福禄绥④之。

宾之初筵⑤

宾之初筵，左右秩秩⑥。笾豆有楚⑦，殽核维旅⑧。酒既和旨⑨，饮酒孔偕⑩。钟鼓既设，举酬逸逸⑪。大侯既抗⑫，弓矢斯张⑬。射夫既同⑭，献尔发功⑮。发彼有的⑯，以祈尔爵⑰。

籥舞⑱笙鼓，乐既和奏。烝衎烈祖⑲，以洽百礼⑳。百礼既至㉑，有壬有林㉒。锡尔纯嘏㉓，子孙其湛㉔。其湛曰乐㉕，各奏尔能。宾载手仇㉖，室人入又㉗。酌彼

---

① 乘(shèng)马：四匹马。厩：马棚。

② 摧(cuò)：铡草。此指以草喂马。秣(mò)：喂牲口的粮食，此指以谷物喂马。

③ 艾：养，一说辅助。

④ 绥：安。

⑤ 宾之初筵：宾客初入座的时候。筵，竹席。古代设筵于地，客人席地而坐。

⑥ 左右：犹“东西”，筵席左右。宴会时，主人在东，宾在西。秩秩：肃敬而有秩序貌。

⑦ 楚：行列齐整貌。

⑧ 殽：菜肴，指豆中所盛鱼肉等菜肴。核：盛于笾中有核果类，即干果。维：是。旅：通“胪”，胪列，陈设。

⑨ 和旨：指酒味柔和甜美。

⑩ 孔偕：指举杯同饮，礼节协调齐一，井然不乱。孔，甚。偕，同。

⑪ 酬：敬酒，这里指举杯劝饮。逸逸：犹“绎绎”，来往不断貌。

⑫ 大侯：又称“君侯”，是侯中最大者。侯，箭靶，以兽皮或布制成，其上加圆形或方形布块，叫做“的”或“鹄”，射时以中的为胜。古礼射有不同等级的侯。《仪礼·乡射记》：“凡侯，天子熊侯，白质；诸侯麋侯，赤质；大夫布侯，画以虎豹；士布侯，画以鹿豕。凡画者丹质。”抗：举，竖起。

⑬ 斯：语助词。张：张弓搭箭。

⑭ 射夫：指参赛的射手。同：会聚。

⑮ 献：犹“奏”，表现。发：射箭。功：本领。这里有功力、技能之意。

⑯ 的：靶中心。

⑰ 以祈尔爵：古射礼，输者饮酒，即受罚酒。因而射手们都想着战胜对手，罚对手饮酒。祈，求。尔爵，犹言“尔饮”。爵，饮酒器，此处作动词，即以爵代指饮酒。

⑱ 籥(yuè)舞：执籥而舞。

⑲ 烝：进，献。衎(kàn)：娱乐。烈祖：指创业的先祖。

⑳ 洽：合，配合。百礼：指各种礼仪。

㉑ 既至：已经齐备。

㉒ 有壬有林：形容礼仪规模宏大貌。壬，大。林，多。戴震《毛郑诗考证》：“此以形容百礼既至，壬壬然盛大，林林然多而不乱。”

㉓ 纯嘏(gǔ)：大福。

㉔ 湛：乐，喜悦。

㉕ 其湛曰乐：即“湛乐”。其、曰，皆语助词，无实义。

㉖ 宾载手仇：指燕射，宾客选取比赛对手。此处写正射后的自由比赛。载，则。手，取，选择。仇，匹，指比赛对手。

㉗ 室人：主人。入又：即“又入”，指再次参射。

康爵[①],以奏尔时[②]。

宾之初筵,温温[③]其恭。其未醉止,威仪反反[④]。曰既醉止,威仪幡幡[⑤]。舍其坐迁[⑥],屡舞仙仙[⑦]。其未醉止,威仪抑抑[⑧]。曰既醉止,威仪怭怭[⑨]。是曰既醉,不知其秩。

宾既醉止,载号载呶[⑩]。乱我笾豆,屡舞僛僛[⑪]。是曰既醉,不知其邮[⑫]。侧弁之俄[⑬],屡舞傞傞[⑭]。既醉而出,并受其福。醉而不出,是谓伐德[⑮]。饮酒孔嘉[⑯],维其令仪[⑰]。

凡此饮酒,或醉或否。既立之监[⑱],或佐之史[⑲]。彼醉不臧,不醉反耻[⑳]。式勿从谓[㉑],无俾大怠[㉒]。匪言勿言,匪由勿语[㉓]。由醉之言[㉔],俾出童羖[㉕]。三爵不识[㉖],矧敢多又[㉗]。

---

① 康爵:空杯。
② 时:心里尊敬的人,指善射者。
③ 温温:温柔和顺。《郑笺》:"柔和也。"
④ 反(bǎn)反:同"昄昄",举止庄重美好貌。
⑤ 幡幡:轻率无礼貌。
⑥ 舍其坐迁:即指酒后失礼,当坐饮而不坐,当离席而不离。瑞辰《毛诗传笺通释》:"古者饮酒之礼,取觯(酒具)、奠觯皆坐。又凡礼盛者坐卒爵,其余则皆立饮。又有升降、兴拜、复席、复位诸礼,皆可以'迁'统之。舍其坐迁,盖谓舍其当坐当迁之礼耳。"
⑦ 仙仙:通"跹跹",舞姿轻盈貌。此句指屡次起舞。
⑧ 抑抑:慎密貌。
⑨ 怭(bì)怭:轻薄亵慢貌。
⑩ 号:号叫。呶(náo):喧哗,吵闹。
⑪ 僛(qī)僛:身体歪斜状。
⑫ 邮:"尤"的借字,过失。
⑬ 侧弁:歪戴帽子。之:是。俄:歪斜貌。
⑭ 傞(suō)傞:乱舞不止貌。
⑮ 伐德:害德,败德。
⑯ 孔嘉:甚美。
⑰ 令:善。仪:礼节。朱子云:"饮酒之所以甚美者,以其有令仪耳。"
⑱ 监:指监酒之官,宴会上负责纠察礼仪。古者饮酒,立监以防失礼。
⑲ 佐:助。史:记事记言之官。
⑳ "彼醉"二句:喝醉了本不好,可反以不醉者为可耻。不臧,不好。
㉑ 式:语助词。从:跟从。谓:劝。
㉒ 怠:怠慢,无礼。
㉓ 匪由勿语:不合理的不要说。由,式,法。
㉔ 由醉之言:因为喝醉说的话。由,从,因。
㉕ 童羖(gǔ):没角的山羊。指小山羊。旧以为公山羊有角。此二句是说醉者荒唐之言,好像可生出无角的羖羊。
㉖ 三爵:三杯。不识:指酒后糊涂状态。《孔疏》引《春秋传》:"臣侍君燕,过三爵,非礼也。"此言不知三杯之礼。
㉗ 矧:何况。又:通"侑",劝酒。

駉

駉駉[①]牡马，在坰[②]之野。薄言[③]駉者，有驈有皇[④]，有骊有黄[⑤]，以车彭彭[⑥]。思无疆，思马斯臧[⑦]。

駉駉牡马，在坰之野。薄言駉者，有骓有駓[⑧]，有骍有骐[⑨]，以车伾伾[⑩]。思无期，思马斯才。

駉駉牡马，在坰之野。薄言駉者，有驒有骆[⑪]，有骝有雒[⑫]，以车绎绎[⑬]。思无斁[⑭]，思马斯作。

駉駉牡马，在坰之野。薄言駉者，有骃有騢[⑮]，有驔有鱼[⑯]，以车祛祛[⑰]。思无邪，思马斯徂。

---

① 駉（jiōng）駉：马健壮貌。
② 坰（jiōng）：野外。
③ 薄言：语助词。
④ 驈（yù）：黑身白胯的马。皇：黄白杂色的马。
⑤ 骊（lí）：纯黑色的马。黄：黄赤色的马。
⑥ 以车：用马驾车。彭彭：马奔跑发出的声响。
⑦ 思：语助词。臧：好。
⑧ 骓（zhuī）：苍白杂色的马。駓：黄白杂色的马。
⑨ 骍（xīn）：赤黄色的马。骐：青黑色相间的马。
⑩ 伾（pī）伾：有力的样子。
⑪ 驒（tuó）：青色而有鳞状斑纹的马。骆：白身黑鬃的马。
⑫ 骝（liú）：赤身黑鬃的马。雒（luò）：黑身白鬃的马。
⑬ 绎绎：跑得很快的样子。
⑭ 斁（yì）：厌倦。
⑮ 骃（yīn）：浅黑间杂白色的马。騢（xiá）：赤白杂色的马。
⑯ 驔（diàn）：黑身黄脊的马。鱼：两眼长两圈白毛的马。
⑰ 祛（qū）祛：强健的样子。

庄　　子

庄子，名周，宋国蒙人，战国中期思想家、哲学家和文学家。他是继老子之后，战国时期道家学派的代表人物。与老子并称为“老庄”。庄子的文章，文笔变化多端，具有浓厚的浪漫主义色彩，富有幽默讽刺的意味，对后世文学语言有很大影响。其奇特超常的想象和变幻莫测的寓言故事，构成了庄子特有的想象世界。庄子崇尚自然，反对人为，同时以“言不尽意”的精神境界而达成“自然美”“美丑相对”作为其美学思想的核心，表现了最为理想主义的审美思想。他倡导以无为本的“无知、无欲、无为、无用”生活美学准则，鼓励人们抛弃贪得无厌的世俗生活观念，坚持“无美无丑、勿迷真性”的审美生活信条，追求“身心自由、健康快乐、近似神人”的美好生活目标，从而得以成为先秦生活美学思想之集大成者。庄子的美学思想实际上也是寻求人生拯救的审美之途径。其中，《齐物论》中有描写悟道者南郭子綦“吾丧我”的入道境界，引出了人籁、地籁和天籁的三籁之说。以人籁的箫管声和地籁的洞穴声反衬出只有入道的至人才能感受到的自然的无声之声，即天籁。“庄周梦为胡蝶”写庄周与蝴蝶的梦中转化，阐述“物化”之旨。庄周化为蝴蝶，蝴蝶化为庄周，万物化而为一，哪里还有彼是此非、此是彼非之辨呢？《人间世》中还假借颜回与孔子的对话，让人知道心斋就是使心灵空虚，保持清洁。《养生主》中“庖丁解牛”的故事，描绘了庖丁出神入化的解牛技艺，并强调了超越技艺水平的心得体会，从而落脚到养生上。

引据王孝鱼点校：《庄子集释》，《新编诸子集成》本，中华书局 1961 年版。

齐物论

南郭子綦隐机[①]而坐，仰天而嘘[②]，荅焉似丧其耦[③]。颜成子游立侍乎前[④]，曰："何居乎[⑤]？形固可使如槁木，而心固可使如死灰乎？今之隐机者，非昔之隐机者也。"

子綦曰："偃，不亦善乎，而问之也[⑥]！今者吾丧我[⑦]，汝知之乎？女闻人籁而未闻地籁[⑧]，女闻地籁而未闻天籁夫！"

子游曰："敢问其方[⑨]。"

子綦曰："夫大块噫气[⑩]，其名为风。是唯无作，作则万窍怒呺[⑪]。而独不闻之翏翏[⑫]乎？山林之畏佳[⑬]，大木百围之窍穴[⑭]，似鼻，似口，似耳，似枅，似圈，似臼，似洼者，似污者[⑮]；激者，謞者，叱者，吸者，叫者，号者，宎者，咬者[⑯]，前者唱于而随者唱喁[⑰]。泠风则小和[⑱]，飘风则大和，厉风济则众窍为虚[⑲]。而独不见之调调，之刁刁[⑳]乎？"

子游曰："地籁则众窍是已，人籁则比竹是已[㉑]。敢问天籁。"

子綦曰："夫吹万不同，而使其自己也[㉒]，咸其自取，怒者其谁邪！[㉓]"

---

① 南郭子綦(qí)：楚昭王的庶弟，字子綦，住在南郭，因以为号。隐机：凭靠几案。

② 嘘：缓缓吐气。

③ 荅(tà)焉：形体不存在的样子。丧其耦：即忘其形。耦，匹对，精神与肉体为匹对，外物与内我为匹对。

④ 颜成子游：南郭子綦的弟子，复姓颜成，名偃，字子游。

⑤ 何居：何故。居，犹"故"。

⑥ 而：犹"尔"，你。"不亦善乎"是"而问之也"的补语前置句。

⑦ 吾丧我：本然之真我忘掉了偏执的小我。

⑧ 女：同"汝"，你。籁：箫。这里指由空虚之地发出的声响。

⑨ 方：术，道术。

⑩ 大块：大地。噫气：吐气，气息声。

⑪ 呺(háo)：同"号"，吼叫。

⑫ 翏翏(liù)：大风声。

⑬ 畏佳：形容山势险峻盘回。

⑭ 窍穴：指树洞。小洞如窍，大洞如穴。

⑮ "似鼻"八句：形容各种窍穴的形状。枅(jī)，柱上的方木。圈，牲畜栏圈，一说杯口。臼，舂粮的器具。洼，池沼。污，泥塘。

⑯ "激者"八句：形容窍穴发出的各种声音。激者，如水激之声。謞(hè)者，盛烈之声。叱者，如叱咤之声。号者，如号哭之声。宎(yǎo)者，如风入孔穴声。咬者，如哀之声。

⑰ 于、喁(yú)：均指应和之声。

⑱ 泠(líng)风：小风。

⑲ 济：止。虚：寂静。

⑳ 调调、刁刁：均指树木摇动的声音。调调，指树枝大动。刁刁，指树叶微动。

㉑ 比竹：并列组合在一起的竹管，指箫、笙一类的乐器。

㉒ "夫吹万"二句：谓万窍所发出的万种不同的声音，这声音本是窍穴的自然状态造成的。

㉓ 怒者：发动者，产生者。

……

(啮缺)曰:“然则物无知邪?”

(王倪)曰:“吾恶乎知之!虽然,尝试言之。庸讵[1]知吾所谓知之非不知邪?庸讵知吾所谓不知之非知邪?且吾尝试问乎女:民湿寝则腰疾偏死[2],鳅然乎哉?木处则惴慄恂惧[3],猨猴然乎哉?三者孰知正处?民食刍豢[4],麋鹿食荐[5],蝍蛆甘带[6],鸱鸦耆鼠[7],四者孰知正味?猿猵狙以为雌[8],麋与鹿交,鳅与鱼游。毛嫱丽姬[9],人之所美也;鱼见之深入,鸟见之高飞,麋鹿见之决骤[10],四者孰知天下之正色哉?自我观之,仁义之端,是非之涂,樊然淆乱[11],吾恶能知其辩!”

啮缺曰:“子不知利害,则至人固不知利害乎?”

王倪曰:“至人神矣!大泽焚而不能热,河汉沍而不能寒[12],疾雷破山飘风振海而不能惊。若然者,乘云气,骑日月,而游乎四海之外。死生无变于己,而况利害之端乎!”

……

昔者庄周梦为胡蝶,栩栩然胡蝶也[13],自喻适志与[14]!不知周也。俄然觉,则蘧蘧然[15]周也。不知周之梦为胡蝶与,胡蝶之梦为周与?周与胡蝶则必有分矣。此之谓物化[16]。

---

① 庸讵(jù):怎么,哪里。庸,安,何。讵,何。
② 偏死:半身瘫痪。
③ 惴栗:惊恐得发抖。恂(xún)惧:恐惧,害怕。
④ 刍豢(chú huàn):指家畜。食草者谓刍,食谷者谓豢。
⑤ 荐:美草。
⑥ 蝍蛆(jíjū):蜈蚣。甘:甘美,可口。带:蛇。
⑦ 鸱(chī):猫头鹰。耆:通“嗜”,爱好。
⑧ 猵(biān)狙:猿猴的一种。
⑨ 毛嫱(qiáng)丽姬:皆为古代美女。
⑩ 决骤:疾奔。决,疾走不顾。
⑪ 樊然淆(xiáo)乱:纷然错乱。淆,错杂。
⑫ 河汉:泛指江河。河,黄河。汉,汉水。沍(hù):冻结。
⑬ 栩栩:形容轻盈畅快的样子。一本作“翩翩”。
⑭ 喻:晓,觉得。适志:快意。与:同“欤”。
⑮ 蘧(qú)蘧然:悠然自得的样子。
⑯ 物化:万物浑然同化,物我及人我达到无差别境界。

养生主

庖丁为文惠君解牛[①]，手之所触，肩之所倚，足之所履，膝之所踦[②]，砉然响然[③]，奏刀騞然[④]，莫不中音。合于桑林之舞[⑤]，乃中经首之会[⑥]。

文惠君曰："嘻，善哉！技盖[⑦]至此乎？"

庖丁释[⑧]刀对曰："臣之所好者道也，进乎技矣。始臣之解牛之时，所见无非全牛者。三年之后，未尝见全牛也。方今之时，臣以神遇[⑨]而不以目视，官知止[⑩]而神欲行。依乎天理[⑪]，批大郤[⑫]，导大窾[⑬]，因其固然。……

人间世

回曰："敢问心斋。"

仲尼曰："若一志[⑭]，无听之以耳而听之以心，无听之以心而听之以气！听止于耳[⑮]，心止于符[⑯]。气也者，虚而待物者也[⑰]。唯道集虚[⑱]。虚者，心斋也。"

……

---

① 庖丁：名叫丁的厨师。一说掌厨的丁役。文惠君：梁惠王。

② 踦(yǐ)：顶住。

③ 砉(xū)然响然：皆为形容解牛时发出的声音。

④ 騞(huō)然：进刀之声。

⑤ 桑林之舞：传说殷商时代的乐舞曲。

⑥ 经首：传说尧时的乐曲。会：节奏，旋律。

⑦ 盖：通"盍"，何。

⑧ 释：放。

⑨ 神遇：心神感触。

⑩ 官知止：感官的认知作用停止了。

⑪ 天理：自然的纹理结构。

⑫ 批：击，劈。郤：通"隙"，指筋骨间的缝隙。

⑬ 导：引刀而入。大窾(kuǎn)：指骨节间的较大空隙。

⑭ 若一志：即"一若志"，专一你的心志。

⑮ 听止于耳：即"耳止于听"。

⑯ 符：合。

⑰ 气也者，虚而待物者也：能够容纳外物的气，显然不是指呼吸之气息，当指能够主宰万物和心志的道体的一种形式。

⑱ 虚：指空明的一尘不染的心境。

匠石之齐[1]，至于曲辕[2]，见栎社树[3]。其大蔽数千牛，絜之百围[4]，其高临山[5]十仞而后有枝，其可以为舟者旁[6]十数。观者如市，匠伯[7]不顾，遂行不辍。

弟子厌观[8]之，走及匠石，曰："自吾执斧斤以随夫子，未尝见材如其美也。先生不肯视，行不辍，何邪？"

曰："已矣，勿言之矣！散木[9]也，以为舟则沈，以为棺椁则速腐，以为器则速毁，以为门户则液樠[10]，以为柱则蠹，是不材之木也，无所可用，故能若是之寿。"

德充符

仲尼曰："丘也尝使于楚矣，适见㹠子食于其死母者[11]，少焉眴若[12]皆弃之而走。不见己焉尔[13]，不得类焉尔。所爱其母者，非爱其形也，爱使其形[14]者也。战而死者，其人之葬也不以翣资[15]；刖者之屦[16]，无为爱之；皆无其本矣。为天子之诸御[17]，不爪翦[18]，不穿耳；取妻者止于外，不得复使。形全犹足以为尔，而况全德之人乎！今哀骀它未言而信，无功而亲，使人授己国，唯恐其不受也，是必才全而德不形者也[19]。"

哀公曰："何谓才全？"

仲尼曰："死生存亡，穷达贫富，贤与不肖毁誉，饥渴寒暑，是事之变，命[20]之

---

① 匠石：一个名叫石的木匠。之：往。
② 曲辕：虚拟的地名。
③ 栎(lì)社树：被当做社神的栎树。
④ 絜(xié)：用绳子度量粗细。围：两手合抱。
⑤ 临山：高出山头。从上往下看称"临"。
⑥ 旁：通"方"，且、将。
⑦ 匠伯：工匠之长。这里指匠石。
⑧ 厌观：饱看，看个够。
⑨ 散木：无用之木。
⑩ 液樠(mán)：脂液渗出。
⑪ 㹠(tún)子：小猪。食：吃奶。
⑫ 眴(shùn)若：惊慌的样子。
⑬ 焉尔：才如此，指弃之而走的原因。
⑭ 使其形：主宰它的形体，指精神。
⑮ 翣(shà)：棺材饰物。资：送，给。
⑯ 刖(yuè)：古代砍足的刑罚。屦(jù)：鞋。
⑰ 诸御：宫女及其嫔妃。
⑱ 不爪翦：不剪指甲。翦，同"剪"。
⑲ 才全：天性完备未损。德不形：内德不外露。
⑳ 命：天命，自然。

行也；日夜相代乎前，而知不能规[①]乎其始者也。故不足以滑和[②]，不可入于灵府[③]。使之和豫，通而不失于兑[④]；使日夜无郤而与物为春[⑤]，是接而生时于心者也。是之谓才全。”

“何谓德不形？”

曰：“平者，水停之盛也[⑥]。其可以为法也，内保之而外不荡也。德者，成和[⑦]之修也。德不形者，物不能离也。”

大宗师

泉涸，鱼相与处于陆，相呴[⑧]以湿，相濡[⑨]以沫，不如相忘于江湖。与其誉尧而非桀也，不如两忘而化其道[⑩]。

骈　拇

是故骈于明者，乱五色[⑪]，淫文章[⑫]，青黄黼黻之煌煌非乎[⑬]？而离朱是已[⑭]。多于聪者，乱五声[⑮]，淫六律[⑯]，金石丝竹黄钟大吕之声非乎[⑰]？而师旷是已[⑱]。枝于仁者，擢德塞性以收名声[⑲]，使天下簧鼓[⑳]以奉不及之法非乎？而曾史[㉑]是

---

① 知：同“智”，智慧。规：通“窥”，窥视。
② 滑和：扰乱和顺的本性。滑，乱。
③ 灵府：精神的府宅，指心灵。
④ 和：和顺。豫：豫适。通：通畅。兑：悦。
⑤ 日夜无郤：日夜都不间断。与物为春：与万物同游于春和之中。
⑥ 盛：至，极。
⑦ 成和：成功，和顺。
⑧ 呴(xǔ)：吐气。
⑨ 濡(rú)：沾湿。
⑩ 化其道：同化于大道。
⑪ 五色：青、黄、赤、白、黑。
⑫ 淫：过度，淫滥。文章：青与赤为文，赤与白为章。
⑬ 黼黻(fǔfú)：绣在礼服上的花纹。黑与白相间叫黼，黑与青相间叫黻。煌煌：光辉眩目的样子。
⑭ 而：通“如”。离朱：一说黄帝时人。《淮南子·原道》称：“离朱之明，察箴末于百步之外”。
⑮ 五声：指古乐中的五个音节，即宫、商、角、徵、羽。
⑯ 六律：古乐中的阴阳各六个标准音调。
⑰ 金石丝竹：皆可用来制作乐器，这里指各类乐器。黄钟大吕：指乐器的声调。
⑱ 师旷：晋平公的乐师，精于音律。
⑲ 擢(zhuó)：拔。塞：闭塞。收名声：指沽名钓誉。
⑳ 簧鼓：犹“吹笙打鼓”，即吹吹打打，喧闹之意。
㉑ 曾史：曾参和史鳍。曾参字子舆，是孔子的弟子；史鳍字子鱼，是卫灵公的大臣。

已。骈于辩者，累瓦结绳窜句[①]，游心于坚白同异之间[②]，而敝跬誉无用之言非乎[③]？而杨墨[④]是已。故此皆多骈旁枝之道，非天下之至正也。

彼至正[⑤]者，不失其性命之情。故合者不为骈，而枝者不为跂[⑥]；长者不为有余，短者不为不足。是故凫胫[⑦]虽短，续之则忧；鹤胫虽长，断之则悲。故性长非所断，性短非所续，无所去忧也。意[⑧]仁义其非人情乎！彼仁人何其多忧也？

刻　　意

刻意尚行[⑨]，离世异俗[⑩]，高论怨诽[⑪]，为亢[⑫]而已矣；此山谷之士，非世[⑬]之人，枯槁赴渊者之所好也[⑭]。语仁义忠信，恭俭推让，为修而已矣[⑮]；此平世之士，教诲之人[⑯]，游居学者之所好也[⑰]。语大功，立大名，礼君臣，正上下，为治而已矣；此朝廷之士，尊主强国之人[⑱]，致功并兼者之所好也[⑲]。就薮泽[⑳]，处闲旷[㉑]，钓鱼闲处，无为而已矣；此江海之士，避世之人，闲暇者之所好也。吹呴呼吸[㉒]，吐故纳新，熊经鸟申[㉓]，为寿而已矣；此道引之士[㉔]，养形之人，彭祖寿考[㉕]者之所好也。

---

① 累瓦结绳窜句：皆是比喻过于善辩者堆砌文词、上下串说、穿凿文句。
② 游心：心思游荡。坚白同异：名家两个重要论题。
③ 敝：用力而疲惫的样子。跬誉：指短暂的名声。
④ 杨墨：杨朱和墨翟，均为宋国人。
⑤ 至正：通行本误作“正正”，依褚伯秀等说改正。
⑥ 跂(qí)：多出的脚趾。
⑦ 凫(fú)胫：野鸭的小腿。
⑧ 意：成玄英《疏》本作“噫”，嗟叹之声。一说为料想、猜想。
⑨ 刻意：磨练意志。尚行：使行为高尚。
⑩ 离世异俗：与世俗相离相异，与众不同。
⑪ 怨诽：怨愤讥刺世之无道。
⑫ 亢(kàng)：高，清高。
⑬ 山谷之士：隐居深山穷谷之隐士。非世：以世道为非。
⑭ 枯槁：借指隐士。
⑮ 修：修身。
⑯ 平世之士：与世道相安并处之人。教诲之人：专门以讲学著述为业之人。
⑰ 游居学者：到处游说，定居讲学之人。
⑱ 尊主强国：使君主尊显，使国家强大。
⑲ 致功并兼者：建立功业兼并他国之人。
⑳ 就薮(sǒu)泽：到湖泊沼泽之地去。
㉑ 处闲旷：居住在空旷无人之处。
㉒ 吹呴(xū)：皆指吐气。深者为呴，浅者为吹，为练功调息呼吸的方法。
㉓ 熊经：指熊攀到树上，使身体悬空。经，即悬吊起来。鸟申：鸟飞行时身体伸展。申，同“伸”，伸展之意。此处指古人模仿动物编出的练功套路，如华陀之五禽戏之类。
㉔ 道引：即导引，导气引体，古代的一种养生术。
㉕ 寿考：老寿，长寿之意。考，老。

若夫不刻意而高，无仁义而修，无功名而治，无江海而闲，不道引而寿，无不忘也[①]，无不有也[②]，澹然无极[③]而众美从之。此天地之道，圣人之德也。

……

故曰，纯粹而不杂，静一而不变，惔而无为，动而以天行，此养神[④]之道也。夫有干越之剑者[⑤]，柙而藏之[⑥]，不敢用也，宝之至也。精神四达并流[⑦]，无所不极，上际于天，下蟠[⑧]于地，化育万物，不可为象，其名为同帝[⑨]。

纯素之道，唯神是守[⑩]；守而勿失，与神为一；一之精通，合于天伦[⑪]。野语有之曰[⑫]："众人重利，廉士重名，贤人尚志，圣人贵精[⑬]。"故素也者，谓其无所与杂也；纯也者，谓其不亏其神也。能体纯素，谓之真人[⑭]。

秋　水

河伯曰："世之议者皆曰：'至精[⑮]无形，至大不可围[⑯]。'是信情[⑰]乎？"

北海若曰："夫自细视大者不尽，自大视细者不明。夫精，小之微也；垺[⑱]，大之殷[⑲]也；故异便[⑳]。此势之有也。夫精粗者，期[㉑]于有形者也；无形者，数[㉒]之所不能分也；不可围者，数之所不能穷也。可以言论者，物之粗也；可以意致[㉓]者，

---

① 无不忘：一切无心，不有意追求。即忘记前面所说刻意尚行，修仁义，求功名，隐江海，习导引等。

② 无不有：无心于上述五者，反而得五者之全，无一不有。

③ 澹（dàn）然：淡漠无心，不在意。

④ 养神：存养精神。

⑤ 干越：干为吴国，越即越国，为春秋时东南方两个强国。因以铸剑闻名于世，故其剑为人所珍视。

⑥ 柙（xiá）：盛物的匣子。

⑦ 四达并流：形容精神四面八方通达并流无滞碍。

⑧ 极：极点、尽头。际：交会，会合。蟠（pán）：遍及。

⑨ 同帝：同于天帝。这句意思是说精神像天帝那样无形无象而又无所不在，成就化育万物之功。

⑩ 纯素：与纯粹义近，只是更强调素质、本性之纯一不杂。庄子认为：要执守这纯一之道，唯在侍守精神，使精神专一，不为外物牵流，本性之道也就得以持守了。

⑪ 天伦：自然之理。

⑫ 野语：谚语。

⑬ 精：精神。

⑭ 体纯素：以纯素为体。真人：得道者，与至人、神人相近。

⑮ 精：细小。

⑯ 围：范围。

⑰ 信情：实情。

⑱ 垺（fú）：大，宏大。

⑲ 殷：大。

⑳ 异便：谓物虽相异却各有自己的所宜。

㉑ 期：限，限于。

㉒ 数：度数。

㉓ 意致：意识到，意会。

物之精也；言之所不能论，意之所不能察致者，不期精粗[1]焉。

是故大人之行[2]，不出乎害人，不多[3]仁恩；动不为利[4]，不贱门隶；货财弗争，不多辞让；事焉不借人[5]，不多食乎力[6]，不贱贪污；行殊乎俗，不多辟异[7]；为在从众，不贱佞谄；世之爵禄不足以为劝[8]，戮耻不足以为辱[9]；知是非之不可为分，细大之不可为倪[10]。闻曰：'道人不闻，至德不得，大人无己[11]。'约分[12]之至也。"

……

庄子与惠子游于濠梁之上[13]。庄子曰："鲦鱼出游从容[14]，是鱼之乐也。"

惠子曰："子非鱼，安知鱼之乐？"

庄子曰："子非我，安知我不知鱼之乐？"

惠子曰："我非子，固不知子矣；子固非鱼也，子之不知鱼之乐，全矣[15]。"

庄子曰："请循其本[16]。子曰'汝安知鱼乐'云者，既已知吾知之而问我[17]，我知之濠上也。"

至　　乐

夫天下之所尊者，富贵寿善也；所乐者，身安厚味美服好色音声也；所下者，贫贱夭恶也；所苦者，身不得安逸，口不得厚味，形不得美服，目不得好色，耳不得音声；若不得者，则大忧以[18]惧，其为形也亦愚哉！

---

① 不期精粗：指不能用精细和粗大来限定的事物。
② 大人：指得道的人。行：行为。
③ 多：赞美。
④ 动不为利：举动做事并非为了私利。
⑤ 事焉不借人：做事不借助别人之力。
⑥ 不多食乎力：不赞美自食其力。
⑦ 辟：邪僻。异：乖异，怪异。
⑧ 劝：劝勉，勉励。
⑨ 戮耻：刑戮和耻辱。辱：羞辱。
⑩ 倪：限定，区别。
⑪ "道人"三句：道人、至德、大人，均指体道之人。成玄英《疏》说："体道圣人，和光韬晦，推功于物，无功名之可闻""造极之人，均得于丧，既无所丧，亦无所得""大圣之人，有感斯应，方圆任物，故无己也。"
⑫ 约分：依守本分。
⑬ 濠（háo）：濠水，在今安徽凤阳境内。梁：桥。
⑭ 鲦（tiáo）鱼：白条鱼。
⑮ 全矣：完全如此。
⑯ 循：顺，追溯。本：始。
⑰ "子曰"二句：庄子把惠子"子非鱼，安知鱼之乐"的反诘句，改换成一般的问句，把否定的意思转换成肯定的意思，所以反驳说："既已知吾知之而问我。"
⑱ 以：而。

夫富者，苦身疾作，多积财而不得尽用，其为形也亦外[①]矣。夫贵者，夜以继日，思虑善否[②]，其为形也亦疏矣。人之生也，与忧俱生，寿者惛惛[③]，久忧不死，何苦也！其为形也亦远[④]矣。烈士为天下见善矣[⑤]，未足以活身。吾未知善之诚善邪，诚不善邪？若以为善矣，不足活身；以为不善矣，足以活人[⑥]。故曰："忠谏不听，蹲循[⑦]勿争。"故夫子胥[⑧]争之以残其形，不争，名亦不成。诚有善无有哉？

达　生

仲尼适楚，出[⑨]于林中，见痀偻者承蜩[⑩]，犹掇[⑪]之也。

仲尼曰："子巧乎！有道邪？"

曰："我有道也。五六月累丸二而不坠，则失者锱铢[⑫]；累三而不坠，则失者十一；累五而不坠，犹掇之也。吾处身也，若厥株拘[⑬]；吾执臂也，若槁木之枝；虽天地之大，万物之多，而唯蜩翼之知。吾不反不侧[⑭]，不以万物易[⑮]蜩之翼，何为而不得！"

孔子顾谓弟子曰："用志不分，乃凝于神[⑯]，其痀偻丈人之谓乎！"

……

纪渻子为王[⑰]养斗鸡。

十日而问："鸡已[⑱]乎？"曰："未也，方虚骄而恃气[⑲]。"

---

① 外：外行，偏颇。

② 善否：指官场上的亨通与困厄。

③ 惛(hūn)惛：昏昏沉沉，神智不清的样子。

④ 远：与"外""疏"同义，都含有不重视、爱护不够之意。

⑤ 为：被。见善：称善。

⑥ 活人：使他人生活。

⑦ 蹲循：通"逡巡"，退却的样子。

⑧ 子胥：伍子胥，名员，字子胥。吴王夫差接受越王勾践求和的要求，伍子胥极力谏言阻止，吴王不听，还赐剑让伍子胥自杀。

⑨ 出：经过。

⑩ 痀偻(gōulóu)：驼背。承：用杆去粘。蜩(tiáo)：蝉。

⑪ 掇(duō)：拾取。

⑫ 失：失误。锱铢(zīzhū)：古代重量单位，六铢为一锱，四锱为一两。此喻极少。

⑬ 厥：通"橛"，竖。株拘：即"株枸"，断木。

⑭ 不反不侧：指身心都不变化。反、侧，均指活动。

⑮ 易：改变。

⑯ 凝于神：精神凝聚专一。

⑰ 王：指周宣王。

⑱ 已：已经，可以，指可以竞斗。

⑲ 骄：骄矜。恃气：自恃意气。

十日又问，曰："未也。犹应向景[①]。"

十日又问，曰："未也。犹疾视而盛气[②]。"

十日又问，曰："几矣。鸡虽有鸣者，已无变矣，望之似木鸡矣，其德全矣[③]，异鸡无敢应者，反走矣[④]。"

……

梓庆削木为鐻[⑤]，鐻成，见者惊犹鬼神[⑥]。鲁侯见而问焉，曰："子何术以为焉[⑦]？"

对曰："臣工人，何术之有！虽然，有一焉。臣将为鐻，未尝敢以耗气也[⑧]，必齐以静心[⑨]。齐三日，而不敢怀庆赏爵禄[⑩]；齐五日，不敢怀非誉巧拙[⑪]；齐七日，辄然忘吾有四枝形体也[⑫]。当是时也，无公朝[⑬]，其巧专而外骨消[⑭]；然后入山林，观天性；形躯至矣[⑮]，然后成见鐻，然后加手焉；不然则已。则以天合天[⑯]，器之所以疑神[⑰]者，其是与！"

……

工倕旋而盖规矩[⑱]，指与物化而不以心稽[⑲]，故其灵台一而不桎[⑳]。忘足，履之适也；忘要[㉑]，带之适也；知忘是非，心之适也；不内变，不外从，事会[㉒]之适也。始乎适而未尝不适者，忘适之适也[㉓]。

---

① 应：反应。向：通"响"，指鸡的叫声。景：同"影"，影子，指鸡的身影。

② 疾视：目光犀利。盛气：指斗志旺盛。

③ 德全：德性完备。

④ 反走：转身逃跑。反，同"返"。

⑤ 梓庆：工匠名。梓，梓匠，指木工，此人以职为姓，称梓庆。鐻(jù)：悬挂钟鼓之木架，形似虎，上面雕刻有精美生动的图案。

⑥ 惊犹鬼神：惊叹不已，以为鬼斧神工。

⑦ 术：技艺、方法。

⑧ 耗气：精神分散，心神不能凝注专一。

⑨ 齐：同"斋"，斋戒。静心：使心志安静专一。

⑩ 怀：思。庆赏：奖赏。

⑪ 非誉：非难与赞誉。巧拙：精巧与笨拙。

⑫ 辄然：不动的样子。枝：同"肢"。

⑬ 无公朝：心中不存朝见君主之念。

⑭ 外骨消：外界之扰乱完全排除。骨，同"滑"，乱之意。

⑮ 观天性：观察木料之自然性能。形躯至矣：木料之自然形态完全符合标准。

⑯ 以天合天：以己之自然天性与木之自然天性相合。

⑰ 疑神：比如鬼神所造。疑，同"拟"。

⑱ 倕：传说为尧时之能工巧匠。盖：胜过。这句是说，倕以手旋物即能测定其方圆，胜过圆规与矩尺。

⑲ 稽：存留。言手指随物测定，不须存留于心。

⑳ 灵台：心。桎：通"窒"，滞塞之意。

㉑ 要：同"腰"。

㉒ 不内变：持守自性，虚静淡漠。不外从：不随外物迁变。事会：与外界了物交接。

㉓ "始乎适"两句：庄子认为，本来自性与外物是相适应的，如心存适应观念，还是把己与物分开，还不是真正的相适应，只有忘记适应，消除物我界线，才是真正无所不适。

田子方

孔子见老聃，老聃新沐[①]，方将被发而干[②]，慹然[③]似非人。孔子便而待之[④]，少焉见，曰："丘也眩[⑤]与，其信然与？向者先生形体掘[⑥]若槁木，似遗物离人而立于独也。"

老聃曰："吾游心于物之初[⑦]。"

……

宋元君将画图[⑧]，众史皆至，受揖而立[⑨]；舐笔和墨，在外者半[⑩]。有一史后至者，儃儃然不趋[⑪]，受揖不立，因之舍[⑫]。公使人视之，则解衣般礴蠃[⑬]。君曰："可矣，是真画者也。"

……

列御寇为伯昏无人[⑭]射，引之盈贯[⑮]，措[⑯]杯水其肘上，发之，适矢复沓[⑰]，方矢复寓[⑱]。当是时，犹象人[⑲]也。

伯昏无人曰："是射之射，非不射之射也[⑳]。尝与汝登高山，履危石，临百仞之渊，若能射乎？"

于是无人遂登高山，履危石，临百仞之渊，背逡巡[㉑]，足二分垂[㉒]在外，揖御寇

---

① 沐：洗头。
② 将：正在。被发：披散开头发。干：使之干燥。
③ 慹(zhé)然：不动的样子。慹，不动。
④ 便：假借为"屏"，屏蔽之意，指孔子见老聃新沐后之神态，觉得直接去不妥，蔽于隐处等待。
⑤ 眩：眼花。
⑥ 掘：同"倔"，独立的样子。
⑦ 物之初：物初生之浑沌空虚之境，即指大道。
⑧ 宋元君：即宋元公，名佐，春秋时宋国国君。画图：画国中山川大地之图画。
⑨ 史：指画师。受揖而立：受君命拜揖而立。
⑩ 舐(shì)笔：用唾润笔。舐，以舌舔物。在外者半：指画师甚多，屋里已满，外面还有一半。
⑪ 儃(tǎn)儃：舒缓闲适的样子。趋：小步疾行。
⑫ 之舍：向馆舍走去。
⑬ 解衣：脱掉上衣。般礴：坐时叉开两腿，其形如箕，是一种不守礼节的行为。蠃：裸，赤着上身。
⑭ 列御寇：即列子。伯昏无人：虚拟之人名。
⑮ 引之：拉弓弦。盈贯：弓拉满，箭头已靠近弓背。
⑯ 措：放置。
⑰ 适矢复沓(tà)：言箭射出后，又有第二只搭于弦上。适，往；沓，合。
⑱ 方矢复寓：刚刚发射一矢，复有一矢寄于弦上。言其一支接一支，连续发射。寓，寄。
⑲ 象人：木雕泥塑之人，形容其精神高度集中，身体纹丝不动的样子。
⑳ 射之射：有心于射的射法。无射之射：无心之射的射法。
㉑ 背逡巡：背对深渊而退。逡巡，后退。
㉒ 垂：悬空。这句是说，后退至悬崖深渊边，脚下有三分之二悬空于石崖之外，惊险至极。

而进之[1]。御寇伏地，汗流至踵[2]。

伯昏无人曰："夫至人者，上窥青天，下潜黄泉[3]，挥斥八极[4]，神气不变。今汝怵然有恂目之志[5]，尔于中也殆矣夫[6]！"

知北游

天地有大美而不言[7]，四时有明法[8]而不议，万物有成理[9]而不说。圣人者，原天地之美而达[10]万物之理，是故至人无为，大圣不作，观于天地之谓也。

……

人生天地之间，若白驹之过郤，忽然而已[11]。注然勃然，莫不出焉；油然漻[12]然，莫不入焉。已化而生，又化而死，生物哀之，人类悲之。解其天弢，堕其天帙[13]，纷乎宛乎[14]，魂魄将往，乃身从之，乃大归乎！不形之形，形之不形，是人之所同知也，非将至之所务也，此众人之所同论也。彼至则不论，论则不至；明见无值，辩不若默。道不可闻，闻不若塞。此之谓大得[15]。"

---

① 揖：揖请。进：让。这句是说，让列御寇退到相同位置表演射箭。
② 踵：脚跟。这句意思是吓得冷汗流到脚跟，可见惊骇之极。
③ 窥、潜：皆为探测之意。黄泉：地下之泉水。比喻地底极深暗处。
④ 挥斥：纵放自如。八极：八方。
⑤ 怵然：惊惧的样子。恂目：眨眼。志：意。
⑥ 中：心，即精神。殆：疲困。
⑦ "天地"一句：指天地覆载万物，生养万物而又不自居其功，具有最大美德。
⑧ 明法：明确的规律。
⑨ 成理：万物生成之理。
⑩ 原：归本、推究之意。达：通达。
⑪ 白驹：骏马。郤：通"隙"，缝隙。
⑫ 漻(liú)然：如流水变化状。
⑬ 弢：弓袋，此指束缚。帙(zhì)：布套。
⑭ 纷乎宛乎：纷乱宛转貌。
⑮ 大得：大收获，指得道。

荀　子

荀　况

荀子，名况，战国末期儒家的代表人物。他继承并发展了儒家思想。荀子在其“性恶论”的美育基础上，阐述“化性起伪”的重要性，而“化性起伪”的重要途径就是礼乐教化，其最终目的是培养符合封建统治阶级需要的社会人，以建立“天下皆宁，美善相乐”的理想社会。可以说直至荀子，先秦儒家的美育思想才得到了理论化和系统化的发展。但是，荀子的整个美育观都是为封建统治阶级服务的，具有不可忽视的局限性，最大的缺陷就是强烈的功利主义色彩和对个体自由的忽视。

引据沈啸寰、王星贤点校：《荀子集解》，《新编诸子集成》本，中华书局 1988 年版。

劝学篇第一

故不登高山，不知天之高也；不临深溪[①]，不知地之厚也；不闻先王[②]之遗言，不知学问之大也。干、越、夷、貉[③]之子，生而同声，长而异俗，教使之然也。诗曰：“嗟尔君子，无恒安息。靖共尔位，好是正直。神之听之，介尔景福[④]。”神莫大于化道，福莫长于无祸。

……

---

① 溪：此处指山涧。

② 先王：指上古帝王。

③ 干、越：春秋时的两个诸侯国，这里通指吴越地区。夷：古代对异族的称呼，多指东方民族。貉：古代北方民族名。

④ “嗟尔”六句：出自《诗经·小雅·小明》。恒，常，总是。靖共尔位，谨守其职位。靖共，即靖恭，恭谨地奉守。介尔景福，帮助你获得大的福气。介，佐助，帮助。景，大。

昔者瓠巴鼓瑟而流鱼出听[①]，伯牙鼓琴而六马仰秣[②]。故声无小而不闻，行无隐而不形[③]；玉在山而草木润，渊生珠而崖不枯。为善不积邪，安有不闻者乎？

非相篇第五

古者桀、纣长巨姣美，天下之杰也，筋力越劲，百人之敌也。然而身死国亡，为天下大僇[④]，后世言恶则必稽焉[⑤]。是非容貌之患也，闻见之不众，论议之卑尔。今世俗之乱君，乡曲之儇子[⑥]，莫不美丽姚冶，奇衣妇饰，血气态度拟于女子；妇人莫不愿得以为夫，处女莫不愿得以为士，弃其亲家而欲奔之者，比肩并起。然而中君羞以为臣，中父羞以为子，中兄羞以为弟，中人羞以为友，俄则束乎有司而戮乎大市[⑦]，莫不呼天啼哭，苦伤其今而后悔其始。是非容貌之患也，闻见之不众，论议之卑尔。然则从者将孰可也？

富国篇第十

人之生，不能无群，群而无分则争，争则乱，乱则穷矣。故无分者，人之大害也；有分者，天下之本利也；而人君者，所以管分之枢要也。故美之者，是美天下之本也；安之者，是安天下之本也；贵之者，是贵天下之本也。

礼论篇第十九

故礼者，养也。刍豢[⑧]稻粱，五味调盉[⑨]，所以养口也；椒兰芬苾[⑩]，所以养鼻

---

① 瓠巴：与下文的“伯牙”皆是古代传说中的善鼓琴瑟者。流鱼：《大戴礼记》作“沉鱼”。
② 六马：天子辂车之马。仰秣：形容马仰首而听之状。
③ 隐：隐蔽。形：有形可见。
④ 僇：耻辱。
⑤ 稽：考察，指以之为借鉴。
⑥ 儇(xuān)子：轻薄巧慧的男子。
⑦ 俄：不久，一会儿。这里指有朝一日。束乎有司：被司法机关逮捕。
⑧ 刍豢：指牛羊猪犬之类的肉类。
⑨ 盉：通“和”。
⑩ 苾(bì)：芳香。

也；雕琢、刻镂、黼黻、文章①，所以养目也；钟鼓、管磬、琴瑟、竽笙，所以养耳也；疏房、檖貌、越席、床笫、几筵②，所以养体也。故礼者，养也。

乐论篇第二十

乱世之征③：其服组④，其容妇⑤，其俗淫，其志利，其行杂⑥，其声乐险，其文章匿而采⑦，其养生无度，其送死瘠墨⑧，贱礼义而贵勇力，贫则为盗，富则为贼。治世反是也。

解蔽篇第二十一

水动而景摇，人不以定美恶，水势玄⑨也。瞽⑩者仰视而不见星，人不以定有无，用精惑也⑪。有人焉，以此时定物，则世之愚者也。彼愚者之定物，以疑决疑，决必不当。夫苟不当，安能无过乎？

---

① 黼黻（fǔ fú）：绣有各种华丽花纹的服装。文章：错杂的色彩花纹。

② 疏：通，指敞亮。檖（suì）貌：言屋宇深邃绵邈。貌，同“庙”，宫室尊严之名；或读为“邈”。越席：蒲席。笫（zǐ）：竹编的床席。几筵：古代人席地而坐，依靠的叫几，垫席叫筵。

③ 征：特征。

④ 服组：服装华丽。组，丝织有花纹的宽带。

⑤ 容妇：男人模仿妇女的打扮，指妖里妖气的打扮。

⑥ 杂：紊乱不纯。

⑦ 匿：通“慝”，邪恶。

⑧ 瘠：菲薄。墨：指墨子的节葬思想。

⑨ 玄：通“眩”，动荡不定，一说幽深。

⑩ 瞽：瞎子。

⑪ 精：视力。惑：迷乱，不清。

墨　　子

《墨子》是战国百家中墨家的经典。墨家提倡兼爱、非攻、尚贤、尚同、天志、明鬼、非命、非乐、节葬、节用，《墨子》涉及哲学、逻辑学、军事学、工程学、力学、几何学、光学，先秦的科学技术成就大都依赖《墨子》以传。本书思想非常丰富，其中政治思想、伦理思想、哲学思想、逻辑思想和军事思想都比较突出，尤其是它的逻辑思想，为先秦逻辑思想史奠定了基础。墨子主张"兼相爱，交相利"，人们不分贵贱，都要互爱互利，这样社会上就不会出现以强凌弱、以贵欺贱、以智诈愚的现象。墨子的伦理思想虽然抹杀了阶级性，带有空想的色彩，但它却是广大劳动人民要求平等、反抗压迫、呼唤自由的心声，这些思想对于美育塑造心灵的作用都具有重要参考价值。

引据孙启治点校：《墨子闲诂》，《新编诸子集成》本，中华书局 2001 年版。

所　　染

子墨子言①见染丝者而叹，曰：染于苍则苍，染于黄则黄，所入者变，其色亦变，五入必②，而已则为五色矣。故染不可不慎也！

兼爱中

夫爱人者，人必从而爱之；利人者，人必从而利之；恶人者，人必从而恶之；害人者，人必从而害之。此何难之有？特上弗以为政，士不以为行故也。

---

① 言：疑衍字。
② 必：同"毕"。

非乐上

子墨子言曰：仁者之事，必务求兴天下之利，除天下之害，将以为法乎天下。利人乎，即为；不利人乎，即止。且夫仁者之为天下度也，非为其目之所美，耳之所乐，口之所甘，身体之所安，以此亏夺民衣食之财，仁者弗为也。

是故子墨子之所以非乐者，非以大钟鸣鼓、琴瑟竽笙之声以为不乐也，非以刻镂华文章之色以为不美也，非以刍豢煎炙之味以为不甘也，非以高台厚榭邃野[1]之居以为不安也。虽身知其安也，口知其甘也，目知其美也，耳知其乐也，然上考之不中圣王之事，下度之不中万民之利，是故子墨子曰：为乐非也。

① 野：通“宇”，即深居。

二、两汉

礼　记

戴　圣

西汉典籍《礼记》是儒家经典之一,从美育的角度来看,其记载的教育思想及美学思想(如物动心感说、礼乐中和说),体现了人们对于礼仪美的追求,也是生活中实用性很强的礼节仪制。其中的生态美学思想更是深刻影响了儒家美学观点。其以伦理美为系统的美育思想对我们当代的美育亦有着不可替代的借鉴意义。戴圣(生卒年不详),字次君,梁国甾县(今河南商丘)人。西汉时期官员、学者、礼学家、汉代今文经学的开创者。后世称其为“小戴”。戴圣与叔父戴德曾跟随后苍学《礼》,两人被后人合称为“大小戴”。汉宣帝时,戴圣以博士参与石渠阁论议,官至九江太守。著作有《礼记》,又名《小戴礼记》。《礼记》的美育思想主要体现在以伦理为系统的审美理想,通过美的渗透,美的熏陶,美的感化,最终达到美的教育结果的作用。其中《文王世子》主要阐述了教育问题、教育制度、人才选拔等内容,提出要对于不同的时令选择不同的教学内容,应根据不同的教学内容请专业的学者进行讲授、点评,学习的地点同样应根据学习的内容而产生变换。《学记》较为系统地阐述了教育的目的、教学的原则和方法、教学制度、教师的地位和作用等,篇中强调教学相长、尊师重教、循序渐进、触类旁通、师德师风、择师之道等。通过不断地学习来了解自己的不足,发现至善至美的道理。在这一过程中需要老师不断向美与善的方面对学生进行引导。《乐记》是儒家关于乐论的经典性著作,论述了乐的产生和乐与礼、社会、人的关系以及乐对人类社会的作用等。从内部情感的角度,用礼来引导人们的心志,用审美的方式感化人们的思想。礼乐的教化方式充满了温情,充满了对美的向往,具有浓厚的审美意味。

引据阮元校刻:《十三经注疏·礼记注疏》,影印嘉庆二十年江西南昌府刻本,艺文印书馆 2017 年版;标点依李学勤主编:《十三经注疏(标点本)》,北京大学出版社 1999 年版。

文王世子

凡学[1]世子及学士必时。春夏学干戈[2]，秋冬学羽籥[3]，皆于东序。小乐正学干，大胥赞之；籥师学戈，籥师丞赞之，胥鼓《南》[4]。春诵夏弦，大师诏之。瞽宗[5]秋学《礼》，执礼者诏之。冬读《书》，典书者诏之。《礼》在瞽宗，《书》在上庠。

凡祭与养老乞言[6]，合语[7]之礼，皆小乐正诏之于东序。大乐正学舞干戚，语说，命乞言，皆大乐正授数。大司成论说在东序。

学　记

大学之教也，时教必有正业，退息必有居学。不学操缦[8]，不能安弦；不学博依，不能安诗；不学杂服[9]，不能安礼；不兴[10]其艺，不能乐学。故君子之于学也，藏焉，修焉，息焉，游焉。夫然，故安其学而亲其师，乐其友而信其道。是以虽离师辅而不反。《兑命》曰："敬孙务时敏，厥修乃来。"其此之谓乎！

……

良冶之子，必学为裘。良弓之子，必学为箕。始驾马者反之，车在马前[11]。君子察于此三者，可以有志于学矣。

古之学者，比物丑[12]类。鼓无当于五声[13]，五声弗得不和；水无当于五色[14]，五色弗得不章；学无当于五官[15]，五官弗得不治；师无当于五服，五服弗得不亲。

---

① 学(jiào)：教育，教授，后作"教"。
② 干戈：武舞所用的道具。小舞用干戈，大舞用干戚。
③ 羽籥(yuè)：舞器和乐具。
④《南》：乐曲名。
⑤ 瞽(gǔ)宗：商代对大学的称谓，主要负责教授贵族子弟学习礼乐。
⑥ 养老乞言：向老者求教的话。
⑦ 合语：指与君臣、父子、长幼之道相合的言辞。
⑧ 缦(màn)：琴弦。
⑨ 杂服：规定的各色服制。
⑩ 兴：喜欢。
⑪ 车在马前：用大马驾车在前面，将马驹系在车的后面，这样马驹天天看到车走，之后再用来拉车，就不会受到惊扰。
⑫ 丑：比较。
⑬ 五声：宫、商、角、徵、羽。
⑭ 五色：赤、青、黄、白、黑。
⑮ 五官：泛指各级官员。

乐　记

乐由中出，礼自外作。乐由中出，故静。礼自外作，故文[①]。大乐必易，大礼必简。乐至则无怨，礼至则不争。揖让而治天下者，礼乐之谓也。

经　解

孔子曰："入其国，其教可知也。其为人也温柔敦厚，《诗》教也；疏通知远，《书》教也；广博易良，《乐》教也；洁静精微，《易》教也；恭俭庄敬，《礼》教也；属辞比事，《春秋》教也。故《诗》之失愚，《书》之失诬[②]，《乐》之失奢，《易》之失贼[③]，《礼》之失烦，《春秋》之失乱。其为人也：温柔敦厚而不愚，则深于《诗》者也。疏通知远而不诬，则深于《书》者也。广博易良而不奢，则深于《乐》者也；洁静精微而不贼，则深于《易》者也。恭俭庄敬而不烦，则深于《礼》者也。属辞比事而不乱，则深于《春秋》者也。"

中　庸

喜怒哀乐之未发，谓之中；发而皆中节，谓之和。中也者，天下之大本也；和也者，天下之达道也。致中和，天地位焉，万物育[④]焉。

唯天下至诚，为能尽其性。能尽其性，则能尽人之性。能尽人之性，则能尽物之性。能尽物之性，则可以赞天地之化育。可以赞天地之化育，则可以与天地参矣。

大　学

大学[⑤]之道，在明明德，在亲民，在止于至善。知止而后有定，定而后能静，

① 文：动。
② 诬：欺骗，即言过其实。
③ 贼：伤害。
④ 育：繁育。
⑤ 大学：博学。

静而后能安，安而后能虑，虑而后能得[①]。物有本末，事有终始，知所先后，则近道矣。

聘　义

子贡问于孔子曰："敢问君子贵玉而贱碈[②]者何也？为玉之寡而碈之多与？"孔子曰："非为碈之多故贱之也，玉之寡故贵之也。夫昔者，君子比德于玉焉：温润而泽，仁也。缜密以栗，知也；廉而不刿，义也；垂之如队，礼也。叩之，其声清越以长，其终诎然[③]，乐也；瑕不掩瑜，瑜不掩瑕，忠也；孚尹旁达，信也；气如白虹，天也；精神见于山川，地也；圭璋特达，德也。天下莫不贵者，道也。《诗》云：'言念君子，温其如玉。'故君子贵之也。"

① 得：得到。
② 碈(mín)：像玉的石头。
③ 诎(qū)然：声音戛然而止。

史　记

司马迁

先秦社会文化的基本特征是礼乐文化。诗歌、舞蹈、音乐以及服装、建筑等在今天看来属于艺术的范畴的内容在先秦时期都是统治者用以教化的工具。

引据赵生群主编：《史记》，点校本二十四史修订本，中华书局2014年版。

夏本纪第二

淮、海维扬州①：彭蠡②既都，阳鸟③所居。三江既入④，震泽致定⑤。竹箭既布⑥。其草惟夭⑦，其木惟乔⑧，其土涂泥⑨。田下下⑩，赋下上⑪上杂。贡金三品，瑶、琨⑫、竹箭，齿、革、羽、旄⑬，岛夷卉服⑭，其篚织贝⑮，其包橘、柚锡贡⑯。均江海⑰，通淮、泗。

---

① 淮、海维扬州：北起淮河，东南到海是扬州。
② 彭蠡：鄱阳湖。
③ 阳鸟：即大雁。
④ 入：指入海。
⑤ 致定：意思是修治完成，指修筑堤防，成为蓄水湖泊。
⑥ 竹箭：即箭竹。竹质坚硬，可以制箭。布：遍布。
⑦ 夭：茂盛的样子。
⑧ 乔：高大。
⑨ 涂泥：土质湿润。
⑩ 下下：第九等。
⑪ 下上：第七等。上杂：意思是夹杂有上一等的，即第六等的。
⑫ 瑶：美玉。琨：似玉的宝石。
⑬ 齿：象牙。革：兽皮。旄：牦牛尾，可作旌旗上的装饰。
⑭ 卉服：草编的衣服。
⑮ 织贝：贝形花纹的锦缎。
⑯ 包橘、柚：包着的橘子和柚子。锡(cì)贡：根据天子的指令进贡。《集解》引孔安国曰："锡命乃贡，言不常也。"
⑰ 均：沿。《尚书·禹贡》作"沿"。

周本纪第四

弃为儿时，屹如巨人之志①。其游戏，好种树麻、菽②，麻、菽美③。及为成人，遂好耕农④，相地之宜⑤，宜谷者稼穑焉⑥，民皆法则之。帝尧闻之，举弃为农师⑦，天下得其利，有功。帝舜曰："弃，黎民始饥⑧，尔后稷播时百谷。"封弃于邰，号曰后稷，别姓姬氏⑨。后稷之兴，在陶唐、虞、夏之际⑩，皆有令德⑪。

礼书第一

君子既得其养，又好其辨⑫也。所谓辨者，贵贱有等，长少有差，贫富轻重皆有称⑬也。故天子大路越席，所以养体也⑭；侧载臭⑮茝，所以养鼻也；前有错衡⑯，所以养目也；和鸾⑰之声，步中武象⑱，骤中韶濩⑲，所以养耳也；龙旗九斿⑳，所以养信也；寝兕持虎㉑，鲛韅弥龙㉒，所以养威也。故大路之马，必信至教

---

① 屹：高大勇武。
② 种树：栽种。麻：大麻。菽(shū)：大豆。
③ 麻、菽美：种的东西应该有菽、禾、麻、麦、瓜五种，这里是省略言之。
④ 耕农：耕耨。
⑤ 相地之宜：观察各种土壤的栽培性能。
⑥ 稼：种在田里。穑：收回仓禀。
⑦ 农师：掌管农事的官。
⑧ 黎民：古代的百姓以黑巾包头，故称黎民。
⑨ 别姓姬氏：古代姓氏有别，是表示血缘所出，字形都含有"女"旁，数量很少；氏是表示的姓分支来源。
⑩ 陶唐、虞、夏：尧初封于陶，后封于唐，尧之族名陶唐。虞：舜之族名虞。夏：大禹之族名夏。
⑪ 令德：美德。
⑫ 辨：区别。这里指各种等级。
⑬ 称：相符、适合。
⑭ 所以养体也：《史记正义》说："谓蒲草为席，既洁且柔，洁可以祀神，柔可以养体也。"
⑮ 臭(xiù)：气味。这里指香味。
⑯ 错衡：以金涂饰成文采的车辕横木。
⑰ 和鸾：装置在车上的两种铃，置于车辕的叫"鸾"，置于车轼的叫"和"。
⑱ 步：指车马缓行。中：指节拍相合。武：指周武王时音乐。象：指周武王时的舞蹈。
⑲ 骤：指车马疾行。韶濩：韶，舜时的音乐；濩，汤时的音乐。以上三句的意思是：天子乘坐的大辂缓行时，鸾铃和鸣之声应和着《武》乐与《象》舞的节奏；疾行时，则鸾铃和鸣之声应和着《韶》乐与《濩》乐的节奏。
⑳ 龙旗九斿(liú)：龙旗上装饰着九条飘带。斿，同"旒"。
㉑ 寝兕持虎：伏着身子的犀牛和蹲着的老虎。兕，雌性犀牛；持，通"跱"，蹲着。兕、虎都是大辂左右车轮上的装饰。
㉒ 鲛韅(xiǎn)：用鲨鱼皮制作的马腹带。鲛，鲨鱼；韅，护马腹的皮带。弥龙：在车轭上画着龙。弥，通"弭"，节制，代指节制车速的车轭。

顺[①],然后乘之,所以养安也。孰知夫出死要节[②]之所以养生也,孰知夫轻费用[③]之所以养财也,孰知夫恭敬辞让之所以养安也,孰知夫礼义文理之所以养情也[④]。

乐书第二

凡音[⑤]之起,由人心生也。人心之动,物使之然也。感于物而动,故形于声;声相应,故生变[⑥];变成方[⑦],谓之音;比音而乐之[⑧],及干戚羽旄[⑨],谓之乐[⑩]也。乐者,音之所由生也[⑪],其本在人心感于物也[⑫]。是故其哀心感者[⑬],其声噍以杀[⑭];其乐心感者,其声啴以缓[⑮];其喜心感者,其声发以散[⑯];其怒心感者,其声粗以厉[⑰];其敬心感者,其声直以廉[⑱];其爱心感者,其声和以柔[⑲]。六者非性也[⑳],感于物而后动,是故先王慎所以感之[㉑]。故礼以导其志,乐以和其声,政以壹其

---

① 信至教顺:指马非常驯顺听从指挥。

② 出死:出入死地,犹今语"出生入死"。要节:邀取名节。要,同"邀",追求。

③ 轻费用:犹言少费用。不为自己的物质享受随便耗费钱财。

④ "孰知"一句:《史记正义》说:"言审知、礼仪、文章、道理,所以养其性情。此四科,是儒者有礼仪,故两得之也。"

⑤ 音:此处所谓的"音",是与"声"和"乐"相对的概念。据下文所述,当指各种声音互相应和变化而自然地合于一定的声律格式的声音,这种自然具有一定清浊抑扬的声音叫做"乐音",以区别于感受外物刺激时直接流露在口头上的"声"(即"声音")和将"音"按照声律和谐的原理编排加工之后形成的"乐"(即"音乐")。

⑥ 变:指发生清浊抑扬等自然变化。

⑦ 方:指一定的曲调形式。

⑧ 比音:将具有自然曲调形式的乐音按声律谐和的原理排列起来。比,连缀,编排。乐之:使它(音)具有特殊的娱悦人心的效果。

⑨ 及:伴和着。干戚:盾牌和刀斧。这里代表武舞所用的道具。羽旄:鸟羽和牛尾。这里代表文舞所用的道具。

⑩ 乐:此处的"乐"包括音乐和舞蹈。

⑪ "乐者"二句:音乐是由音(乐音)所直接生成的。

⑫ 本:产生的本源。人心感于物:人心被外物所感动(即人的思想受到外物的刺激)。

⑬ 哀心感者:受外物刺激产生悲哀心情的时候。以下"乐心感者"等五句结构同此。

⑭ 噍(jiào)以杀:忧伤而急促。

⑮ 啴(chǎn)以缓:轻松而舒缓。

⑯ 发以散:舒畅而开朗。

⑰ 粗以厉:粗犷而严厉。

⑱ 直以廉:爽直而庄重。

⑲ 和以柔:和顺而温柔。

⑳ 性:天性。

㉑ 慎所以感之:对使人感动(刺激人心)的外物非常重视。

行，刑以防其奸。礼乐刑政，其极[1]一也，所以同民心而出治道[2]也。

律书第三

王者制事立法，物度轨则，一禀于六律[3]，六律为万事根本焉。

吴太伯世家第一

四年，吴使季札聘于鲁[4]，请观周乐[5]。为歌《周南》《召南》[6]。曰："美哉，始基之[7]矣，犹未[8]也。然勤而不怨[9]。"歌《邶》《鄘》《卫》[10]。曰："美哉，渊乎[11]，忧而不困者也。吾闻卫康叔、武公之德如是[12]，是其《卫风》乎？"歌《王》[13]。曰："美哉，思而不惧，其周之东乎[14]？"歌《郑》[15]。曰："其细已甚，民不堪也[16]，是其先亡乎？"歌《齐》[17]。曰："美哉，泱泱[18]乎，大风也哉。表[19]东海者，其太公乎？国未可量也。"歌《豳》[20]。

---

① 极：最终目的。
② 同民心：统一民心。出治道：使治道出现，即实现太平盛世。
③ 六律：《索隐》说："律有十二。阳六为律：黄钟、太簇、姑洗、蕤宾、夷则、无射；阴六为吕：大吕、夹钟、中吕、林钟、南吕、应钟是也。"阴阳二义，以阳为主，阴为从，所以六律六吕有时称十二律或六律。
④ 聘：访问，诸侯之间派使节问候。
⑤ 周乐：周王朝的乐舞。鲁是周公之后，周公世代为王室重臣，故保留有周天子之礼乐。参见《鲁周公世家》。
⑥《周南》《召南》：从周南和召南地区采集来的民歌乐歌。
⑦ 基之：指为周王朝的王业奠定基础。基，奠定基础。
⑧ 未：指王业还未成功。
⑨ 勤：辛劳。怨：怨恨。季札在听了音乐之后，对每一种音乐及其歌辞都要进行评论，而且要把它们与社会历史现象联系起来。
⑩《邶》《鄘》《卫》：指自邶、鄘、卫三国采集的乐歌。
⑪ 渊：深厚。
⑫"吾闻"句：卫康叔曾经历管蔡之乱，虽忧伤国家动乱，但仍协助王室监理商朝遗民。卫武公曾经历幽王褒姒之难，虽忧伤国家动乱，但仍带兵帮助王室平定戎人。他们的德行就像这歌曲声调一样，忧伤而不困顿。
⑬《王》：从王地采集的地方乐歌。
⑭ 其周之东乎：这是周王室东迁洛邑以后的乐歌吧？
⑮《郑》：从郑国采集的地方乐歌。
⑯"其细"二句：《郑风》音乐细琐，反映了郑国政令苛细，人民难以忍受。细，细琐。这是季札对《郑》诗的评论，认为其诗内容太琐细纤弱，有关政治的太少，说明国风不强。
⑰《齐》：从齐国采集的地方乐歌。齐国，姜姓吕尚所封国，都营丘（今山东淄博）。
⑱ 泱泱：宏大的样子。
⑲ 表：做表率。
⑳《豳（bīn）》：从豳地采集的地方乐歌。

曰："美哉，荡荡[1]乎，乐而不淫，其周公之东乎[2]？"歌《秦》[3]。曰："此之谓夏声[4]。夫能夏则大，大之至也，其周之旧乎？"歌《魏》[5]。曰："美哉，沨沨[6]乎，大而宽[7]，俭[8]而易行，以德辅此，则盟主也。"歌《唐》[9]。曰："思深哉，其有陶唐氏之遗风乎？不然，何忧之远也？非令德[10]之后，谁能若是！"歌《陈》[11]。曰："国无主，其能久乎？"自《郐》以下[12]，无讥[13]焉。歌《小雅》[14]。曰："美哉，思而不贰[15]，怨而不言，其周德之衰乎？犹有先王[16]之遗民也。"歌《大雅》。曰："广[17]哉，熙熙[18]乎，曲而有直体[19]，其文王之德乎？"歌《颂》[20]。曰："至矣哉，直而不倨，曲而不诎[21]，近而不逼[22]，远而不携[23]，迁[24]而不淫，复而不厌，哀而不愁，乐而不荒[25]，用而不匮[26]，广而不宣[27]，施而不费，取而不贪[28]，处而不底[29]，行而不流[30]。五声和[31]，八风平[32]，节有度，守

① 荡荡：博大的样子。
② 周公之东：指周公东征，讨伐管蔡之乱。
③《秦》：从秦国采集的地方乐歌。
④ 夏声：古指西方为"夏"，"夏声"就是西方之声，即西周旧都之声。秦原为戎狄，现在变其音乐为夏声，是文化进步的表现，故下句说"能夏则大"。
⑤《魏》：从魏国采集的乐歌。
⑥ 沨(féng)沨：形容乐声抑扬宛转。
⑦ 宽：宽和。
⑧ 俭：简朴。
⑨《唐》：从唐国采集的地方乐歌。
⑩ 令德：美德。
⑪《陈》：从陈国采集的地方乐歌。
⑫《郐》：从郐国采集的地方乐歌。
⑬ 讥：评论。
⑭《小雅》：雅乐是周王朝的正统音乐。《大雅》产生于西周，作者大都是贵族。在雅乐的演变发展中，逐渐掺杂进了地方乐调成分，称作《小雅》，其中有产生于东迁之后的作品。
⑮ 贰：背叛。此句言，虽然考虑到朝政过失，却丝毫没有反叛之心。
⑯ 先王：指周朝初期文、武、成、康等王。
⑰ 广：音乐宽缓。
⑱ 熙熙：和谐安乐。
⑲ 曲而有直体：旋律虽然抑扬顿挫高下有致，基调却刚劲有力。
⑳《颂》：宗庙祭祀乐歌。
㉑ 诎：曲折。
㉒ 近：一说节奏紧密；一说与君亲近而不相侵犯。逼：迫促。
㉓ 远：一说节奏疏缓。携：离。
㉔ 迁：变化。
㉕ 荒：放纵。以上八句是通过对《颂》乐的直接描述来表达作者对它的赞美之情。
㉖ 以下四句用比喻的方式来说《颂》乐之渊深博大。用而不匮，指《颂》乐如圣人之才，智慧虽用而不匮乏。
㉗ 广而不宣：《颂》乐如圣人之德，宽弘而不侈大。
㉘ 施而不费，取而不贪：指《颂》乐如同圣人之理民，施惠于民而不显耗费，征取于民而不过分贪婪。
㉙ 处：音乐暂时休止。底：停滞。
㉚ 流：流荡无所依托。
㉛ 五声：古代音乐的五个基本音阶：宫、商、角、徵、羽。
㉜ 八风：八方之风，一说即金、石、土、革、丝、木、匏、竹八音。

有序，盛德之所同也。”见舞《象箾》《南籥》者[①]，曰：“美哉，犹有感[②]。”见舞《大武》[③]，曰：“美哉，周之盛也，其若此乎？”见舞《韶护》者[④]，曰：“圣人之弘也[⑤]，犹有惭德[⑥]，圣人之难也！”见舞《大夏》[⑦]，曰：“美哉，勤而不德[⑧]！非禹，其谁能及之？”见舞《招箾》[⑨]，曰：“德至矣哉，大矣，如天之无不焘也[⑩]，如地之无不载也，虽甚盛德，无以加矣。观止矣，若有他乐，吾不敢观。”

商君列传第八

商君曰：“语有之矣，貌言华[⑪]也，至言[⑫]实也，苦言药也，甘言疾[⑬]也。夫子果肯终日正言，鞅之药也。鞅将事子，子又何辞焉！”

---

① 《象箾》《南籥》：皆为乐舞名，相传二者都是歌颂周文王的。箾即箫，籥是一种管乐器，形状似笛。
② 感：同“憾”，恨。
③ 《大武》：武王之乐舞，相传是周公所作。
④ 《韶护》：亦作《韶濩(hù)》《大濩》，相传为古代之乐舞。
⑤ 弘：弘大。
⑥ 惭德：行事有缺点而内心自愧。指汤曾伐桀并将其流放，在当时是以下伐上，所以这样说。
⑦ 《大夏》：相传为禹之乐舞名。
⑧ 不德：不自以为有德于民。
⑨ 《招(sháo)箾》：又作《韶箫》《大韶》，相传为舜之乐舞。
⑩ 焘：覆盖。
⑪ 貌言：虚言浮词，花言巧语。华：同“花”。
⑫ 至言，深切中肯的语言。
⑬ 甘言：甜言蜜语。疾：疾病。

淮 南 子

《淮南子》又名《淮南鸿烈》，是西汉淮南王刘安组织他的门客集体编撰的。参与编撰的重要人物有苏飞、李尚、左吴、田由、雷被、毛被、伍被、晋昌等所谓"八公"，另有诸儒大山、小山之徒。《淮南子》以道家思想为核心，兼融各家著作。《淮南子》的内容极为丰富，刘知几惊叹它"牢笼天地，博极古今"(《史通·自叙》)。作为一部哲学巨著，最值得注意的是它的哲学思想和政治主张。《淮南子》第一卷里记载了道覆盖苍天承接大地，扩展到四面八方，"道"是万事万物的总根源，记载了人天生喜欢静，认为这是人的本性，传达了按照自然规律办事的美育思想。

引据何宁撰：《淮南子集释》，《新编诸子集成》本，中华书局1998年版。

卷一　原道训

是故圣人内修其本，而不外饰其末，保其精神，偃①其智故，漠然②无为而无不为也，澹然无治也而无不治也③。所谓无为者，不先物为也；所谓无不为者，因物之所为。所谓无治者，不易自然也；所谓无不治者，因物之相然④也。

卷二　俶真训

水之性真清而土汩之，人性安静而嗜欲乱之⑤。夫人之所受于天者，耳目之

① 偃：停息。
② 漠然：寂静无声的样子。
③ 澹然：淡泊的样子。
④ 然：适宜。
⑤ "水之性"二句：本自《吕览·本生》。汩，乱。

于声色也，口鼻之于芳臭也，肌肤之于寒燠[①]，其情一也。或通于神明，或不免于痴狂者，何也？其所为制者异也。是故神者智之渊也，渊清则智明也；智者心之府也，智公则心平矣。人莫鉴于流沫而鉴于止水者[②]，以其静也；莫窥形于生铁，而窥于明镜者，以睹其易也。夫唯易且静，形[③]物之性也。由此观之，用也必假之于弗用也。是故虚室生白，吉祥止也[④]。

卷七　精神训

是故五色乱目，使目不明；五声哗耳，使耳不聪；五味乱口，使口爽伤[⑤]；趣舍滑心，使行飞扬[⑥]。此四者，天下之所养性也[⑦]，然皆人累也。故曰：嗜欲者使人之气越，而好憎者使人之心劳，弗疾去则志气日耗[⑧]。

卷八　本经训

天地之大，可以矩表识也；星月之行，可以历推得也；雷震之声，可以鼓钟写也[⑨]；风雨之变，可以音律知也[⑩]。是故大可睹者，可得而量也；明可见者，可得而蔽也[⑪]；声可闻者，可得而调也；色可察者，可得而别也。夫至大，天地弗能含也；至微，神明弗能领也[⑫]。及至建律历，别五色，异清浊[⑬]，味[⑭]甘苦，则朴散而为器矣[⑮]；立仁义，修礼乐，则德迁而为伪矣。及伪之生也，饰智以惊愚，设诈以巧

---

① 燠(yù)：温暖。
② “人莫”二句：见于《庄子·德充符》。鉴，当镜子照。沫，泡沫。
③ 形：见。
④ “是故”二句：见于《庄子·人间世》。虚，心。室，身。白，指道。止，栖息。
⑤ 爽伤：王念孙认为应作“厉爽”，指因病而败味。“五色”至“飞扬”几句出自《庄子·天地篇》。庄子文作“使口厉爽”。
⑥ 趣舍：即趋舍，义偏在“趣”，指追名逐利，或解释成“取舍”，则指计较得失。飞扬：原注作“不从轨道也”，即行为越轨的意思。
⑦ 性：生。
⑧ 耗：昏乱。
⑨ “雷震”二句：震，王念孙认为应作“霆”。写：仿效。
⑩ “风雨”二句：本书认为音乐来源于“气”，音律和气象关系密切。
⑪ 蔽：或作“察”。
⑫ 神明：这里指鬼神。领：领会，理解，认清。
⑬ 清浊：指音的高低。
⑭ 味：区别味道，辨味。
⑮ 朴：未加工的树木。喻本色。器：器具。

上[1],天下有能持之者,有能治之者也[2]?

……

天爱其精[3],地爱其平,人爱其情[4]。天之精,日月星辰雷电风雨也;地之平,水火金木土也;人之情,思虑聪明喜怒也。故闭四关,止五遁[5],则与道沦[6]。是故神明[7]藏于无形,精神[8]反于至真,则目明而不以视,耳聪而不以听,心条达而不以思虑,委而弗为,和而弗矜,冥性命之情[9],而智故不得杂焉。精泄于目则其视明[10],在于耳则其听聪,留于口则其言当,集于心则其虑通。故闭四关则身无患,百节莫苑[11],莫死莫生,莫虚莫盈,是谓真人[12]。

……

凡乱之所由生者,皆在流遁。流遁之所生者五。大构驾,兴宫室,延楼栈道,鸡栖井干[13],标株欂栌[14],以相支持,木巧之饰,盘纡刻俨[15],赢镂[16]雕琢,诡文回波[17],淌游瀷淢[18],菱杼紾抱[19],芒繁乱泽,巧伪纷挐[20],以相摧错,此遁于木也;凿

---

① 巧:原注作"欺上也"。今俗语还说不讲真话、骗人为"搞巧"。

② "天下"句:王念孙认为应作"未有能治之者也"。意思是说诈伪风行,天下尚未有能以道治理的,必待"至人"出现才能治之。

③ 精:精气。下文说"精"指日月星辰等等,这些都是天的精气化成的。

④ "地爱"二句:平,俞樾认为应释为"土治"。《诗经·黍苗》:"原隰既平。"毛亨传:"土治曰平",即平和安定。情,指人的思想感情,下文说"情"指"思虑、聪明、喜怒"。

⑤ "故闭"二句:四关,原注作"耳、目、心、口"。五遁,依下文应指精神因五种物质享受而泄失。

⑥ 沦:入,指相合。

⑦ 神明:指精神。

⑧ 精神:王念孙认为应作"精气"。

⑨ 冥:有"远"义。这里用为动词,指远离,抛弃。或释为深藏。性命之情即上文说的"人之情",也就是"思虑、聪明喜怒"等。"冥性命之情"就是不动脑筋、不运用聪明、不喜怒无常,保持恬静虚无的心态,故下句说能如此则"智故不得杂焉"。

⑩ 泄:原注作"犹通也"。这里不能理解成"泄失",下文"在""留""集"和"泄"义相仿。

⑪ 苑:指枯萎之病。

⑫ "莫死"三句:这里把"真人"神仙化,实际是说真人生而如死、实而如虚、有而如无的那种精神极度淡漠,完全超脱尘世的状态。

⑬ "延楼"二句:延楼:原注作"高楼"。栈道:凌空架设的通道,通连各楼之间。鸡栖井干:喻高楼的众多和交错复杂。鸡栖:当指鸡舍。井干:井的围栏,喻楼房甬道纵横交错状。又,"井干"为楼名,汉武帝所建,万木交架,形似井干,故名。杨树达认为这儿是以井干为喻又兼指井干楼。

⑭ 标株:柱头。欂栌:斗拱,梁柱顶端加的探出成弓形的承重构件叫拱;一层层的拱之间垫的方木块叫斗。合称斗拱。

⑮ 盘:盘龙。纡:曲屈。俨:昂首的样子。指昂首的虎形。

⑯ 赢镂:花纹刻镂。

⑰ 诡文:奇异的纹理。回波:回旋的水流。

⑱ 淌游瀷(yì)淢(yù):水流急湍。

⑲ 菱杼:菱类水草。杼,通"芧",菱类,即三棱草。紾抱:错杂缠绕。

⑳ "芒繁"二句:芒:光。泽:光采。巧伪:奇巧。

污池之深[①]，肆畛崖之远[②]，来溪谷之流，饰曲岸之际，积牒[③]旋石，以纯修碕[④]，抑减怒濑[⑤]，以扬激波，曲拂[⑥]邅回，以像湡浯[⑦]，益树莲菱，以食鳖鱼[⑧]，鸿鹄鹔鷞[⑨]，稻粱饶余，龙舟鹢首[⑩]，浮吹以娱，此遁于水也；高筑城郭，设树险阻，崇台榭之隆，侈苑囿之大，以穷要妙之望[⑪]，魏阙之高，上际青云，大厦曾加[⑫]，拟于昆仑，修为墙垣，甬道相连[⑬]，残高增下[⑭]，积土为山，接径历远[⑮]，直道夷险，终日驰骛，而无迹蹈之患[⑯]，此遁于土也。大钟鼎，美重器，华[⑰]虫疏镂，以相缪纱[⑱]，寝兕[⑲]伏虎，蟠龙连组[⑳]，焜昱错眩[㉑]，照耀辉煌，偃蹇寥纠[㉒]，曲成文章，雕琢之饰，锻锡文铙[㉓]，乍晦乍明，抑微灭瑕[㉔]，霜文沉居[㉕]，若簟籧篨[㉖]，缠锦经冘[㉗]，似数而疏[㉘]，此遁于金也；煎熬焚炙，调齐和之适[㉙]，以穷荆吴甘酸之变[㉚]，焚林而猎，烧燎大木，

---

① 污池：深池。
② 肆：极。这里指修到远处。畛崖：边界。这句说水池面积很大。
③ 积牒：堆积。
④ 纯：缘，指做边子。碕(qí)：曲折的堤岸。
⑤ 抑：阻遏。怒：使激荡。《水经注·江水》："今滩上有石……致怒湍流。"
⑥ 拂：逆。
⑦ 像：模仿。湡(yú)浯(wú)：原注作"涡，番隅。浯，苍梧。之二国多水……故法而象之也。"
⑧ 食(sì)：养。
⑨ 鹔鷞：雁类鸟。
⑩ 鹢(yì)：鸟名。似鸬鹚。
⑪ "侈苑"二句：侈：扩大。穷：尽。看得远。要(yāo)妙：美好的样子。
⑫ 曾：层。加：架。
⑬ 甬道：飞阁之间复杂的通道。
⑭ 残：削去。增：填充。下：低处。
⑮ 接：原注作"疾"，通"捷"。径：原注作"行也"。王念孙认为这句应在下句后。
⑯ 迹蹈：王念孙认为应作"蹪陷"，仆倒落入坑凹中。
⑰ 华：花。
⑱ 缪纱：相纠结。
⑲ 兕(sì)：雌犀牛。
⑳ 组：丝织的宽带。
㉑ 焜(kūn)昱(yù)：光明，明亮。昱，同"煜"。
㉒ 偃蹇(jiǎn)：曲折婉转的样子。寥纠：缠绕的样子。
㉓ 铙(náo)：铁纹。
㉔ 微：通"衅"，缝隙。
㉕ 沉居：没入器身。
㉖ 簟：竹席。籧(qú)篨(chú)：苇或竹编的粗席。原注说喻剑身纹路之美。
㉗ 缠锦：杨树达怀疑应作"缠绵"，指缠绕。冘：通"紞"，古时冠冕上用来系瑱的带子。此处指文采回曲。
㉘ 数(cù)：密。
㉙ 齐和：份量。齐，通"剂"。
㉚ "以穷"句：依原注，荆、吴两地善调酸甜美味。

鼓橐吹埵[1]，以销铜铁，靡流坚锻[2]，无猒足目[3]，山无峻干，林无柘梓[4]，燎木以为炭，燔草而为灰，野莽白素[5]，不得其时，上掩天光，下殄[6]地财，此遁于火也。此五者，一足以亡天下矣。

卷十二　道应训

颜回谓仲尼曰："回益矣[7]。"仲尼曰："何谓也？"曰："回忘礼乐[8]矣。"仲尼曰："可矣，犹未[9]也。"异日复见，曰："回益矣。"仲尼曰："何谓也？"曰："回忘仁义矣。"仲尼曰："可矣，犹未也。"异日复见，曰："回坐忘[10]矣。"仲尼遽然[11]曰："何谓坐忘？"颜回曰："隳支体[12]，黜[13]聪明，离形去知，洞于化通[14]，是谓坐忘。"仲尼曰："洞则无善[15]也，化则无常[16]矣。而夫子荐贤[17]，丘请从之后。"故老子曰："载营魄抱一，能无离乎？专气至柔，能如婴儿乎[18]？"

---

① 橐：风箱。埵(duǒ)：风箱和火炉相连的通风管子。

② 靡流：使熔成液态。坚锻：锤结实。

③ 猒(yān)足：满足。猒，今作"厌"。"目"或作"日"。

④ 柘梓：原注解释"柘"为"桑"，则梓即梓木，桑梓常并用。但原注又释"梓"为"滋生"，复生的嫩枝。

⑤ 野莽：野草。白素：疑指草灰遍地。或指被烧光。

⑥ 殄(tiǎn)：尽，耗尽。

⑦ 益：长进。指经过一段时间修养以后有提高。本节出自《庄子·大宗师》，文字略有变动。颜回和孔丘的对话是庄子的虚构。

⑧ 忘礼乐：原注作"回忘礼乐，绝圣弃智，入于无为也"。

⑨ 犹未：还不够，意思是说还要进一步修养。

⑩ 坐忘：静坐而忘掉外物和自我，这是道家所追求的一种寂静恬愉的精神境界。用于养生，即是气功的境界；用于处世，则是无为。

⑪ 遽然：神态突然变化的样子。

⑫ 隳(huī)：废弃。支：肢体。"隳肢体"指把肢体看得不存在了。

⑬ 黜(chù)：废除，抛弃。

⑭ 洞：混同。化通：《庄子》作"大通"，指道。

⑮ 善：《庄子》作"好"，指偏好，嗜好。

⑯ 常：执着于常理，如仁义礼智之类。

⑰ 夫子：孔丘尊称颜回，把颜回看作先贤。荐：原注作"先也"。

⑱ "故老子曰"五句：语见《老子》第十章。载，句首语助词，相当于"夫"，无实义。营，通"魂"，两字上古声母相同(都是"匣"母，读如"h"而为浊音)，韵可通。"魂魄"是两个概念，"魂"相当于灵魂精神，"魄"指气魄，属形体范畴。抱，紧紧相合。一，一体。道家主张形、气、神合为一体，神是主宰。这和"忘形"实质上是一致的。"能无离乎"，是用揣度商量的语气表示肯定的意思，直说便是不能分离，必须"抱一"。抱一也隐含合于道的意思。专气：聚结精气。专，通"抟"，柔合拢来。至柔，达到柔和的境界。婴儿，老子笔下的婴儿是纯洁天真、无智无欲但又充满生命力的象征。

卷十三　汜论训

夫夏后氏之璜，不能无考[①]，明月之珠，不能无纇[②]，然而天下宝之者何也？其小恶不足妨大美也。今志人之所短，而忘人之所修，而求得其贤于天下则难矣。

① 璜：原注作"半璧为璜"。考：洪颐煊认为和"玷"义同，指斑点。
② 纇(lèi)：本指丝织品上的疵点，引申泛指瑕疵。

汉　书

班　固

《汉书》是中国第一部纪传体断代史，继承了《史记》的纪传体撰写方式，新创《古今人表》和《百官公卿表》，又书写了《刑法志》《五行志》《地理志》《艺文志》。全书100卷，包括"纪"12卷，"表"8卷，"志"10卷，"传"70卷。班固于建武二十三年(47)前后入洛阳太学，建武三十年(54)父亲班彪去世，班固自太学返乡，在班彪续补《太史公书》之作《后传》的基础上开始编写《汉书》。《汉书·礼乐志》中有作者及时人对雅颂大乐的推崇，书中有音乐可以和生命体达成某种深层次的共鸣，对人的思想、性情加以左右，施以影响等美育记载，也记载了从先古时期到西汉末年礼乐的发展变迁，"乐"的发展和政治密不可分。

引据中华书局点校：《汉书》，中华书局1962年版。

卷二十二　礼乐志

乐者，圣人之所乐也，而可以善民心。其感人深，其移风易俗易，故先王著①其教焉。

夫民有血气心知之性，而无哀乐喜怒之常，应感而动，然后心术形焉。是以纤微憔悴②之音作，而民思忧；阐谐嫚易③之音作，而民康乐；粗厉猛奋④之音作，而民刚毅；廉直正诚之音作，而民肃敬；宽裕和顺之音作，而民慈爱；流辟邪散之音作，而民淫乱。先王耻其乱也，故制雅颂⑤之声，本之情性，稽之度数⑥，制之礼

① 著：明。
② 憔悴：缩减。
③ 阐谐：宽舒和谐。嫚易：和缓，不急刻。
④ 粗厉：粗犷严肃。猛奋：猛烈振奋。
⑤ 雅颂：雅乐为朝廷的乐曲，颂乐为宗庙祭祀的乐曲，古代以二者为"正乐"。
⑥ 度数：道理。

仪，合生气[①]之和，导五常[②]之行，使之阳而不散，阴而不集，刚气不怒，柔气不慑[③]，四畅交于中，而发作于外，皆安其位而不相夺，足以感动人之善心，不使邪气得接焉，是先王立乐之方也。

① 生气：阴阳之气。

② 五常：指五伦，即君臣、父子、夫妇、兄弟、朋友，或指五行，即金、木、水、火、土。

③ 慑：恐惧，丧气。

后　汉　书

范　晔

《后汉书》成书于南朝宋时，范晔以《东观汉记》为基本史料依据，以华峤《汉后书》为主要蓝本，吸取其他各家书的长处，删繁补缺，整齐故事，超越众家，后来居上。《后汉书》为纪传体断代史书，记载了东汉近两百年历史，具有极高的史学价值与文学价值，为国学经典名著之一。《后汉书》能后来居上，巍然独存，主要是因为范晔很好地做到了继承与创新。《后汉书》内容丰富、体例风格多样，为后人研究东汉社会提供了珍贵的原始史料。作者通过对当时社会的针砭剖析，倡导笃厚以矫正时弊，对现今仍有积极意义。《后汉书》中也有美育记载，譬如称桓帝爱好音乐，善于琴笙，以树木花草装饰成濯龙宫苑，设张华盖祭祀佛老，这可能就是所谓"国将亡，听于神"。可见对于艺术形式的追求喜爱应适度。《后汉书》中也可以看到艺术在古代的运用，比如乐队对团队凝聚力的作用等表达内容。

引据中华书局点校：《后汉书》，中华书局 1965 年版。

卷七　孝桓帝纪第七

论曰：前史[①]称桓帝好音乐，善琴笙。饰芳林而考濯龙[②]之宫，设华盖以祠浮图[③]、老子，斯将所谓"听于神[④]"乎！及诛梁冀，奋威怒，天下犹企其休息。而五邪[⑤]嗣虐，流衍四方。自非忠贤[⑥]力争，屡折奸锋，虽愿依斟流彘[⑦]，亦不可得已。

---

① 前史：指《东观汉记》。

② 薛综注《东京赋》："芳林：两旁边树木兰也。"考：成也，既成而祭之。濯龙：殿名。

③ 浮图：佛。

④ 听于神：《左传》："国将兴，听于人；将亡，听于神。"

⑤ 五邪：汉桓帝时的宦官集团，有单超、徐璜、左悺、唐衡、具瑗等人。

⑥ 忠贤：指与"五邪"对抗的官员士人，有李膺、陈蕃、窦武、黄琼、朱穆、刘淑、刘陶等。

⑦ 依斟流彘：比喻帝王无道而被流放。

卷二十一　任李万邳刘耿　列传第十一

六年，迁丹阳太守。是时，海内新定，南方海滨江淮，多拥兵据土。忠到郡，招怀降附，其不服者悉诛之，旬月皆平。忠以丹阳越俗不好学，嫁娶礼仪，衰于中国，乃为起学校，习礼容，春秋乡饮，选用明经，郡中向慕之。垦田增多，三岁间流民占著[①]者五万余口。

卷四十九　王充王符仲长统　列传第三十九

今人奢衣服，侈饮食，事口舌而习调欺。或以谋奸合任[②]为业，或以游博持掩为事。[③] 丁夫不扶犁锄，而怀丸挟弹，携手上山遨游，或好取土作丸卖之，外不足御寇盗，内不足禁鼠雀。或作泥车瓦狗诸戏弄之具，以巧诈小儿。此皆无益也。

卷五十九　张衡　列传第四十九

譬犹画工，恶图犬马而好作鬼魅，诚以实事难形，而虚伪不穷也。[④] 宜收藏图谶，一禁绝之，则朱紫无所眩，典籍无瑕玷矣。

卷六十下　蔡邕　列传第五十下

且我闻之，日南至则黄钟应，融风动而鱼上冰，蕤宾统则微阴萌，蒹葭苍而白露凝。[⑤] 寒暑相推，阴阳代兴，运极则化，理乱相承。

---

① 占著：亦作“占藉”，谓落户定居。
② 合任：相合为任侠。
③ 博：六博，一种赌钱的游戏。掩：钱。
④ “譬犹”句：《韩非子》：“客为齐王画者。问：‘画孰难？’对曰：‘狗马最难。’‘孰易？’‘鬼魅最易。’狗马，人所知也，故难；鬼魅无形，故易。”
⑤ “日南”句：黄钟，指农历十一月。融风，东北风。蕤宾，指农历五月。蒹，没长穗的芦苇。葭，初生的芦苇。

论　衡

王　充

《论衡》是东汉思想家王充(27—97)用毕生精力撰写的一部哲学著作，全书八十五篇。目前保存下来的宋《论衡》校读记本只有残卷或后来经过修补的印本。现藏于日本宫内厅书陵部图书寮的宋版《论衡》残卷卷一至卷二十五，是宋代的刷印本。关于美育，《论衡·命义篇》里记载有胎教的各种礼法，妇女有孕的时候，如果接触了不好的东西就会对肚子里的孩子有不好的影响。美好的教育要从胎教开始抓起。

引据黄晖撰：《论衡校释》，《新编诸子集成》本，中华书局 1990 年版。

幸偶篇

佞幸①之徒，闳、藉孺②之辈，无德薄才，以色称媚，不宜爱而受宠，不当亲而得附③，非道理之宜，故太史公为之作传。邪人反道而受恩宠，与此同科，故合其名谓之佞幸④。无德受恩，无过遇祸，同一实也。

俱禀元气⑤，或独为人，或为禽兽。并为人，或贵或贱，或贫或富。富或累金，贫或乞食；贵至封侯，贱至奴仆。非天禀施有左右也⑥，人物受性⑦有厚薄也。

---

① 佞(nìng)幸：靠花言巧语容貌好看而得宠。佞，惯于用花言巧语谄媚。

② 闳(hóng)：闳孺，汉惠帝的宠臣，无才能，仅以貌美而受宠。藉孺：汉高祖的宠幸侍童，与帝同起卧。藉，通“籍”。

③ 附：依附。这里指得到君主亲近、亲信。

④ 佞幸：这里指《史记》中的《佞幸列传》。

⑤ 元气：即气。王充认为气是构成人和万物的物质元素，是天地星宿在不断运动中自然而然地施放出来的。

⑥ 禀施：根据文意，疑“施气”之误。左右：多少，偏袒。

⑦ 性：性命，生命。这里指构成生命的气。

命义篇

此谓三命。亦有三性：有正，有随，有遭。正者，禀五常①之性也；随者，随父母之性也；遭者，遭得恶物象之故也②。故妊妇食兔，子生缺唇③。《月令》曰④："是月⑤也，雷将发声，有不戒其容者⑥，生子不备⑦，必有大凶⑧。"喑⑨聋跛盲，气遭胎伤，故受性狂悖⑩。羊舌似我⑪初生之时，声似豺狼，长大性恶，被祸而死。在母身时，遭受此性，丹朱、商均⑫之类是也。性命在本，故《礼》有胎教之法⑬：子在身时，席不正不坐，割不正不食，非正色目不视，非正声耳不听。及长，置以贤师良傅⑭，教君臣父子之道。贤不肖在此时⑮矣。受气⑯时，母不谨慎，心妄虑邪，则子长大，狂悖不善，形体丑恶。素女对黄帝陈五女之法⑰，非徒伤父母之身，乃又贼男女之性⑱。

---

① 五常：也称"五典"。一指古代仁、义、礼、智、信五种道德规范，一指古代父义、母慈、兄友、弟恭、子孝五种社会的行为准则。参见《白虎通德论·情性》。

② "遭得"句：根据上两个分句的文例，疑此句似作"遭恶物之性也"。

③ "故妊妇"句：参见《淮南子·说山训》。

④《月令》：《礼记》中的一篇。

⑤ 是月：据《礼记·月令》，指的是夏历二月。

⑥ 戒：慎重。容：《礼记·月令》原文作"容止"，指人的行为举止。这里指夫妻同房。

⑦ 不备：不完全。这里指形体有缺陷。

⑧ "是月"句：《礼记·月令》中这句话的原文是："是月也，日夜分，雷乃发声，始电，蛰虫咸动，启户始出。先雷三月，奋木铎以令兆民曰：雷将发声，有不戒其容止者，生子不备，必有凶灾。"

⑨ 喑(yīn)：哑。

⑩ 悖(bèi)：违背。

⑪ 羊舌似我：又作"羊舌食我"，姓羊舌，名食我。春秋时晋国大夫羊舌肸(xī)的儿子。

⑫ 丹朱：尧的儿子，名朱，因居丹水，被称为丹朱。商均：舜的儿子。

⑬《礼》：指《礼记》。胎教之法：儒家为孕妇规定的各种礼法，认为按照这些礼法能使胎儿在母体中受到良好的影响，长大后能成为人才。

⑭ 傅：负责教导和传授技艺的人。

⑮ 此时：这里指在母体的时候。

⑯ 受气：这里指父母交合。

⑰ 素女：中国古代神话中的女神，善弹唱。五女之法：疑为"御女之法"，指男女交合的方法。这里指淫乱的行为。

⑱ 贼：伤害。男女：这里指子女。

本性篇

情性[①]者，人治之本，礼乐所由生也。故原[②]情性之极，礼为之防，乐为之节[③]。性有卑谦辞让，故制礼以适其宜[④]；情有好恶喜怒哀乐，故作乐以通其敬[⑤]。礼所以制，乐所为作者，情与性也。昔儒旧生，著作篇章，莫不论说，莫能实定。

佚文篇

孔子曰："文王既殁[⑥]，文不在兹[⑦]乎！"文王之文，传在孔子。孔子为汉制文[⑧]，传在汉也。受天之文[⑨]。

文人宜遵五经六艺[⑩]为文，诸子传书[⑪]为文，造论著说[⑫]为文，上书奏记为文，文德之操[⑬]为文。立五文在世，皆当贤也。造论著说之文，尤宜劳焉。何则？发胸中之思，论世俗之事，非徒讽古经、续故文也。论发胸臆，文成手中，非说经艺之人所能为也。

书解篇

或曰：士之论高，何必以文[⑭]？

---

① 情：这里指人的喜怒哀乐等情感。性：指人先天具有的道德属性。王充认为，情和性都是人在娘胎里承受厚薄不同的气所形成的。

② 原：推究。

③ "故原"句：以上参见《白虎通德论·礼乐》。

④ 宜：和顺，亲善。

⑤ 通：传达。敬：恭敬。这里是严肃的意思。

⑥ 殁(mò)：死。

⑦ 兹：此。这里指孔子自己。引文参见《论语·子罕》。

⑧ 孔子为汉制文：王充认为孔子整理儒家经书是为了汉朝传播文化。

⑨ 受天之文：承受从天而降的文章，这里指上述《尚书》《礼》《春秋》和《论语》等儒家经书失而复得。

⑩ 五经六艺：这里指诵习和解释五经六艺。六艺，指礼、乐、射、御(驭)、书、数。

⑪ 诸子传书：泛指先秦诸子的著作。

⑫ 造论著说：指写出有独到见解、自成体系的著作。

⑬ 文德之操：即上文所说的"大人君子以文为操"的意思，指用礼仪规定的文饰修饰起来的这种大人君子的仪表。文德，指体现德行的文彩，即礼仪规定的文饰，主要表现在衣服上。王充认为德高官尊者享用的文饰就繁。

⑭ 文：这里指文采。

答曰：夫人有文质[①]乃成。物有华[②]而不实，有实而不华者。《易》曰："圣人之情见乎辞。"出口为言，集札[③]为文，文辞施设，实情敷烈[④]。夫文德，世服也。空书为文，实行为德，著之于衣为服。故曰：德弥盛者文弥缛，德弥彰者文弥明。

自纪篇

孔子失马于野，野人闭不与；子贡妙称而怒，马圄谐说而懿[⑤]。俗晓(形)露之言[⑥]，勉以深鸿之文，犹和神仙之药以治鼽咳[⑦]，制貂狐之裘以取薪菜也。且礼有所不待[⑧]，事有所不须。断决知辜，不必皋陶；调和葵韭，不俟狄牙[⑨]；闾巷之乐，不用《韶》《武》[⑩]；里母[⑪]之祀，不待太牢[⑫]。既有不须，而又不宜。牛刀割鸡[⑬]，舒戟采葵，铁钺裁箸，盆盎酌卮，大小失宜，善之者希。何以为辩？喻深以浅。何以为智？喻难以易。贤圣铨材之所宜，故文能为深浅之差。

---

① 文：文华、辞采。质：朴实。

② 华：同"花"。

③ 札：古代书写用的竹简、木简。

④ 敷烈：充分表达出来，显现。敷，布，陈列。烈，通"列"，罗列。

⑤ "孔子"四句：孔子的马吃了农夫的庄稼，马被扣留，子贡去交涉，结果反而引起对方更大的愤怒，后来孔子的马夫去说，农夫听了很高兴，就把马归还了。事见《吕氏春秋·必己》《淮南子·人间训》。马圄(yǔ)：同"马驭"，马夫。懿：通"喜"。高兴。

⑥ "露"上脱"形"字，"形露"二字连文。下文云"充书形露易视"，又"故形露其指，为分别之文"，可证。

⑦ 鼽(qiú)：伤风，鼻子不通气。

⑧ 待(zhì)：具备。

⑨ 狄牙：即易牙，春秋时人，长于烹调，善逢迎。

⑩ 《韶》：传说是舜时享用的乐曲。《武》：传说是周武王享用的乐曲。

⑪ 里母：里社，古时乡村中供奉土地神的地方。

⑫ 太牢：古代祭祀时三牲(牛、羊、猪)俱全(或单用牛)称"太牢"。

⑬ 牛刀割鸡：见《论语·阳货》，原文是"割鸡焉用牛刀"，比喻使用的手段不恰当。

三、 魏晋南北朝

人 物 志

刘 劭

刘劭，字孔才，广平邯郸(今河北省邯郸市)人。三国时期魏国的政治家、思想家，主要活动在汉末魏初之际。汉献帝时入仕，初为上计吏，历官太子舍人、秘书郎等。魏朝建立后，曾担任尚书郎、散骑侍郎、陈留太守等。后曾受爵关内侯，死后追赠光禄勋。刘劭学问详博，通览群书，曾经执经讲学。编有类书《皇览》，参与制定《新律》。著作多已亡佚，仅见《人物志》《赵都赋》《上都官考课疏》。

《人物志》是我国第一部系统品鉴人物的专著，约成书于曹魏明帝统治时期(227—239)。作者在自序中阐述撰著目的：“夫圣贤之所美，莫美乎聪明；聪明之所贵，莫贵乎知人。知人诚智，则众材得其序，而庶绩之业兴矣。”在书中，他反复提到了人的性情，情性之美已然成为人格之美的核心，其美育的意义在于把人格审美境界与理想由普遍的规范、尺度向个体才情、趣味和境界转化。

引据李崇智校笺，《人物志校笺》，巴蜀书社2001年版。

八观第九

何谓观其爱敬，以知通塞？盖人道[1]之极，莫过爱敬。是故《孝经》以爱为至德，以敬为要道。《易》以感为德，以谦为道。《老子》以无为德，以虚为道。礼以敬为本，乐以爱为主。然则人情之质，有爱敬之诚，则与道德同体，动获人心，而道无不通也。然爱不可少于敬。少于敬，则廉节者归之，而众人不与。爱多于敬，则虽廉节者不悦，而爱接者[2]死之。何则？敬之为道也，严而相离，其势难久。爱之为道也，情亲意厚，深而感物。是故观其爱敬之诚，而通塞之理可得而知也。

---

① 人道：为人之道。古代多指社会公认的道德规范。

② 爱接者：善于交际之人。

典论·论文

曹　丕

曹丕(187—226),字子桓,沛国谯县(今安徽省亳州市)人。三国时期著名的政治家、文学家,曹魏开国皇帝(220—226在位)。曹丕于诗、赋、文学皆有成就,尤擅长于五言诗,与其父曹操和弟曹植,并称"建安三曹"。《隋书·经籍志》载有《集》十卷。

曹丕著有《典论》,当中的《论文》是中国文学批评史上第一部文学专论。在《典论·论文》里,曹丕第一次正式提出了文体分类及其各自特点的思想,"盖奏议宜雅,书论宜理,铭诔尚实,诗赋欲丽";又提出文气说,"文以气为主",分"清""浊"二质,当为曹氏文论中美育的典范;他将文章提高到"经国之大业,不朽之盛事"的高度,并在《又与吴质书》中具体论述"建安七子"各自文章风貌,充分肯定了文学在审美追求与建业理想中的重要作用。

引据萧统编,李善注,李培南等点校:《文选》第6册,《中国古典文学丛书》本,上海古籍出版社1986年版。

文人相轻,自古而然。傅毅之于班固,伯仲之间耳,而固小之,与弟超书曰:"武仲以能属文为兰台令史,下笔不能自休。"夫人善于自见,而文非一体,鲜能备善。是以各以所长,相轻所短。里语曰:"家有弊帚,享之千金。"斯不自见之患也。

今之文人,鲁国孔融文举,广陵①陈琳孔璋,山阳②王粲仲宣,北海③徐幹伟长,陈留④阮瑀元瑜,汝南⑤应玚德琏,东平⑥刘桢公干:斯七子者,于学无所遗,于辞无所假,咸以自骋骥騄于千里,仰齐足而并驰。以此相服,亦良难矣。盖君

① 广陵:今江苏江都。
② 山阳:今山东邹县。
③ 北海:今山东昌乐。
④ 陈留:今河南禅符。
⑤ 汝南:今河南汝南。
⑥ 东平:今山东东平。

子审己以度人，故能免于斯累，而作《论文》。

王粲长于辞赋；徐干时有齐气[①]，然粲之匹也。如粲之《初征》《登楼》《槐赋》《征思》，干之《玄猿》《漏卮》《圆扇》《橘赋》，虽张蔡[②]不过也。然于他文未能称是。琳瑀之章表书记，今之隽也。应玚和而不壮。刘桢壮而不密。孔融体气高妙，有过人者，然不能持论，理不胜词，以至乎杂以嘲戏，及其所善，扬班[③]俦也。

常人贵远贱近，向声背实，又患暗于自见，谓己为贤。夫文，本同而末异。盖奏议宜雅，书论宜理，铭诔尚实，诗赋欲丽。此四科不同，故能之者偏也；唯通才能备其体。

文以气为主；气之清浊有体，不可力强而致。譬诸音乐，曲度虽均，节奏同检[④]；至于引气不齐，巧拙有素，虽在父兄，不能以移子弟。

盖文章经国之大业，不朽之盛事。年寿有时而尽，荣乐止乎其身。二者必至之常期，未若文章之无穷。是以古之作者，寄身于翰墨，见意于篇籍，不假良史之辞，不托飞驰之势，而声名自传于后。故西伯幽而演《易》，周旦显而制《礼》，不以隐约而弗务，不以康乐而加思。夫然，则古人贱尺璧而重寸阴，惧乎时之过已。而人多不强力，贫贱则慑于饥寒，富贵则流于逸乐，遂营目前之务，而遗千载之功。日月逝于上，体貌衰于下，忽然与万物迁化，斯志士之大痛也！融等已逝，唯干著《论》[⑤]，成一家言。

---

① 齐气：齐俗文体舒缓。

② 张蔡：东汉张衡、蔡邕。

③ 扬班：汉代扬雄、班固。

④ 检：法度。

⑤《论》：《中论》。徐干有《中论》二十余篇。

与吴质书

曹丕

曹丕在《与吴质书》中的美育思想，可说与《典论·论文》是相一致的。同样以对作家进行品评的方式，表达了自己的美学理念。其中，尤以对徐干“彬彬君子”的评价最具代表性，“怀文抱质，恬淡寡欲，有箕山之志”就是曹丕所主张的具体的美学理念。同时，他还继续提出“秉烛夜游，良有以也”，无疑是一种惜时劝诫的美育表达。

引据萧统编，李善注，李培南等点校：《文选》第5册，《中国古典文学丛书》本，上海古籍出版社1986年版。

二月三日，丕白：岁月易得，别来行复四年。三年不见，《东山》①犹叹其远，况乃过之，思何可支！虽书疏往返，未足解其劳结②。

昔年疾疫，亲故多离其灾，徐陈应刘③，一时俱逝，痛可言邪！昔日游处，行则连舆，止则接席，何曾须臾相失。每至觞酌流行，丝竹并奏，酒酣耳热，仰而赋诗，当此之时，忽然不自知乐也。谓百年已分，可长共相保。何图数年之间，零落略尽，言之伤心！顷撰其遗文，都为一集。观其姓名，已为鬼录。追思昔游，犹在心目，而此诸子，化为粪壤，可复道哉！

观古今文人，类不护细行④，鲜能以名节自立。而伟长独怀文抱质，恬淡寡欲，有箕山之志，可谓彬彬君子矣。著《中论》二十余篇，成一家之言，辞义典雅，足传于后，此子为不朽矣。德琏常斐然有述作之意，其才学足以著书，美志不遂，良可痛惜。间者历览诸子之文，对之抆泪，既痛逝者，行自念也。孔璋章表殊健，微为繁富。公干有逸气，但未遒⑤耳；其五言诗之善者，妙绝时人。元瑜⑥书记翩

---

① 《东山》：《诗经》里描写久戍的士卒思念家乡的诗。
② 劳结：郁结于心的思念之情。
③ 徐陈应刘：徐干、陈琳、应玚和刘桢。
④ 类不护细行：大多不拘小节。
⑤ 遒：雄健有力。
⑥ 元瑜：阮瑀。

翩，致足乐也。仲宣[①]续自善于辞赋，惜其体弱[②]，不足起其文，至于所善，古人无以远过。昔伯牙绝弦于钟期，仲尼覆醢[③]于子路，痛知音之难遇，伤门人之莫逮。诸子但为未及古人，自一时之隽也。今之存者，已不逮矣。后生可畏，来者难诬，然恐吾与足下不及见也。

年行已长大，所怀万端。时有所虑，至通夜不瞑，志意何时复类昔日？已成老翁，但未白头耳。光武言年三十余，在兵中十岁，所更非一[④]，吾德不及之，年与之齐矣。以犬羊之质，服虎豹之文[⑤]，无众星之明，假日月之光，动见瞻观，何时易乎？恐永不复得为昔日游也。少壮真当努力，年一过往，何可攀援！古人思秉烛夜游，良有以也。顷何以自娱？颇复有所造述不？东望于邑[⑥]，裁书叙心。丕白。

---

① 仲宣：王粲。

② 体弱：文章体气不强。

③ 仲尼覆醢：《礼记·檀弓上》："孔子哭子路于中庭，有人吊者，而夫子拜之。既哭，进使者而问故。使者曰：'醢之矣。'遂命覆醢。"谓孔子痛子路被醢于卫，不忍食其相似之物，故命弃之。后用以表示师生间深厚的情谊。

④ 所更非一：指所经历的事不只一件，阅历很丰富。

⑤ 服虎豹之文：自谦德行不够，虚处其位。

⑥ 于邑：同"呜咽"，悲伤而气结的样子。

与杨德祖[1]书

曹　植

曹植(192—232),字子建,沛国谯县(今安徽亳州)人,生前曾为陈王,去世后谥号"思",因此又称陈思王。三国时期著名文学家,与曹操、曹丕合称为"三曹"。在建安作家中,曹植流传至今的作品最多。作为建安文学的代表人物之一与集大成者,在两晋南北朝时期,他被推尊到文章典范的地位。《隋书·经籍志》载有《集》三十卷。

在《与杨德祖书》中,他对审美的标准不同而提出"人各有好尚,兰茝荪蕙之芳,众人所好,而海畔有逐臭之夫;《咸池》《六茎》之发,众人所共乐,而墨翟有非之之论,岂可同哉!"批评者在评论文章时,不可以一己偏好,强求别人认同迁就。这种客观、自省的创作态度,对是非审美的评价标准,也是美育时不能忽视的内容。

引据萧统编,李善注,李培南等点校:《文选》第5册,《中国古典文学丛书》本,上海古籍出版社1986年版。

植白:数日不见,思子为劳,想同之也。仆少小好为文章,迄至于今,二十有五年矣。然今世作者,可略而言也。昔仲宣独步于汉南,孔璋鹰扬于河朔,伟长擅名于青土[2],公干振藻于海隅,德琏发迹于此魏,足下高视于上京[3],当此之时,人人自谓握灵蛇之珠,家家自谓抱荆山之玉。吾王[4]于是设天网以该之,顿八纮[5]以掩之,今悉集兹国矣。然此数子,犹复不能飞轩绝迹,一举千里。以孔璋之才,不闲于辞赋,而多自谓能与司马长卿同风,譬画虎不成,反为狗也。前书嘲之,反作论盛道仆赞其文。夫钟期不失听,于今称之。吾亦不能忘叹者,畏后世

① 杨德祖:即杨修,弘农华阴(今属陕西)人,博学有才智,与曹植关系密切,后为曹操所杀。
② 青土:北海古属青州。
③ 上京:古代对国都的通称。
④ 吾王:指曹操。
⑤ 八纮:指八方极远之地,世界。纮,古通"宏",远大。

之嗤余也。

世人之著述，不能无病。仆常好人讥弹其文，有不善者，应时改定。昔丁敬礼常作小文，使仆润饰之，仆自以才不过若人，辞不为也。敬礼谓仆：卿何疑难，文之佳恶，吾自得之，后世谁相知定吾文者邪？吾常叹此达言，以为美谈。昔尼父之文辞，与人通流①，至于制《春秋》，游夏②之徒乃不能措一辞。过此③而言不病者，吾未之见也。盖有南威④之容，乃可以论其淑媛；有龙泉之利，乃可以议其断割。刘季绪⑤才不能逮于作者，而好诋诃文章，掎摭⑥利病。昔田巴毁五帝，罪三王，訾五霸于稷下，一旦而服千人，鲁连一说，使终身杜口。刘生之辩，未若田氏，今之仲连，求之不难，可无息乎！人各有好尚，兰茝荪蕙之芳，众人所好，而海畔有逐臭之夫；《咸池》《六茎》之发，众人所共乐，而墨翟有非之之论，岂可同哉！

今往仆少小所著辞赋一通相与。夫街谈巷说，必有可采，击辕之歌，有应风雅，匹夫之思，未易轻弃也。辞赋小道，固未足以揄扬大义，彰示来世也。昔扬子云先朝执戟之臣耳，犹称壮夫不为也。吾虽德薄，位为蕃侯，犹庶几戮力上国，流惠下民，建永世之业，流金石之功，岂徒以翰墨为勋绩，辞赋为君子哉！若吾志未果，吾道不行，则将采庶官之实录，辩时俗之得失，定仁义之衷，成一家之言。虽未能藏之于名山，将以传之于同好，非要⑦之皓首，岂今日之论乎！其言之不惭，恃惠子之知我也。明早相迎，书不尽怀。植白。

---

① 通流：交流、商讨。

② 游夏：子游、子夏。

③ 过此：除此。

④ 南威：春秋时著名美女。

⑤ 刘季绪：刘表之子刘修。

⑥ 掎摭（jǐ zhí）：拾取，挑剔。

⑦ 要：同“邀”，约。

乐　　论

阮　籍

阮籍(210—263),字嗣宗,陈留(今属河南)尉氏人,三国时期魏诗人。阮籍是"建安七子"之一阮瑀之子,"竹林七贤"之一,"正始之音"的代表。曾任步兵校尉,世称阮步兵;崇奉老庄之学,政治上采取谨慎避祸的态度。《咏怀八十二首》代表了他的主要文学成就。今存散文作品较完整的有九篇。

阮籍的美育思想在《乐论》中有较为集中的体现。他认同儒家美育观,将音乐的作用提升到齐风俗、化民心的高度,其所论者乃以古典雅乐为主,并将礼与乐结合,成为美育的重要方式和手段,且以自然之道作为乐之和谐的终极依据,以庄学逍遥游的自由精神铸就之;《清思赋》则为世人呈现了一种以"清"为美的审美新境界,极其符合魏晋时期名士清淡玄远的人格意境。

引据陈伯君校注:《阮籍集校注》,中华书局1987年版。

夫乐者,天地之体,万物之性也。合其体,得其性,则和;离其体,失其性,则乖。昔者圣人之作乐也,将以顺天地之体,成万物之性也,故定天地八方之音,以迎阴阳八风之声,均黄钟中和之律,开群生万物之情,故律吕协则阴阳和,音声适而万物类,男女不易其所,君臣不犯其位,四海同其观,九州一其节,奏之圜丘而天神下,奏之方丘而地祇上;天地合其德则万物合其生,刑赏不用而民自安矣。

乾坤易简,故雅乐不烦;道德平淡,故五声无味。不烦则阴阳自通,无味则百物自乐,日迁善成化而不自知,风俗移易而同于是乐,此自然之道,乐之所始也。

其后圣人不作,道德荒坏,政法不立,智慧扰物,化废欲行,各有风俗。故造始之教谓之风,习而行之谓之俗。楚越之风好勇,故其俗轻死;郑卫之风好淫,故其俗轻荡。轻死,故有蹈火赴水之歌;轻荡,故有桑间、濮上之典。各歌其所好,各咏其所为,歌之者流涕,闻之者叹息,背而去之,无不慷慨。怀永日之娱,抱长夜之叹,相聚而合之,群而习之,靡靡无已,弃父子之亲,驰君臣之制,匮室家之礼,废耕农之业,忘终身之乐,崇淫纵之俗;故江淮之南其民好残,漳、汝之间其民好奔，吴有双剑之节[①]，赵有扶琴之客[②]。气发于中，声入于耳，手足飞扬，不觉其骇。

好勇则犯上，淫放则弃亲。犯上则君臣逆，弃亲则父子乖；乖逆交争，则患生祸起。祸起而意愈异，患生而虑不同。故八方殊风，九州异俗，乖离分背，莫能相通，音异气别，曲节不齐。故圣人立调适之音，建平和之声，制便事之节，定顺从之容，使天下之为乐者莫不仪焉。自上以下，降杀[③]有等，至于庶人，咸皆闻之。歌谣者咏先王之德，俯仰者习先王之容，器具者象先王之式，度数者应先王之制；入于心，沦于气，心气和洽，则风俗齐一。

---

① “吴有”句：《吴越春秋·阖闾内传》载干将莫邪以身铸剑之事。

② “赵有”句：《史记·赵世家》载赵武灵王梦处女鼓琴，娶孟姚而欲立二子，后父子俱死之事。

③ 降杀：消减。

清思赋

阮籍

引据陈伯君校注:《阮籍集校注》,中华书局 1987 年版。

余以为形之可见,非色之美;音之可闻,非声之善。昔黄帝登仙于荆山之上,振咸池于南岳之冈,鬼神其幽,而夔牙[①]不闻其章。女娃耀荣于东海之滨,而翩翻于洪西之旁,林石之陨从,而瑶台不照其光。是以微妙无形,寂寞[②]无听,然后乃可以睹窈窕[③]而淑清。故白日丽光,则季后[④]不步其容;钟鼓闿铪,则延子不扬其声。

夫清虚寥廓,则神物来集;飘飖恍忽,则洞幽贯冥;冰心玉质,则皦洁思存;恬淡无欲,则泰志适情。伊衷虑之遒好兮,又焉处而靡逞。寒风迈于黍谷[⑤]兮,父诲子而游鹊。申孺悲而母归兮,吴鸿哀而象生。兹[⑥]感激以达神,岂浩漾而弗营。志不觊而神正,心不荡而自诚。固秉一而内修,堪粤止之匪倾。惟清朝而夕晏兮,指濛汜以永宁。是时羲和既颓,玄夜始扃,望舒整辔,素风来征,轻帷连飏,华裀肃清,彭蚌微吟,蝼蛄徐鸣。望南山之崔巍兮,顾北林之葱青。大阴潜乎后房兮,明月耀乎前庭。乃申展而缺寐兮,忽一悟而自惊。

焉长灵[⑦]以遂寂兮,将有歙乎所之。意流荡而改虑兮,心震动而有思。若有来而可接兮,若有去而不辞。心恍忽而失度,情散越而靡治。岂觉察而明真兮,诚云梦其如兹。惊奇声之异造兮,鉴殊色之在斯。开丹山之琴瑟兮,聆崇陵之参差。始徐唱而微响兮,情悄慧以委蛇。

---

① 夔:舜帝时乐官。牙:伯牙。
② 寂寞:无声。
③ 窈窕:美心曰窈,美色曰窕。
④ 季后:指汉武帝宠妃李夫人,死后追封孝武皇后。
⑤ 黍谷:山名。
⑥ 兹:概指以上四事,皆精诚交感而通于神者。
⑦ 长灵:谓亡之神思。

声无哀（乐论）

嵇　康

嵇康(223—262)，字叔夜，谯国铚县(今安徽濉溪)人。三国时期曹魏思想家、音乐家、文学家。娶魏武帝曹操曾孙女长乐亭主为妻，拜郎中，调中散大夫，世称“嵇中散”。嵇康与阮籍等竹林名士共倡玄学新风，主张“越名教而任自然”“审贵贱而通物情”。嵇康工诗善文，其作品风格清峻。有《嵇康集》传世。

嵇康的美育思想集中体现在《声无哀乐论》《琴赋》《养生论》等文中，其对“至乐”境界的追求与叙述，经常出现在文中，作为审美精神的向往。嵇康本身擅长音乐，对音乐的鉴赏与领悟能力超尘绝俗，能够发掘音乐与人性的重要勾连。几篇文章都涉及音乐的审美功能，是为魏晋美育重要的代表作品。《家诫》中对坚守志向，贵洁持恒的高尚人格的赞美也可视为家庭美育的代表。

引据戴明扬校注：《嵇康集校注》，中华书局2014年版。

秦客问曰：“仲尼有言：‘移风易俗，莫善于乐。’即如所论，凡百哀乐，皆不在声，即移风易俗，果以何物耶？又古人慎靡靡之风，抑慆[1]耳之声。故曰：放郑声，远佞人。然则郑卫之音，击鸣球以协神人，敢闻郑雅之体，隆弊所极，风俗移易，奚由而济？幸重闻之，以悟所疑。”

主人应之曰：“夫言移风易俗者，必承衰弊之后也。古之王者，承天理物，必崇简易之教，御无为之治。君静于上，臣顺于下；玄化潜通，天人交泰。枯槁之类，浸育灵液[2]，六合之内，沐浴鸿流，荡涤尘垢；群生安逸，自求多福；默然从道，怀忠抱义，而不觉其所以然也。和心足于内，和气见于外；故歌以叙志，舞以宣情。然后文之以采章，照之以风雅，播之以八音，感之以太和；导其神气，养而就之；迎其情性，致而明之；使心与理相顺，气与声相应。合乎会通，以济其美。故凯乐之情，见于金石；含弘光大，显于音声也。若此以往，则万国同风，芳荣济茂，

① 慆：悦。
② 灵液：滋润万物的雨露。

馥如秋兰，不期而信，不谋而成，穆然相爱；犹舒锦彩，而粲炳可观也。大道之隆，莫盛于兹，太平之业，莫显于此。故曰：移风易俗，莫善于乐。乐之为体，以心为主。故无声之乐，民之父母也。至八音会谐，人之所悦，亦总谓之乐。然风俗移易，不在此也。夫音声和比，人情所不能已者也。是以古人知情之不可放，故抑其所遁；知欲之不可绝，故因其所自。为可奉之礼，制可导之乐。口不尽味，乐不极音；揆终始之宜，度贤愚之中，为之检则，使远近同风，用而不竭，亦所以结忠信，著不迁也。故乡校庠塾亦随之变。丝竹与俎豆并存，羽毛与揖让俱用，正言与和声同发。使将听是声也，必闻此言；将观是容也，必崇此礼。礼犹宾主升降，然后酬酢行焉。于是言语之节，声音之度，揖让之仪，动止之数，进退相须，共为一体。君臣用之于朝，庶士用之于家。少而习之，长而不怠，心安志固，从善日迁，然后临之以敬，持之以久而不变，然后化成。此又先王用乐之意也。故朝宴聘享，嘉乐必存；是以国史采风俗之盛衰，寄之乐工，宣之管弦，使言之者无罪，闻之者足以诫。此又先王用乐之意也。若夫郑声，是音声之至妙。妙音感人，犹美色惑志，耽槃荒酒，易以丧业。自非至人，孰能御之？先王恐天下流而不反，故具其八音，不渎其声，绝其大[①]和，不穷其变。捐窈窕之声，使乐而不淫。犹大羹不和，不极勺药之味也。若流俗浅近，则声不足悦，又非所欢也。若上失其道，国丧其纪，男女奔随，淫荒无度；则风以此变，俗以好成。尚其所志，则群能肆之；乐其所习，则何以诛之？托于和声，配而长之，诚动于言，心感于和，风俗一成，因而名之。然所名之声，无中于淫邪也。淫之与正同乎心，雅郑之体，亦足以观矣。”

① 大：通“太”。

琴　赋

嵇　康

引据戴明扬校注:《嵇康集校注》,中华书局2014年版。

余少好音声,长而玩之,以为物有盛衰,而此无变,滋味有厌,而此不倦,可以导养神气,宣和情志,处穷独而不闷者,莫近于音声也。是故复之而不足,则吟咏以肆志,吟咏之不足,则寄言以广意。然八音之器,歌舞之象,历世才士,并为之赋颂,其体制风流,莫不相袭,称其才干,则以危苦为上,赋其声音,则以悲哀为主,美其感化,则以垂涕为贵,丽则丽矣,然未尽其理也。推其所由,似元不解音声,览其旨趣,亦未达礼乐之情也。众器之中,琴德最优,故缀叙所怀,以为之赋,其辞曰:

……

若论其体势,详其风声,器和故响逸,张急故声清,间辽故音庳[①],弦长故徽鸣,性洁静以端理,含至德之和平,诚可以感荡心志,而发泄幽情矣。是故怀戚者闻之,莫不憯懔[②]惨凄,愀怆伤心,含哀懊咿[③],不能自禁;其康乐者闻之,则欨[④]愉欢释,抃舞踊溢,留连澜漫,嗢噱[⑤]终日;若和平者听之,则怡养悦愉,淑穆玄真,恬虚乐古,弃事遗身。是以伯夷以之廉,颜回以之仁,比干以之忠,尾生以之信,惠施以之辩给,万石以之讷慎。其余触类而长,所致非一,同归殊途,或文或质,总中和以统物,咸日用而不失,其感人动物,盖亦弘矣。

于时也,金石寝声,匏竹屏气,王豹辍讴,狄牙丧味,天吴踊跃于重渊,王乔披云而下坠,舞鸑鷟[⑥]于庭阶,游女飘焉而来萃,感天地以致和,况蚑行之众类,嘉

---

① 间辽故音庳:言声闲缓而相去远,故音下。庳(bì),低矮。

② 憯:痛。懔:畏。

③ 懊咿:内悲。

④ 欨(xū):和悦。

⑤ 嗢噱(wà jué):笑不止,乐不自胜。

⑥ 鸑鷟(yuè zhuó):传说中一种神鸟的名字。

斯器之懿茂，咏兹文以自慰，永服御而不厌，信古今之所贵。

乱曰：愔愔[1]琴德，不可测兮，体清心远，邈难极兮，良质美手，遇今世兮，纷纶翕响，冠众艺兮，识音者希，孰能珍兮，能尽雅琴，唯至人兮。

① 愔愔：形容德音之美。

家 诫

嵇 康

引据戴明扬校注:《嵇康集校注》,中华书局2014年版。

人无志,非人也。但君子用心,所欲准行,自当量其善者,必拟议而后动。若志之所之,则口与心誓,守死无二,耻躬不逮,期于必济。若心疲体解,或牵于外物,或累于内欲,不堪近患,不忍小情,则议于去就。议于去就,则二心交争,二心交争,则向所见役之情胜矣。或有中道而废,或有不成一匮而败之。以之守则不固,以之攻则怯弱,与之誓则多违,与之谋则善泄。临乐则肆情,处逸则极意。故虽繁华熠耀,无结秀之勋;终年之勤,无一旦之功,斯君子所以叹息也。若夫申胥之长吟,夷齐之全洁,展季之执信,苏武之守节,可谓固矣。故以无心守之,安而体之,若自然也,乃是守志之盛者耳。

秋兴赋（并序）

潘　岳

潘岳(247—300)，字安仁，河南荥阳(今河南郑州)人。西晋著名文学家。武帝时辟司空太尉掾，举秀才，出为河阳令，转怀令，补尚书度支郎，迁廷尉评，以公事免。惠帝初，太傅杨骏引为主簿，后转散骑侍郎，与石崇等谋诛赵王伦，事觉遇害。潘岳美资仪，辞藻绝丽，犹善为哀诔之文。现存《潘黄门集》。

《秋兴赋》中笼罩着悲清生动的自然美："彼知安而忘危兮，故出生而入死。""澡秋水之涓涓兮，玩游鲦之澼澼。逍遥乎山川之阿，放旷乎人间之世。悠哉游哉，聊以卒岁。"作者有感于山水自然大美，孕育出豁达逍遥的人生态度。

引据萧统编，李善注，李培南等点校：《文选》第 2 册，《中国古典文学丛书》本，上海古籍出版社 1986 年版。

晋十有四年，余春秋三十有二，始见二毛。以太尉掾兼虎贲中郎将，寓直于散骑之省。高阁连云，阳景罕曜，珥蝉冕而袭纨绮之士，此焉游处。仆野人也，偃息不过茅屋茂林之下，谈话不过农夫田父之客，摄官承乏，猥厕朝列，夙兴晏寝，匪遑底宁。譬犹池鱼笼鸟，有江湖山薮之思，于是染翰操纸，慨然而赋。于时秋也，故以"秋兴"命篇。其辞曰：

四时忽其代序兮，万物纷以回薄①。览花莳之时育兮，察盛衰之所托。感冬索而春敷兮，嗟夏茂而秋落。虽末士之荣悴兮，伊人情之美恶。善乎宋玉之言曰："悲哉秋之为气也！萧瑟兮草木摇落而变衰。憀栗②兮若在远行，登山临水送将归。"夫送归怀慕徒之恋兮，远行有羁旅之愤。临川感流以叹逝兮，登山怀远而悼近。彼四戚之疚心兮，遭一途而难忍。嗟秋日之可哀兮，谅无愁而不尽。野有归燕，隰有翔隼。游氛朝兴，槁叶夕殒。

---

① 回薄：循环变化。

② 憀栗：形容心情悲凉凄楚。

于是乃屏轻箑[①],释纤𫄨。藉莞蒻[②],御夹衣。庭树槭以洒落兮,劲风戾而吹帷。蝉嘒嘒而寒吟兮,雁飘飘而南飞。天晃朗以弥高兮,日悠阳而浸微。何微阳之短晷,觉凉夜之方永。月曈胧以含光兮,露凄清以凝冷。熠耀粲于阶闼兮,蟋蟀鸣乎轩屏。听离鸿之晨吟兮,望流火之余景。宵耿介而不寐兮,独展转于华省。悟时岁之遒尽兮,慨俛首而自省。斑鬓髟以承弁兮,素发飒以垂领。仰群俊之逸轨兮,攀云汉以游骋。登春台之熙熙兮,珥金貂之炯炯。苟趣舍之殊涂兮,庸讵[③]识其躁静。闻至人之休风兮,齐天地于一指。彼知安而忘危兮,故出生而入死。行投趾于容迹兮,殆不践而获底。阙侧足以及泉兮,虽猴猿而不履。龟祀骨于宗祧兮,思反身于绿水。

且敛衽以归来兮,忽投绂[④]以高厉。耕东皋之沃壤兮,输黍稷之余税。泉涌湍于石间兮,菊扬芳于崖澨。澡秋水之涓涓兮,玩游鲦之澈澈[⑤]。逍遥乎山川之阿,放旷乎人间之世。悠哉游哉,聊以卒岁。

---

① 箑(shà):扇子。

② 莞蒻:蒲草床垫。

③ 庸讵:何用,岂用。

④ 投绂:丢掉官印绶带,指辞官。

⑤ 澈澈:鱼游水的样子。

白　发　赋

左　思

左思(约250—305),字泰冲,齐国临淄(今山东淄博)人,西晋文学家。出身儒学世家,晋武帝时为秘书郎。惠帝时,齐王冏召为记室督,不就。《隋书·经籍志》载有《集》五卷。

《白发赋》中以白发口吻,对比黑发,虽白犹荣,虽白不屈,“二老归周,周道肃清。四皓佐汉,汉德光明。何必去我,然后要荣。”拟人戏谑之间,标举正直、刚毅、壮美的人格。

引据严可均辑,何宛屏等审订:《全晋文》中册,商务印书馆1999年版。

星星白发,生于鬓垂。虽非青蝇①,秽我光仪。策名观国,以此见疵。将拔将镊,好爵是縻。白发将拔,惄然②自诉。禀命不幸,值君年暮。逼迫秋霜,生而皓素。始览明镜,惕然见恶。朝生昼拔,何罪之故?子观橘柚,一皓③一晔。贵其素华,匪尚绿叶。愿戢子之手,摄④子之镊。

咨尔白发,观世之途。靡不追荣,贵华贱枯。赫赫阊阖⑤,蔼蔼紫庐。弱冠来仕,童髫献谟⑥。甘罗乘轸⑦,子奇剖符⑧。英英终贾,高论云衢。拔白就黑,此自在吾。白发临欲拔,瞑目号呼:“何我之冤!何子之误!”甘罗自以辩惠见称,不以发黑而名著;贾生自以良才见异,不以乌鬓而后举。闻之先民,国用老成。二老⑨归周,周道肃清。四皓佐汉,汉德光明。何必去我,然后要荣。

---

① 青蝇:黑苍蝇。
② 惄(nì)然:忧思的样子。
③ 皓:白色。
④ 摄:敛,停止。
⑤ 阊阖:宫殿。
⑥ 谟:计谋。
⑦ 甘罗:人名。战国秦国人。乘轸:指乘车使赵。
⑧ 子奇:人名。春秋时齐人。剖符:古代国君分封诸侯内臣时以竹符为信证,剖分为二,君臣各执其一。甘罗、子奇均年少成名。
⑨ 二老:指伯夷、叔齐。

咨尔白发，事各有以[①]。尔之所言，非不有理。曩贵耆耋，今薄旧齿，皤皤[②]荣期，皓首田里。虽有二毛，河清难俟。随时之变，见叹孔子。发乃辞尽，誓以固穷。昔临玉颜，今从飞蓬。发肤至昵，尚不克终。聊用拟辞，比之国风[③]。

---

① 以：缘由。

② 皤皤：头发白的样子。

③ 国风：《诗经》中的一部分，借指世俗风气。

文　　赋

陆　机

陆机(261—303)，字士衡，吴郡吴县(今江苏苏州)人。西晋著名文学家、书法家。出身吴郡陆氏，与其弟陆云合称“二陆”。陆机“天才秀逸，辞藻宏丽”，后人称之为“太康之英”。《文赋》是中国文学批评史上第一篇系统的完整的文学理论作品。《隋书·经籍志》载陆机有集十四卷，梁时四十七卷，已佚。

《文赋》就不同体裁的审美有文学史意义上的陈述：“诗缘情而绮靡，赋体物而浏亮。碑披文以相质，诔缠绵而凄怆。……要辞达而理举，故无取乎冗长。”就表现手法上：“若夫丰约之裁，俯仰之形。因宜适变，曲有微情。或言拙而喻巧，或理朴而辞轻。或袭故而弥新，或沿浊而更清。或览之而必察，或研之而后精。”就艺术上的技巧来看：“其会意也尚巧，其遣言也贵妍”，强调文章的构思必须巧、妍，也就是陆机所极力推崇的形式美的思想依据，揭示了魏晋文学的发展趋势及其特征。总之，整篇《文赋》是对时代文学创作的一次深入探究与梳理，具有历史指导性的意义，而其美育功能也不言而喻。

引据张少康集释：《文赋集释》，《中国古典文学理论批评专著选辑》本，人民文学出版社2002年版。

余每观才士之所作，窃有以得其用心。夫其放言遣辞，良多变矣，妍蚩好恶，可得而言。每自属文，尤见其情。恒患意不称物，文不逮意。盖非知之难，能之难也。故作《文赋》，以述先士之盛藻，因论作文之利害所由，他日殆可谓曲尽其妙。至于操斧伐柯，虽取则不远；若夫随手之变，良难以辞逮。盖所能言者，具于此云。

伫中区以玄览，颐情志于《典》《坟》。遵四时以叹逝，瞻万物而思纷。悲落叶于劲秋，喜柔条于芳春。心懔懔以怀霜，志眇眇而临云。咏世德之骏烈，诵先人之清芬。游文章之林府，嘉丽藻之彬彬。慨投篇而援笔，聊宣之乎斯文。

其始也，皆收视反听，耽思傍讯，精骛八极，心游万仞。其致也，情曈昽而弥鲜，物昭晰而互进。倾群言之沥液，漱六艺之芳润。浮天渊以安流，濯下泉而潜浸。于是沉辞怫悦，若游鱼衔钩而出重渊之深；浮藻联翩，若翰鸟缨缴而坠曾云之峻。收百世之阙文，采千载之遗韵。谢朝华于已披，启夕秀于未振。观古今之须臾，抚四海于一瞬。

然后选义按部，考辞就班。抱景者咸叩，怀响者毕弹。或因枝以振叶，或沿波而讨源。或本隐以之显，或求易而得难。或虎变而兽扰，或龙见而鸟澜。或妥帖而易施，或岨峿而不安。罄澄心以凝思，眇众虑而为言。笼天地于形内，挫万物于笔端。始踯躅于燥吻，终流离于濡翰。理扶质以立干，文垂条而结繁。信情貌之不差，故每变而在颜。思涉乐其必笑，方言哀而已叹。或操觚以率尔，或含毫而邈然。

伊兹事之可乐，固圣贤之所钦。课虚无以责有，叩寂寞而求音。函绵邈于尺素，吐滂沛乎寸心。言恢之而弥广，思按之而逾深。播芳蕤之馥馥，发青条之森森。粲风飞而猋竖，郁云起乎翰林。

体有万殊，物无一量。纷纭挥霍，形难为状。辞程才以效伎，意司契而为匠。在有无而黾勉[①]，当浅深而不让。虽离方而遁员，期穷形而尽相。故夫夸目者尚奢，惬心者贵当。言穷者无隘，论达者唯旷。诗缘情而绮靡，赋体物而浏亮。碑披文以相质，诔缠绵而凄怆。铭博约而温润，箴顿挫而清壮。颂优游以彬蔚，论精微而朗畅。奏平彻以闲雅，说炜晔而谲诳。虽区分之在兹，亦禁邪而制放。要辞达而理举，故无取乎冗长。

……若夫丰约之裁，俯仰之形，因宜适变，曲有微情。或言拙而喻巧，或理朴而辞轻。或袭故而弥新，或沿浊而更清。或览之而必察，或研之而后精。譬犹舞者赴节以投袂，歌者应弦而遣声。是盖轮扁所不得言，故亦非华说之所能精。

普辞条与文律，良余膺之所服。练世情之常尤，识前修之所淑。虽濬发于巧心，或受嗤于拙目。彼琼敷与玉藻，若中原之有菽。同橐籥[②]之罔穷，与天地乎并育。虽纷蔼于此世，嗟不盈于予掬。患挈瓶之屡空，病昌言之难属。故踸踔[③]于短垣，放庸音以足曲。恒遗恨以终篇，岂怀盈而自足。惧蒙尘于叩缶，顾取笑乎鸣玉。

若夫应感之会，通塞之纪，来不可遏，去不可止。藏若景灭，行犹响起。方天机之骏利，夫何纷而不理。思风发于胸臆，言泉流于唇齿。纷葳蕤以馺遝[④]，唯毫素之所拟。文徽徽以溢目，音泠泠而盈耳。及其六情底滞，志往神留，兀若枯

---

① 黾勉：勉励，尽力。

② 橐籥（tuó yuè）：喻指造化，大自然。

③ 踸踔（chěn chuō）：跳跃貌。

④ 馺遝（sà tà）：连续不断貌。

木，豁若涸流。揽营魂以探赜，顿精爽于自求。理翳翳而愈伏，思乙乙[1]其若抽。是以或竭情而多悔，或率意而寡尤。虽兹物之在我，非余力之所戮。故时抚空怀而自惋，吾未识夫开塞之所由。

① 乙乙：难出之貌。

兰亭集序

王羲之

王羲之(303—361)，字逸少，琅琊临沂(今山东临沂)人，后迁会稽山阴(今浙江绍兴)。东晋时期著名书法家，有“书圣”之称。晚年隐居剡县金庭。历任秘书郎、宁远将军、江州刺史，后为会稽内史，领军右将军。《隋书·经籍志》载有集九卷。

《兰亭集序》乃神笔之作，其书法之美行云流水、叙述之美错落有致、心胸壮阔之哲思美等皆为世人称道。反映了东晋士人从山水自然中感悟人生的意趣，表现了作者对生命的深深眷恋以及对自然的审美感受力。

引据严可均辑，何宛屏等审订：《全晋文》上册，商务印书馆1999年版。

永和①九年，岁在癸丑。暮春之初，会于会稽山阴之兰亭，修禊事也。群贤毕至，少长咸集。此地有崇山峻岭，茂林修竹。又有清流激湍，映带左右，引以为流觞曲水。列坐其次，虽无丝竹管弦之盛，一觞一咏，亦足以畅叙幽情。是日也，天朗气清，惠风和畅。仰观宇宙之大，俯察品类之盛，所以游目骋怀，足以极视听之娱，信可乐也！夫人之相与，俯仰一世。或取诸怀抱，悟言一室之内；或因寄所托，放浪形骸之外。虽趋舍万殊，静躁不同，当其欣于所遇，暂得于己，快然自足，曾不知老之将至。及其所之既倦，情随事迁，感慨系之矣。向之所欣，俯仰之间，已为陈迹，犹不能不以之兴怀，况修短随化②，终期于尽？古人云：“死生亦大矣！”岂不痛哉！每览昔人兴感之由，若合一契，未尝不临文嗟悼，不能喻之于怀。固知一死生为虚诞，齐彭殇③为妄作。后之视今，亦犹今之视昔。悲夫！故列叙时人，录其所述，虽世殊事异，所以兴怀，其致一也。后之览者，亦将有感于斯文。

---

① 永和：东晋晋穆帝司马聃的年号(345—356)。永和九年上巳节，王羲之与谢安、孙绰等41人，举行禊礼。饮酒赋诗，事后将作品结为一集，由王羲之写了这篇序总述其事。

② 修短随化：寿命长短听凭造化。

③ 彭：彭祖，指长寿的人。殇：未成年死去的人。

游天台山赋

孙　绰

孙绰(314—371),字兴公,太原中都(今山西平遥)人。东晋大臣、文学家、书法家,玄言诗派代表人物。出为庾亮征西参军,补章安令,征拜太学博士,迁尚书郎;王羲之引为右军长史,转永嘉太守,迁散骑常侍,领著作郎,拜卫尉卿。

“悟遗有之不尽,觉涉无之有间;泯色空以合迹,忽即有而得玄;释二名之同出,消一无于三幡。恣语乐以终日,竺寂默于不言。浑万象以冥观,兀同体于自然。”作者先用生动奇峭的笔墨将天台山自然之美描摹一番,然后又将体悟自然玄冥之道娓娓道来,混沌万象,融合三幡,物我合一,得道之大美蔚为大观。孙绰提出“艺妙者以入神”的艺术审美标准,较早把“神”的概念引入文艺批评领域,将玄学的审美范式带入新的境界。

引据萧统编,李善注,李培南等点校:《文选》第 2 册,《中国古典文学丛书》本,上海古籍出版社 1986 年版。

天台山者,盖山岳之神秀者也。涉海则有方丈蓬莱,登陆则有四明天台,皆玄圣之所游化,灵仙之所窟宅。夫其峻极之状,嘉祥之美,穷山海之环富,尽人神之壮丽矣。所以不列于五岳,阙载于常典者,岂不以所立冥奥[①],其路幽迥。或倒景于重溟,或匿峰于千岭。始经魑魅之途,卒践无人之境。举世罕能登陟,王者莫由禋祀。故事绝于常篇,名标于奇纪。

然图像之兴,岂虚也哉!非夫遗世玩道,绝粒茹芝者,乌能轻举而宅之?非夫远寄冥搜,笃信通神者,何肯遥想而存之?余所以驰神运思,昼咏宵兴,俯仰之间,若已再升者也。方解缨络[②],永托兹岭。不任吟想之至,聊奋藻[③]以散怀。

太虚辽廓而无阂,运自然之妙有,融而为川渎,结而为山阜。嗟台岳之所奇挺,实神明之所扶持。荫牛宿以曜峰,托灵越以正基。结根弥于华岱,直指高于

① 冥奥:幽深。
② 缨络:璎珞。
③ 奋:奋笔写作。藻:辞藻。

九疑。应配天于唐典，齐峻极于周诗。

邈彼绝域，幽邃窈窕。近智以守见而不之，之者以路绝而莫晓。哂夏虫之疑冰，整轻翮而思矫。理无隐而不彰，启二奇以示兆。赤城霞起而建标，瀑布飞流以界道①。

睹灵验而遂徂，忽乎吾之将行。仍羽人于丹丘，寻不死之福庭②。苟台岭之可攀，亦何羡于层城？释域中之常恋，畅超然之高情。被毛褐之森森，振金策之铃铃。披荒榛之蒙茏，陟峭崿之峥嵘。济楢溪而直进，落五界而迅征。跨穹隆之悬磴③，临万丈之绝冥。践莓苔之滑石，搏壁立之翠屏。揽樛木之长萝，援葛藟之飞茎。虽一冒于垂堂，乃永存乎长生。必契诚于幽昧，履重险而逾平。

既克隮于九折，路威夷而修通。恣心目之寥朗，任缓步之从容。藉萋萋之纤草，荫落落之长松。觌翔鸾之裔裔，听鸣凤之嗈嗈。过灵溪而一濯，疏烦想于心胸。荡遗尘于旋流，发五盖④之游蒙。追羲农之绝轨，蹑二老之玄踪。

陟降信宿⑤，迄于仙都。双阙云耸以夹路，琼台中天而悬居。朱阙玲珑于林间，玉堂阴映于高隅。彤云斐亹⑥以翼棂⑦，皦日炯晃于绮疏。八桂森挺以凌霜，五芝含秀而晨敷。惠风伫芳于阳林，醴泉涌溜于阴渠。建木灭景于千寻，琪树⑧璀璨而垂珠。王乔控鹤以冲天，应真飞锡以蹑虚⑨。骋神变之挥霍，忽出有而入无。

于是游览既周，体静心闲。害马已去，世事都捐。投刃皆虚，目牛无全⑩。凝思幽岩，朗咏长川。尔乃羲和亭午⑪，游气高褰。法鼓琅以振响，众香馥以扬烟。肆觐天宗⑫，爰集通仙。挹以玄玉之膏，嗽以华池之泉。散以象外之说，畅以无生之篇。悟遣有之不尽，觉涉无之有间；泯色空以合迹，忽即有而得玄。释二名之同出，消一无于三幡⑬。恣语乐以终日，等寂默于不言。浑万象以冥观，兀同体于自然⑭。

① 界道：划为一道疆界。

② 福庭：幸福处，常指神佛所居处。

③ 悬磴：石桥。

④ 五盖：佛家用语，是指五种覆盖众生心识，使不能明了正道的烦恼。包括贪欲、嗔恚、睡眠、调戏和疑悔。

⑤ 信宿：两夜。

⑥ 亹(wěi)：缓缓流动。

⑦ 棂：屋檐。

⑧ 琪树：仙境中的玉树。

⑨ 飞锡：僧人等执锡杖飞空。蹑虚：腾空而行。

⑩ 投刃皆虚，目牛无全：比喻技艺纯熟或谋划高明。

⑪ 亭午：正午。

⑫ 天宗：日月星辰。

⑬ 三幡：道家谓色、空、观三者最易摇荡人心。

⑭ 自然：宇宙万物，整个物质世界、自然界。

闲情赋（并序）

陶　潜

陶潜（约 365—427），又名渊明，字元亮，号五柳先生，私谥靖节，浔阳柴桑人（今江西九江）人。陶侃曾孙。东晋末到刘宋初杰出的诗人、辞赋家、散文家。曾为江州祭酒，自解归，后为镇军建威参军，补彭泽令。义熙三年解印去，征著作郎不就。其诗其文感情真挚，朴素自然，语健意闲，洒脱恬淡。被誉为“隐逸诗人之宗”“田园诗派之鼻祖”，影响了后世文人的思想和创作。有《集》七卷。

《闲情赋》《五柳先生传》中指出赋文缘由：“检逸辞而宗澹泊，始则荡以思虑，而终归闲正。将以抑流宕之邪心，谅有助于讽谏”“酣觞赋诗，以乐其志”，说明了他以作文为道德志向的审美指向；而《自祭文》中叙述了对于俗世“匪贵前誉，孰重后歌”的自我认知，并发出“人生实难，死如之何？呜呼哀哉”的旷世悲叹！他在《自祭文》中平静地对待自我生命的消逝：“乐天委分，以至百年”，以及在《归去来兮辞》中所表现出的乐天知命之感，豁达通透的生死观、名利观，正如泰戈尔所言“生如夏花之绚烂，死如秋叶之静美”，皆给人以直面死亡的力量，抚慰人们浮躁难安的心灵，虽悲犹壮，虽伤犹美，乃入豪华落尽见真淳之境。

引据袁行霈笺注：《陶渊明集笺注》，中华书局 2003 年版。

初张衡作《定情赋》，蔡邕作《静情赋》，检逸辞而宗澹泊，始则荡以思虑，而终归闲正。将以抑流宕之邪心，谅有助于讽谏。缀文之士，奕代[①]继作。并固触类，广其辞义。余园闾多暇，复染翰为之。虽文妙不足，庶不谬作者之意乎？

夫何瑰逸之令姿，独旷世以秀群。表倾城之艳色，期有德于传闻。佩鸣玉以比洁，齐幽兰以争芬。淡柔情于俗内，负雅志于高云。悲晨曦之易夕，感人生之长勤。同一尽于百年，何欢寡而愁殷。褰[②]朱帏而正坐，泛清瑟以自欣。送纤指

① 奕代：重叠，累代。
② 褰：撩起。

之余好，攘皓袖之缤纷。瞬美目以流眄，含言笑而不分。曲调将半，景落西轩。悲商叩林，白云依山。仰睇[①]天路，俯促鸣弦。神仪妩媚，举止详妍[②]。激清音以感余，愿接膝以交言。欲自往以结誓，惧冒礼之为諐[③]。待凤鸟以致辞，恐他人之我先。意惶惑而靡宁，魂须臾而九迁。愿在衣而为领，承华首之余芳；悲罗襟之宵离，怨秋夜之未央。愿在裳而为带，束窈窕之纤身；嗟温凉之异气，或脱故而服新。愿在发而为泽，刷玄鬓于颓肩；悲佳人之屡沐，从白水以枯煎。愿在眉而为黛，随瞻视以闲扬；悲脂粉之尚鲜，或取毁于华妆。愿在莞[④]而为席，安弱体于三秋；悲文茵[⑤]之代御，方经年而见求。愿在丝而为履，附素足以周旋；悲行止之有节，空委弃于床前。愿在昼而为影，常依形而西东；悲高树之多荫，慨有时而不同。愿在夜而为烛，照玉容于两楹；悲扶桑之舒光，奄[⑥]灭景而藏明[⑦]。愿在竹而为扇，含凄飙于柔握；悲白露之晨零，顾襟袖以缅邈[⑧]。愿在木而为桐，作膝上之鸣琴；悲乐极以哀来，终推我而辍音。考所愿而必违，徒契契[⑨]以苦心。拥劳情而罔诉，步容与[⑩]于南林。栖木兰之遗露，翳[⑪]青松之余阴。傥[⑫]行行之有觌[⑬]，交欣惧于中襟。竟寂寞而无见，独悁想以空寻。敛轻裾以复路，瞻夕阳而流叹。步徙倚以忘趣，色惨凄而矜颜。叶燮燮[⑭]以去条，气凄凄而就寒，日负影以偕没，月媚景于云端。鸟凄声以孤归，兽索偶而不还。悼当年之晚暮，恨兹岁之欲殚。思宵梦以从之，神飘飖而不安。若凭舟之失棹，譬缘崖而无攀。于时毕昴盈轩，北风凄凄。耿耿[⑮]不寐，众念徘徊。起摄带[⑯]以伺晨，繁霜粲[⑰]于素阶。鸡敛翅而未鸣，笛流远以清哀。始妙密以闲和，终寥亮而藏摧[⑱]。意夫人之在兹，托行云

---

① 睇：凝视。
② 详妍：安详美好。
③ 諐：过失。
④ 莞：蒲草。
⑤ 文茵：车上之虎皮坐褥。
⑥ 奄：忽然。
⑦ 景、明：烛光。
⑧ 缅邈：遥远。
⑨ 契契：忧苦。
⑩ 容与：徘徊不进貌。
⑪ 翳：遮蔽。
⑫ 傥：或许。
⑬ 觌（dí）：相见。
⑭ 燮燮：落叶声。
⑮ 耿耿：思索而不安的样子。
⑯ 摄带：束带，意谓穿衣。
⑰ 粲：鲜明。
⑱ 藏摧：哀伤貌。

以送怀。行云逝而无语，时奄冉[1]而就过。徒勤思以自悲，终阻山而滞河。迎清风以祛累，寄弱志于归波。尤蔓草之为会，诵邵南之余歌。坦万虑以存诚，憩[2]遥情于八遐[3]。

① 奄冉：犹荏苒，形容时光逐渐推移。
② 憩：休息。此处意为休止。
③ 八遐：八方。

自　祭　文

陶渊明

引据袁行霈笺注:《陶渊明集笺注》,中华书局2003年版。

岁惟丁卯,律中无射[①]。天寒夜长,风气萧索。鸿雁于征,草木黄落。陶子将辞逆旅[②]之馆,永归于本宅[③]。故人凄其相悲,同祖行[④]于今夕。羞以嘉蔬,荐以清酌。候颜已冥,聆音愈漠。呜呼哀哉!茫茫大块,悠悠高旻。是生万物,余得为人。自余为人,逢运之贫。箪瓢屡罄,絺绤[⑤]冬陈。含欢谷汲[⑥],行歌负薪。翳翳[⑦]柴门,事我宵晨[⑧]。春秋代谢,有务中园。载耘[⑨]载耔,乃育乃繁。欣以素牍[⑩],和以七弦。冬曝其日,夏濯其泉。勤靡余劳,心有常闲。乐天委分,以至百年。惟此百年,夫人爱之。惧彼无成,愒[⑪]日惜时。存为世珍,殁亦见思。嗟我独迈,曾是异兹。宠非己荣,涅[⑫]岂吾缁?捽兀[⑬]穷庐,酣饮赋诗。识运知命,畴[⑭]能罔眷?余今斯化,可以无恨。寿涉百龄,身慕肥遁[⑮]。从老得终,奚所复恋!寒暑愈迈[⑯],亡既异存。外姻[⑰]晨来,良友宵奔。葬之中野,以安其魂。窅窅[⑱]我

---

① 无射(yì):十二律中的第十一律,对应农历九月,季秋之月。
② 逆旅:迎宾的客舍,比喻人生如寄。
③ 本宅:犹老家,指坟墓。
④ 祖行:指出殡前夕祭奠亡灵。
⑤ 絺绤(chī xì):细葛布与粗葛布。
⑥ 谷汲:在山谷中汲水。
⑦ 翳翳:昏暗的样子。
⑧ 宵晨:谓料理日常生活。
⑨ 耘:除草。
⑩ 素牍:书籍。
⑪ 愒(kài):贪图。
⑫ 涅:黑色染料。
⑬ 捽(zuó)兀:挺拔突出的样子,这里形容意气高傲的样子。
⑭ 畴:语助词,无义。
⑮ 肥遁:指退隐。《周易·遁卦》:"上九,肥遁,无不利。"肥,宽裕自得。
⑯ 迈:进行。
⑰ 外姻:亲戚。
⑱ 窅(yǎo)窅:隐晦的样子。

行，萧萧[①]墓门。奢耻宋臣[②]，俭笑王孙[③]。廓兮已灭，慨焉已遐。不封不树，日月遂过。匪贵前誉，孰重后歌。人生实难，死如之何？呜呼哀哉！

① 萧萧：风声。

② 奢耻宋臣：以宋国桓魋那样奢侈的墓葬而羞耻。

③ 俭笑王孙：以汉代杨王孙过于简陋的墓葬而感到可笑。

归去来兮辞（并序）

陶渊明

引据袁行霈笺注：《陶渊明集笺注》，中华书局2003年版。

余家贫，耕植不足以自给。幼稚盈室，瓶无储粟，生生所资，未见其术。亲故多劝余为长吏，脱然有怀，求之靡途。会有四方之事，诸侯以惠爱为德，家叔以余贫苦，遂见用为小邑。于时风波未静，心惮远役，彭泽去家百里，公田之秫，过足为润，故便求之。及少日，眷然有归欤之情。何则？质性自然，非矫励所得。饥冻虽切，违己交病。尝从人事，皆口腹自役。于是怅然慷慨，深愧平生之志。犹望一稔①，当敛裳宵逝。寻程氏妹丧于武昌，情在骏奔，自免去职。仲秋至冬，在官八十余日。因事顺心，命篇曰《归去来兮》。乙巳岁十一月也。

归去来兮！田园将芜胡不归？既自以心为形役，奚惆怅而独悲！悟已往之不谏，知来者之可追。实迷途其未远，觉今是而昨非。舟遥遥以轻飏，风飘飘而吹衣。问征夫以前路，恨晨光之熹微。乃瞻衡宇，载欣载奔。僮仆欢迎，稚子候门。三径就荒，松菊犹存。携幼入室，有酒盈樽。引壶觞以自酌，眄庭柯以怡颜。倚南窗以寄傲，审容膝之易安。园日涉以成趣，门虽设而常关。策扶老以流憩，时矫首而遐观。云无心以出岫，鸟倦飞而知还。景翳翳以将入，抚孤松而盘桓。归去来兮！请息交以绝游。世与我而相遗，复驾言兮焉求？悦亲戚之情话，乐琴书以消忧。农人告余以春及，将有事于西畴。或命巾车，或棹孤舟。既窈窕以寻壑，亦崎岖而经丘。木欣欣以向荣，泉涓涓而始流。善万物之得时，感吾生之行休。已矣乎！寓形宇内能复几时，曷不委心任去留？胡为乎遑遑兮欲何之？富贵非吾愿，帝乡②不可期。怀良辰以孤往，或植杖而耘耔。登东皋以舒啸，临清流而赋诗。聊乘化③以归尽，乐夫天命复奚疑！

① 一稔（rěn）：公田收获一次。稔：谷物成熟。
② 帝乡：神仙住的地方。
③ 乘化：随顺大自然的运转变化。

五柳先生传

陶渊明

引据袁行霈笺注：《陶渊明集笺注》，中华书局 2003 年版。

先生不知何许人也，亦不详其姓字。宅边有五柳树，因以为号焉。闲靖少言，不慕荣利。好读书，不求甚解，每有会意，便欣然忘食。性嗜酒，家贫不能常得，亲旧知其如此，或置酒而招之。造饮辄尽，期在必醉，既醉而退，曾不吝情去留[①]。环堵[②]萧然，不蔽风日。短褐穿结，箪瓢屡空，晏如也。常著文章自娱，颇示己志。忘怀得失，以此自终。

赞曰：黔娄[③]之妻有言："不戚戚于贫贱，不汲汲于富贵。"极其言，兹若人之俦[④]乎？酣觞赋诗，以乐其志。无怀氏[⑤]之民欤？葛天氏之民欤？

---

① 曾(zēng)不：竟不。吝情：惜情。去留：离开。

② 环堵：指狭小简陋之居室。

③ 黔(qián)娄：战国时期齐稷下先生，齐国有名的隐士和著名的道家人物，无意仕进，屡次辞去诸侯聘请。他死后，曾子前去吊丧。黔娄的妻子称赞黔娄："甘天下之淡味，安天下之卑位，不戚戚于贫贱，不汲汲于富贵。求仁而得仁，求义而得义。"

④ 俦(chóu)：辈，同类。

⑤ 无怀氏：与下面的"葛天氏"都是传说中的上古帝王。据说在那个时代，人民生活安乐，恬淡自足，社会风气淳厚朴实。

祭屈原文

颜延之

颜延之(384—456),字延年,祖籍琅琊临沂(今山东临沂)。南朝宋文学家。少孤贫,居陋室,好读书,无所不览,文章之美,冠绝当时,与谢灵运并称“颜谢”。

《祭屈原文》中对屈原人格魅力的描写十分生动感人,对历史人物命运的反思与评价正面表明了作者对屈原人格美的思考与审视,“声溢金石,志华日月”。面对这样一个悲剧人物,他的态度鲜明,观点直率,痛惜之情跃然纸上,给人以悲壮的激励力量。

引据张溥编:《颜光禄集》,信述堂《汉魏六朝百三家集》本。

维有宋五年①月日,湘州刺史吴郡张邵,恭承帝命,建旟旧楚②。访怀沙之渊,得捐珮③之浦。弭节④罗潭,舣舟⑤汨渚。乃遣户曹⑥掾⑦某,敬祭故楚三闾大夫⑧屈君之灵。

兰薰⑨而摧,玉缜⑩则折。物忌坚芳,人讳明洁。曰若⑪先生,逢辰之缺⑫。

---

① 宋五年:南朝刘宋景平二年。

② 建旟:指成为地方官长,语出《周礼·春官》:“州里建旟。”旟,绘有展翅疾飞的鸟隼图像的旗帜。旧楚:湘州属故楚之地。

③ 捐珮:捐弃玉佩。屈原《九歌·湘君》:“捐余玦兮江中,遗余佩兮澧浦。”

④ 弭节:驻车。

⑤ 舣舟:移船靠岸。

⑥ 户曹:掌管民户、祭祀、农桑的官署。

⑦ 掾:副官。

⑧ 三闾大夫:官名,战国时楚国特设。楚国王族分屈、景、昭三姓,三闾大夫负责处理三姓内务。

⑨ 薰:芬芳。

⑩ 缜:细润。

⑪ 若:助词。

⑫ 缺:衰落。

温风迨时[1]，飞霜急节。嬴、芈构纷[2]，昭、怀不端。谋折仪、尚[3]，贞蔑椒、兰[4]。身绝郢阙[5]，迹遍湘干。比物荃荪[6]，连类龙鸾。声溢金石，志华日月[7]。如彼树芳，实颖[8]实发。望汨心欷[9]，瞻罗思越。藉用可尘[10]，昭忠难阙。

① 迨时：应时不至，喻败落。
② 构纷：制造纠纷。
③ 仪：张仪，战国时纵横家，秦国之相。尚：靳尚，楚国佞臣。
④ 椒：子椒，楚之佞臣。兰：子兰，楚国令尹，怀王幼子。
⑤ 郢阙：指楚都郢。
⑥ 荃荪：香草。
⑦ 志华日月：李善注："《史记》太史公曰：'推此志也，与日月争光可也。'"
⑧ 实颖：结穗硕硕。
⑨ 欷：悲。
⑩ 藉用可尘：李善注："《周易》曰：'藉用白茅，何咎之有？'夫茅之为物薄，而用可重也。"白茅是一种多年生草，其地下茎白软有节，味甜可食，古代常用以包裹祭祀的礼物。

雪　　赋

谢惠连

谢惠连(407—433),陈郡阳夏(今河南太康)人。南朝宋文学家。他10岁能作文,深得谢灵运的赏识,见其新文,常感慨"张华重生,不能易也"。《诗品》引《谢氏家录》称:"康乐每对惠连,辄得佳语。"

《雪赋》洋洋洒洒,优美动人,与谢庄《月赋》并称南朝小赋"双璧"。其给人以纯洁晶莹曼妙的美感享受,而作者在文末点题,"节岂我名,节岂我贞",在重名节的社会中,不以名节为绊,最终发出"纵心皓然,何虑何营?"之人生哲思,彰显了真与善的人格品质,具有追寻理想人格的美育价值。

引据萧统编,李善注,李培南等点校:《文选》第2册,《中国古典文学丛书》本,上海古籍出版社1986年版。

岁将暮,时既昏。寒风积,愁云繁。梁王①不悦,游于兔园。乃置旨酒,命宾友。召邹生,延枚叟②。相如末至,居客之右。俄而微霰零,密雪下。王乃歌《北风》于《卫诗》,咏《南山》于《周雅》。授简于司马大夫,曰:"抽子秘思,骋子妍辞,侔色揣③称,为寡人赋之。"

相如于是避席而起,逡巡而揖。曰:"臣闻雪宫建于东国,雪山峙于西域。岐昌发咏于来思,姬满申歌于黄竹。《曹风》以麻衣比色,楚谣以《幽兰》俪曲。盈尺则呈瑞于丰年,袤丈④则表沴⑤于阴德。雪之时义远矣哉!请言其始。

"若乃玄律⑥穷,严气升。焦溪涸,汤谷凝。火井灭,温泉冰。沸潭无涌,炎

---

① 梁王:西汉梁孝王刘武。
② 邹生:邹阳。枚叟:枚乘。
③ 揣:量好。
④ 袤丈:深达一丈。
⑤ 表沴:显现出灾害。
⑥ 玄律:天地自然之变化规律。

风不兴。北户墐[1]扉，裸壤垂缯[2]。于是河海生云，朔漠飞沙。连氛累霭[3]，掩日韬霞[4]。霰淅沥而先集，雪粉糅而遂多。

“其为状也，散漫交错，氛氲[5]萧索。蔼蔼浮浮，瀌瀌弈弈。联翩飞洒，徘徊委积。始缘甍而冒栋，终开帘而入隙。初便娟于墀庑[6]，末萦盈于帷席。既因方而为珪，亦遇圆而成璧。眄隰[7]则万顷同缟，瞻山则千岩俱白。于是台如重璧，逵似连璐。庭列瑶阶，林挺琼树。皓鹤夺鲜，白鹇[8]失素。纨袖惭冶，玉颜掩姱[9]。

“若乃积素未亏，白日朝鲜，烂兮若烛龙，衔耀照昆山。尔其流滴垂冰，缘霤承隅[10]。粲兮若冯夷，剖蚌列明珠。至夫缤纷繁骛之貌，皓皔皦洁[11]之仪。回散萦积之势，飞聚凝曜之奇。固展转而无穷，嗟难得而备知。

“若乃申娱玩之无已，夜幽静而多怀。风触楹而转响，月承幌而通晖。酌湘吴之醇酎，御狐貉之兼衣。对庭鹍[12]之双舞，瞻云雁之孤飞。践霜雪之交积，怜枝叶之相违。驰遥思于千里，愿接手而同归。”邹阳闻之，懑然[13]心服。有怀妍唱，敬接末曲。于是乃作而赋《积雪》之歌。

歌曰：“携佳人兮披重幄，援绮衾兮坐芳褥。燎熏炉兮炳明烛，酌桂酒兮扬清曲。”又续而为《白雪》之歌。歌曰：“曲既扬兮酒既陈，朱颜酡[14]兮思自亲。愿低帷以昵枕，念解佩而褫绅[15]。怨年岁之易暮，伤后会之无因。君宁见阶上之白雪，岂鲜耀于阳春。”歌卒。王乃寻绎吟玩，抚览扼腕。顾谓枚叔，起而为乱[16]。

乱曰：白羽虽白，质以轻兮。白玉虽白，空守贞兮。未若兹雪，因时兴灭。玄阴凝不昧其洁，太阳曜不固其节。节岂我名，节岂我贞。凭云升降，从风飘零。值物赋象，任地班形。素因遇立，污随染成。纵心皓然，何虑何营？

---

① 墐：用泥涂塞。
② 缯(zēng)：古代对丝织品的总称。
③ 连氛累霭：指云气连绵不断重重叠叠。霭，云气。
④ 掩日韬霞：将日光和彩霞也都遮掩起来。形容雪大。掩，覆盖。韬，掩藏。
⑤ 氛氲：蔚盛的样子。
⑥ 墀(chí)庑(wǔ)：台阶和走廊。
⑦ 隰：低湿地。
⑧ 白鹇(xián)：鸟名。雄鸟的上体、两翅及尾均为白色。
⑨ 姱(hù)：美好。
⑩ 霤(liú)：屋檐的流水。隅：角落。
⑪ 皓皔(hàn)皦洁：洁白鲜明。
⑫ 鹍(kūn)：即鹍鸡，黄白色。
⑬ 懑(mèn)然：惭愧的样子。
⑭ 酡(tuó)：喝酒脸上泛出红色来。
⑮ 解佩而褫(chǐ)绅：解下玉佩并脱去腰带。褫：脱去，解下。绅：宽大的衣带。
⑯ 起而为乱：站起来作最后的总结辞。乱：古代乐曲的最后一章或辞赋末尾总括全篇要旨的文字称乱，此处指后者。

世说新语

刘义庆

刘义庆(403—444),字季伯,彭城(今江苏徐州)人,南朝宋文学家。武帝刘裕之侄,袭封临川王,曾任荆州刺史等官职。自幼才华出众,爱好文学。除组织编撰《世说新语》外,有《宋临川王刘义庆集》八卷。

《世说新语》是他组织一批文人编写的,此书将自然美引入人物品评领域,对人物进行审美化品评,不仅使人物成为独立的审美类型,而且改变了前人的评价标准,树立了可以和儒家人格比肩的、生活化的玄学人格。它仰慕高洁方正的德行,崇尚自然率真的个性,追求高逸绝俗的神韵,推崇敏捷睿智的才思,向往中和玄远的境界……其中许多人物刻画栩栩如生,想其为人,如在目前,眉目姿仪,行端兴味,皆有美育之熏陶作用。

引据余嘉锡笺疏,周祖谟、余淑宜、周士琦整理:《世说新语笺疏》,中华书局1983年版。

德行第一

华歆、王朗俱乘船避难,有一人欲依附,歆辄难之。朗曰:"幸尚宽,何为不可?"后贼追至,王欲舍所携人。歆曰:"本所以疑,正为此耳。既已纳其自托,宁可以急相弃邪?"遂携拯如初。世以此定华、王之优劣。

文学第四

何晏为吏部尚书,有位望,时谈客盈坐,王弼未弱冠往见之。晏闻弼名,因条向者胜理语弼曰:"此理仆以为极,可得复难不?"弼便作难,一坐人便以为屈,于是弼自为客主数番,皆一坐所不及。

方正第五

王述转尚书令，事行便拜。文度曰："故应让杜许。"蓝田云："汝谓我堪此不？"文度曰："何为不堪！但克让自是美事，恐不可厥。"蓝田慨然曰："既云堪，何为复让？人言汝胜我，定不如我。"

雅量第六

王夷甫尝属[①]族人事，经时未行，遇于一处饮燕，因语之曰："近属尊事，那得不行？"族人大怒，便举樏[②]掷其面。夷甫都无言，盥洗毕，牵王丞相臂，与共载去。在车中照镜语丞相曰："汝看我眼光，乃出牛背上。"[③]

容止第十四

嵇康身长七尺八寸，风姿特秀。见者叹曰："萧萧肃肃，爽朗清举。"或云："肃肃如松下风，高而徐引。"山公曰："嵇叔夜之为人也，岩岩若孤松之独立；其醉也，傀俄若玉山之将崩。"

任诞第二十三

王子猷居山阴，夜大雪，眠觉，开室，命酌酒，四望皎然。因起仿偟，咏左思《招隐诗》。忽忆戴安道。时戴在剡，即便夜乘小船就之。经宿方至，造门不前而返。人问其故，王曰："吾本乘兴而行，兴尽而返，何必见戴？"

---

① 属：嘱托。
② 樏：食盒。
③ "汝看"二句：意谓牛背是挨鞭子打的地方，王夷甫自以为风采神韵优美出众，眼光也高人一头，不屑计较刚才发生的事。

芜城赋

鲍照

鲍照(约416—466),南朝宋文学家。字明远,祖籍东海(今山东郯城),久居建康。家世贫贱,临海王刘子项镇荆州时,任前军参军。刘子项作乱,照为乱兵所杀。他的诗对唐代诗歌的发展影响深远,代表作有《鲍参军集》。与颜延之、谢灵运合称"元嘉三大家"。

《芜城赋》描写了战后的广陵城一片狼藉衰败之象。作者如泣如诉,以悲痛的笔触将战争给人带来的痛苦与城市的荒乱展现给世人,最后发出"天道如何,吞恨者多"的悲叹,表现出人类在面对战争时的渺小与迷茫,反映出对人类命运与天道无常的思考。西方古典美育曾提出"净化"说,表达的就是音乐文学等可以净化人们的道德与心灵,《芜城赋》也可以从这个角度来印证,即通过悲剧的升华来净化人们的心灵,由此达到摧撼精神、振奋人心的美育作用。

引据萧统编,李善注,李培南等点校:《文选》第2册,《中国古典文学丛书》本,上海古籍出版社1986年版。

沵地①平原,南驰苍梧涨海②,北走紫塞雁门③。柂以漕渠④,轴以昆岗⑤。重江复关之隩⑥,四会五达之庄⑦。当昔全盛之时,车挂轊⑧,人驾肩。廛闬扑地⑨,

---

① 沵(mí)地(yǐ):地势相连渐平的样子。

② 苍梧:汉置郡名,治所在今广西梧州。涨海:即南海。

③ 紫塞:指长城。李善注:"崔豹《古今注》曰:秦所筑长城,土皆色紫,汉塞亦然,故称紫塞。"雁门:战国时郡名,在今山西西北。以上两句谓广陵南北通极远之地。

④ 柂(duò):拖引。漕渠:古时运粮的河道,这里指古邗沟,即春秋时吴王夫差所开,自今江都西北至淮安三百七十里的运河。

⑤ 轴:车轴。昆岗:亦名阜岗、昆仑岗、广陵岗。句谓:昆岗横贯广陵城下,如车轮轴心。

⑥ "重江"句:谓广陵城为重重叠叠的江河关口所遮蔽。隩,隐蔽深邃之地。

⑦ "四会"句:谓广陵有四通八达的大道。《尔雅·释宫》:"五达谓之康,六达谓之庄。"

⑧ 挂轊(wèi):车轴头互相碰撞。轊,车轴的顶端。

⑨ 廛(chán)闬(hàn)扑地:遍地是密密匝匝的住宅。廛,市民居住的区域。

歌吹沸天。孳货盐田[①]，铲利铜山[②]。才力雄富，士马精妍。故能侈秦法，佚周令。划崇墉[③]，刳濬洫[④]，图修世以休命[⑤]。

是以板筑雉堞之殷[⑥]，井干烽橹之勤[⑦]。格高五岳，袤广三坟[⑧]。崒若断岸[⑨]，矗似长云。制磁石以御冲[⑩]，糊赪壤以飞文[⑪]。观基扃之固护[⑫]，将万祀而一君。出入三代[⑬]五百余载，竟瓜剖而豆分！

泽葵依井，荒葛罥涂[⑭]。坛罗虺蜮[⑮]，阶斗麏鼯[⑯]。木魅山鬼，野鼠城狐。风嗥雨啸，昏见晨趋。饥鹰厉吻，寒鸱吓雏。伏虣藏虎，乳血飧肤。

崩榛塞路，峥嵘古馗。白杨早落，塞草前衰。棱棱[⑰]霜气，蔌蔌风威。孤蓬自振，惊沙坐飞。灌莽杳而无际，丛薄纷其相依。通池既已夷[⑱]，峻隅[⑲]又已颓。直视千里外，唯见起黄埃。凝思寂听，心伤已摧。

若夫藻扃黼帐[⑳]，歌堂舞阁之基。璇渊[㉑]碧树，弋林钓渚之馆。吴蔡齐秦[㉒]之声，鱼龙爵马[㉓]之玩。皆薰歇烬灭，光沉响绝[㉔]。东都妙姬，南国丽人。蕙心纨质，玉貌绛唇。莫不埋魂幽石，委骨穷尘。岂忆同辇之愉乐，离宫之苦辛哉！

---

① 孳：蕃殖。货：财货。盐田：产盐的地区。《史记》记西汉初年吴王刘濞曾命人于广陵煮海水为盐。

② 铲利：开采取利。铜山：产铜的山，刘濞曾命人开采郡内的铜山铸钱。以上两句谓广陵有盐田铜山之利。

③ 划崇墉：谓建造高峻的城墙。划，剖开。

④ 刳(kū)濬(jùn)洫(xù)：凿挖深沟。刳，凿。濬，深。洫，沟渠。

⑤ 图修世以休命：图谋长世和美好的天命。休，美好。

⑥ 板筑：以两板相夹，中间填土，然后夯实的筑墙方法，这里指修建城墙。雉堞：女墙。城墙长三丈高一丈称一雉，城上凹凸的墙垛称堞。殷：大，盛。

⑦ 井干(hán)：原指井上的栏圈，此谓筑楼时木柱木架交叉的样子。烽橹：谓大规模地修筑城墙，营建烽火望楼。烽，烽火，古时筑城，以烽火报警。橹，望楼。

⑧ 袤(mào)广：南北间的宽度称袤，东西的广度称广。三坟：说法不一。此似指《尚书·禹贡》所说：兖州土黑坟，青州土白坟，徐州土赤埴坟。坟，隆起。以上三州与广陵相接。

⑨ 崒(zú)：危险而高峻。断岸：陡削的河岸。

⑩ 御冲：防御持兵器冲进来的歹徒。

⑪ 赪(chēng)：红色。飞文：光彩相照。此句谓墙上用红泥糊满光彩焕发。

⑫ 基扃(jiǒng)：即城阙。扃，门扇。固护：牢固。

⑬ 出入：犹言经历。三代：指汉、魏、晋。

⑭ 罥(juàn)：挂绕。涂：即"途"。

⑮ 坛：堂中。罗：罗列，布满。虺(huǐ)：毒蛇。蜮(yù)：相传能在水中含沙射人的动物，形似鳖，一名短狐。

⑯ 麏(jūn)：獐，似鹿而体形较小。鼯(wú)：鼯鼠，长尾，前后肢间有薄膜，能飞，昼伏夜出。

⑰ 棱棱：严寒的样子。

⑱ 通池：城濠，护城河。夷：填平。

⑲ 峻隅：城角。

⑳ 藻扃：彩绘的门户。黼(fú)帐：绣花帐。

㉑ 璇渊：玉池。璇，美玉。

㉒ 吴蔡齐秦：谓各地聚集于此的音乐歌舞。

㉓ 鱼龙爵马：泛指玩乐之物。爵：通"雀"。

㉔ "皆薰歇"二句：谓玉树池馆以及各种歌舞技艺，都毁损殆尽。薰，花草香气。

天道如何？吞恨者多！抽琴命操[①]，为芜城之歌。歌曰：边风起兮城上寒，井径灭兮丘陇[②]残。千龄兮万代，共尽兮何言！

① 抽：取。命操：谱曲。命，命名。操，琴曲的一种。
② 井径：田间的小路。丘陇：坟墓。

月　赋

谢　庄

谢庄(421—466)，字希逸，陈郡阳夏(今河南太康)人，南朝宋文学家。能文章，善诗赋，著有诗文四百余篇，后多散佚，今传明人所辑《谢光禄集》。

本篇是其辞赋的代表作。月的意象自古有之，其清幽之质、阴柔之美、婉约之态，与日的阳刚之美相称，成为阴柔之美的象征，被历代文人歌咏，寄托情怀。此抒情小赋表现了建安七子之间深厚的友谊，以陈王与王粲的应答为线索，借月抒发、宣泄同伴离世后的忧郁、思念之情。全文基调沉郁清幽，“美人迈兮音尘阙，隔千里兮共明月；临风叹兮将焉歇？川路长兮不可越”一歌使文意之美达到高潮，令“满堂变容，回徨如失”，将魏晋士人内心对自然与人情的爱重表现得淋漓尽致。

引据萧统编，李善注，李培南等点校：《文选》第 2 册，《中国古典文学丛书》本，上海古籍出版社 1986 年版。

陈王初丧应刘①，端忧②多暇。绿苔生阁，芳尘凝榭。悄焉疚怀，不怡中夜③。乃清兰路，肃桂苑。腾吹④寒山，弭盖秋阪⑤。临濬壑而怨遥，登崇岫而伤远。于时斜汉左界⑥，北陆南躔⑦。白露暧⑧空，素月流天。沉吟齐章，殷勤陈篇⑨。抽毫进牍，以命仲宣⑩。

---

① 陈王：曹植。应刘：应玚和刘桢。
② 端忧：正在忧愁之中。端，正。
③ 中夜：半夜。
④ 腾吹：奔驰奏乐。
⑤ 弭：停。盖：车盖，这里代指车。阪：山坡。
⑥ 汉：天河。左界：指东方天界，古人以东方为左。
⑦ 北陆南躔：北陆星向南移动。
⑧ 暧：蔽，充满。
⑨ 沉吟：低声吟诵。齐章：指《诗经・齐风・东方之日》篇中“东方之月兮”的句子。殷勤：反复吟咏。陈篇：指《诗经・陈风・月出》篇中“月出皎兮”的句子。
⑩ 仲宣：王粲的字。

仲宣跪而称曰：臣东鄙幽介①，长自丘樊，昧道懵学，孤奉明恩。臣闻沉潜既义②，高明既经③。日以阳德，月以阴灵。擅扶光于东沼④，嗣若英于西冥。引玄兔于帝台，集素娥于后庭。朒朓⑤警阙，朏魄示冲⑥。顺辰通烛⑦，从星泽风。增华台室，扬采轩宫。委照⑧而吴业昌，沦精⑨而汉道融。

若夫气霁地表，云敛天末。洞庭始波，木叶微脱。菊散芳于山椒⑩，雁流哀于江濑⑪。升清质之悠悠，降澄辉之蔼蔼。列宿掩缛⑫，长河韬映。柔祇⑬雪凝，圆灵⑭水镜。连观⑮霜缟，周除⑯冰净。君王乃厌晨欢，乐宵宴。收妙舞，弛清县⑰。去烛房，即月殿。芳酒登，鸣琴荐。

若乃凉夜自凄，风篁⑱成韵。亲懿莫从，羁孤递进。聆皋禽⑲之夕闻，听朔管之秋引。于是弦桐练响，音容选和。徘徊《房露》，惆怅《阳阿》⑳。声林虚籁，沦池灭波。情纡轸㉑其何托，愬㉒皓月而长歌。

歌曰：美人迈兮音尘阙，隔千里兮共明月。临风叹兮将焉歇，川路长兮不可越。歌响未终，余景就毕。满堂变容，回徨㉓如失。又称歌曰：月既没兮露欲晞，岁方晏兮无与归。佳期可以还，微霜霑人衣！

陈王曰："善。"乃命执事，献寿羞璧㉔。敬佩玉音，复之无斁㉕。

---

① 鄙：边境。幽介：指出身寒微。
② 沉潜：指地。义：合宜。
③ 高明：指天。经：纲常。
④ 擅：同"禅"，承接。扶光：扶桑之光，即日光。东沼：指汤(yáng)谷，古代神话中的日出之处。
⑤ 朒(nǜ)：农历月初，月亮出现在东方。朓：农历月底，月亮出现在西方。
⑥ 朏(fěi)：新月之光。冲：谦虚貌。
⑦ 顺辰：指月球顺着十二月的次序而言。通烛：普照。
⑧ 委：向下照耀。照：指月光。
⑨ 沦：向下照耀。精：指月光。
⑩ 山椒：山顶。
⑪ 濑：从沙石上流过的急水。
⑫ 列宿：众星。掩：掩盖。缛：繁密的采饰，指星光灿烂。
⑬ 柔祇：指大地。
⑭ 圆灵：指天。
⑮ 连观：连绵的宫观。
⑯ 周除：四周的宫殿的台阶。
⑰ 弛：解开，放下。清县：指悬挂着的钟磬一类乐器。县，即悬。
⑱ 风篁：风吹竹丛。
⑲ 皋禽：鹤。
⑳ 《房露》《阳阿》：古曲名。
㉑ 纡轸：心中郁结痛苦。
㉒ 愬：同"诉"，倾吐。
㉓ 回徨：内心彷徨，没有着落。
㉔ 献寿：进酒祝贺。羞：进献。
㉕ 复：指反复诵读。斁(yì)：厌倦。

北山移文

孔稚珪

孔稚珪(447—501),字德璋,会稽山阴(今浙江绍兴)人。南朝齐骈文家。刘宋时,曾任车骑法曹参军。齐代宋,官至太子詹事,加散骑常侍。武帝永明年间,任御史中丞。齐明帝建武初年,上书建议北征。死后追赠金紫光禄大夫。

移文是古代文体之一,用于不相统属的官署间行文,旨在宣述自身旨意,晓谕对方。本文借用山灵口吻,滑稽诙谐,将真隐士与假道学之人作了鲜明的对比。在作者的嬉笑怒骂之间,二者妍媸尽露,由此也凸显了南北朝文人对于自然山水的崇敬之情。以自然为美,以真为美的审美品格在此文中抒发得淋漓尽致。

引据萧统编,李善注,李培南等点校:《文选》第5册,《中国古典文学丛书》本,上海古籍出版社1986年版。

钟山之英[①],草堂[②]之灵。驰烟驿路,勒[③]移山庭。夫以耿介拔俗之标,萧洒出尘之想。度白雪以方洁,干青云而直上。吾方知之矣。若其亭亭物表,皎皎霞外。芥千金而不眄,屣万乘其如脱[④]。闻凤吹于洛浦[⑤],值薪歌于延濑[⑥]。固亦有焉。岂期终始参差,苍黄[⑦]翻覆。泪翟子之悲,恸朱公之哭[⑧]。乍回迹[⑨]以心染,

---

① 英:神灵。

② 草堂:周颙在钟山所建隐舍。

③ 勒:铭刻。

④ "屣万乘"句:《淮南子·主术训》载:"尧年衰志闵,举天下而传之舜,犹却行而脱屣也。"屣,草鞋。万乘,周制王畿能出兵车万乘,后因以称帝位。

⑤ "闻凤吹"句:《列仙传》:"王子乔,周灵王太子晋也,名晋。好吹笙,作凤鸣,游于伊、洛之间。"

⑥ "值薪歌"句:《文选》吕向注:"苏门先生游于延濑,见一人采薪,谓之曰:'子以终此乎?'采薪人曰:'吾闻圣人无怀,以道德为心,何怪乎而为哀也?'遂为歌二章而去。"

⑦ 苍黄:青色和黄色。

⑧ "泪翟子"二句:翟子,指墨翟,墨家学说创始人,世称墨子。朱公,指杨朱,战国时期哲学家,世称杨子。《淮南子·说林训》载:"杨子见歧路而哭之,为其可以南,可以北。墨子见练丝而泣之,为其可以黄,可以黑。"

⑨ 回迹:躲避行迹。指隐居。

或先贞而后黩[1]。何其谬哉！呜呼！尚生不存，仲氏既往[2]。山阿寂寥，千载谁赏？

世有周子[3]，隽俗之士。既文既博，亦玄[4]亦史。然而学遁东鲁[5]，习隐南郭[6]。偶吹[7]草堂，滥巾[8]北岳。诱我松桂，欺我云壑。虽假容于江皋[9]，乃缨情[10]于好爵。其始至也，将欲排巢父，拉许由。傲百氏，蔑王侯。风情张日，霜气横秋。或叹幽人长往，或怨王孙不游。谈空空[11]于释部，覈玄玄[12]于道流。务光[13]何足比，涓子不能俦。

及其鸣驺[14]入谷，鹤书[15]赴陇。形驰魄散，志变神动。尔乃眉轩席次，袂耸筵上。焚芰制而裂荷衣，抗尘容而走俗状。风云凄其带愤，石泉咽而下怆。望林峦而有失，顾草木而如丧。至其纽金章，绾墨绶[16]。跨属城之雄，冠百里之首。张英风于海甸，驰妙誉于浙右。道帙长殡，法筵久埋。敲扑喧嚣犯其虑，牒诉倥偬装其怀。琴歌既断，酒赋无续。常绸缪于结课[17]，每纷纶于折狱。笼张赵[18]于往图，架卓鲁于前箓[19]。希踪三辅豪[20]，驰声九州牧。使我高霞孤映，明月独举。青松落阴，白云谁侣？涧石摧绝无与归，石径荒凉徒延伫。至于还飙入幕，写雾出楹。蕙帐空兮夜鹄怨，山人去兮晓猿惊。昔闻投簪[21]逸海岸，今见解兰缚尘缨。

---

① 黩：污浊。

② “尚生”二句：尚生，尚子平，西汉末隐士，靠砍柴为生。仲氏，仲长统，东汉末年人，每当州郡召请他，他就称病不去，曾叹息说：“若得背山临水，游览平原，此即足矣，何为区区于帝王之门哉。”

③ 周子：指周颙。

④ 玄：指玄学，即老庄之学。据《南齐书・周颙传》载，颙“泛涉百家，长于佛理……兼善《老》《易》”。

⑤ 学遁东鲁：指颜阖。《庄子・让王》载，鲁国国君听说颜阖是得道之人，派使者前往招聘。颜阖推脱说，恐怕使者听错，请回去核实。使者再来时，阖已逃遁。

⑥ 南郭：《庄子・齐物论》：“南郭子綦隐机而坐。”

⑦ 偶吹：杂合众人吹奏乐器。用《韩非子・内储说》“滥竽充数”事。

⑧ 滥巾：即冒充隐士。巾，隐士所戴头巾。

⑨ 江皋：江岸。

⑩ 缨情：系情，忘不了。

⑪ 空空：佛家义理。佛家认为世上一切皆空，以空明空，故曰“空空”。

⑫ 玄玄：指道家的义理。

⑬ 务光：《列仙传》：“务光者，夏时人也……殷汤伐桀，因光而谋。光曰：‘非吾事也。’汤得天下，已而让光，光遂负石沉窾水而自匿。”

⑭ 鸣驺(zōu)：前呼后拥的随从骑士。指朝廷派遣的征召车骑。

⑮ 鹤书：指征召的诏书，因诏板所用的书体如鹤头，故称。

⑯ 墨绶：黑色的印带。金章、墨绶为当时县令所佩带。

⑰ 结课：总结考核政绩，以定等级，是古代决定官员升降的依据。

⑱ 张赵：张敞、赵广汉。两人都做过京兆尹，是西汉的能吏。

⑲ 卓鲁：卓茂、鲁恭。两人都是东汉的循吏。箓：簿籍。

⑳ 三辅豪：指治理三辅的杰出官吏，汉代将京城长安附近的地区划分为京兆、左冯翊、右扶风三个行政单位，以辅卫京城，故称三辅。

㉑ 投簪：抛弃冠簪。簪，古时连结官帽和头发的用具。

于是南岳献嘲，北陇腾笑。列壑争讥，攒峰竦诮[①]。慨游子之我欺，悲无人以赴吊。故其林惭无尽，涧愧不歇。秋桂遗风，春萝罢月。骋西山之逸议，驰东皋之素谒[②]。今又促装下邑[③]，浪栧[④]上京，虽情投于魏阙，或假步于山扃。岂可使芳杜厚颜，薜荔无耻。碧岭再辱，丹崖重滓[⑤]。尘游躅于蕙路，污渌[⑥]池以洗耳？宜扃[⑦]岫幌[⑧]，掩云关。敛轻雾，藏鸣湍。截来辕于谷口，杜妄辔于郊端。于是丛条瞋胆，叠颖怒魄。或飞柯以折轮，乍低枝而扫迹。请回俗士驾，为君[⑨]谢逋客[⑩]。

① 献嘲、腾笑、争讥、竦诮：都是嘲笑、讥讽的意思。

② 素谒：高尚有德者的言论。

③ 下邑：指周之前为官的县城。

④ 浪栧(yì)：荡起船桨。

⑤ 重滓(zǐ)：再次蒙受污辱。

⑥ 渌：清澈。

⑦ 扃：关闭。

⑧ 岫幌(xiù huǎng)：犹言山穴的窗户。岫，山穴。幌，帷幕。

⑨ 君：北山神灵。

⑩ 逋客：避世隐居者，指周颙。

恨　　赋

江　淹

江淹(444—505年)，字文通，南朝著名政治家、文学家，历仕三朝，宋州济阳考城(今河南民权)人。江淹少时孤贫好学，六岁能诗，文章华著，十三岁丧父。曾任尚书驾部郎、骠骑参军事。江淹为官清正，不避权贵，直言敢谏，震肃百僚。梁武帝天监四年(505)卒，谥"宪伯"，武帝为之穿孝举哀。

《别赋》与《恨赋》是江淹的两篇悲情名作。作者对战争与离别的描摹与感受十分真切，文章集合了古往今来的历史人物与历史事件，将人性放到一个宏观的历史背景下去审视，将悲剧的诞生以凄美、壮丽的笔触一一描摹，让人读后产生对人生命运的沉痛思考，给人以心灵的净化和洗礼。

引据萧统编，李善注，李培南等点校：《文选》第2册，《中国古典文学丛书》本，上海古籍出版社1986年版。

试望平原，蔓草萦骨，拱木敛魂。人生到此，天道宁论！

于是仆本恨人，心惊不已。直念古者，伏恨而死。至如秦帝按剑，诸侯西驰。削平天下，同文共规。华山为城，紫渊为池。雄图既溢，武力未毕。方架鼋鼍①以为梁，巡海右以送日。一旦魂断，宫车晚出②。若乃赵王既虏，迁于房陵。薄暮心动，昧旦神兴。别艳姬与美女，丧金舆及玉乘。置酒欲饮，悲来填膺。千秋万岁，为怨难胜。

至如李君③降北，名辱身冤，拔剑击柱，吊影惭魂。情往上郡，心留雁门。裂帛系书，誓还汉恩。朝露溘至，握手何言？若夫明妃去时，仰天太息。紫台稍远，关山无极。摇风忽起，白日西匿。陇雁少飞，代云寡色。望君王兮何期，终芜绝兮异域。

至乃敬通见抵，罢归田里。闭关却扫，塞门不仕。左对孺人，顾弄稚子。脱

---

① 鼋(yuán)：《说文解字》卷十三："大鳖也。"鼍(tuó)：《说文解字》卷十三："水虫，似蜥易，长大。"
② 晚出：晏驾，指帝王死亡。
③ 李君：西汉李陵。

略公卿，跌宕文史。赍[①]志没地，长怀无已。及夫中散下狱，神气激扬。浊醪夕引，素琴晨张。秋日萧索，浮云无光。郁青霞之奇意，入修夜之不旸[②]。

或有孤臣危涕，孽子坠心。迁客海上，流戍陇阴。此人但闻悲风汩[③]起，血下霑衿。亦复含酸茹叹，销落湮沉。若乃骑叠迹，车屯轨，黄尘市地，歌吹四起。无不烟断火绝，闭骨泉里。

已矣哉！春草暮兮秋风惊，秋风罢兮春草生。绮罗毕兮池馆尽，琴瑟灭兮丘垄平。自古皆有死，莫不饮恨而吞声。

---

① 赍：怀着。

② 旸：日出，光明。

③ 汩(gǔ)：迅疾的样子。

别　赋

江　淹

引据萧统编，李善注，李培南等点校：《文选》第2册，《中国古典文学丛书》本，上海古籍出版社1986年版。

黯然销魂[①]者，唯别而已矣！况秦吴兮绝国，复燕宋兮千里。或春苔兮始生，乍秋风兮暂起。是以行子肠断，百感凄恻。风萧萧而异响，云漫漫而奇色。舟凝滞于水滨，车逶迟于山侧。棹容与而讵前，马寒鸣而不息。掩金觞而谁御，横玉柱而霑轼。居人愁卧，怳若有亡。日下壁而沉彩，月上轩而飞光。见红兰之受露，望青楸之离霜。巡曾楹而空掩，抚锦幕而虚凉。知离梦之踯躅，意别魂之飞扬。

故别虽一绪，事乃万族。至若龙马银鞍，朱轩绣轴。帐饮东都，送客金谷。琴羽张兮箫鼓陈，燕赵歌兮伤美人。珠与玉兮艳暮秋，罗与绮兮娇上春。惊驷马之仰秣[②]，耸渊鱼之赤鳞。造分手而衔涕，感寂漠而伤神。

乃有剑客惭恩，少年报士。韩国赵厕，吴宫燕市。割慈忍爱，离邦去里。沥泣共诀，抆血相视。驱征马而不顾，见行尘之时起。方衔感于一剑，非买价于泉里。金石震而色变，骨肉悲而心死。

或乃边郡未和，负羽从军。辽水无极，雁山参云。闺中风暖，陌上草薰。日出天而耀景，露下地而腾文。镜朱尘之照烂[③]，袭青气之烟煴。攀桃李兮不忍别，送爱子兮霑罗裙。

至如一赴绝国，讵相见期？视乔木兮故里，决北梁兮永辞。左右兮魂动，亲宾兮泪滋。可班荆兮赠恨，唯樽酒兮叙悲。值秋雁兮飞日，当白露兮下时。怨复怨兮远山曲，去复去兮长河湄。

又若君居淄右，妾家河阳，同琼珮之晨照，共金炉之夕香。君结绶兮千里，惜

---

① 黯然：心神沮丧，形容惨戚之状。销魂：即丧魂落魄。
② 仰秣：谓马听见美妙的音乐，竟仰起头不吃饲料。
③ 照烂：明亮灿烂。

瑶草之徒芳。惭幽闺之琴瑟，晦高台之流黄。春宫闭此青苔色，秋帐含兹明月光。夏簟青兮昼不暮，冬缸凝兮夜何长！织锦曲兮泣已尽，回文诗兮影独伤。

傥有华阴上士，服食还山。术既妙而犹学，道已寂而未传。守丹灶而不顾，炼金鼎而方坚。驾鹤上汉，骖鸾腾天。暂游万里，少别千年。惟世间兮重别，谢主人兮依然。

下有芍药之诗，佳人之歌。桑中卫女，上宫陈娥。春草碧色，春水渌波。送君南浦，伤如之何！至乃秋露如珠，秋月如珪。明月白露，光阴往来。与子之别，思心徘徊。

是以别方不定，别理千名。有别必怨，有怨必盈。使人意夺神骇，心折骨惊。虽渊云之墨妙，严乐[①]之笔精。金闺[②]之诸彦，兰台之群英。赋有凌云之称，辩有雕龙之声。谁能摹暂离之状，写永诀之情者乎？

---

① 严乐：严安、徐乐，皆文章之士。

② 金闺：金马门，指才识之士聚集处。

文心雕龙

刘勰

刘勰(约465—520),字彦和,生于京口(今江苏镇江),南朝文学理论家、美学家、美育思想家。曾官县令、步兵校尉、东宫通事舍人等,颇有清名。刘勰虽任多种官职,但其名不以官显,却以文彰,一部《文心雕龙》奠定了他在中国文学史、美学史、美育思想史上的地位。

《情采》主要论述文学艺术的内容和形式的关系。本篇是针对当时"体情之制日疏,逐文之篇愈盛"的创作风气而发的。《物色》主要论述文学创作与自然景物之间的关系,我们将其归纳为情物关系,基于创作过程中对情物关系的全面认识,篇中还充满着生灵之类与诗情画意。

引据范文澜注:《文心雕龙注》,《中国古典文学理论批评专著选辑》本,人民文学出版社1958年版。

情采

圣贤书辞,总称文章,非采①而何?夫水性虚而沦漪结,木体实而花萼振,文附质也。虎豹无文,则鞟同犬羊②,犀兕③有皮,而色资丹漆,质待文也。若乃综④述性灵,敷写器象,镂心鸟迹之中,织辞鱼网之上,其为彪炳⑤,缛采名矣。故立文之道,其理有三:一曰形文,五色是也;二曰声文,五音是也;三曰情文,五

① 采:文采。本篇多用以泛指艺术形式。

② 鞟(kuò)同犬羊:《论语·颜渊》:"文犹质也,质犹文也;虎豹之鞟,犹犬羊之鞟。"鞟,去了毛的皮革。

③ 犀兕(xīsì):都是似牛的野兽,皮坚韧,可制铠甲。

④ 综:交织,这里是加以组织的意思。

⑤ 彪炳:文采焕发。

性[1]是也。五色杂而成黼黻[2]，五音比而成韶夏，五情发而为辞章，神理[3]之数也。孝经垂典，丧言不文；故知君子常言未尝质也。老子疾伪，故称美言不信；而五千精妙，则非弃美矣。庄周云辩雕万物，谓藻饰也。韩非云艳采辩说，谓绮丽也。绮丽以艳说，藻饰以辩雕，文辞之变，于斯极矣。研味李老，则知文质附乎性情；详览庄韩，则见华实过乎淫侈。若择源于泾渭之流，按辔于邪正之路，亦可以驭文采矣。夫铅黛所以饰容，而盼倩生于淑姿；文采所以饰言，而辩丽本于情性。故情者，文之经；辞者，理之纬；经正而后纬成，理定而后辞畅，此立文之本源也。

昔诗人什篇，为情而造文；辞人赋颂，为文而造情。何以明其然？盖风雅之兴，志思蓄愤，而吟咏情性，以讽其上，此为情而造文也；诸子之徒，心非郁陶[4]，苟驰夸饰，鬻声钓世，此为文而造情也：故为情者要约而写真，为文者淫丽而烦滥。而后之作者，采滥忽真，远弃风雅，近师辞赋，故体情之制日疏，逐文之篇愈盛。故有志深轩冕[5]，而泛咏皋壤；心缠几务，而虚述人外：真宰弗存，翩其反矣。夫桃李不言而成蹊，有实存也；男子树兰[6]而不芳，无其情也。夫以草木之微，依情待实；况乎文章，述志为本，言与志反，文岂足征[7]！

物　　色

是以诗人感物，联类不穷，流连万象之际，沉吟视听之区；写气图貌，既随物以宛转；属采附声，亦与心而徘徊。故灼灼状桃花之鲜，依依尽杨柳之貌，杲杲为出日之容，瀌瀌拟雨雪之状，喈喈逐黄鸟之声，喓喓学草虫之韵。皎日嘒星，一言穷理；参差沃若，两字[8]穷形：并以少总多，情貌无遗矣。虽复思经千载，将何易夺？及离骚代兴，触类而长[9]，物貌难尽，故重沓舒状，于是嵯峨之类聚，葳蕤之群积矣。及长卿之徒，诡势环声，模山范水，字必鱼贯，所谓诗人丽则而约言，辞

---

① 五性：指从心、肝、脾、肺、肾产生出来的五种性情为躁、静、力、坚、智，一说指喜、怒、哀、乐、怨。

② 黼黻（fǔfú）：古代礼服上的花纹。

③ 神理：神妙的道理。从《文心雕龙》全书多次所用“神理”一词的意义来看，所谓神妙的道理，就是《原道》篇所说的“自然之道”。

④ 郁陶（yáo）：忧思郁积。《楚辞·九辩》：“岂不郁陶而思君兮，君之门以九重。”

⑤ 轩冕：指高级官位。轩，有屏藩的车。冕，礼冠。

⑥ 男子树兰：《淮南子·缪称训》：“男子树兰，美而不芳。”芳，花的香气。刘勰借用此话是意在强调真实感情在文学创作中的重要性。

⑦ 征：取用。

⑧ 两字：两字相连成为双声字和叠韵字。“参差”是双声，“沃若”是叠韵。

⑨ 长：发展、引申。

人丽淫而繁句也[1]。

至如雅咏棠华，或黄或白；骚述秋兰，绿叶紫茎；凡摛表五色，贵在时见，若青黄屡出，则繁而不珍。

自近代[2]以来，文贵形似，窥情风景之上，钻貌草木之中。吟咏所发，志惟深远；体物为妙，功在密附。故巧言切状，如印之印泥，不加雕削，而曲写毫芥。故能瞻言而见貌，印字而知时也。然物有恒姿，而思无定检，或率尔造极，或精思愈疏。且诗骚所标，并据要害，故后进锐笔[3]，怯于争锋。莫不因方以借巧，即势以会奇，善于适要[4]，则虽旧弥新矣。是以四序纷回，而入兴贵闲；物色虽繁，而析辞尚简；使味飘飘而轻举，情晔晔[5]而更新。古来辞人，异代接武[6]，莫不参伍以相变，因革以为功，物色尽而情有余者，晓会通也。若乃山林皋壤，实文思之奥府，略语则阙，详说则繁。然屈平所以能洞监风骚之情者，抑亦江山之助乎！

赞曰：山沓水匝，树杂云合。目既往还，心亦吐纳。春日迟迟，秋风飒飒。情往似赠，兴来如答。

---

① “所谓诗人”二句：扬雄《法言·吾子篇》：“诗人之赋丽以则，辞人之赋丽以淫。”诗人，指《诗经》作者。则，合乎规则。约，简练。辞人，指辞赋家。淫，过度。

② 近代：指晋、南朝刘宋时期。

③ 锐笔：指精通写作的人。

④ 适要：恰到要处。“适”宜解为恰好，合于而非适应。

⑤ 晔晔：美盛的样子。

⑥ 接武：继承、效法前人。武，足迹。

诗 品 序

钟 嵘

钟嵘(约468—约518),字仲伟,颍川长社(今河南长葛)人。南朝诗学批评家。齐建武年间(494—498)初入仕途,为南康王萧子琳侍郎,后改任抚军参军、司徒行参军等。萧衍代齐建梁后,钟嵘为宁朔记室,专掌文翰。后改梁晋安王萧纲记室,卒于官。梁武帝天监十二年(513)以后,仿汉代"九品论人,七略裁士"的著作先例,写成诗歌评论专著《诗品》。将两汉至梁代作家122人,分为上、中、下三品进行评论。

《诗品序》中阐释了钟嵘的诗学理论和审美观念。他提出了"气"在审美活动中的根源性作用,即由自然与人际的感荡而形成。而其"自然英旨"说揭示了美育的意蕴:主张艺术和审美应是人的个性情感的自然流露,艺术创作应以直寻为主。要求音韵自然,强调抒发个性情感的自然之美,即个性之美,其目的在于提倡自然真美。这一趣味对后世的文学艺术创作与批评产生了重要影响。

引据曹旭集注:《诗品集注》,《中国古典文学丛书》本,上海古籍出版社1996年版。

序曰:气之动物,物之感人,故摇荡性情,形诸舞咏。欲以照烛三才,晖丽万有。灵祇待之以致飨,幽微藉之以昭告。动天地,感鬼神,莫近于诗。

……

夫四言,文约易广,取效《风》《骚》,便可多得。每苦文繁而意少,故世罕习焉。五言居文词之要,是众作之有滋味者也,故云会于流俗。岂不以指事造形,穷情写物,最为详切者邪!

……

故诗有六义焉:一曰兴,二曰比,三曰赋。文已尽而意有余,兴也;因物喻志,比也;直书其事,寓言写物,赋也;弘斯三义,酌而用之,干之以风力,润之以丹彩,使咏之者无极,闻之者动心,是诗之至也。

若专用比兴，则患在意深，意深则词踬①。若但用赋体，则患在意浮，意浮则文散，嬉成流移，文无止泊，有芜漫之累矣。

若乃春风春鸟，秋月秋蝉，夏云暑雨，冬月祁寒，斯四候之感诸诗者也。嘉会寄诗以亲，离群托诗以怨。至于楚臣去境，汉妾辞宫，或骨横朔野，或魂逐飞蓬；或负戈外戍，杀气雄边；塞客衣单，孀闺泪尽；又士有解佩出朝，一去忘返；女有扬蛾入宠，再盼倾国：凡斯种种，感荡心灵，非陈诗何以展其义，非长歌何以骋其情？故曰："《诗》可以群，可以怨。"使穷贱易安，幽居靡闷，莫尚于诗矣。

---

① 踬：受阻碍。

金　楼　子

萧　绎

萧绎(508—555),梁元帝,字世诚,自号金楼子,南兰陵(今江苏常州)人。萧绎是梁武帝萧衍的第七子,历任会稽太守、江州刺史、荆州刺史。大宝三年(552),他击败侯景,登基做了皇帝,年号承圣。承圣三年(554)九月,西魏攻陷江陵,萧绎被俘,后遭害,被尊为梁元帝。萧绎是一个爱好读书与喜好文学的君主,有大量学术著作,多已佚失,仅存《古今同姓名录》等数种。

在《金楼子》中,萧绎阐述了大量有关理想君子人格应有的品质,如君子应有言行之美、应守孝敬仁义,劝诫后辈要中庸贵和、有俭约明德等等,基本继承了儒家"美善"的君子人格理想,并注重文采与思辨,深化了中国古代传统人格美育思想内涵。

引据许逸民校笺:《金楼子校笺》,中华书局2011年版。

戒　子

喜怒者,性所不能无,常起于褊量,而止于宏识。然喜过则不重,怒过则不威。能以恬漠为体,宽裕为器,善矣。大喜荡心,微抑则定;甚怒倾性,小忍则歇。故动无响容,举无失度,则为善也。

立　言

夫言行在于美,不在于多。出一美言美行,而天下从之;或见一恶意丑事,而万民违之,可不慎乎!

……

见善则喜,闻恶则忧,民之情也。苟无忧喜,其惟圣人乎?若无喜而不喜,无忧而不忧，盖何足称也。

……

君子有三患：未之闻，患弗得闻；既闻之，患弗得学；既学之，患弗能行。君子有四耻：有其位，无其言，君子耻之；有其言，无其行，君子耻之；既得之，又失之，君子耻之；地有余，而民不足，君子耻之。

颜氏家训·勉学第八

颜之推

颜之推(531—约597),字介,琅琊临沂(今山东临沂)人,曾被梁元帝任命为散骑侍郎,奏舍人事。北齐时,迁黄门侍郎。隋文帝时,被太子杨勇召为东宫学士。颜之推博学多洽,一生著述甚丰,主要有《家训》七卷、《训俗文字略》一卷、《证俗音字》五卷、《冤魂志》三卷等。

颜之推美育思想的重点在家庭美育的内容与方法上,他专门撰写《颜氏家训》,开宗明义教育其子女:"吾望此书为汝曹之所信,犹贤于傅婢寡妻耳。"此外,他十分重视儿童早期美育,希望通过《诗》《礼》等经典从小培养后代贤良的审美观念与君子人格。

引据王利器集解:《颜氏家训集解》,《新编诸子集成》本,中华书局1993年版。

自古明王圣帝,犹须勤学,况凡庶乎!此事遍于经史,吾亦不能郑重,聊举近世切要,以启寤汝耳。士大夫子弟,数岁已上,莫不被教,多者或至《礼》《传》,少者不失《诗》《论》。及至冠婚,体性稍定;因此天机,倍须训诱。有志尚者,遂能磨砺,以就素业;无履立者,自兹堕慢,便为凡人。人生在世,会当有业:农民则计量耕稼,商贾则讨论货贿,工巧则致精器用,伎艺则沉思法术,武夫则惯习弓马,文士则讲议经书。多见士大夫耻涉农商,差务工伎,射则不能穿札,笔则才记姓名,饱食醉酒,忽忽无事,以此销日,以此终年。或因家世余绪,得一阶半级,便自为足,全忘修学;及有吉凶大事,议论得失,蒙然张口,如坐云雾;公私宴集,谈古赋诗,塞默低头,欠伸而已。有识旁观,代其入地。何惜数年勤学,长受一生愧辱哉!

……

人生小幼,精神专利,长成已后,思虑散逸,固须早教,勿失机也。吾七岁时,诵《灵光殿赋》,至于今日,十年一理,犹不遗忘;二十之外,所诵经书,一月废置,便至荒芜矣。然人有坎壈[①]，失于盛年，犹当晚学，不可自弃。孔子云："五十以学《易》，可以无大过矣。"魏武、袁遗，老而弥笃，此皆少学而至老不倦也。曾子七十乃学，名闻天下；荀卿五十，始来游学，犹为硕儒；公孙弘[②]四十余，方读《春秋》，以此遂登丞相；朱云[③]亦四十，始学《易》《论语》；皇甫谧[④]二十，始受《孝经》《论语》：皆终成大儒，此并早迷而晚寤也。世人婚冠未学，便称迟暮，因循面墙，亦为愚耳。幼而学者，如日出之光，老而学者，如秉烛夜行，犹贤乎瞑目而无见者也。

---

① 坎壈（lǎn）：困顿，不得志。

② 公孙弘：汉武帝时丞相，六十岁以贤良征为博士。

③ 朱云：西汉元帝、成帝时名儒。

④ 皇甫谧：西晋著名学者。

小　园　赋

庾　信

庾信(513—581),字子山,南阳新野(今属河南)人,南北朝时期文学家。庾信自幼随父亲庾肩吾出入宫廷,后与徐陵一起任太子萧纲的东宫学士,成为宫体文学的代表作家。其与徐陵的文风合称“徐庾体”。侯景叛乱时,庾信逃往江陵,后奉命出使西魏,被强迫留在了北方;北周代魏后,更迁为骠骑大将军、开府仪同三司,封侯,世称“庾开府”。原有集二十一卷,已散佚,后人辑有《庾子山集》。

庾信文风以讲究对仗和几乎处处用典为特征,其文章多为应用文,但常有抒情性和文学意味。庾信的骈文、骈赋可与鲍照并举,代表了南北朝骈文、骈赋的最高成就。《小园赋》与《枯树赋》是其抒情小赋的两篇代表作品。《小园赋》抒写了作者在羁留北朝时期愁苦郁闷的心情,通过歌咏小园寄托了深婉的故国情思和身世之悲,蕴藉其中的家园意识与故国情怀至今让人追怀,可以与同时期的《枯树赋》相作证、相媲美,两篇文章结合起来读,余味更加悠长。

引据许逸民校点:《庾子山集注》,《中国古典文学基本丛书》本,中华书局1980年版。

若夫一枝之上,巢夫得安巢之所;一壶之中,壶公[①]有容身之地。况乎管宁藜床[②],虽穿而可座;嵇康锻灶,既暖而堪眠。岂必连闼洞[③]房,南阳樊重之第;绿墀青琐[④],西汉王根[⑤]之宅。余有数亩弊庐,寂寞人外,聊以拟伏腊[⑥],聊以避风霜。虽复晏婴近市,不求朝夕之利;潘岳面城,且适闲居之乐。况乃黄鹤戒露,非有意于轮轩;爰居避风,本无情于钟鼓。陆机则兄弟同居,韩康则舅甥不别。蜗角蚊睫,又足相容者也。

---

① 壶公:传说中东汉的仙人。

② 藜床:用藜草编成的床。

③ 闼:门。洞:通。

④ 绿墀:台阶。青琐:刻在门上的青色环形花纹。都是皇宫所用的装饰。

⑤ 王根:西汉权臣。

⑥ 拟伏腊:举办夏冬两季的祭祀。

尔乃窟室徘徊，聊同凿坯。桐间露落，柳下风来。琴号珠柱，书名《玉杯》。有棠梨而无馆，足酸枣而非台。犹得敧侧八九丈，纵横数十步，榆柳两三行，梨桃百余树。拨蒙密兮见窗，行敧斜兮得路。蝉有翳兮不惊，雉无罗兮何惧。草树混淆，枝格相交。山为篑覆，地有堂坳。藏狸并窟，乳鹊重巢。连珠细茵，长柄寒匏，可以疗饥，可以栖迟。崎岖兮狭室，穿漏兮茅茨。檐直倚而妨帽，户平行而碍眉。坐帐无鹤，支床有龟。鸟多闲暇，花随四时。心则历陵枯木，发则睢阳乱丝。非夏日而可畏，异秋天而可悲。

一寸二寸之鱼，三竿两竿之竹。云气荫于丛蓍，金精养于秋菊。枣酸梨酢[①]，桃榹李薁[②]。落叶半床，狂花满屋。名为野人之家，是谓愚公之谷。试偃息于茂林，乃久羡于抽簪。虽有门而长闭，实无水而恒沉。三春负锄相识，五月披裘见寻。问葛洪之药性，访京房之卜林。草无忘忧之意，花无长乐之心。鸟何事而逐酒？鱼何情而听琴？

加以寒暑异令，乖违德性。崔骃以不乐损年，吴质以长愁养病。镇宅神以埋石，厌山精[③]而照镜。屡动庄舄[④]之吟，几行魏颗之命。薄晚闲闺，老幼相携，蓬头王霸之子，椎髻梁鸿之妻。焦麦[⑤]两瓮，寒菜一畦。风骚骚而树急，天惨惨而云低。聚空仓而雀噪，惊懒妇而蝉嘶。

昔草滥于吹嘘，籍《文言》之庆余。门有通德，家承赐书。或陪玄武之观，时参凤凰之虚。观受釐于宣室，赋长杨于直庐。遂乃山崩川竭，冰碎瓦裂，大盗潜移，长离永灭。摧直辔于三危，碎平途于九折。荆轲有寒水之悲，苏武有秋风之别。关山则风月凄怆，陇水则肝肠断绝。龟言此地之寒，鹤讶今年之雪。百龄兮倏忽，光华兮已晚！不雪雁门之踦，先念鸿陆之远[⑥]。非淮海兮可变，非金丹兮能转。不暴骨于龙门，终低头于马坂。谅天造兮昧昧，嗟生民兮浑浑。

---

① 酢：同“醋”。

② 榹（sī）：山桃。薁（yù）：山李。

③ 山精：山间怪兽。

④ 庄舄（xì）：战国时越国人，楚国大臣，思念故国而在楚发越吟。

⑤ 焦麦：陈旧发黑的麦子。

⑥ 先念鸿陆之远：比喻自己出使北方而被迫滞留，犹如大雁不能再回江南。

枯树赋

庾信

引据许逸民校点：《庾子山集注》，《中国古典文学基本丛书》本，中华书局1980年版。

殷仲文①风流儒雅，海内知名。世异时移②，出为东阳③太守。常忽忽不乐，顾庭槐而叹曰："此树婆娑④，生意尽矣！"

至如白鹿⑤贞松，青牛文梓⑥，根柢盘魄⑦，山崖表里。桂何事而销亡？桐何为而半死？昔之三河⑧徙植，九畹⑨移根。开花建始之殿⑩，落实睢阳之园⑪。声含嶰谷⑫，曲抱《云门》。将雏集凤，比翼巢鸳。临风亭而唳鹤，对月峡而吟猿。乃有拳曲拥肿，盘坳反覆，熊彪顾盼，鱼龙起伏。节竖山连，文横水蹙，匠石惊视，公输⑬眩目。雕镌始就，剞劂⑭仍加：平鳞铲甲，落角摧牙；重重碎锦，片片真花；纷披草树，散乱烟霞。

若夫松子、古度、平仲、君迁⑮，森梢百顷，槎枿⑯千年。秦则大夫受职，汉则

---

① 殷仲文：东晋大臣，诗人。
② 世异时移：世道时局发生变化，指桓玄称帝。
③ 东阳：郡名，在今浙江金华。
④ 婆娑：形容槐树枝干分散剥落。
⑤ 白鹿：白鹿塞，在今甘肃敦煌。
⑥ 青牛文梓：徐坚等辑《初学记》引《录异传》载，春秋时秦文公砍伐雍州南山文梓树，断树，有一青牛从中出走入泮水中，古人以为树万岁化为青牛。
⑦ 盘魄：同"磅礴"，盛大。
⑧ 三河：汉时称河东、河内、河南三郡。
⑨ 九畹：古代三十亩为一畹。
⑩ 建始之殿：洛阳宫殿名。
⑪ 睢阳之园：西汉梁孝王刘武所建的梁园，方三百里。
⑫ 嶰(jiè)谷：传说在昆仑山北，这里指乐曲。
⑬ 公输：指鲁班。
⑭ 剞劂：雕刻用的刀子。
⑮ 松子、古度、平仲、君迁：树名。
⑯ 槎枿(chá niè)：树木被砍后重生的枝条。

将军坐焉。莫不苔埋菌压，鸟剥虫穿。或低垂于霜露，或撼顿于风烟。东海有白木之庙[①]，西河有枯桑之社，北陆以杨叶为关，南陵以梅根作冶[②]。小山则丛桂留人[③]，扶风则长松系马。岂独城临细柳[④]之上，塞落桃林[⑤]之下。

若乃山河阻绝，飘零离别。拔本垂泪，伤根沥血。火入空心，膏流断节。横洞口而敧[⑥]卧，顿[⑦]山腰而半折。文斜者百围冰碎，理正者千寻[⑧]瓦裂。载瘿衔瘤，藏穿抱穴[⑨]。木魅睒睗[⑩]，山精妖孽。

况复风云不感[⑪]，羁旅无归，未能采葛[⑫]，还成食薇。沉沦穷巷，芜没荆扉，既伤摇落，弥嗟变衰。《淮南子》云："木叶落，长年[⑬]悲。"斯之谓矣。乃歌曰："建章[⑭]三月火，黄河万里槎[⑮]。若非金谷满园树，即是河阳[⑯]一县花。"桓大司马闻而叹曰："昔年种柳，依依汉南；今看摇落，凄怆江潭。树犹如此，人何以堪！"

---

① 白木之庙：相传为黄帝葬女处的天仙宫，在今河南密县。白木，指白皮松。
② 冶：冶炼金属时用的燃料。
③ 小山：指淮南。
④ 细柳：细柳城。
⑤ 桃林：桃林塞。
⑥ 敧：倾斜。
⑦ 顿：倒下。
⑧ 寻：八尺为一寻。
⑨ 穴：鸟窝。
⑩ 睒睗(shǎn shì)：目光闪烁的样子。
⑪ 不感：振奋。
⑫ 采葛：指完成使命。
⑬ 长(zhǎng)年：老年人。
⑭ 建章：西汉宫殿名。
⑮ 槎：木伐。
⑯ 河阳：晋代潘岳为河阳令。

四、 唐宋元

秋日登洪府滕王阁饯别序

王　勃

王勃(650—676),字子安,唐代文学家。绛州龙门(今山西河津)人,出身儒学世家,与杨炯、卢照邻、骆宾王并称为"初唐四杰"。主要文学成就是骈文,无论是数量还是质量,堪称一时之最,有《王子安集》存世。《滕王阁序》气势如虹,美不胜收,"老当益壮,宁移白首之心;穷且益坚,不坠青云之志"表达出唐代士人阔达豪迈的胸襟与博大自信的气象。少年天才的笔触,骈四俪六的句式,一路跌宕起伏的情感宣泄,构成《滕王阁》从形式美到人格美的华美篇章。其哲思美对后代士人的激励更如长江之水浩瀚绵长。

引据汪贤度点校:《王子安集注》,《中国古典文学丛书》本,上海古籍出版社1995年版。

豫章故郡,洪都新府;星分翼轸,地接衡庐。襟三江而带五湖,控蛮荆而引瓯越。物华天宝,龙光射牛斗之墟;人杰地灵,徐孺下陈蕃之榻。雄州雾列,俊采星驰。台隍枕夷夏之交,宾主尽东南之美。都督阎公之雅望,棨戟遥临;宇文新州之懿范,襜帷暂驻。十旬休假,胜友如云;千里逢迎,高朋满座。腾蛟起凤,孟学士之词宗;紫电青霜,王将军之武库。家君作宰,路出名区;童子何知,躬逢胜饯。

时维九月,序属三秋。潦水尽而寒潭清,烟光凝而暮山紫。俨骖騑于上路,访风景于崇阿。临帝子之长洲,得天人之旧馆。层台耸翠,上出重霄;飞阁流丹,下临无地。鹤汀凫渚,穷岛屿之萦回;桂殿兰宫,即冈峦之体势。

披绣闼,俯雕甍。山原旷其盈视,川泽纡其骇瞩。闾阎扑地,钟鸣鼎食之家;舸舰弥津,青雀黄龙之轴。云销雨霁,彩彻区明。落霞与孤鹜齐飞,秋水共长天一色。渔舟唱晚,响穷彭蠡之滨;雁阵惊寒,声断衡阳之浦。

遥襟甫畅,逸兴遄飞。爽籁发而清风生,纤歌凝而白云遏。睢园绿竹,气凌彭泽之樽;邺水朱华,光照临川之笔。四美具,二难并。穷睇眄于中天,极娱游于暇日。天高地迥,觉宇宙之无穷;兴尽悲来,识盈虚之有数。望长安于日下,目吴会于云间。地势极而南溟深,天柱高而北辰远。关山难越,谁悲失路之人;沟水相逢，尽是他乡之客。怀帝阍而不见，奉宣室以何年。

嗟乎！时运不齐，命途多舛。冯唐易老，李广难封。屈贾谊于长沙，非无圣主；窜梁鸿于海曲，岂乏明时。所赖君子见机，达人知命。老当益壮，宁移白首之心；穷且益坚，不坠青云之志。酌贪泉而觉爽，处涸辙而相欢。北海虽赊，扶摇可接；东隅已逝，桑榆非晚。孟尝高洁，空余报国之情；阮籍猖狂，岂效穷途之哭？

勃三尺微命，一介书生。无路请缨，等终军之弱冠；有怀投笔，爱宗悫之长风。舍簪笏于百龄，奉晨昏于万里。非谢家之宝树，接孟氏之芳邻。他日趋庭，叨陪鲤对；今兹捧袂，喜托龙门。杨意不逢，抚凌云而自惜；钟期既遇，奏流水以何惭。

呜乎！胜地不常，盛筵难再；兰亭已矣，梓泽丘墟。临别赠言，幸承恩于伟饯；登高作赋，是所望于群公。敢竭鄙诚，恭疏短引；一言均赋，四韵俱成。请洒潘江，各倾陆海云尔。

与东方左史虬修竹篇序

陈子昂

陈子昂（一说661—702），字伯玉，梓州射洪（今四川射洪）人，武则天时进士，曾任麟台正字、右拾遗等官职，后世称陈拾遗。唐代诗人，初唐诗文革新人物之一。有《陈伯玉集》。

他在《与东方左史虬修竹篇序》中言“思古人，常恐逶迤颓靡，风雅不作，以耿耿也”，明确表达了其为文之用心。文章在提出“风骨”“兴寄”的同时，还用简劲形象的语言描绘出理想的诗歌风貌：“骨气端翔，音情顿挫，光英朗练，有金石声。”即要求诗歌骨端气翔，感情起伏，音调抑扬，清朗明洁，掷地作金声。实际是对具有风骨、声律兼备的诗歌的一种热情呼唤。

引据徐鹏校点：《陈子昂集》，上海古籍出版社2013年版。

东方公①足下②：文章道弊五百年矣③。汉、魏风骨④，晋、宋莫传，然而文献有可征者。仆尝暇时观齐、梁间诗，彩丽竞繁，而兴寄⑤都绝，每以永叹。思古人常恐逶迤颓靡，风雅不作，以耿耿也。一昨⑥于解三⑦处见明公⑧《咏孤桐篇》，骨气端翔，音情顿挫，光英朗练，有金石声。遂用洗心饰视，发挥幽郁。不图正始之音⑨复睹于兹，可使建安作者相视而笑。解君云：“张茂先⑩、何敬祖⑪，东方生与其比肩。”仆亦以为知言也。故感叹雅制⑫，作《修竹诗》一篇，当有知音以传示之。

---

① 东方公：指东方虬。武则天时为左史，当是陈子昂的朋友辈，生平不详。
② 足下：敬称。古人下称上或同辈相称。
③ 文章：这里泛指诗歌、散文等作品。道弊：道理败坏。五百年：约指六朝至初唐这一段时间。
④ 汉、魏风骨：指汉魏时期慷慨悲凉的文学风格。
⑤ 兴：即比兴的表现手法。寄：指诗文的寄托。所谓“兴寄”是指诗文反映社会现实，有深刻的含义。
⑥ 一昨：前些时候。
⑦ 解三：生平履历不详，与陈子昂、东方虬为诗友。
⑧ 明公：对东方虬的敬称。
⑨ 正始之音：魏晋间的玄谈风气，指放达不羁的文辞。
⑩ 张茂先：张华，西晋大臣，文学家。
⑪ 何敬祖：何劭，西晋诗人。
⑫ 雅制：对别人作品的敬称，以别人的作品为文雅之作。

山中与裴秀才迪书

王　维

王维(701—761),字摩诘,号摩诘居士,河东蒲州(今山西运城)人。唐朝著名诗人、画家。出身河东王氏,于开元十九年(731)状元及第。历官右拾遗、监察御史、河西节度使判官。唐玄宗天宝年间,王维拜吏部郎中、给事中。唐肃宗乾元年间任尚书右丞,故世称"王右丞"。王维参禅悟理,学庄信道,精通诗、书、画、音乐等,以诗名盛于开元、天宝间,尤长五言,多咏山水田园,与孟浩然合称"王孟",有"诗佛"之称。书画特臻其妙,后人推其为南宗山水画之祖。著作有《王右丞集》《画学秘诀》。

《山中与裴秀才迪书》篇制虽短,却饶有兴味。作者通过对山中自然美景的观察与叙述,虽"平淡无奇","然是中有深趣矣"!可见其拥有淡泊清妙的审美情趣与质朴恬然的生活态度,符合他融佛理入生活的诗文境味。

引据陈铁民校注:《王维集校注》,《中国古典文学基本丛书》本,中华书局1997年版。

近腊月[①]下,景气和畅,故山殊可过[②],足下方温经,猥[③]不敢相烦,辄便独往山中,憩感配寺[④],与山僧饭讫[⑤]而去。比涉玄灞[⑥],清月映郭,夜登华子冈,辋水[⑦]沦涟,与月上下。寒山远火,明灭林外。深巷寒犬,吠声如豹。村墟夜舂,复与疏钟相间。此时独坐,僮仆静默,多思曩昔,携手赋诗,步仄径,临清流也。当待春中,草木蔓发,春山可望,轻鲦[⑧]出水,白鸥矫翼,露湿青皋,麦陇朝雊[⑨],斯之

① 腊月:农历十二月。
② 故山殊可过:旧居蓝田山很可以一游。
③ 猥:鄙贱。自谦之词。
④ 憩感配寺:在感配寺休息。
⑤ 饭讫:吃完饭。
⑥ 比涉玄灞:近来渡过灞水。
⑦ 辋(wǎng)水:即辋川,渭水分支。
⑧ 鲦(tiáo):鱼名。
⑨ 雊(gòu):野鸡鸣叫。

不远，傥能从我游乎？非子天机清妙[①]者，岂能以此不急之务相邀！然是中有深趣矣，无忽[②]。因驮黄檗[③]人往，不一。山中人王维白。

① 天机：天性。清妙：指超尘拔俗，与众不同。
② 无忽：不可疏忽错过。
③ 黄檗(bò)：一种落叶乔木，果实和茎内皮可入药。

春夜宴从弟桃花园序

李　白

李白(701—762),字太白,号青莲居士,唐代伟大的浪漫主义诗人,被后人誉为"诗仙",与杜甫并称为"李杜"。有《李太白集》传世。

李白是雄雄盛唐之音的杰出代表,其文中所表现的自信与大气,正是唐代社会繁荣发展的鲜明特色,在唐人眼中,天地光阴不过是云烟过客,及时享乐乃人生最当之趣味。"阳春召我以烟景,大块假我以文章",这种对大自然无限的欣喜与崇敬之情,是一位伟大诗人特有的诗意感官,洋溢着自信、壮阔与坦荡之美,读后给人以极大的振奋与鼓舞。

引据瞿蜕园、朱金城校注:《李白集校注》,《中国古典文学丛书》本,上海古籍出版社 1980 年版。

夫天地者,万物之逆旅①也;光阴者,百代之过客也。而浮生若梦②,为欢几何?古人秉烛夜游,良有以③也。况阳春④召我以烟景,大块⑤假我以文章。会桃花之芳园,序⑥天伦之乐事。群季⑦俊秀,皆为惠连⑧;吾人咏歌,独惭康乐⑨。幽赏未已,高谈转清。开琼筵⑩以坐花,飞羽觞⑪而醉月。不有佳咏,何伸雅怀?如诗不成,罚依金谷酒数⑫。

---

① 逆:迎接。旅:客。迎客止歇,所以客舍称逆旅。
② 浮生若梦:死生之差异,就好像梦与醒之不同。
③ 有以:有原因。
④ 阳春:和煦的春光。烟景:春天气候温润,景色似含烟雾。
⑤ 大块:大地,大自然。
⑥ 序:通"叙",叙说。
⑦ 群季:诸弟。
⑧ 惠连:谢惠连,南朝诗人。
⑨ 康乐:南朝刘宋时山水诗人谢灵运,袭封康乐公,世称谢康乐。
⑩ 琼筵:华美的宴席。坐花:坐在花丛中。
⑪ 羽觞:古代一种酒器,作鸟雀状,有头尾羽翼。
⑫ 罚依金谷酒数:石崇《金谷诗序》:"遂各赋诗,以叙中怀,或不能者,罚酒三斗。"

原　道

韩　愈

韩愈(768—824),字退之,河南河阳(今河南孟州)人,世称"韩昌黎""昌黎先生"。唐代杰出的文学家、思想家、哲学家、政治家。韩愈是唐代古文运动的倡导者,被后人尊为"唐宋八大家"之首,与柳宗元并称"韩柳",有"文章巨公"和"百代文宗"之名。后人将其与柳宗元、欧阳修和苏轼合称"千古文章四大家"。他提出的"文道合一""气盛言宜""务去陈言""文从字顺"等散文的写作理论,对后人很有指导意义。著有《韩昌黎集》等。

韩愈认定道的本原是儒家的"仁义道德","夫所谓先王之教者,何也?博爱之谓仁,行而宜之之谓义,由是而之焉之谓道,足乎己无待于外之谓德。"他以继承道统、恢复儒道为己任,排斥"佛老",抨击藩镇割据,要求加强君主集权,以缓解日益加深的社会矛盾。另外,对士人人格之美的崇尚在其文中也有明确体现:"士之特立独行,适于义而已,不顾人之是非:皆豪杰之士,信道笃而自知明者也。"又在《送孟东野序》《答李翊书》中提出"不平则鸣""气盛言宜"之说,为文学理论、文学创作提供了自己的创见。

引据刘真伦、岳珍校注:《韩愈文集汇校笺注》,《中国古典文学基本丛书》本,中华书局2010年版。

夫所谓先王之教者,何也?博爱之谓仁,行而宜之之谓义,由是而之焉之谓道,足乎己无待于外之谓德。其文:《诗》《书》《易》《春秋》;其法:礼、乐、刑、政;其民:士、农、工、贾;其位:君臣、父子、师友、宾主、昆弟、夫妇;其服:麻、丝;其居:宫室;其食:粟米、蔬果、鱼肉。其为道易明,而其为教易行也。是故以之为己,则顺而祥;以之为人,则爱而公;以之为心,则和而平;以之为天下国家,无所处而不当。是故生则得其情,死则尽其常,效焉而天神假,庙焉而人鬼飨。曰:斯道也,何道也?曰:斯吾所谓道也,非向所谓老与佛之道也。尧以是传之舜,舜以是传之禹,禹以是传之汤,汤以是传之文、武、周公,文、武、周公传之孔子,孔子传之孟轲。轲之死,不得其传焉。荀与杨也,择焉而不精,语焉而不详。由周公而上，上而为君，故其事行；由周公而下，下而为臣，故其说长。然则如之何其可也？曰：不塞不流，不止不行。人其人，火其书，庐其居，明先王之道以道之，鳏寡孤独废疾者有养也，其亦庶乎其可也。

进学解

韩愈

引据刘真伦、岳珍校注：《韩愈文集汇校笺注》，《中国古典文学基本丛书》本，中华书局2010年版。

国子先生晨入太学[①]，招诸生立馆下，诲之曰："业精于勤，荒于嬉；行成于思，毁于随。方今圣贤相逢，治具毕张，拔去凶邪，登崇俊良。占小善者率以录，名一艺者无不庸。爬罗剔抉，刮垢磨光。盖有幸而获选，孰云多而不扬？诸生业患不能精，无患有司之不明；行患不能成，无患有司之不公。"

① 国子先生：韩愈自称。太学：唐朝国子监。

伯 夷 颂

韩 愈

引据刘真伦、岳珍校注：《韩愈文集汇校笺注》，《中国古典文学基本丛书》本，中华书局2010年版。

士之特立独行，适于义而已，不顾人之是非，皆豪杰之士，信道笃而自知明者也。

一家非之，力行而不惑者寡矣；至于一国一州非之，力行而不惑者，盖天下一人而已矣；若至于举世非之，力行而不惑者，则千百年乃一人而已耳。若伯夷者，穷天地亘万世而不顾者也。昭乎日月不足为明，崒[①]乎泰山不足为高，巍乎天地不足为容也。

当殷之亡，周之兴。微子[②]贤也，抱祭器而去之；武王、周公圣也，率天下之贤士与天下之诸侯而往攻之。未尝闻有非之者也。彼伯夷、叔齐者，乃独以为不可。殷既灭矣，天下宗周。彼二子乃独耻食其粟，饿死而不顾。繇[③]是而言，夫岂有求而为哉？信道笃而自知明也。

今世之所谓士者，一凡人誉之，则自以为有余；一凡人沮[④]之，则自以为不足。彼独非圣人而自是如此。夫圣人，乃万世之标准也。余故曰：若伯夷者，特立独行，穷天地亘万世而不顾者也。

虽然，微二子，乱臣贼子接迹于后世矣。

---

① 崒(zú)：山高貌。
② 微子：殷纣王之兄。
③ 繇：同“由”。
④ 沮：诋毁。

送孟东野序

韩　愈

引据刘真伦、岳珍校注：《韩愈文集汇校笺注》，《中国古典文学基本丛书》本，中华书局 2010 年版。

大凡物不得其平则鸣。草木之无声，风挠之鸣；水之无声，风荡之鸣。其跃也或激①之，其趋也或梗之，其沸也或炙之。金石之无声，或击之鸣。人之于言也亦然，有不得已者而后言。其歌也有思，其哭也有怀。凡出乎口而为声者，其皆有弗平者乎！

乐也者，郁于中而泄于外者也，择其善鸣者而假之鸣。金石丝竹匏土革木八者，物之善鸣者也。维天之于时也亦然，择其善鸣者而假之鸣。是故以鸟鸣春，以雷鸣夏，以虫鸣秋，以风鸣冬。四时之相推敚②，其必有不得其平者乎！其于人也亦然：人声之精者为言，文辞之于言，又其精也，尤择其善鸣者而假之鸣。

其在唐虞，咎陶③、禹其善鸣者也，而假之以鸣。夔不以文辞鸣，又自假于《韶》以鸣。夏之时，五子④以其歌鸣。伊尹鸣殷，周公鸣周。凡载于《诗》《书》六艺，皆鸣之善者也。周之衰，孔子之徒鸣之，其声大而远。传曰："天将以夫子为木铎。"其弗信矣乎？其末也，庄周以其荒唐之辞鸣。楚，大国也。其亡也，以屈原鸣。臧孙辰、孟轲、荀卿，以道鸣者也。杨朱、墨翟、管夷吾、晏婴、老聃、申不害、韩非、慎到、田骈、邹衍、尸佼⑤、孙武、张仪、苏秦之属，皆以其术鸣。秦之兴，李斯鸣之。汉之时，司马迁、相如、杨雄，最其善鸣者也。其下魏晋氏，鸣者不及于古，然亦未尝绝也。就其善鸣者，其声清以浮，其节数⑥以急，其辞淫以哀，其

---

① 激：阻遏水势。

② 推敚：推移。

③ 咎陶：舜臣，主管刑狱。

④ 五子：夏王太康的五个弟弟。

⑤ 臧孙辰：春秋鲁国大夫臧文仲。慎到：战国赵国人，著《慎子》。邹衍：战国齐国人，阴阳家代表人物。尸佼：战国时晋国人，著《尸子》。

⑥ 数：节奏短促。

志弛以肆。其为言也，乱杂而无章。将天丑其德莫之顾邪？何为乎不鸣其善鸣者也？

唐之有天下，陈子昂、苏源明、元结、李白、杜甫、李观，皆以其所能鸣。其存而在下者孟郊。东野始以其诗鸣。其高出魏晋，不懈而及于古，其他浸淫[①]乎汉氏矣。从吾游者，李翱、张籍其尤也。三子者之鸣，信善鸣矣。抑不知天将和其声，而使鸣国家之盛邪？将穷饿其身，思愁其心肠，而使自鸣其不幸邪？三子者之命则悬乎天矣！其在上也奚以喜？其在下也奚以悲？

东野之役于江南[②]也，有若不怿者然，故吾道其命于天者以解之。

---

① 浸淫：逐渐渗透，此处有接近意。
② 之役于江南：指赴溧阳就任县尉。唐代溧阳县属江南道。

答李翊书

韩　愈

引据刘真伦、岳珍校注:《韩愈文集汇校笺注》,《中国古典文学基本丛书》本,中华书局2010年版。

六月二十六日,愈白李生足下:生之书,辞甚高,而其问何下而恭也?能如是,谁不欲告生以其道?道德之归也有日矣,况其外之文乎?抑愈所谓望孔子之门墙而不入于其宫者,乌足以知是且非邪?虽然,不可不为生言之。

生所谓立言者是也,生所为者与所期者,甚似而几矣。抑不知生之志,蕲胜于人而取于人邪?将蕲至于古之立言者邪?蕲胜于人而取于人,则固胜于人而可取于人矣,将蕲至于古之立言者,则无望其速成,无诱于势利。养其根而俟其实,加其膏而希其光。根之茂者其实遂,膏之沃者其光晔。仁义之人,其言蔼如也。抑又有难者,愈之所为,不自知其至犹未也。虽然,学之二十余年矣。始者非三代两汉之书不敢观,非圣人之志不敢存。处若忘,行若遗,俨乎其若思,茫乎其若迷。当其取于心而注于手也,惟陈言之务去,戛戛乎其难哉!其观于人,不知其非笑之为非笑也。如是者亦有年,犹不改,然后识古书之正伪,与虽正而不至焉者,昭昭然白黑分矣。而务去之,乃徐有得也。当其取于心而注于手也,汩汩然来矣。其观于人也,笑之则以为喜,誉之则以为忧,以其犹有人之说者存也。如是者亦有年,然后浩乎其沛然矣。吾又惧其杂也,迎而距之,平心而察之,其皆醇也,然后肆焉。虽然,不可以不养也。行之乎仁义之途,游之乎《诗》《书》之源,无迷其途,无绝其源,终吾身而已矣。

气,水也;言,浮物也。水大而物之浮者小大毕浮,气之与言犹是也。气盛,则言之短长与声之高下者皆宜。虽如是,其敢自谓几于成乎?虽几于成,其用于人也奚取焉?虽然,待用于人者,其肖于器邪?用与舍属诸人。君子则不然。处心有道,行己有方,用则施诸人,舍则传诸其徒,垂诸文而为后世法。如是者,其亦足乐乎?其无足乐也!有志乎古者希矣,志乎古必遗乎今,吾诚乐而悲之。亟称其人,所以劝之,敢褒其可褒而贬其可贬也。问于愈者多矣,念生之言不志乎利,聊相为言之。愈白。

与元九书

白居易

白居易(772—846),字乐天,晚年自号香山居士,唐代下邽(今陕西渭南)人。唐代伟大的现实主义诗人。白居易与元稹共同倡导新乐府运动,世称“元白”,与刘禹锡并称“刘白”。白居易的诗歌题材广泛,形式多样,语言平易通俗。曾官至太子少傅、刑部尚书。白居易的思想综合儒、佛、道三家,以儒家思想为主导,“达则兼济天下,穷则独善其身”是他终生遵循的信条。有《白氏长庆集》七十五卷传世。

《与元九书》是白居易所总结的创作经验,阐明的理论观点,完全是有感而发、深思熟虑的产物,文中他提出著名的“文章合为时而著,歌诗合为事而作”的现实主义文学宗旨,及其创立的“新乐府”诗,都有着独特的现实审美追求与志向趣味,开创了一代文风。

引据朱金城笺校:《白居易集笺校》,《中国古典文学基本丛书》本,上海古籍出版社 1988 年版。

夫文尚矣！三才各有文。天之文三光首之,地之文五材首之,人之文《六经》首之。就《六经》言,《诗》又首之。何者？圣人感人心而天下和平。感人心者莫先乎情,莫始乎言,莫切乎声,莫深乎义。诗者:根情,苗言,华声,实义。上自贤圣,下至愚骇,微及豚鱼,幽及鬼神,群分而气同,形异而情一。未有声入而不应,情交而不感者。圣人知其然,因其言,经之以六义;缘其声,纬之以五音。音有韵,义有类。韵协则言顺,言顺则声易入;类举则情见,情见则感易交。于是乎孕大含深,贯微洞密。上下通而一气泰,忧乐合而百志熙。五帝、三皇所以直道而行,垂拱而理者,揭此以为大柄,决此以为大宝也。故闻“元首明、股肱良”之歌,则知虞道昌矣。闻“五子洛汭”之歌,则知夏政荒矣。言者无罪,闻者足戒。言者闻者,莫不两尽其心焉。洎周衰秦兴,采诗官废,上不以诗补察时政,下不以歌泄导人情。乃至于谄成之风动,救失之道缺。于时六义始刓矣。《国风》变为《骚辞》,五言始于苏、李。苏、李骚人,皆不遇者,各系其志,发而为文。故河梁之句,止于伤别;泽畔之吟,归于怨思。彷徨抑郁,不暇及他耳。然去《诗》未远,梗概尚存。故兴离别,则引双凫一雁为喻;讽君子小人,则引香草恶鸟为比。虽义类不具,犹得风人之什二三焉。于时六义始缺矣。晋、宋已还,得者盖寡。以康乐之奥博,多溺于山水。以渊明之高古,偏放于田园。江、鲍之流,又狭于此。如梁鸿《五噫》之例者,百无一二焉。于时六义寖微矣。陵夷至于梁、陈间,率不过嘲风雪、弄花草而已。噫!风雪花草之物,《三百篇》中岂舍之乎?顾所用何如耳。设如"北风其凉",假风以刺威虐也。"雨雪霏霏",因雪以愍征役也。"棠棣之华",感华以讽兄弟也。"采采芣苢",美草以乐有子也。皆兴发于此,而义归于彼。反是者可乎哉?然则"余霞散成绮,澄江净如练""离花先委露,别叶乍辞风"之什,丽则丽矣,吾不知其所讽焉。故仆所谓嘲风雪、弄花草而已。于时六义尽去矣。唐兴二百年,其间诗人不可胜数。所可举者,陈子昂有《感遇诗》二十首,鲍防有《感兴诗》十五首。又诗之豪者,世称李、杜,李之作才矣奇矣,人不逮矣。索其风雅比兴,十无一焉。杜诗最多,可传者千余篇,至于贯穿今古,诊缕格律,尽工尽善,又过于李。

答韦中立[1]论师道书

柳宗元

柳宗元(773—819),字子厚,唐代河东郡(今山西运城)人,世称"柳河东""河东先生"。唐朝著名文学家、哲学家、散文家和思想家,与韩愈共同倡导唐代古文运动,并称为"韩柳"。"唐宋八大家"之一。一生诗文作品600余篇,有《柳河东集》传世。

《答韦中立论师道书》一文中特别阐释了柳宗元对于文学创作的严肃思考,"未尝敢"等句道出了其如何"羽翼夫道"的方法,谈取道之原:《书》求其质,《诗》求其恒,《礼》求其宜等,清代何焯评价曰"质为道德之本,恒者性情之常,宜者节文之中",因而具有传统美育本诸儒家的传统哲学观和美学观之特点。柳宗元在此文中触及了学文的具体师承和取法所在,对文章所呈现的技巧之美给予了剖析指示,同时也向世人发出"文以明道"的美育呼声。在《愚溪诗序》中,表现出与世俗尚智而己返道行之,其意却在"智而为愚""睿而为愚"非真愚的论点上。世俗的审美判断不足为信,智与愚之美可以相互转化,正如"溪虽莫利于世,而善鉴万类",世人皆喜智,我却固守愚,因为愚有时才是真与善的表现,是美的化身。

引据尹占华、韩文奇校注:《柳宗元集校注》,《中国古典文学基本丛书》本,中华书局2013年版。

二十一日,宗元白:辱书云欲相师,仆道不笃,业甚浅近,环顾其中,未见可师者。虽常好言论,为文章,甚不自是也。不意吾子自京师来蛮夷间,乃幸见取。仆自卜固无取,假令有取,亦不敢为人师。为众人师且不敢,况敢为吾子师乎?

孟子称"人之患在好为人师",由魏晋氏以下,人益不事师。今之世,不闻有师,有辄哗笑之,以为狂人。独韩愈奋不顾流俗,犯笑侮,收召后学,作《师说》,因抗颜而为师。世果群怪聚骂,指目牵引,而增与为言辞。愈以是得狂名。居长

---

① 韦中立:唐州刺史韦彪之孙。

安，炊不暇熟，又挈挈[①]而东，如是者数矣。屈子赋曰："邑犬群吠，吠所怪也。"仆往闻庸蜀之南，恒雨少日，日出则犬吠，余以为过言。前六七年，仆来南，二年冬，幸大雪，逾岭被南越中数州，数州之犬，皆苍黄吠噬，狂走者累日，至无雪乃已，然后始信前所闻者。今韩愈既自以为蜀之日，而吾子又欲使吾为越之雪，不以病乎？非独见病，亦以病吾子。然雪与日岂有过哉？顾吠者犬耳。度今天下不吠者几人，而谁敢炫怪于群目，以召闹取怒乎？

仆自谪过以来，益少志虑。居南中九年，增脚气病，渐不喜闹，岂可使呶呶[②]者早暮拂[③]吾耳、骚吾心？则固僵仆烦愦，愈不可过矣。平居望外，遭齿舌不少，独欠为人师耳。抑又闻之，古者重冠礼，将以责成人之道，是圣人所尤用心者也。数百年来，人不复行。近有孙昌胤者，独发愤行之。既成礼，明日造朝至外廷，荐笏言于卿士曰："某子冠毕。"应之者咸怃然。京兆尹郑叔则怫然曳笏却立，曰："何预我耶？"廷中皆大笑。天下不以非郑尹而快孙子，何哉？独为所不为也。今之命师者大类此。

吾子行厚而辞深，凡所作皆恢恢然有古人形貌，虽仆敢为师，亦何所增加也？假而以仆年先吾子，闻道著书之日不后，诚欲往来言所闻，则仆固愿悉陈中所得者，吾子苟自择之，取某事去某事，则可矣。若定是非以教吾子，仆材不足，而又畏前所陈者，其为不敢也决矣。吾子前所欲见吾文，既悉以陈之，非以耀明于子，聊欲以观子气色诚好恶何如也。今书来，言者皆大过。吾子诚非佞誉诬谀之徒，直见爱甚，故然耳。

始吾幼且少，为文章，以辞为工。及长，乃知文者以明道，是固不苟为炳炳烺烺[④]，务采色、夸声音而以为能也。凡吾所陈，皆自谓近道，而不知道之果近乎？远乎？吾子好道而可吾文，或者其于道不远矣。故吾每为文章，未尝敢以轻心掉之，惧其剽[⑤]而不留[⑥]也；未尝敢以怠心易之，惧其弛而不严也；未尝敢以昏气出之，惧其昧没而杂也；未尝敢以矜气作之，惧其偃蹇[⑦]而骄也。抑之欲其奥[⑧]，扬之欲其明，疏之欲其通，廉之欲其节，激而发之欲其清，固而存之欲其重，此吾所以羽翼[⑨]夫道也。本之《书》以求其质，本之《诗》以求其恒，本之《礼》以求其宜，本之《春秋》以求其断，本之《易》以求其动，此吾所以取道之原也。参之穀梁氏以

---

① 挈挈：孤独貌。
② 呶呶：哗闹貌。
③ 拂：违背，不服从。
④ 烺(lǎng)烺：火明貌。
⑤ 剽：轻浮、轻薄。
⑥ 不留：长久。
⑦ 偃蹇：傲慢。
⑧ 奥：深。
⑨ 羽翼：辅佐，维护。

厉其气，参之《孟》《荀》以畅其支，参之《庄》《老》以肆其端，参之《国语》以博其趣，参之《离骚》以致其幽，参之太史公以著其洁，此吾所以旁推交通而以为之文也。凡若此者，果是耶，非耶？有取乎？抑其无取乎？吾子幸观焉择焉，有余以告焉。苟亟来以广是道，子不有得焉，则我得矣，又何以师云尔哉？取其实而去其名，无招越、蜀吠怪，而为外廷所笑，则幸矣。宗元白。

愚溪诗序

柳宗元

引据尹占华、韩文奇校注:《柳宗元集校注》,《中国古典文学基本丛书》本,中华书局 2013 年版。

灌水之阳[①]有溪焉,东流入于潇水[②]。或曰:冉氏尝居也,故姓是溪为冉溪。或曰:可以染也,名之以其能[③],故谓之染溪。予以愚触罪[④],谪潇水上,爱是溪,入二三里,得其尤绝者家焉。古有愚公谷[⑤],今予家是溪,而名莫能定,土之居者犹龂龂然[⑥],不可以不更也,故更之为愚溪。

愚溪之上,买小丘为愚丘。自愚丘东北行六十步,得泉焉,又买居之,为愚泉。愚泉凡六穴,皆出山下平地,盖上出也。合流屈曲而南,为愚沟。遂负土累石,塞其隘,为愚池。愚池之东为愚堂,其南为愚亭,池之中为愚岛。嘉木异石错置,皆山水之奇者,以余故,咸以愚辱焉。

夫水,智者乐也,今是溪独见辱于愚,何哉?盖其流甚下,不可以溉灌,又峻急,多坻[⑦]石,大舟不可入也。幽邃浅狭,蛟龙不屑,不能兴云雨,无以利世,而适类于余。然则虽辱而愚之可也。宁武子"邦无道则愚"[⑧],智而为愚者也;颜子"终日不违如愚"[⑨],睿而为愚者也,皆不得为真愚。今余遭有道而违于理、悖于事,故凡为愚者莫我若也。夫然,则天下莫能争是溪,余得专而名焉。溪虽莫利

---

① 灌水:湘江支流,在今广西东北部,今称灌江。阳:山的南面或水的北面。

② 潇水:在今湖南省道县北,因源出潇山,故称潇水。

③ 能:胜任的,能做到的。

④ 以愚触罪:唐宪宗时,柳宗元因参加王叔文政治集团革新政治失败,被贬永州。

⑤ 愚公谷:在今山东省淄博市北。刘向《说苑·政理》曾记载此谷名称的由来:"齐桓公出猎,入山谷中,见一老翁,问曰:'是为何谷?'对曰:'愚公之谷。'桓公问其故,曰:'以臣名之。'"

⑥ 龂(yín)龂然:争辩的样子。

⑦ 坻(chí):水中的高地或小洲。

⑧ "宁武子"句:春秋时卫国大夫宁俞,"武"是谥号。此句语出《论语·公冶长》:"子曰:'宁武子邦有道则知,邦无道则愚,其知可及也,其愚不可及也。'"意谓宁武子乃佯愚,并非真愚。

⑨ "颜子"句:语见《论语·为政》:"子曰:'吾与回言终日,不违如愚。退而省其私,亦足以发,回也不愚。'"

于世，而善鉴万类，清莹秀澈，锵鸣金石，能使愚者喜笑眷慕，乐而不能去也。余虽不合于俗，亦颇以文墨自慰，漱涤万物，牢笼百态，而无所避之。以愚辞[①]歌愚溪，则茫然而不违，昏然而同归，超鸿蒙，混希夷[②]，寂寥而莫我知也。于是作《八愚诗》，纪于溪石上。

---

① 愚辞：指所作序的《八愚诗》，诗已失传。

② 鸿蒙、希夷：皆谓自然。《庄子·在宥》："云将东游，过扶摇之枝，而适遭鸿蒙。"《老子》："视之不见名曰夷，听之不闻名曰希，搏之不得名曰微。此三者，不可致诘，故混而为一。"道家所指的一种形神俱忘、空虚无我的境界。

《诗式》序

皎　然

皎然(约720—约804),俗姓谢,字清昼,自称为谢灵运十世孙,另说为谢安十二世孙,湖州长城(今浙江长兴)人。唐代著名诗僧、诗歌理论家,被称为"一代伟才""释门伟器"。著有《儒释交游传》《内典类聚》四十卷、《号呶子》十卷,留存著作有《昼上人集》(又称《杼山集》《皎然集》《吴兴集》)十卷、《诗式》十卷、《诗评》一卷等。

皎然一生多家兼通,切身实践,尤其看重儒家诗教之功用。他认为诗具有独特的价值和意义,陶醉于与造化争衡、天真挺拔的审美活动中。这种精神体验,"非作者不能知",这种审美的创造,得之于天机,更得之于诗人的心性的自我发现。他更认为诗应沿袭风雅传统,圣人诗教,有益于君子教化。

引据李壮鹰校注:《诗式校注》,《中国古典文学理论批评专著选辑》本,人民文学出版社2003年版。

夫诗者,众妙之华实,六经之菁英,虽非圣功,妙均于圣。彼天地日月、元化之渊奥、鬼神之微冥,精思一搜,万象不能藏其巧。其作用也,放意须险,定句须难,虽取由我衷,而得若神授。至如天真挺拔之句,与造化争衡,可以意冥,难以言状,非作者不能知也。洎西汉以来,文体四变,将恐风雅寝泯,辄欲商较以正其源。今从两汉已降,至于我唐,名篇丽句,凡若干人,命曰《诗式》,使无天机者坐致天机,若君子见之,庶几有益于诗教矣。

贻[1]陈季和书

田　锡

田锡(940—1004)，本名田继冲，字表圣，嘉州洪雅(今四川眉山)人，北宋著名谏臣、政治家、文学家。在宋初的政坛和文坛享有较高的声誉。著有《咸平集》五十卷。《宋史》卷二九三有传。

田锡的文学贡献在于其文赋，他继承了李白的浪漫主义文学传统，想象奇特丰富，意境瑰丽，被称为宋代文学的开拓者和奠基人。同时，他以"谏"闻名，将"文死谏、武死战"这一古训发挥到极致，被后世所称道。他的古文观念中，提出"得其道，则持政于教化；失其道，则忘返于靡漫"，明确指出文学审美教化的功能，并深入发掘文与道的关系，或"激扬教义"，或"艳歌不害于正理"。

引据罗国威校点：《咸平集》，巴蜀书社2008年版。

夫人之有文，经纬大道。得其道则持政于教化，失其道则忘返于靡漫[2]。孟轲荀卿，得大道也，其文雅正，其理渊奥。厥后扬雄秉笔，乃撰《法言》；马卿[3]同时，徒有丽藻。迩来文士，颂美箴阙，铭功赞图[4]，皆文之常态也。若豪气抑扬，逸词飞动，声律不能拘于步骤，鬼神不能秘其幽深，放为狂歌，目为古风，此所谓文之变也。李太白天付俊才，豪侠吾道，观其乐府，得非专变于文欤？乐天有《长恨》词、《霓裳》曲、五十讽谏，出人意表，大儒端士谁敢非之？何以明其然也？世称韩退之、柳子厚萌一意、措一词，苟非美颂时政，则必激扬教义。故识者观文于韩、柳，则警心于邪僻。抑末扶本，跻人于大道可知矣。然李贺作歌，二公嗟赏，岂非艳歌不害于正理，而专变于斯文哉？……

---

① 贻：赠送。

② 靡漫：散漫无拘束。

③ 马卿：指司马相如。

④ 颂：古代一种文体，以颂扬为宗旨；箴：以规劝告诫为内容的文体；阙：过失、弊病；铭：一种文体，用来称功德或自诫；赞：用于赞颂人物或画作的文体；图：绘画。

应　责

柳　开

柳开(946—999),河东解县(今山西运城)人,原名肩愈,字绍先,后更名开,字仲涂,号东郊野夫、补亡先生。开宝六年(973)进士,历任州、军长官,官至殿中侍御史、崇仪使。提倡韩愈、柳宗元的主张,复兴古道,反对宋初的华靡文风,是宋初倡导古文运动先驱之一。有《河东集》存世。除了在文学上有所贡献外,他在《应责》一文论及文与道的关系时,认为今古世道相同,所以文章在“道德仁义”方面的教化功能也是一样的,且文章不在辞藻,而在于“古其理,高其意”,重点强调文章中的道理与深意可以感化到众人。从这一点看,柳开似乎更加注重文章的美育功能及意义。于《昌黎集后序》中,他重申文章感化于人的观点,认为“圣人不以好广于辞而为事也,在乎化天下,传来世,用道德而已”,且同时指出韩愈之文“淳然一归于夫子之旨而言之”“有善者益而成之,有恶者化而革之”,提出其文皆用于世,“与夫子之旨无有异趣者也”。

引据曾枣庄、刘琳主编:《全宋文》第6册,上海辞书出版社2006年版。

今之世与古之世同矣,今之人与古之人亦同矣。古之教民,以道德仁义;今之教民,亦以道德仁义。是今与古胡有异哉?古之教民者,得其位,则以言化之,是得其言也,众从之矣;不得其位,则以书于后,传授其人,俾知圣人之道易行,尊君,敬长,孝乎父,慈乎子。大哉斯道也!非吾一人之私者也,天下之至公者也。是吾行之,岂有过哉?且吾今恓恓①草野,位不及身,将以言化于人,胡②从于吾矣?故吾著书自广,亦将以传授于人也。子责我以好古文,子之言何谓为古文?古文者,非在辞涩言苦,使人难读诵之,在于古其理,高其意,随言短长,应变作制,同古人之行事,是谓古文也。子不能味吾书,取吾意,今而视之,今而诵之,不以古道观吾心,不以古道观吾志,吾文无过矣。吾若从世之文也,安可垂教于民

① 恓恓:惶惶不安,凄凉。
② 胡:疑问词,为什么、何故之意。

哉？亦自愧于心矣。欲行古人之道，反类今人之文，譬乎游于海者乘之以骥，可乎哉？苟不可，则吾从于古文。吾以此道化于民，若鸣金石于宫中，众岂曰丝竹之音也，则以金石而听之矣。……吾之道，孔子、孟轲、扬雄、韩愈之道；吾之文，孔子、孟轲、扬雄、韩愈之文也。

昌黎集后序

柳　开

引据曾枣庄、刘琳主编：《全宋文》第 6 册，上海辞书出版社 2006 年版。

夫子[①]之于经书，在《易》则赞焉，在《诗》《书》则删焉，在《礼》《乐》则定焉，在《春秋》则约[②]史而修焉；在《经》则因参也而语焉，非夫子特然而为也；在《语》则弟子记其言，纪焉，亦非夫子自作也。圣人不以好广于辞而为事也，在乎化天下，传来世，用道德而已。若以辞广而为事也，则百子之纷然竞起异说，皆可先于夫子矣。虽孟子之为书，能尊于夫子者，当在乱世也；扬子云作《太玄》《法言》，亦当王莽之时也，其要在于发圣人之道矣。自下主于先生，圣人之经籍虽皆残缺，其道犹备。先生于时作文章，讽颂规戒，答论问说，淳然一归于夫子之旨而言之，过于孟子与扬子云远矣。先生之于为文，有善者益而成之，有恶者化而革之，各婉其旨，使无勃然而生于乱者也。是与章句之徒一贯而可言耶？且孟子与扬子云不能行圣人之道于时，授圣人之言于人，所以作书而说焉。观先生之文诗，皆用于世者也，与《尚书》之号令，《春秋》之褒贬，大《易》之通变，《诗》之风赋，《礼》《乐》之沿袭，《经》之教授，《语》之训导，酌于先生之心，与夫子之旨无有异趣者也。先生之于圣人之道，在于是而已矣，何必著书而后始为然也？有其道而无其人，吾所以悲也；有其人而人不知其道，益吾所以悲也。若先生者，不有人不知其道者乎！吾谓世不知于先生也，岂为诬言也哉。

---

① 夫子：指孔子。
② 约：简要。

答张扶书

王禹偁

王禹偁(954—1001),字元之,济州钜野(今山东巨野)人。北宋诗人、散文家,有名的直臣。太平兴国八年(983)进士,历任右拾遗、左司谏、知制诰、翰林学士。宋真宗即位,复知制诰。后咸平初预修《太祖实录》,以直书史事,降知黄州。四年,徙蕲州,病卒,年四十八。与柳开同时,是宋初古文运动急先锋,同时也是北宋政治改革派先驱。有《小畜集》三十卷、《小畜外集》二十卷(今存七卷)、《五代史阙文》一卷。他与柳开一样,反对浮靡文风,主张平易朴素,提倡"句之易道,义之易晓",不喜艰深晦涩,雕章酌句。对于文章的"传道"功能提到"明心"这一层面,深入分析从"心"的层面明白文章之道后,"修身则无咎,事君则有立"。也就是说,王禹偁认为文章首先要"传道",且在传道之文里抒发自己的政见及内心感受;其次从心理层面,文章应该是对创作者高尚道德情操的彰显。可见,从审美教育层面,王禹偁作为古文运动的先驱,认为文以"明心"不仅仅使自己晓畅明白,更要使他人通晓文章所传之道。

引据曾枣庄、刘琳主编:《全宋文》第7册,上海辞书出版社2006年版。

夫文,传道而明心也,古圣人不得已而为之也。且人能一乎心,至乎道,修身则无咎,事君则有立。及其无位也,惧乎心之所有不得明乎外,道之所畜不得传乎后,于是乎有言焉。又惧乎言之易泯也,于是乎有文焉。信哉,不得已而为之也。既不得已而为之,又欲乎句之难道邪,又欲乎义之难晓邪?必不然矣。请以六经明之。……今子年少志专,雅识古道,又其文不背经旨,甚可嘉也。姑能远师六经,近师吏部,使句之易道,义之易晓,又辅之以学,助之以气,吾将见子以文显于时也。

本　文

赵　湘

赵湘(959—993),字叔灵,祖籍南阳,衢州西安(今浙江衢县)人。淳化三年(992)进士,授庐江尉。有《南阳集》十二卷,但著作多散佚,清四库馆臣据《永乐大典》等书,辑成《南阳集》六卷。诗风苍秀,古文排俗,被宋祁评价为“不傍古,不缘今,独行太虚,探出新意,其无籍一家者欤”,实则也强调道统,崇尚韩柳,与宋初古文运动互为桴鼓。从审美教育的立场出发,赵湘的《本文》在对文章之根本进行阐述的同时,表达文章应该包含“万物情性”“仁义礼乐”,如此一来,才能彰显圣贤之心,才能“教人于万世”,终将使“万世不泯”。《王彖支使甬上诗集序》一文开头便提出“诗者,文之精气,古圣人持之以摄天下之心”,更加坚信“文”对于“天下”的教化功能。此外,《观王岩弹筝序》中借音乐雅和之声来映射心性之正的重要性,认为只要“心存雅正”,弹秦弦与奏琴一样的原理,均可操弄,主张君子内心需要修养雅和。

引据赵湘撰:《南阳集》,《丛书集成初编》本,中华书局1985年版。

灵乎物者文也①,固乎文者本也②。本在道而通乎神明,随发以变,万物之情尽矣。……传曰:“夫子之文章,可得而闻也;夫子之言性与天道,不可得而闻也。”大哉夫子之言皆文也。所谓不可得而闻者,本乎道而已矣。后世之谓文者,求本于饰,故为阅玩之具,竞本而不疑,去道而不耻,淫巫荡假,磨灭声教,将欲尽万物之情性,发仁义礼乐之根蒂,是却克为长万之行,吾不见其易矣。或曰:古之文章,所以固本者皆圣与贤。今非圣贤,若之何能之?对曰:圣与贤不必在古而在今也。彼之状亦人尔,其圣贤者心也。其心仁焉、义焉、礼焉、智焉、信焉、孝悌焉,则圣贤矣。以其心之道,发为文章,教人于万世,万世不泯,则固本也。今学古之文章而不求古之仁义之道,反自谓非圣贤不能为之,是果中道而废者,果

① 灵乎物者文也:文章是万物灵气之所聚。

② 固乎文者本也:文章的根本牢固不可动摇。

贼于儒术者，为蠹教之物者。古之人将教天下，必定其家，必正其身；将正其身，必治其心；将治其心，必固其道。道且固矣，然后发辞以为文，无凌替[①]之惧，本末斯盛，虽曰未教，吾必谓之教矣。如不能，是不若盲聩[②]之夫也。盲聩者不学圣人之道，罔[③]然无所知识；虽无所知，犹不为儒术之残贼，不为圣教之罪人矣。吁嗟！如是之不固也，其幸未混于禽兽尔，而况能教人耶？而况能道于万世耶？

① 凌替：也作“陵替”，指上下失序。
② 盲：瞎子。聩：聋子。
③ 罔：通“惘”，迷惑的样子。

王象文使甬上诗集序

赵　湘

引据赵湘撰:《南阳集》,《丛书集成初编》本,中华书局 1985 年版。

诗者,文之精气。古圣人持之以摄天下邪心,非细故也。由是天惜其气,不与常人,虽在圣门中犹有偏[①]者,故文人未必皆诗。游夏,文学人也,仲尼以为始可与言者,与夏而不与游;游不预[②]焉,则于文而偏者不疑矣。然则用是为泠[③]风,以除天下烦郁之毒,功德不息,故其名远而且大也。近代为诗者甚众,其为章句之君子或鲜矣。或问何为君子耶?曰:温而正,峭而容,淡而味,贞而润,美而不淫,刺而不怒,非君子乎?反于是皆小人尔。未有小人而能教化天下,使名以充于后世者也。

---

① 偏:剑走偏锋,特立独行。
② 预:同"与",参与。
③ 泠:轻,和,在此指文风清新。

观王岩弹筝序

赵　湘

引据赵湘撰:《南阳集》,《丛书集成初编》本,中华书局1985年版。

乐主于音也,音雅则和。人诚能雅而和,虽名器异,而不淫于色,不害于德也;苟离于是,虽埙篪钟磬,为郑人卫人之执,恶能免乎趋数傲辟之过也。……未几,主人命是器置于岩[①]之前。岩色无愧复不让,试调之铿铿然,始作泠泠然,纵之纯纯然。自初而终,且为瑟声,似非秦弦也。爱而问之,则舍器而作,对曰:"某之志始在琴瑟也。幼能学琴,逮成人,遇秦弦或试调弄。调之则心存乎雅正,由是至于和,往往离部之曲作操弄,宛尔琴瑟之道如是,亦使人不荡其心,不淫其志,无凝滞之想。"呜呼!邪正之音,果在乎人,不在乎器也。岩之志本雅,虽手因乎秦弦,而心存乎焦桐[②]。夫岂异乎在庄墨之教,而好周公孔子之道;居蛮貊之国[③],而乐忠信礼乐之事。苟手存乎焦桐,心存乎秦弦,又岂异乎读尧舜之书,行桀纣之教;立冠裳[④]之门,发屠沽[⑤]之行。《易》所谓:外君子而内小人也。噫!手焦桐而心秦弦者,皆是也。

① 岩:指王岩,金陵人。

② 焦桐:古人烧桐木而闻声知其好木,所以用其作琴,因其尾部被烧焦,故称焦尾琴,后代称琴。

③ 蛮貊之国:落后的地方。

④ 冠裳:正装之意。

⑤ 屠沽:屠户与卖酒者,泛指职业低贱者。

送庶几序

释智圆

释智圆(976—1022),字无外,自号中庸子,或称潜夫。钱塘(今浙江杭州)人,俗姓徐氏。八岁受具于钱塘龙兴寺。二十一岁,从奉先寺源清法师学天台三观。凡三年而师卒,遂研究经论,为天台宗“山外”派义学名僧。后隐居西湖孤山之玛瑙院,与林逋为邻友,世称孤山法师。乾兴元年二月,年四十七圆寂。赐谥法惠大师。有《闲居编》。与柳开同时,是释而儒者,以提倡儒道为己任,虽然也标举古文,但观点与柳开不同,柳开斥责“浮绝之文,焉能臻于道理”,但智圆大师则认为“今其辞而宗于儒,谓之古文可也;古其辞而倍于儒,谓之古文不可也”。与此同时,提出古文之志在于仁义五常之道,而五常之道来自于心,“然后吐之为文章,敷之为教化”,实则突出文章对于心性的感化功能。

引据:曾枣庄、刘琳主编:《全宋文》,上海辞书出版社2006年版。

夫所谓古文者,宗古道而立言,言必明乎古道也。古道者何?圣师仲尼所行之道也。昔者仲尼祖述尧舜,宪章文武,六经大备。要其所归,无越仁义五常也,仁义五常谓之古道也。若将有志于斯文也,必也研几乎!五常之道,不失于中,而达乎变。变而通,通则久,久而合道。既得之于心矣,然后吐之为文章,敷[①]之为教化,俾[②]为君者如勋华[③],为臣者如元恺[④],天下之民如尧舜之民。救时之弊,明政之失,不顺非,不多爱。苟与世龃龉,言不见用,亦冀垂空言于百世之下,阐明四代[⑤]之训,览之者有以知帝王之道可贵,霸战之道可贱。仁义敦,礼乐作,俾淳风之不坠,而名扬于青史,盖为文之志也。古文之作,诚尽此矣,非止涩其文字,难其句读,然后为古文也。……今其辞而宗于儒,谓之古文可也;古其辞而

---

① 敷:同“布”,陈述之意。

② 俾:使,把。

③ 勋华:放勋与重华,即古帝尧与舜。

④ 元恺:高辛氏八元与高阳氏八恺。指贤人才子。

⑤ 四代:指虞、夏、殷、周四个朝代。

倍[1]于儒，谓之古文不可也。虽然，辞意俱古，吾有取焉尔。且代人所为声耦[2]之文，未见有根仁柢义[3]、模贤范圣之作者，连简累牍，不出月露风云[4]之状，谄时附势之谈，适足以伤败风俗，何益于教化哉！夫为文者，固其志，守其道，无随俗之好恶而变其学也。

① 倍：通“背”，背弃之意。
② 耦：同“偶”。
③ 根仁柢义：仁义之根本。
④ 月露风云：指华丽轻薄之文。

唐异诗序

范仲淹

范仲淹(989—1052),字希文,吴郡吴县(今江苏苏州)人。北宋时期名臣,杰出思想家、政治家、军事家、文学家。著有《范文正公文集》。范仲淹文学成就突出,反对宋初文坛的柔靡之风,提出宗经复古、文质相救、厚其风化,文章的立足点在于政,而不在于文;诗歌则继承了“为情而文”(刘勰)、“文章合为时而著,歌诗合为事而作”(白居易)的观点,把政治教化与为情造文有机结合,反对盲目模仿、无病呻吟。其洞破北宋积贫积弱的局面,重视诗文的政治教化功能,主张诗文是政治的有机组成部分,其“羽翰乎教化之声,献酬乎仁义之醇。上以德于君,下以风于民”,关系到社会风俗的醇厚浇薄、国家的兴衰成败,这也正是其审美教育思想的重要体现。借“古乐化人”之说传递《韶》之美在于“上以象一人之德,下以悦万国之心”,突出音乐对人心的感化。

引据李勇先、王蓉贵校点:《范仲淹全集》,四川大学出版社2007年版。

嘻!诗之为意也,范围乎一气,出入乎万物,卷舒变化,其体甚大。故夫喜焉如春,悲焉如秋,徘徊如云,峥嵘如山,高乎如日星,远乎如神仙,森如武库,锵如乐府,羽翰乎教化之声,献酬乎仁义之醇,上以德于君,下以风于民。不然,何以动天地而感鬼神哉!而诗家者流①,厥②情非一。失志之人其辞苦,得意之人其辞逸,乐天之人其辞达,觏闵③之人其辞怒。如孟东野之清苦,薛许昌之英逸,白乐天之明达,罗江东之愤怒,此皆与时消息,不失其正者也。

---

① 流:派别,流派。

② 厥:他们。

③ 觏闵:遭灾、遭殃。

今乐犹古乐赋

范仲淹

引据李勇先、王蓉贵点校：《范仲淹全集》，四川大学出版社2007年版。

古之乐兮所以化人，今之乐兮亦以和民。在上下之咸乐，岂今昔之殊伦。何后何先，俱可谐于雅颂；一彼一此，皆能感于人神。原夫惟孟子之谟猷[①]，激齐王之思虑。惠民之道将进，述乐之言斯著。以谓昔时搏拊[②]，实用洽于群情；此日铿锵，亦足康于兆庶。盖在乎君臣交泰，民物兹丰。和气既充于天下，德华遂振于域中。实万邦之所共，谅百世之攸同。听此笙镛[③]，曷异闻《韶》[④]之美。……上以象一人之德，下以悦万国之心。既顺时而设教，孰尊古而卑今。六律[⑤]再推，自契伶伦[⑥]之管；五声未泯，何惭虞舜之琴。其或政尚滋章，民犹劳苦。乐虽遵于前代，化未畅于率土[⑦]。曷若我咸臻仁寿，共乐钟鼓。八风[⑧]时叙，命夔而不在当年；万舞[⑨]日新，教胄[⑩]而何须往古。若然则不假求旧[⑪]，惟闻导和。其制也虽因时而少异，其音也盖理心而靡他。播兹治世之音，无远弗届；较彼先王之乐，相去几何。今国家大乐方隆，休[⑫]声遐被。曾不惑于郑卫，自能和于天地。举今古而酌中，与英茎而岂异。

---

① 谟猷：谋略。

② 搏拊：一种古乐器名。

③ 镛：大钟，乐器名。

④《韶》：古代歌颂虞舜的一种乐舞。

⑤ 六律：即黄钟、大簇、姑洗、蕤宾、夷则、无射。律，定音器。

⑥ 伶伦：相传黄帝时的乐官。

⑦ 率土：四海之意。

⑧ 八风：即八音，古代乐器的统称。

⑨ 万舞：用于宗庙祭祀之舞。

⑩ 教胄：教育胄子。

⑪ 求旧：务求故旧。

⑫ 休：美，善。

赋林衡鉴序

范仲淹

引据李勇先、王蓉贵点校:《范仲淹全集》,四川大学出版社2007年版。

人之心也,发而为声;声之出也,形而为言。声成文而音宣,言成文而诗作。圣人稽四始之正①,笔而为经;考五声之和,鼓以为乐。是故言依声而成象,诗依乐以宣心,感于人神,穆乎风俗,昭昭六义②,赋实在焉。及乎大醇既醨,旁流斯激,风雅条散,故态屡迁,律吕③脉分,新声间作。而士衡名之体物,聊举于一端;子云④语以雕虫,盖尊其六籍⑤。降及近世,尤尚斯文。

① 圣人:指孔子。

② 六义:即风、赋、比、兴、雅、颂。

③ 律吕:六律六吕的合称,即十二律。六律谓十二律中的阳声之律,即黄钟、大簇、姑洗、蕤宾、夷则、无射;六吕谓十二律中阴声之律,即林钟、南吕、应钟、大吕、夹钟、中吕。

④ 子云:即扬雄。

⑤ 六籍:即六经。

答张洞书

孙　复

孙复(992—1057),字明复,号富春。晋州平阳(今山西临汾)人,北宋理学家、教育家。曾隐居泰山,世称泰山先生。官至殿中丞。与胡瑗、石介并称"宋初三先生",提倡"以仁义礼乐为学",从学者甚多。著有《春秋尊王发微》《孙明复小集》。经学方面,他提倡儒家道统,排斥佛、道教,抨击科举时文。对于《春秋》的研究,以"尊天子,黜诸侯"立论,认为《春秋》"有贬无褒",突出孟子"孔子成《春秋》而乱臣贼子惧"的思想,实则与北宋加强中央集权统治有关。文学方面,他发展了韩、柳"文以载道""文以明道"的观点,进一步提出"夫文者,道之用也;道者,教之本也"。孙复同时也是一位美育家,其在经学、文学方面的成就实则与其美育思想相互融合,他认为教化是提升人的文明素质的最有效方式,儒家如若弘扬大道,必先施之于教化。没有教化,人便混同于禽兽,天下就不成为人的天下。

引据曾枣庄、刘琳主编:《全宋文》第19册,上海辞书出版社2006年版。

夫文者,道之用也;道者,教之本也。故文之作也,必得之于心而成之于言。得之于心者,明诸内者也;成之于言者,见诸外者也。明诸内者,故可以适其用;见诸外者,故可以张其教。是故《诗》《书》《礼》《乐》《大易》《春秋》皆文也,总而谓之经者也,以其终于孔子之手,尊而异之尔,斯圣人之文也。后人力薄,不克以嗣[①],但当佐佑名教,夹辅圣人而已。或则列圣人之微旨,或则名[②]诸子之异端,或则发千古之未寤[③],或则正一时之所失,或则陈仁政之大经,或则斥功利之末术,或者扬贤人之声烈,或者写下民之愤叹,或则陈天人之去就,或则述国家之安危,必皆临事摭[④]实,有感而作。为论、为议、为书、疏、歌、诗、赞、颂、箴、解、铭、说之类,虽其目甚多,同归于道,皆谓之文也。若肆意构虚,无状而作,非文也,乃

① 嗣:继承、传承之意。
② 名:描述。
③ 未寤:未曾悟出的道理。
④ 摭:摘取,拾取。

无用之瞽[1]言尔，徒污简册，何所贵哉？明远无志于文则已，若有志也，必在潜其心而索其道。潜其心而索其道，则有所得也必深。其所得者既深，则其所言者必远。既深且远，则庶乎可望于斯文也。不然则浅且近矣，曷可望于斯文哉？

① 瞽：没有见识，不明事理。

怪说上

石介

石介(1005—1045),字守道,一字公操,世称徂徕先生,兖州奉符(今山东泰安)人。宋仁宗天圣八年(1030)进士,曾任国子监直讲,官至太子中允、濮州通判。与孙复、胡瑗共同提倡"以仁义礼乐为学",并称"宋初三先生"。从儒家立场出发反对佛教、道教,标榜王权,为宋初加强中央集权提供论据。他推尊韩愈,主张文章必须为儒家的道统服务,为文峭急险僻。著有《徂徕集》。《怪说》主要抨击宋初的浮华文风,直指当前国之现状——"道德之所治也,礼乐之所施也",足见其认为道德修养与礼乐之仪对于人心性感化的重要性,且直接关系到国家治理的现状。这也正是其审美教育思想的核心所在。

引据陈植锷点校:《徂徕石先生文集》,中华书局1984年版。

三才①位焉,各有常道。反厥常道,则谓之怪矣。夫三光②代明,四时代终,天之常道也。日月为薄蚀③,五星为彗孛④,可怪也。夫五岳安焉,四渎⑤流焉,地之常道也。山为之崩,川为之竭,可怪也。夫君南面,臣北面,君臣之常道也。父坐子立,父子之常道也。而臣抗于君,子敌于父,可怪也。夫中国,圣人之所常治也,四民之所常居也,衣冠⑥之所常聚也,而髡发⑦左衽,不士不农,不工不商,为夷者半中国,可怪也。夫中国,道德之所治也,礼乐之所施也,五常之所被也,而汗漫不经之教行焉,妖诞幻惑之说满焉,可怪也。

---

① 三才:古代以天、地、人为三才。
② 三光:指日、月、星。
③ 薄蚀:日食、月食。
④ 彗孛:古人指彗星。旧谓彗孛出现是灾祸或战争的预兆。
⑤ 四渎:江、淮、河、济四条大川的总称。
⑥ 衣冠:指华夏居民。
⑦ 髡发:剃去头发。

新唐书·礼乐志

欧阳修　宋　祁

欧阳修(1007—1072),字永叔,号醉翁、六一居士,吉州永丰(今江西吉安)人。北宋政治家、文学家。官至翰林学士、枢密副使、参知政事,谥文忠。他是北宋诗文革新的领袖,在继承韩愈文学传统的基础上提出文道并重,同时把文学的艺术形式看得与思想内容同样重要,主张文章应"明道""致用",反对追求靡丽的文风。其诗文自然、清丽、明快、文词婉丽,列为"唐宋八大家"之一。曾与宋祁合修《新唐书》,并独撰《新五代史》,有《欧阳文忠公全集》。

宋祁(998—1061),字子京,安州安陆(今湖北安陆)人。天圣二年(1024)进士,官至翰林学士、工部尚书。北宋文学家、史学家、词人,与兄长宋庠并有文名,时称"祁尤能文,善议论,然清约庄重不及庠"。与欧阳修等合修《新唐书》,该著大部分为宋祁所修,前后长达十余年。

《新唐书·礼乐志》中,主要记叙唐代及唐前各代的礼乐制度,其中首先指出礼乐对于"天下"的教化功能。文中提到"礼乐达于天下",论及音乐的使用有相应的场合,古人的日常起居"莫不一出于礼",而这些礼乐制度实则"教其民为孝慈、友悌、忠信、仁义者",最终实现"使天下安习而行之"。

引据中华书局点校:《新唐书》卷十一,中华书局 1975 年版。

由三代而上,治出于一,而礼乐达于天下;由三代而下,治出于二,而礼乐为虚名。古者,宫室车舆以为居,衣裳冕弁以为服,尊爵俎豆以为器,金石丝竹以为乐,以适郊庙,以临朝廷,以事神而治民。其岁时聚会以为朝觐、聘问,欢欣交接以为射乡、食飨①,合众兴事以为师田、学校,下至里闾②田亩,吉凶哀乐,凡民之事,莫不一出于礼。由之以教其民为孝慈、友悌、忠信、仁义者,常不出于居处、动作、衣服、饮食之间。盖其朝夕从事者,无非乎此也。此所谓治出于一,而礼乐达

① 食飨:以酒食宴请宾客或祭祀宗庙。
② 里闾:泛指民间。闾,古代的一种居民组织单位,有二十五户人家。

天下，使天下安习而行之，不知所以迁善远罪而成俗也。

……至于三代礼乐，具其名物而藏于有司，时出而用之郊庙、朝廷，曰："此为礼也，所以教民。"此所谓治出于二，而礼乐为虚名。故自汉以来，史官所记事物名数、降登揖让、拜俯伏兴之节，皆有司之事尔，所谓礼之末节也。然用之郊庙、朝廷，自搢绅、大夫从事其间者，皆莫能晓习，而天下之人至于老死未尝见也，况欲识礼乐之盛，晓然谕其意而被其教化以成俗乎？呜呼！习其器而不知其意，忘其本而存其末，又不能备具，所谓朝觐、聘问、射乡、食飨、师田、学校、冠婚、丧葬之礼在者几何？自梁以来，始以其当时所行傅于《周官》五礼①之名，各立一家之学。

---

① 五礼：指吉、凶、军、兵、嘉五礼。

乐 论

苏 洵

苏洵(1009—1066),字明允,自号老泉,眉州眉山(今四川眉山)人。北宋文学家,“唐宋八大家”之一。宋仁宗庆历七年(1047),举进士及茂才异等皆不中,归而尽焚前所为文,闭户读书,遂通六经、百家之说。后为霸州文安县(今河北文安)主薄,预纂《太常因革礼》,书成而卒。人称苏洵为老苏,称其子轼、辙分别为大苏、小苏。苏洵深于《孟子》《战国策》,为文纵厉雄奇,尤长于策论。曾巩称其文:“烦能不乱,肆能不流。其雄壮俊伟,若决江河而下也。”有《嘉祐集》。其《乐论》一文继承儒家学说,不仅重申礼对教化“天下”的重要性,而且在此基础上提出“乐”能弥补“礼”无法辐射到的角落,实则强调“乐”在人伦教化中的作用。

引据曾枣庄、金成礼笺注:《嘉祐集笺注》,《中国古典文学丛书》本,上海古籍出版社 1993 年版。

礼之始作也,难而易行。既行也易而难久。

天下未知君之为君,父之为父,兄之为兄,而圣人为之君父兄;天下未有以异其君父兄,而圣人为之拜起坐立;天下未肯靡然[①]以从我拜起坐立,而圣人身先之以耻。呜呼!其亦难矣。天下恶夫死也久矣,圣人招之曰:来,吾生尔。既而其法可以生天下之人,天下之人视其响也如此之危,而今也如此之安,则宜何从?故当其时,虽难而易行。

既行也,天下之人视君父兄,如头足之不待别白[②]而后识,视拜起坐立如寝食之不待告语而后从事。虽然,百人从之,一人不从,则其势不得遽[③]至乎死。天下之人,不知其初之无礼而死,而见其今之无礼而不至乎死也,则曰圣人欺我。故当其时,虽易而难久。

呜呼!圣人之所恃以胜天下之劳逸者,独有死生之说耳。死生之说不信于

① 靡然:随风而倒,顺从。
② 别白:辨别清楚。
③ 遽:立刻。

天下，则劳逸之说将出而胜之。劳逸之说胜，则圣人之权去矣。酒有鸩[1]，肉有堇[2]，然后人不敢饮食；药可以生死，然后人不敢以苦口为讳。去其鸩，徹其堇，则酒肉之权固胜于药。圣人之始作礼也，其亦逆知其势之将必如此也，曰：告人以诚，而后人信之。幸今之时吾之所以告人者，其理诚然，而其事亦然，故人以为信。吾知其理，而天下之人知其事，事有不必然者，则吾之理不足以折[3]天下之口，此告语之所不及也。告语之所不及，必有以阴驱[4]而潜率[5]之。于是观之天地之间，得其至神之机，而窃之以为乐。

雨，吾见其所以湿万物也；日，吾见其所以燥万物也；风，吾见其所以动万物也；隐隐谹谹[6]，而谓之雷者，彼何用也？阴凝而不散，物蹙而不遂，雨之所不能湿，日之所不能燥，风之所不能动，雷一震焉而凝者散，蹙者遂。曰雨者，曰日者，曰风者，以形用；曰雷者，以神用。用莫神于声，故圣人因声以为乐。为之君臣、父子、兄弟者，礼也。礼之所不及，而乐及焉。正声入乎耳，而人皆有事君、事父、事兄之心，则礼者固吾心之所有也，而圣人之说，又何从而不信乎？

---

① 鸩：传说中一种有毒的鸟，用其羽毛浸酒，便成毒酒，喝了能毒死人。
② 堇：一种有毒的草。
③ 折：折服、信服。
④ 阴：悄悄地。驱：驱逐。
⑤ 潜：潜藏。率：率领。
⑥ 谹谹：形容声音宏大。

论原·礼乐

契嵩禅师

契嵩禅师(1007—1072),字仲灵,自号潜子,俗姓李,宋镡津(今广西藤县)人。庆历年间,居杭州灵隐寺。皇祐间,入京师。曾两作万言书上之,仁宗赐号明教大师。被誉为北宋佛教界的文学大家,其注重著书立说,提倡佛儒调和,宣扬孝道思想,弘扬佛教理论和教义。他认为佛教教义作用于心,儒家思想作用于世,但二者目的都一样。《潜子》一书共六卷五十八篇,全书阐述国家安危治乱之源,圣贤性命道德之旨,其中《论原·礼乐》一文重点讨论礼与乐分别是王道的始与终,既指出二者在社会中的地位,又说明了二者的关系。礼是儒家仁义治天下的本源,乐则是儒家仁义治天下的表现形式。在此思想基础上提出"礼者,因人情而制中;王者,因礼而为政,政乃因礼乐而明效"的观点,认为"夫乐之本者在乎人和也,礼之实者在乎物当也",说的正是"礼乐"对于人和社会的感化、调和的功能。

引据钟东、江晖点校:《镡津文集》,《云门宗丛书》本,上海古籍出版社2016年版。

礼,王道[①]之始也;乐,王道之终也。非礼无以举行,非乐无以著成。故礼乐者,王道所以倚而生成者也。礼者因人情而制中,王者因礼而为政,政乃因礼乐而明效。

人情莫不厚生[②],而礼乐之养;人情莫不弃死,而礼正之丧;人情莫不有男女,而礼宜之匹;人情莫不有亲疏,而礼适之义;人情莫不用喜怒,而礼理之当;人情莫不怀货利,而礼以之节。夫礼举则情称物也,物得理则王政行也,王政行则其人乐而其气和也。

乐者,所以接人心而达和气也,宫、商、角、徵、羽[③]五者,乐之音也;金、石、

---

① 王道:儒家主张以仁义治天下,称"王道",与"霸道"相对。

② 厚生:使人民生活充裕。

③ 宫、商、角、徵、羽:中国传统音乐理论中的五个音阶级别。

丝、竹、匏、土、革、木[1]八者，乐之器也。音与器一主于乐也，音虽合变，非得于乐，则音而已矣。是故王者待乐而纪其成政也，圣人待乐以形其盛德也。

然则何代无乐欤？何代无礼欤？礼愈烦而政愈隳[2]，乐愈举而时愈乱。盖其所制者礼之仪也，非得其实也；所作者乐之声也，非得其本也。

夫乐之本者在乎人和[3]也，礼之实者在乎物当也。昔有虞氏也修五礼，故其治独至于无为，恩洽动植而鸠鹊之巢可俯而观，乃《韶》作而凤凰来格。故孔子曰："《韶》，尽美矣，又尽善也。"盖言舜修礼，得礼之实也；作乐，得乐之本也。叔孙通制礼，事礼之仪者也；杜夔修乐，举乐之文者也。举文则宜其治之未臻也，事仪则宜乎其政之未淳也。夫礼所以振王道也，乐所以完王德也。故王者欲达其道而不极[4]于礼，欲流其德而不至于乐，虽其至圣，无如之何也。

人君者，礼乐之所出者也；人民者，礼乐之所适也。所出不以诚，则所适以饰虚；所出不以躬，则所适不相劝。是故礼贵乎上行，乐贵乎下效也。夫宗庙之礼所以教孝也，朝觐之礼所以教忠也，享燕[5]之礼所以教敬也，酢酬[6]之礼所以教让也，乡饮之礼所以教序也，讲教之礼所以教养也，军旅之礼所以教和也，婚娉之礼所以教顺也，斩衰哭泣之礼所以教哀也。夫教者教于礼也，礼者会于政也。政以发乐，乐以发音，音以发义，故圣人治成而作乐也，因音以盛德也，因宫音之沉重广大以示其圣，因商音之刚厉以示其断，因角音之和缓以示其仁，因徵音之劲急以示其智，因羽音之柔润以示其敬。律吕[7]正也，以示其阴阳和也；八风四气顺也，以示其万物遂也。犹恐人之未睹，故舞而象之，欲其见也；恐人之未悉，故诗以言之，欲其知也。感而化之，则移风易俗存乎是矣，是先王作乐之方者也。

① 金、石、丝、竹、匏、土、革、木：中国的八类传统乐器的总称。
② 隳：毁坏。
③ 人和：得人心。
④ 极：一作"及"。
⑤ 享：供献。燕：指敬老的燕礼。
⑥ 酢酬：饮酒时主客互相敬酒。主敬客曰酬，客还敬曰酢。
⑦ 律吕："六律""六吕"的合称。此处泛指乐律、音律。

伊川击壤集序

邵 雍

邵雍(1011—1077),字尧夫,自号伊川翁、安乐先生,北宋著名理学家、数学家、道士、诗人。先世河北范阳(今河北涿州大邵村)人,少时随父迁徙共城(今河南辉县),后移居洛阳。邵雍一生未出仕,以操行学识令人敬仰,死后谥康节。著有《伊川击壤集》《皇极经世》等。他标举性命、义理,重道轻文,甚至认为诗词歌赋等为杂学,其目的在于扼杀文学生命,这一观点恰与文化发展规律背道而驰,因此往往连他自己都无法履行,也谈不上什么影响。但从审美教育层面看,其提出"闻其诗,听其音,则人之志情可知矣",肯定诗与声构成的"音乐"传递创作者本身的思想与观点,同时指出"盖垂训之道,善恶明著者存焉耳"。可见其肯定这些著作对世人在善恶方面的教育作用。此外,对于当时一些诗人没有从事物的本性出发,所以创作流于粗浅的情感表达,希望自己诗文中所包含的思想如钟声一般能有所回响,也即对人的心灵的美化。

引据郭彧整理:《邵雍集》,《理学丛书》本,中华书局 2010 年版。

《击壤集》,伊川翁自乐之诗也。非唯自乐,又能乐时,与万物之自得也。伊川翁曰:子夏谓"诗者,志之所之也。在心为志,发言为诗,情动于中而形于言,声成其文而谓之音",是知怀其时则谓之志,感其物则谓之情,发其志则谓之言,扬其情则谓之声,言成章则谓之诗,声成文则谓之音。然后闻其诗,听其音,则人之志情可知之矣。且情有七,其要在二,二谓身①也、时②也。谓身则一身之休戚也,谓时则一时之否泰也。一身之休戚则不过贫富贵贱而已,一时之否泰则在夫兴废治乱者焉。是以仲尼删《诗》,十去其九③。诸侯千有余国,《风》取十五④。

① 身:自身的感受。
② 时:当下的时局。
③ 十去其九:泛指孔子删掉他认为不太重要的部分,留下的这"一"是其思想的核心。
④《风》取十五:指《诗》中周南、召南、邶、鄘、卫、王、郑、齐、魏、唐、秦、陈、桧、曹、豳等十五国风诗。

西周十有二王，《雅》取其六[①]。盖垂训之道，善恶明著者存焉耳。近世诗人，穷戚则职于怨憝[②]，荣达则专于淫泆[③]。身之休戚发于喜怒，时之否泰出于爱恶，殊不以天下大义而为言者，故其诗大率溺于情好也。噫！情之溺人也，甚于水。古者谓水能载舟，亦能覆舟。是覆载在水也，不在人也。载则为利，覆则为害，是利害在人也，不在水也。不知覆载能使人有利害耶？利害能使水有覆载耶？二者之间必有处焉。就如人能蹈水，非水能蹈人也。然而有称善蹈者，未始不为水之所害也。若外利而蹈水，则水之情亦由人之情也；若内利而蹈水，则败坏之患立至于前，又何必分乎人焉水焉，其伤性害命一也。

……

予自壮岁业于儒术，谓人世之乐何尝有万之一二，而谓名教[④]之乐固有万万焉，况观物之乐复有万万者焉。虽死生荣辱转战于前，曾未入于胸中，则何异四时风花雪月一过乎眼也？诚为能以物观物，而两不相伤者焉，盖其间情累都忘去尔，所未忘者独有诗在焉。然而虽曰未忘，其实亦若忘之矣。何者？谓其所作异乎人之所作也。所作不限声律，不沿爱恶，不立固必[⑤]，不希名誉，如鉴之应形，如钟之应声。其或经道之余，因闲观时，因静照物，因时起志，因物寓言，因志发咏，因言成诗，因咏成声，因诗成音，是故哀而未尝伤，乐而未尝淫。虽曰吟咏情性，曾何累于性情哉！钟鼓，乐也；玉帛，礼也[⑥]。与其嗜钟鼓玉帛，则斯言也不能无陋矣。必欲废钟鼓玉帛，则其如礼乐何？人谓《风》《雅》之道行于古而不行于今，殆非通论，牵于一身而为言者也。吁！独不念天下为善者少，而害善者多；造危者众，而持危者寡。志士在畎亩，则以畎亩言，故其诗名之曰《伊川击壤集》。

时有宋治平丙午[⑦]中秋日也。

---

① 《雅》取其六：指大小《雅》中涉及文王、武王、成王、厉王、宣王、幽王等六王。

② 怨憝：怨恨、憎恶的情绪。

③ 淫泆：淫乐与安逸。泆，同“逸”。

④ 名教：以儒家所定的名分和儒家的教训为准则的道德观念及其理论。

⑤ 固必：固执坚持。

⑥ 钟鼓，乐也；玉帛，礼也：钟鼓是乐的形式，玉帛是礼的形式，古代诸侯会盟朝聘以钟鼓为乐，执玉帛为礼。

⑦ 治平丙午：为宋英宗三年（1066），时邵雍五十六岁。

诗史吟

邵 雍

引据郭彧整理:《邵雍集》,《理学丛书》本,中华书局 2010 年版。

史笔善记事,长于炫其文。文胜则实丧,徒增口云云。
诗史善记事,长于造其真。真胜则华去,非如目纷纷。
天下非一事,天下非一人。天下非一物,天下非一身。
皇王帝伯时,其人长如存。百千万亿年,其事长如新。
可以辩庶政,可以齐黎民。可以述祖考,可以训子孙。
可以尊万乘,可以严三军。可以进讽谏,可以扬功勋。
可以移风俗,可以厚人伦。可以美教化,可以和疏亲。
可以正夫妇,可以明君臣。可以赞天地,可以感鬼神。
规人何切切,诲人何谆谆。送人何恋恋,赠人何勤勤。
无岁无嘉节,无月无嘉辰。无时无嘉景,无日无嘉宾。
樽中有美禄,坐上无妖氛。胸中有美物,心上无埃尘。
忍不用大笔,书字如车轮。三千有余首,布为天下春。

诗画吟

邵雍

引据郭彧整理:《邵雍集》,《理学丛书》本,中华书局2010年版。

画笔善状物,长于运丹青。丹青入巧思,万物无遁形。
诗画善状物,长于运丹诚。丹诚入秀句,万物无遁情。
诗者人之志,言者心之声。志因言以发,声因律而成。
多识于鸟兽,岂止毛与翊。多识于草木,岂止枝与茎。
不有《风》《雅》《颂》,何由知功名。不有赋比兴,何由知废兴。
观朝廷盛事,壮社稷威灵。有汤武缔构,无幽厉欹倾。
知得之艰难,肯失之骄矜。去巨蠹奸邪,进不世贤能。
择阴阳粹美,索天地精英。籍江山清润,揭日月光荣。
收之为民极,著之为国经。播之于金石,奏之于大庭。
感之以人心,告之以神明。人神之胥悦,此所谓和羹。
既有虞舜歌,岂无皋陶赓。既有仲尼删,岂无季札听。
必欲乐天下,舍诗安足凭?得吾之绪余,自可致升平。

通　书

周敦颐

周敦颐(1017—1073),又名周元皓,原名敦实,因避宋英宗旧讳改,字茂叔,谥号元公,北宋道州营道(今湖南道县)人,世称濂溪先生。初以舅荫为分宁主簿,官至知南康军。周敦颐是宋代理学的创始人之一,程颢、程颐都是他的学生。著有《周子通书》等。他最早提出“文以载道”说,认为“文辞,艺也;道德,实也”,摈斥文辞。而他的“道”主要指理学家的性命、义理之学,不同于古文家的经世致用,而后理学家的文论均由周敦颐的观点推衍引申。所以,古文家强调的文必须“明道”“贯道”或“明理”,二者有质的区别。《通书》中分别从“文”“礼”“乐”三个角度讨论对人的德行的影响,对人的心灵的感化,明确地表达其审美教育思想。

引据曾枣庄、刘琳主编:《全宋文》,上海辞书出版社2006年版。

文　辞

文,所以载道也。轮辕[①]饰而人弗庸[②],徒饰也,况虚车乎!文辞,艺[③]也;道德,实也。笃其实而艺者书之,美则爱,爱则传焉。贤者得以学而至之,是为教。故曰:“言之无文,行之不远。”然不贤者,虽父母临之,师保勉之,不学也;强之,不从也。不知务道德,而第以文辞而为能者,艺焉而已。噫,弊也久矣!

① 轮辕:车辆。

② 弗庸:不用。弗,不;庸,用。

③ 艺:技艺。

乐　上

古者，圣王制礼法，修教化，三纲正，九畴[①]叙，百姓大和，万物咸若[②]，乃作乐，以宣八风之气，以平天下之情。故乐声淡而不伤，和而不淫，入其耳，感其心，莫不淡且和焉。淡则欲心平，和则躁心释。优柔平中，德之盛也；天下化中，治之至也。是谓道配天地，古之极也。后世礼法不修，政刑苛紊，纵欲败度，下民困苦。谓古乐不足听也，代变新声，妖淫愁怨，导欲增悲，不能自止。故有贼君弃父，轻生败伦，不可禁者矣。呜呼！乐者，古以平心，今以助欲；古以宣化，今以长怨。不复古礼，不变今乐，而欲至治者，远哉！

乐　中

乐者，本乎政也。政善民安，则天下之心和，故圣人作乐以宣畅其和心，达于天地，天地之气感而大和焉。天地和，则万物顺，故神祇格，鸟兽驯。

乐　下

乐声淡则听心平，乐辞善则歌声慕，故风移而俗易矣。妖声艳辞之化也，亦然。

---

① 九畴：指古代传说禹继鲧治洪水时，天帝赐给他的九种治理天下的大法。

② 咸：全，都。若：顺。

寄欧阳舍人书

曾　巩

曾巩(1019—1083),字子固,建昌军南丰(今江西南丰)人,后居临川,北宋文学家、史学家、政治家。宋仁宗嘉祐二年(1057)进士。官至中书舍人、龙缘阁学士。后人称"南丰先生",死后追谥"文定",是"唐宋八大家"之一。曾整理校勘《战国策》《说苑》《李白诗集》等。著有《元丰类稿》和《隆平集》。《寄欧阳舍人书》一文讨论铭文撰写的目的与意义,以及撰写铭文的人等,其中提出之所以撰写铭文是为了赞美与歌颂道德仁义之人,让后世得以流传,实则希望通过铭文可以影响到后世的德行,是审美教育思想的体现。

引据陈杏珍、晁继周点校:《曾巩集》,《中国古典文学基本丛书》本,中华书局1984年版。

夫铭志之著于世,义[1]近于史,而亦有与史异者。盖史之于善恶无所不书,而铭者,盖古之人有功德材行志义之美者,惧后世之不知,则必铭而见之。或纳于庙,或存于墓,一也。苟其人之恶,则于铭乎何有?此其所以与史异也。其辞之作,所以使死者无有所憾,生者得致其严。而善人喜于见传,则勇于自立;恶人无有所纪,则以愧而惧。至于通材达识,义烈节士,嘉言善状,皆见于篇,则足为后法警劝之道。非近乎史,其将安近?

及[2]世之衰,为人之子孙者,一欲褒扬其亲而不本乎理。故虽恶人,皆务勒铭以夸后世。立言者既莫之拒而不为,又以其子孙之所请也,书其恶焉,则人情之所不得,于是乎铭始不实。后之作铭者,常观其人。苟托之非人,则书之非公[3]与是,则不足以行世[4]而传后。故千百年来,公卿大夫至于里巷之士,莫不有铭,而传者盖少。其故非他,托之非人,书之非公与是故也。

---

① 义:意义。

② 及:到了。

③ 公:公道。

④ 行世:流行于世。

……

然畜道德而能文章者，虽或并世而有，亦或数十年或一二百年而有之。其传之难如此，其遇之难又如此。若先生之道德文章，固所谓数百年而有者也。先祖之言行卓卓，幸遇而得铭其公与是，其传世行后无疑也。而世之学者，每观传记所书古人之事，至其所可感，则往往衋[①]然不知涕之流落也，况其子孙也哉？况巩也哉？其追睎祖德而思所以传之之繇[②]，则知先生推一赐于巩而及其三世。其感与报，宜若何而图之？

---

① 衋（xì）：伤痛的样子。

② 繇：同“由”。

上人书

王安石

王安石(1021—1086),字介甫,号半山,抚州临川(今江西临川)人。宋仁宗庆历二年(1042)进士,官至同中书门下平章事(宰相)。宋代政治家、文学家。神宗时推行变法,设立制置三司条例司,相继推行青苗、农田水利、保甲、免役等一系列新法,以求富国强兵,史称“王安石变法”。著有《临川先生文集》一百卷,其余《诗义》《书义》《字说》《老子注》均已失传。他潜心研究经学,诗文极富说服力。其中,不少文章提及礼乐教化以及对人才培养的关注。《上人书》开篇点明其“礼教治政”的观点;《礼乐论》从人的心性谈起,认为“礼者,天下之中经;乐者,天下之中和”,且礼乐可以“养人神”“正人气”“归正性”,可见礼乐与人的感化;教育方面也推出很多措施,重视人才的培养,《上仁宗皇帝言事书》中提出对于人才必须教之、养之、取之、任之,且提出相应的要求,尤其注重教授以“礼、乐、政、刑”等为国家所需用之事;《原教》阐明德教为施政之本;《慈溪县学记》同样强调“天下不可一日无政教”。

引据秦克、巩军标点:《王安石全集》,上海古籍出版社,1999 年版。

尝谓文者,礼教治政云尔。其书诸策而传之人,大体归然①而已。而曰“言之不文,行之不远”云者,徒谓辞之不可以已也,非圣人作文之本意也。

……

且自谓文者,务为有补于世而已矣;所谓辞者,犹器之有刻镂绘画也。诚使巧且华,不必适用;诚使适用,亦不必巧且华。要之以适用为本,以刻镂绘画为之容而已。不适用,非所以为器也;不为之容,其亦若是乎？否也。然容亦未可已也,勿先之,其可也。

某学文久,数挟此说以自治。始欲书之策而传之人,其试于事者,则有待矣。其为是非邪,未能自定也。执事,正人也,不阿其所好者。书杂文十篇献左右,愿赐之教,使之是非有定焉。

---

① 归然:意思是归之于礼教治政。

礼乐论

王安石

引据秦克、巩军标点：《王安石全集》，上海古籍出版社，1999年版。

……礼者，天下之中经[①]；乐者，天下之中和。礼乐者，先王所以养人之神，正人气而归正性也。是故大礼之极，简而无文；大乐之极，易而希声。简易者，先王建礼乐之本意也。

世之所重，圣人之所轻；世之所乐，圣人之所悲。非圣人之情与世人相反，圣人内求，世人外求，内求者乐得其性，外求者乐得其欲，欲易发而性难知，此情性之所以正反也。衣食所以养人之形气，礼乐所以养人之情也。礼反其所自始，乐反其所自生，吾于礼乐见圣人所贵其生者至矣。世俗之言曰"养生非君子之事"，是未知先王建礼乐之意也。

养生以为仁，保气以为义，去情却欲以尽天下之性，修神致明以趋圣人之域。圣人之言，莫大于颜渊之问，"非礼勿视，非礼勿听，非礼勿言，非礼勿动"，则仁之道亦不远也。耳非取人而后聪，目非取人而后视，口非取诸人而后言也，身非取诸人而后动也，其守至约[②]，其取至近，有心有形者皆有之也。然而颜子且犹病之，何也？盖人之道莫大于此。非礼勿听，非谓掩耳而避之，天下之物不足以干吾之聪也；非礼勿视，非谓掩目而避之，天下之物不足以乱吾之明也；非礼勿言，非谓止口而无言也，天下之物不足以易吾之辞也；非礼勿动，非谓止其躬而不动，天下之物不足以干吾之气也。天下之物岂特[③]形骸自为哉？其所由来盖微矣。不听之时，有先聪焉；不视之时，有先明焉；不言之时，有先言焉；不动之时，有先动焉。圣人之门，惟颜子可以当斯语矣。是故非耳以为聪，而不知所以聪者，不足以尽天下之听；非目以为明，而不知所以明者，不足以尽天下之视。聪明者，耳目之所能为；而所以聪明者，非耳目之所能为也。是故待钟鼓而后乐者，非深于

① 中经：主干，在此指人体的主要经脉。

② 其守至约：指耳、目、口、身这类人体器官，它们的职守极简单。

③ 特：只。

乐者也；待玉帛①而后恭者，非深于礼者也。蒉桴土鼓②，而乐之道备矣；燔黍捭豚③，污尊抔饮④，礼既备矣。然大裘无文，大辂无饰⑤，圣人独以其事之所贵者何也？所以明礼乐之本也。故曰礼之近人情，非其至者也。

曾子谓孟敬子："君子之所贵乎道者三：动容貌，斯远暴慢矣；正颜色，斯近信矣；出辞气，斯远鄙倍矣。笾豆之事，则有司存⑥。"观此言也，曾子而不知道也则可，使曾子而为知道，则道不违乎言貌辞气之间，何待于外哉？是故古之人目击而道已存，不言而意已传，不赏而人自劝，不罚而人自畏，莫不由此也。是故先王之道可以传诸言、效诸行者，皆其法度刑政，而非神明之用也。《易》曰："神而明之，存乎其人；默而成之，不言而信，存乎德行⑦。"去情却欲而神明生矣，修神致明而物自成矣，是故君子之道鲜矣。齐明其心，清明其德，则天地之间所有之物皆自至矣。……

---

① 玉帛：瑞玉和缣帛。古代祭祀、会盟时用的珍贵礼品。

② 蒉桴：祭祀用的土块捏成的鼓槌。蒉，土块。桴，鼓槌。土鼓：古乐器。用瓦作框，以皮革蒙两面，敲打合乐。

③ 燔黍：远古没有釜甑，把黍米放在烧石上烧熟。捭豚：撕裂猪肉，放在烧石上烧熟。

④ 污尊抔饮：凿地以代酒器，用手掬酒而饮，指远古礼法简陋。

⑤ 大辂：大车。

⑥ "君子"九句：动容貌：指在上位的人要认真听取意见，容貌表现出受感动的样子。暴慢：粗暴傲慢。出辞气：指说话注意言词声调。鄙倍：粗俗背理。笾豆：祭祀用的礼器。这里代指祭祀。

⑦ "神而明之"五句："神而明之"二句说的是圣人。神：灵异。"默而成之"三句说的是贤者。德行：指贤者的德行。

上仁皇帝言事书

王安石

引据秦克、巩军标点：《王安石全集》，上海古籍出版社，1999 年版。

所谓陶冶而成之者，何也？亦教之、养之、取之、任之有其道而已。

所谓教之之道何也？古者天子诸侯，自国至于乡党[①]皆有学，博置教导之官而严其选。朝廷礼乐、刑政之事，皆在于学。学士所观而习者，皆先王之法言[②]德行、治天下之意，其材亦可以为天下国家之用。苟不可以为天下国家之用，则不教也；苟可以为天下国家之用者，则无不在于学。此教之之道也。

……

夫教之、养之、取之、任之之道如此，而当时人君，又能与其大臣，悉其耳目心力，至诚恻怛[③]，思念而行之，此其人臣之所以无疑，而于天下国家之事，无所欲为而不得也。

方今州县虽有学，取墙壁具而已，非有教导之官、长育人才之事也。唯太学有教导之官[④]，而亦未尝严其选。朝廷礼乐刑政之事，未尝在于学。学者亦漠然，自以礼乐刑政为有司之事，而非己所当知也。学者之所教，讲说章句而已。讲说章句，固非古者教人之道也。近岁乃始教之以课试之文章[⑤]。夫课试之文章，非博诵强学、穷日之力则不能。及其能工也，大则不足以用天下国家，小则不足以为天下国家之用。故虽白首于庠序，穷日之力以师上之教，及使之从政，则茫然不知其方者，皆是也。

---

① 国：指都邑。乡党：指乡里。

② 法言：可以作为礼法根据的言论。

③ 恻怛：同情。

④ 教导之官：皇祐中，定八员，每员各专一经。

⑤ 文章：指策、论、诗赋。

原　　教

王安石

引据秦克、巩军标点：《王安石全集》，上海古籍出版社，1999年版。

善教者藏其用，民化上而不知所以教之之源。不善教者反此，民知所以教之之源，而不诚化上之意。

善教者之为教也，致①吾义忠，而天下之君臣义且忠矣；致吾孝慈，而天下之父子孝且慈矣；致吾恩于兄弟，而天下之兄弟相为恩矣；致吾礼于夫妇，而天下之夫妇相为礼矣。天下之君君臣臣、父父子子、兄兄弟弟、夫夫妇妇，皆吾教也。民则曰："我何赖于彼哉？"此谓化上而不知所以教之之源也。

……

善教者浃②于民心，而耳目无闻焉，以道扰③民者也。不善教者施于民之耳目，而求浃于心，以道强民者也。扰之为言，犹山薮④之扰毛羽，川泽之扰鳞介也，岂有制哉？自然然耳。强之为言，其犹囿毛羽、沼鳞介⑤乎，一失其制，脱然逝矣。噫！古之所以为古，无异焉，由前而已矣；今之所以不为古，无异焉，由后而已矣。

或曰："法令诰戒不足以为教乎？"曰："法令诰戒，文也，吾云尔者，本也。失其本，求之文，吾不知其可也。"

---

① 致：尽力实行。
② 浃：理解。
③ 扰：安抚，驯化。
④ 薮：草野。
⑤ 囿毛羽、沼鳞介：用囿养禽兽，用池养鱼鳖。囿，养禽兽的园地。

明州慈溪县学记

王安石

引据秦克、巩军标点：《王安石全集》，上海古籍出版社，1999年版。

天下不可一日而无政教，故学不可一日而亡于天下。古者井天下之田，而党庠、遂序、国学之法立乎其中。乡射、饮酒、春秋合乐[①]、养老劳农、尊贤使能、考艺选言之政，至于受成、献馘、讯囚之事[②]，无不出于学。于此养天下智仁圣义忠和之士，以至一偏之伎、一曲之学，无所不养。而又取士大夫之材行完洁、而其施设已尝试于位而去者，以为之师。释奠、释菜[③]，以教不忘其学所自。迁徙逼逐，以勉其怠而除其恶。则士朝夕所见所闻，无非所以治天下国家之道。其服习必于仁义，而所学必皆尽其材。一日取以备公卿大夫百执事之选，则其材行皆已素定；而士之备选者，其施设亦皆素所见闻而已，不待阅习而后能者也。古之在上者，事不虑而尽，功不为而足，其要如此而已。此二帝、三王所以治天下国家而立学之本意也。

后世无井田之法，而学亦或存或废，大抵所以治天下国家者，不复皆出于学。而学之士，群居、族处，为师弟子之位者，讲章句、课文字而已。至其陵夷之久，则四方之学者，废而为庙，以祀孔子于天下，斫木抟土，如浮屠、道士法，为王者像。州县吏春秋帅其属释奠于其堂，而学士者或不豫焉。盖庙之作，出于学废，而近世之法然也。

---

① 春秋合乐：意思是学生春季入学，用菜祭奠先师，秋季评定才艺高下，到时候有歌舞，正好与音乐的节奏相应合。

② 受成、献馘、讯囚之事：分别为接受拟定的军谋，杀敌后割下左耳敬献，审问俘虏等事情。

③ 释奠、释菜：古代陈设酒食以祭奠先圣先师的典礼。

正　蒙

张　载

张载(1020—1077),字子厚,其先为大梁(今河南开封)人,又称横渠先生,北宋初期的唯物主义思想家。张载是理学主要奠基者之一,著有《张横渠集》。其中《正蒙》以《易传》为根据,论证了物质的气是世界的本原,代表其理论全貌。他继承并发展《周易》中"蒙以养正",认为从蒙童起就应加以培养,提出君子的内在气质在于德。而《经学理窟》的《礼乐》《气质》《义理》《学大原》等篇,提倡道德教化,可以概括为"以礼持性,变化气质"。他认为人性是天地之性一部分,但已夹杂了气质之性在内;天理已经夹杂了人欲在内;只有严守礼,约束身心,才能变化这气质之性,复归于天地之性,而学成为圣人。可见,张载无论强调蒙童的培养还是对于人心性的关注,实则在表达人自身的修养对于社会秩序的重要性,具有审美教育意义与价值。

引据章锡琛点校:《张载集》,《理学丛书》本,中华书局1978年版。

神化篇

神不可致思,存焉可也;化不可助长,顺焉可也。存虚明,久至德,顺变化,达时中①,仁之至,义之尽也。知微知彰,不舍而继其善,然后可以成(人)性矣。

圣不可知者,乃天德良能,立心求之,则不可得而知之。

……

义以反经为本,经正则精;仁以敦化为深,化行则显。义入神,动一静也;仁敦化,静一动也。仁敦化则无体,义入神则无方。

---

① 时中:儒家认为立身行事,应该随时合乎中道。

至当篇

至当之谓德，百顺之谓福。德者福之基，福者德之致，无入而非百顺，故君子乐得其道。

循天下之理之谓道，得天下之理之谓德，故曰“易简之善配至德”①。

……

德者得也，凡有性质而可有者也。

“日新之谓盛德”②，过而不有，凝滞于心，知之细也，非盛德日新。惟日新，是谓盛德。

……

礼，器则大矣，修性而非小成者与！运则化矣，达顺而乐亦至焉尔。

……

未能如玉，不足以成德；未能成德，不足以孚③天下。……

……

仁道有本，近譬④诸身，推以及人，乃其方也。必欲博施济众，扩之天下，施之无穷，必有圣人之才，能弘其道。

……

性天经然后仁义行，故曰“有父子、君臣、上下，然后礼义有所错”⑤。

仁通极其性，故能致养而静以安；义致行其知，故能尽文而动以变。

……

① “易简之善配至德”：引自《周易·系辞上》，意为周易求简求易的这个优点对应着的是“至德”。

② “日新之谓盛德”：引自《周易·系辞上》，意为每天更新思想才能拥有高尚的品德。

③ 孚：为人所信服。

④ 譬：通晓。

⑤ 错：同“措”，实施、安排。

经学理窟

张　载

引据章锡琛点校：《张载集》，《理学丛书》本，中华书局 1978 年版。

礼　乐

周乐有《象》，有《大武》，有《酌》。《象》是武王为文王庙所作，下武继文也，武功本于文王，武王继之，故武王归功于文王以作此乐，象文王也。《大武》必是武王既崩，国家所作之乐，奏之于武王之庙。《酌》必是周公七年之后制礼作乐时于《大武》有增添也，故《酌》言"告成大武"也，其后必是《酌》以祀周公。

……

古乐不可见，盖为今人求古乐太深，始以古乐为不可知。只此《虞书》"诗言志，歌永言，声依永，律和声"求之，得乐之意盖尽于是。诗只是言志。歌只是永其言而已，只要转其声，合人可听，今日歌者亦以转声而不变字为善歌。长言后却要入于律，律则知音者知之，知此声入得何律。古乐所以养人德性中和之气，后之言乐者止以求哀，故晋平公曰："音无哀于此乎？"哀则止以感人不善之心。歌亦不可以太高，亦不可以太下，太高则入于噍杀①，太下则入于啴缓②，盖穷本知变，乐之情也。

……

声音之道，与天地同和，与政通。蚕吐丝而商弦绝，正与天地相应。方蚕吐丝，木之气极盛之时，商金之气衰。如言"律中大簇""律中林钟"③，于此盛则彼必衰。方春木当盛，却金气不衰，便是不和，不与天地之气相应。

先王之乐，必须律以考其声，今律既不可求，人耳又不可全信，正惟此为难。

---

① 噍杀：音声急促。

② 啴缓：柔和舒缓。

③ 古以十二律吕配十二月，太簇、林钟分别配三月和八月，即以代表春季与秋季。

求中声须得律，律不得则中声无由见。律者自然之至，此等物虽出于自然，亦须人为之；但古人为之得其自然，至如为规矩则极尽天下之方圆矣。

郑卫之音，自古以为邪淫之乐，何也？盖郑卫之地滨大河，沙地土不厚，其间人自然气轻浮；其地土苦[①]，不费耕耨，物亦能生，故其人偷脱怠惰，弛慢颓靡。其人情如此，其声音同之，故闻其乐，使人如此懈慢。其地平下，其间人自然意气柔弱怠惰；其土足以生，古所谓"息土之民不才"者此也。若四夷则皆据高山溪谷，故其气刚劲，此四夷常胜中国者此也。

……

礼非止著见于外，亦有无体之礼。盖礼之原在心，礼者圣人之成法也，除了礼天下更无道矣。欲养民当自井田始，治民则教化刑罚俱不出于礼外。五常出于凡人之常情，五典人日日为，但不知耳。

……

学者行礼时，人不过以为迂。彼以为迂，在我乃是径捷，此则从吾所好。文则要密察，心则要洪放，如天地自然，从容中礼者盛德之至也。

学大原上

学者且须观礼，盖礼者滋养人德性，又使人有常业，守得定，又可学便可行，又可集得义。养浩然之气须是集义，集义然后可以得浩然之气。严正刚大，必须得礼上下达。义者，克己也。

……

仁之难成久矣，人人失其所好，盖人人有利欲之心，与学正相背驰。故学者要寡欲，孔子曰："枨也欲，焉得刚[②]！"

"乐则生矣"，学至于乐则自不已，故进也。生犹进，有知乃德性之知也。吾曹于穷神知化之事，不能丝发。

礼使人来悦己则可，己不可以妄悦于人。

婢仆始至者，本怀勉勉敬心，若到所提掇，更谨则加谨，慢则弃其本心，便习以性成。故仕者入治朝则德日进，入乱朝则德日退，只观在上者有可学无可学尔。

学得《周礼》，他日有为却做得些实事。以某且求必复田制，只得一邑用法。

---

① 苦：指殷勤尽力。

② "枨也欲"两句：申枨也有欲望，怎么能说刚正呢？枨，申枨，字周，精通六艺，是孔门七十二贤之一。

若许试其所学，则《周礼》田中之制皆可举行，使民相趋如骨肉，上之人保之如赤子，谋人如己，谋众如家，则民自信。

自　　道

家中有孔子真，尝欲置于左右，对而坐又不可，焚香又不可，拜而瞻礼皆不可，无以为容，思之不若卷而藏之，尊其道。若召伯之《甘棠》，始也勿伐[①]，及教益明于南国，则至于不敢拜。

……

某既闻居横渠说此义理，自有横渠未尝如此。如此地又非会众教化之所，或有贤者经过，若此则似系着在此，某虽欲去此，自是未有一道理去得。如诸葛孔明在南阳，便逢先主相召入蜀，居了许多时日，作得许多功业。又如周家发迹于邠，迁于岐，迁于镐。春积渐向冬，周积渐入秦，皆是气使之然。大凡能发见即是气至，若仲尼在洙、泗之间[②]，修仁义，兴教化，历后千有余年用之不已。今倡此道不知如何，自来元不曾有人说着，如扬雄、王通又皆不见，韩愈又只尚闲言词。今则此道亦有与闻者，其已乎？其有遇乎？

---

① 伐：夸耀。

② 洙、泗之间：原指两条河流洙水、泗水合流至鲁国曲阜，也就是当时孔子聚徒讲学之所，后世因以“洙泗”代称鲁国文化和孔子教泽。

与蔡内翰论乐书

沈　括

沈括(1031—1095),字存中,号梦溪丈人,浙江钱塘(今杭州)人,北宋政治家、科学家。仁宗嘉祐进士,神宗时参加王安石变法运动。曾任司天监、翰林学士、延州知府等职。撰有《梦溪笔谈》《长兴集》《良方》等,在天文历法学、物理学、地质学、医药学等方面都有重大建树。此外,其在艺术领域也有一定的研究,他是乐律行家,也曾对多位名画家的作品及风格进行品评。在《与蔡内涵论乐书》中,沈括提到音乐对世间的感化功用,对人的道德仁义的养成,认为音乐充斥于"天地之间","天下风教习俗皆宽舒广裕,蔚然号为至平极治之时"。

引据杨渭生新编:《沈括全集》上册,浙江大学出版社 2011 年版。

史馆内翰阁下:昔周之盛也,《清庙》《大明》之音作于上,《武象》《南籥》之乐兴于庭,《鱼丽》《鹿鸣》《关雎》《貍首》之声塞于天地之间。嘉祥美物备至,而天下风教习俗皆宽舒广裕,蔚然号为至平极治之时。……某以谓于此之时,天下之贤者宜各尽其所闻,不肖者相率而听职乎执簨秉籥[①]下士之列,以发宣赞扬天子之宏业盛事。苟力之所能者,不宜有所辞。又况门下诸生,其望盛德之为光最亲,则身率而听职者固当先群士以进也。不幸有职于诸侯,不得摄衣为诸生之先。谨集其所闻,为《乐论》一篇,以备有司一端之论。

① 簨、籥:这里指竹笏板。

程颢论文语录

程　颢

程颢(1032—1085),字伯淳,世称明道先生,洛阳(今河南洛阳市)人,北宋哲学家、教育家、诗人和北宋理学的奠基者。官至太子中允、监察御史里行,反对王安石新政。程颢与其弟程颐同受学于周敦颐,并称“二程”,是北宋理学的奠基者和主要代表,其学说称为“洛学”。元祐元年(1085),宋哲宗即位,召其为宗正丞,未行而卒,享年54岁。著有《明道文集》等。其继承前人“修辞立其诚”的观点,也即美好品德需要言辞来传递,而言辞代表着一个人的修养。这就要求美化自己的心灵,应恭敬操守、遁守礼义,可见内外兼修方可保持内心正直纯洁、行为合乎规范。

引据王孝鱼点校:《二程集》,《理学丛书》本,中华书局1981年版。

苏季明尝以治经为传道居业之实,居常讲习,只是空言无益,质[①]之两先生。伯淳先生曰:“‘修辞立其诚[②]’,不可不子细理会。言能修省言辞,便是要立诚。若只是修饰言辞为心,只是为伪也。若修其言辞,正为立己之诚意,乃是体当自家敬以直内,义以方外之实事[③]。道之浩浩,何处下手?惟立诚才有可居之处,有可居之处则可以修业也。‘终日乾乾’,大小大事却只是忠信,所以进德为实下手处,修辞立其诚为实修业处。”

① 质:通“诘”,询问之意。

② 修辞立其诚:建立言辞以表现自己的美好品德。

③ 敬以直内,义以方外:恭敬操守以使内在品德保持正直纯洁,遁守礼义以使外在行为合乎规范。敬,恭敬,操守。义,礼义。直、方,都是止直、合乎规范之义。

程颐论文语录

程 颐

程颐(1033—1107),字正叔,世称伊川先生,河南(今河南洛阳)人,北宋理学家、教育家。曾官崇政殿说书。程颐与其兄程颢同受学于周敦颐,并称"二程",是北宋理学的奠基者和主要代表,其学说称为"洛学"。著有《周易程氏传》《伊川文集》等,见《二程全书》,传见《宋史》卷四二七。他认为文章应该"悦人耳目",在此不仅仅是使人愉悦,更重要的是"化天下",可见其对于文章感化人的心灵的强调。此外,认为诗歌也应"化天下",提出好的诗文应是"人之怨乐必形于言,政之善恶必见刺美",可见诗文内容表达的是人们的喜怒哀乐与国家政治统治的好坏,而诗文内容的积极与否,直接影响"垂世立教"的效果。

引据王孝鱼点校:《二程集》,《理学丛书》本,中华书局1981年版。

"……凡为文,不专意则不工,若专意则志局于此,又安能与天地同其大也? ……今为文者,专务章句,悦人耳目。既务悦人,非俳优而何?"曰:"古者学为文否?"曰:"人见《六经》,便以谓圣人亦作文,不知圣人亦摅[1]发胸中所蕴,自成文耳。所谓'有德者必有言'也。"曰:"游、夏[2]称文学,何也?"曰:"游、夏亦何尝秉笔学为词章也? 且如'观乎天文以察时变,观乎人文以化成天下',此岂词章之文也?"

……

《诗》者,言之述也。言之不足而长言之,咏歌之,所由兴也。其发于诚感之深,至于不知手之舞,足之蹈,故其入于人也亦深,至可以动天地,感鬼神。虞之君臣,迭相赓和,始见于《书》。夏、商之世,虽有作者,其传鲜矣。至周而世益文,人之怨乐,必形于言;政之善恶,必见刺美。至夫子之时,所传者多矣。夫子删之,得三百篇,皆止于礼义,可以垂世立教,故曰"兴于《诗》",又曰"诵《诗》三百,授之以政,不达,使于四方,不能专对,虽多亦奚以为?"古之人,幼而闻歌诵之声,

① 摅:抒发表达之意。

② 游、夏:两人皆孔子学生。

长而识刺美之意，古人之学，由《诗》而兴。后世老师宿儒，尚不知《诗》义，后学岂能兴起也？世之能诵三百篇者多矣，果能达政专对乎？是后之人未尝知《诗》也。夫子虑后世之不知《诗》也，故序《关雎》以示之。学《诗》而不求《序》，犹欲入室而不由户[①]也。天下之治，正家为先。天下之家正，则天下治矣。《二南》，正家之道也，陈后妃夫人大夫妻之德，推之士庶人之家，一也。故使邦国至于乡党皆用之；自朝廷至于委巷，莫不讴吟讽诵，所以风化天下。如《小雅·鹿鸣》而下，各于其事而用之也。为此《诗》者，其周公乎？古之人由是道者，文王也。故以当时之《诗》系其后。其化之之成，至如《麟趾》《驺虞》，乃其应也。天下之治，由兹而始；天下之俗，由此而成；风之正也。自《卫》而下，王道衰，礼义废，今正风者无几矣。其刺上，至指诋其恶，岂复有谲谏之义也？盖发于人情怨愤，圣人取其归止于礼义而已。惟《雅》亦然，所美者正也，所刺者变也，规诲者渐失而未至于刺也。为《诗》之义有六：曰风，曰赋，曰比，曰兴，曰雅，曰颂。风以动之，上之化下，下之风上，凡所刺美皆是也。赋者，咏述其事，“蔽芾[②]甘棠，勿翦勿伐，召伯所茇[③]”，是也。比者，以物相比，“狼跋其胡，载疐其尾，公孙硕肤，赤舄几几[④]”，是也。兴者，兴起其义，“采采卷耳，不盈倾筐，嗟我怀人，寘[⑤]彼周行”，是也。雅者，陈其正理，“天生蒸民，有物有则，民之秉彝[⑥]，好是懿德[⑦]”，是也。颂者，称美其事，“假[⑧]乐君子，显显令德，宜民宜人，受禄于天”，是也。学《诗》而不分六义，岂知《诗》之体也？诗之别有四：曰《风》，曰《小雅》，曰《大雅》，曰《颂》。言一国之事，谓之《风》；言天下之事，谓之《雅》，事有大小，《雅》亦分焉；称美盛德与告其成功，谓之《颂》。有是四端，所谓四始也。《诗》不出此四者，故曰《诗》之至也。得失之迹，刺美之义，则国史明之矣。史氏得《诗》，必载其事，然后其义可知，今《小序》之首是也，其下则说《诗》者之辞也。《关雎》《麟趾》之化，王者之风，故系之《周南》，化自周而南也。《鹊巢》《驺虞》之德，诸侯之风，国君而下，正家之道，先王之所以教天下也，故系之《召南》，化自召而南也。召伯为诸侯长，故诸侯之风主之于《召南》。《二南》者，正家之道，王化之所由兴也。故《关雎》之义：乐得淑女，以为后妃，配君子也；其所忧思，在于进贤淑，非说于色也；哀窈窕，思之切也；切于思贤才，而不在于淫色，无伤善之心也，是则《关雎》之义也。

---

① 入室：孔子以升堂入室来比喻道德学问修养达到的某种阶段。入室不由户：指不循正道。
② 蔽芾：树木茂盛貌。
③ 茇：居住之意。
④ 跋：脚踩。胡：兽颔下下垂的肉。载：则。舄：鞋。几几：鲜明。
⑤ 寘：安排，放置。
⑥ 彝：常理。
⑦ 懿德：美德。
⑧ 假：借为“嘉”。

琴　　史

朱长文

朱长文（1041—1100），字伯原，又字乐圃，吴县（今江苏苏州）人。嘉佑四年（1059）进士，授秘书省校书郎。著有《琴台志》《乐圃余稿》等书。《琴史》成书于公元1084年。全书共六卷，是现存最早的琴史专著。前五卷按时代顺序收琴人事迹，有所辨正、评论；末卷为琴艺专论。《琴史》中《论音》从琴的声音出发讨论音与人的感情的关系，认为琴音"导养神气，调和情志，摅发幽愤，感动善心"，肯定其对人的感化功能。《声歌》中论及琴所奏出的旋律与"歌辞"相配，目的在于"感愤之志"，抒发心中情感。尽管没有旋律的"操弄"，也会使人感受到一种美的享受；还有一些"弦歌"，比较粗俗些，但也足以"助欢欣"。《尽美》中则提出音乐是天地万物的彰显，强调音乐对世人具有感化功能，认为"天地万物之声，皆在乎其中矣"，且"达则于以观政焉，穷则于以守命焉"。《乐圃余稿》再次强调作乐在于"图化俗""慎感民"。

引据林晨编著：《琴史》，《中华生活经典》本，中华书局2010年版。

论　　音

音之生，本于人情而已矣。夫遇世之治则安以乐；逢政之苛则怨以怒；悼时之危则哀以思，此君子之常情也。出于情，发于器，形于声，若影响之速也。然君子之情虽安以乐，而不忘于戒劝；虽怨以怒，而不忘于忠厚；虽哀以思，而不忘于扶持。故其为声，亦屡变而数迁，不可以为常也。

善治乐者，犹治诗也。亦以意逆志，则得之矣。夫八音之中，惟丝声于人情易见，而丝之器，莫贤于琴。是故听其声之和，则欣悦喜跃，听其声之悲，则蹙頞愁涕[1]，此常人皆然，不待乎知音者也。若夫知音者，则可以默识群心而预知来

① 蹙頞愁涕：皱缩眉心发愁流泪，形容愁苦伤心的样子。

物，如师旷知楚师之败，钟期辨伯牙之志是也。古之君子不撤琴瑟者，非主于为己，而亦可以为人也。盖雅琴之音，以导养神气、调和情志、摅发幽愤、感动善心，而人之听之者，亦皆然也。岂如他乐，以慆心①堙耳、佐欢悦听，以为尚哉！

声　歌

古之弦歌，有鼓弦以合歌者，有作歌以配弦者，其归一揆②也。盖古人歌则必弦之，弦则必歌之。情发于中，声发于指，表里均也。《周礼·太师》教六诗，以六德为之本，以六律为之音。夫以六诗协六律，此鼓弦以合歌也。古之所传十操、九引③之类，皆出于感愤之志，形之于言，言之不足，故永歌之，永歌之不足，于是援琴而鼓。此作歌以配弦也。《舜典》曰："诗言志，歌永言，声依永，律和声。"此典乐教人之叙也。以声依永，则节奏曲折之不失也；以律和声，则清浊高下之必正也。惟达乐者为能弦歌耳。孔子之删《诗》也，皆弦歌之，取其合于《韶》《夏》，凡三百篇，皆可以为琴曲也。至汉世，遗音尚存者，惟《鹿鸣》《驺虞》《鹊巢》《伐檀》《白驹》④而已，其余则亡。独文中子尝闵时之乱，泫然鼓《荡之什》，世所不传，而能鼓之，可谓知乐也已。近世琴家所谓操弄者，皆无歌辞而繁声以为美，其细调琐曲，虽有辞，多近鄙俚，适足以助欢欣耳。稽诸事，作《声歌》。

尽　美

琴有四美：一曰良质，二曰善斫⑤，三曰妙指，四曰正心。四美既备，则为天下之善琴，而可以感格幽冥，充被万物，况于人乎？况于己乎？

……

昔圣人之作琴也，天地万物之声皆在乎其中矣。有天地万物之声，非妙指无以发，故为之参弹复徽⑥，攫援标拂⑦，尽其和以至其变，激之而愈清，味之而无

---

① 慆心：使心情喜悦。

② 揆：度也。

③ 十操、九引：指琴乐作品。

④《鹿鸣》《驺虞》《鹊巢》《伐檀》《白驹》：均为《诗经》中"风""雅"篇名。

⑤ 斫：用刀斧砍。

⑥ 参弹：调弦时错杂地弹。徽：通"挥"，弹奏，一说指琴徽。

⑦ 攫援摽拂：弹琴的指法，指左手像禽鸟抢东西似的左右很快地移动着，以引取着琴音（攫、援）；右手向前向后地弹着拂着（摽、拂）。

厌，非天下之敏手，孰能尽雅琴之所蕴乎？

当其援琴而鼓之也，其视也必专，其听也必切，其容也必恭，其思也必和，调之不乱，醉之甚愉，不使放声邪气得奸其间，发于心，应于手，而后可与言妙也。是故君子之于琴也，非徒取其声音而已，达则于以观政焉，穷则于以守命焉。尧之《神人》，舜之《南风》，武王之《克商》，周公之《越裳》，所以观政也；许由之《箕山》，伯夷之《采薇》，夫子之《猗兰》，王通之《汾亭》①，所以守命也。

……

是故良质而遇善斫，善斫既成，而得妙指，妙指既调，而资于正心，然后为天下之善琴也。总其能，作《尽美》。

---

① 许由：上古隐士。尧以天下让之，不受。伯夷：商亡隐于首阳山。王通：隋人，有济世之志，知谋不用而退居河汾教授，受业千数。作《汾亭操》。

乐在人和不在音赋

朱长文

引据曾枣庄、刘琳主编：《全宋文》第93册，上海辞书出版社2006年版。

盛德兴乐，至和本人。不在八音之制，盖由万化之纯。既备情文，用写欢心之极；岂专声律，诚非末节之因。窃原乐与天同，音由人起。盖喜怒哀乐既怵[①]于外，而噍啴散厉遂形于此。惟圣人图化俗而有作，慎感民之所以。积中发外，必资悦豫之深；易俗移风，非特铿锵之美。……乐出于和，而还以审政之和；音生于乐，而复以导民之乐。……

① 怵：引诱、诱惑之意。

贺方回乐府序

张　耒

张耒(1054—1114),字文潜,楚州淮阴(今江苏淮安)人,为苏门四学士之一。熙宁六年(1073)进士,官至太常少卿。论文主张"明理",在黄庭坚、晁补之等人去世后,独主文坛,专门诲人作文以理为主。著有《张右史文集》《柯山集》。其中《贺方回乐府序》和《答李推官书》,均是强调文章乃"天理之自然而性情之至道",且应达到"明理"的功能,换言之,文章是明白事理之人对于天地万物的真情流露之抒写,其目的感化世人,使世人也能如他一样明白天地之理。可见其表达文章对于世人的教化功能。

引据李逸安、孙通海、傅信点校:《张耒集》,《中国古典文学基本丛书》本,中华书局1999年版。

文章之于人,有满心而发,肆口而成,不待思虑而工,不待雕琢而丽者,皆天理之自然而情性之道也。世之言雄暴虓①武者,莫如刘季、项籍。此两人者,岂有儿女之情哉?至其过故乡而感慨,别美人而涕泣,情发于言,流为泽词,含思②凄婉,闻者动心焉。此两人者,岂其费心而得之哉?直寄其意耳。

予友贺方回③,博学业文,而乐府之词高绝一世,携一编示予,大抵倚声而为之词,皆可歌也。或者讥方回好学能文而惟是为工,何哉?余应之曰:"是所谓满心而发,肆口而成,虽欲已焉,而不得者。"若其粉泽之工,则其才之所至,亦不自知也。夫其盛丽如游金、张之堂④,而妖冶如揽嫱、施之袪⑤,幽洁如屈、宋⑥,悲壮如苏、李⑦,览者自知之,盖有不可胜言者矣。

---

① 虓:老虎怒吼之意。
② 思:悲伤的意思。
③ 贺方回:即贺铸,《东山词》的作者。
④ 金、张:指西汉宣帝时的权贵金日磾和张安世两家。
⑤ 嫱、施:指古代美女毛嫱和西施。袪:袖口。
⑥ 宋:宋玉。
⑦ 苏、李:指汉代的苏武与李陵。

答李推官书

张　耒

引据李逸安、孙通海、傅信点校：《张耒集》，《中国古典文学基本丛书》本。中华书局1999年版。

……

足下之文，可谓奇矣，捐去文字常体，力为瑰奇险怪，务欲使人读之如见数千载前蝌蚪鸟迹所记弦匏之歌、钟鼎之文也。足下之所嗜者如此，固无不善者，抑某之所闻所谓能文者，岂谓其能奇哉？能文者固不能以奇为主也。夫文何为而设也？知理者不能言，世之能言者多矣，而文者独传。岂独传哉？因其能文也而言益工，因其言工而理益明，是以圣人贵之。自《六经》以下，至于诸子百氏、骚人辩士论述，大抵皆将以为寓理之具也。是故理胜者文不期工而工，理诎者巧为粉泽而隙间百出。此犹两人持牒而讼，直者操笔不待，累累读之如破竹，横斜反覆自中节目；曲者虽使假词于子贡，问字于扬雄，如列五味而不能调和，食之于口无一可惬，况可使人玩味之乎？故学文之端，急于明理。夫不知为文者，无所复道，如知文而不务理，求文之工，世未尝有是也。

……

自唐以来至今，文人好奇者不一。甚者或为缺句断章，使脉理不属，又取古书训诂希于见闻者，挦扯而牵合之，或得其字不得其句，或得其句不知其章，反复咀嚼，卒亦无有，此最文之陋也。足下之文，虽不若此，然其意靡靡似主于奇矣。故预为足下陈之，愿无以仆之言质俚而不省也。

乐 书 序

陈　旸

陈旸(1064—1128),字晋之,北宋音乐理论家,绍圣年间以“制科”入仕途,官至礼部侍郎。《乐书》,又称《陈旸乐书》,成书于元符三年(1100)。全书二百卷,目录二十卷。前九十五卷摘录儒家经典著作中有关音乐的章节,并为之训义解释;后一百零五卷论述律吕、五声、八音、乐舞、杂乐、五礼及典礼音乐。其中,《乐书序》论及礼乐对于民风的教化功能,即从儒家礼乐思想出发,推崇雅乐,贬抑新声,从而试图达到“君子以成”“天下以宁”的政治教化目的。

引据张国强点校:《乐书点校》,中州古籍出版社 2019 年版。

臣闻先天下而治者在礼乐,后天下而治者在刑政。三代而上,以礼乐胜刑政而民德厚;三代而下,以刑政胜礼乐而民风偷[①]。……臣窃谓古乐之发,中则和,过则淫。三才之道,参和为冲气[②];五六之数,一贯为中合。故冲气运而三宫正焉,参两合而五声形焉,三五合而八音生焉,二六合而十二律成焉。其数度虽不同,要之一会归中声而已。过此则胡郑哇淫之音,非有合于古也。是知乐以太虚为本,声音律吕以中声为本,而中声又以人心为本也。故不知情者不可与言作,不知文者不可与言述,况后世泯泯棼棼[③],复有不知而述作者乎!呜乎!《乐经》之亡久矣!情文本末湮灭殆尽。心达者体知而无师,知之者欲教而无徒。后世之士虽有论撰,亦不过出入先儒臆说而已。是以声音所以不和者,以乐不正也;乐所以不正者,以经不明也。臣之论载,大致据经考传,尊圣人,折[④]诸儒,追复治古而是正之,囊括载籍,条分汇从,总为六门,别为三部。其书冠以经义,所以正本也;图论冠以雅部,所以抑胡郑也。经义已明,而六律六吕正矣;律吕已正,

① 偷:浅薄,不厚道。
② 参和为冲气:验证配合,以便产生中和之气。参和,综合观察,验证配合。冲气,指阴阳二气互相冲击而产生的中和之气。
③ 泯泯棼棼:亦作“泯泯芬芬”,形容纷乱的样子。
④ 折:使人信服。

而五声八音和矣。然后发之声音而为歌，形之动静而为舞，人道性术之变盖尽于此。苟非寓诸五礼，则乐为虚器，其何以行之哉？是故循乎乐之序，君子以成焉；明乎乐之义，天下以宁焉。然则乐之时用，岂不大矣哉？繇是观之，五声十二律，乐之正也；二变四清，乐之蠹[1]也。……

---

① 蠹：蛀蚀器物的虫子。

六　经　论

杨万里

杨万里(1127—1206),字廷秀,号诚斋,吉州吉水(今江西吉水)人,南宋著名诗人、大臣,曾任太常博士,出知漳州、常州,入为东宫侍读,官至宝谟阁学士。宋高宗绍兴二十四年(1154)进士。晚年辞职家居,因忧愤国事卒,年八十,谥号"文节"。其诗初学江西派,后发现江西诗派单纯追求形式,转而向后山、半山老人五字律、七字绝句,自成一家,称为"杨诚斋体"。著有《诚斋集》等。他一生成就卓著,主要包括政治和文学两方面。政治上,积极主张抗金,反对屈膝议和,关心民生疾苦,敢于直言谏诤;反对轻易用兵、盲目冒进;提倡节俭,薄赋敛,结民心。文学上,诗歌成就突出,善于捕捉稍纵即逝的情趣,语言诙谐幽默、平易浅近,重在抒写爱国忧时情怀;散文作品密栗深邃、雅健幽峭。在其文章中论及音乐时,提出"声之入人心易也",且认为"取仁义道德之意,而飏之于恬愉平淡之乐",音乐可以容纳天地,能够使人"涣然而悟""犁然而契";进一步将工具性的语言文字的功能地位提升,提出"圣人之教不离于言而未始不离于言",但同时指出"圣人不能尽言尽意也",也即语言的教化功能毋庸置疑;《礼论》中把道德仁义归为"礼",指出"《礼》者,圣人规矩之器也",可见其认识到"礼"作用于在天地间,朝堂与生活不可一日无"礼",强调"礼"对于世人的教化功能。

引据辛更儒笺校:《杨万里集笺校》,《中国古典文学基本丛书》本,中华书局2007年版。

乐　论

今夫金石丝竹,八物之善鸣,此其于吾道何与焉?而圣人之经,继礼以乐者,何也?人有幽忧而不乐者,散之以啸歌。有所郁结而不平者,销之以管弦。声之入人心,易也。然则天下欣然之机,不寓于八物之质,而寓于八物之声也。圣人得其机之所寓，而执之以触天下之机，是故取仁义道德之意，而飏[1]之于恬愉平淡之乐。使听之者心悦，悦之者心喻，必有涣然而悟，犁然而契[2]者矣！乐之功用，至此而天下不知也。惟其不知，乃其真知也欤？

善乎孟子之言道也。《乐》之实，乐仁义是也。乐则生矣，生则乌可已也。乌可已则不知手之舞之，足之蹈之也。夫圣人之乐，至于使人手舞足蹈于仁义之中而不自知，此化之妙也。尧、舜、禹、汤、文、武、周公、孔子者，不示其机者也。孟子者，不秘其机者也。谨论。

易　论

论曰：圣人之教，不离于言，而未始不离于言[3]。不离于言者，言也。未始不离于言者，非言也。言者道之因[4]也，圣人且得而离于言乎？非言者道之诣[5]也，圣人且得而不离于言乎？

夫何故传天下以其道，而不示天下以其因，天下何从而诣其诣[6]哉？诣其诣，则不因其因[7]矣。虽然，诣其诣而不因其因可也，未诣其诣而不因其因可乎？是故不得离于言。不离于言者，不废其道之因也。不废则恃[8]此之情，恃彼之愚，是故不得不离于言。离于言者，不恃其道之因也。以道之因者，可忘而废言[9]，见人之迷于涂而莫之指者也。以道之因者，不可忘而恃言，指人以涂而谓之家者也。莫指其涂，天下自此绝指涂为家，天下自此愚尧之朱、舜之均[10]，亲不亲而近不近耶？言可以教人而传道也，则朱、均久矣。其尧、舜也。然同室之朱、均不尧、舜也，而异世之洙、泗有尧、舜焉。则夫子之心，超然独诣尧、舜之诣也。

言可恃耶？言不可恃耶？圣人忧焉欲废言也，而天下之人，岂人人而心孔子之心，诣尧、舜之诣也？欲恃言也，则天下将死乎？吾言之中而不生乎？吾言之外，非吾言之死天下也，死天下之见也。天下之见，所以死乎吾言之中，而不生乎吾言之外者，吾言之尽，而天下亦以为圣人之言尽于此也。天下以吾言为尽，故

---

① 飏：飞扬、驰骋。
② 犁然而契：与明辨相投。
③ 言：工具性之语言。
④ 因：凭借之工具。
⑤ 诣：造就、成就。
⑥ 第一个“诣”指达到，第二个“诣”指成就。
⑦ 第一个“因”是凭借之意，第二个“因”指语言工具。
⑧ 恃：依靠。
⑨ 可忘而废言：意思同“得意而忘言”。
⑩ 朱、均：分别是尧、舜的儿子。

捐其思。捐其思，故死其见。死其见，故貌信乎吾言而心无得于吾道。非无得于吾道也，不自得其得也。

嗟乎，言也者心之翳[1]也。晓天下者，暗天下者也。《易》曰："书不尽言，言不尽意。"嗟乎，圣人之忧，天下深矣乎！而或者以为圣人之意，圣人自不能尽于言。圣人之言，圣人自不能尽于书也。嗟乎，圣人天地也。今曰天能生物，而不能尽生，地能载物，而不能尽载。则天下有不笑其妄者乎？圣人之言，非不能尽意也，能尽意而不尽也。圣人之书，非不能尽言也，能尽言而不尽也。曷为不尽也？不敢尽也。《中庸》曰："有余不敢尽。"此《易》与《中庸》之妙也。然则曷为不敢尽也？忧其言之尽，而人之愚也。渔者之于鱼也，有小其得者，有大其得者。小其得者必涧溪者也，大其得者必江海者也。江海之所以为江海，夫岂若是涧溪然哉？水石凿然以明，而虫鱼历然以见也。渊乎其茫也，黝[2]乎其幽也。是故求者加深，则得者加大也。

圣人之作《易》，其初有卦而已，象焉在其后。有象矣，辞乌在最后？有辞也，如未始有辞也。杳茫深微，不可得而近也。非不可得而近也，不可得而近者所以致人之近也。人致于《易》，则近于《易》矣。人之常情，近则狎[3]，远则疑。故《易》之远者，所以投天下以疑而致天下之思也。思则见，见则悦，悦则研，研则诣。故圣人作《易》也，不示天下以其道之诣，而指天下以其道之因。既曰因矣，可得而尽哉？天下因吾之不尽，而求吾之尽，则道也者，圣人得而秘也耶？梦饮酒者，觉而言之于童子，童子曰："奚而醒也？"彼以为真饮也，不悟其梦也。或者曰："圣人不能尽言尽意也。"其见与童子异不异也？谨论。

礼　论

论曰：道无所倚。有所践有所倚，则天下莫之稽。无所践，则天下莫之居。莫之稽，道之渎也。莫之居，道之弃也。圣人以道而寄于经，以悟于后，乃至于渎与弃。渎则道不神[4]，弃则道不行。道不神且不行，则经也者，无乃虚其所以寄而杜其所以悟哉？夫惟经首于《易》，而后道不渎。继《易》以《礼》，而后道不弃。

圣人之虑微[5]矣，盖天人之理，性命之源，仁义道德吉凶悔吝，纷然齿于卦而

---

① 翳：隐约，晦暗不明。
② 黝：黑色。
③ 狎：不在意、不重视。
④ 渎：轻慢、亵渎。神：神奇。
⑤ 微：微妙、周到。

形于象卦之中。又有卦而象之外又有象焉，此所以为无所倚也。无所倚则无所穷，无所穷者，听天下之人各入其入，随至其至也，是以天下仰其神而稽焉。

虽然，道则神矣，不渎矣，天下于焉而稽之矣。然天下之人圣不数也，贤亦不数也，而愚不肖则不疏也。圣人之经为圣贤而作也，不为愚不肖而作也，则有《易》已多矣。否也，则以不疏之愚不肖，而举责之以不数之圣贤，是却天下之进于圣贤，而坚天下之心，使安于愚不肖也。是故圣人本之以不倚，而进之以可践。

礼也者，所以示天下之可践也。圆不以规，方不以矩。运斤而成风，惟匠石可也。欲举天下之工而皆匠石也，皆不规不矩也，则天下之工，有弃其斤斧而去耳。何则？无所可践也。易者，圣人成风之斤也。礼者，圣人规矩之器也。匠石不以匠石而废规矩，故无匠石而有匠石。圣人不以圣人而废礼法，故无圣人而有圣人。盖道有所可践，而后天下有所可居。《易》之言曰："神无方也，《易》无体也。"彼且无方，则不可以方求。彼且无体，则不可以体见。不可以方求，则契其方者出乎方者也。不可以体见，则得其体者遗乎体者也。欲天下之人皆出乎方契，其方遗乎体得其体。呜呼，难哉！是故有方焉，有体焉，如是而君臣父子，如是而冠昏丧祭，如是而交际辞受，如是而出处进退。严乎洒扫之末，以达乎精义之神。动容周旋之顷，而礼皆至焉。其义粲然，无所不可知，而其地画然，有所必可践。愚不肖者，孰不可以勉而践，践而居哉？有可践，则天下得以不置其足于道之外。有可居，则天下得以置其身于道之内。使天下之人置其身于道之内，而不置其足于道之外，相敬相爱，相安相养，以至于今礼之教也。

而老子曰："失道德仁义而后礼。"又曰："礼者，忠信之薄。"嗟呼，去礼以求忠信，是去裘以求燠者之智也。且礼亡则道德仁义，其犹有存欤？尝观老子之徒，有问乎聃者雁行避影而后进，而聃未轻告也。已则一日不可无师弟子之礼，而天下独可一日无君臣父子之礼耶？人有一朝三饭于家，而教其邻以辟谷之方者，此可信也哉？聃是已。谨论。

诗集传序

朱　熹

朱熹(1130—1200),字元晦,又字仲晦,号晦庵,晚称晦翁,别号紫阳,谥文,世称朱文公,先世徽州府婺源县(今江西婺源)人,生于南剑州尤溪(今福建尤溪),宋代著名理学家、思想家、哲学家、教育家、诗人,闽学派的代表人物,儒学集大成者,世尊称为朱子。十九岁中进士,曾任江西南康、福建漳州知府、浙东巡抚,做官清正有为,振举书院建设,修复白鹿洞书院、岳麓书院。宁宗时入朝为皇帝讲学四十日。此外,一生都在私人讲学中。朱熹学识渊博,于经学、史学、文学、乐律及自然科学等诸方面都有不同程度建树,与周敦颐、程颢、程颐、张载并称"宋五子"。朱熹是宋代理学之集大成者,是程颐三传弟子李侗的学生,继承和发展了程颢、程颐关于"理"的学说,所以后世把"程朱"之学作为理学的代称;同时改造了张载关于"气"的理论,建立了完整而严密的客观唯心主义理论体系,对后代有深远影响。文学上强调道与文的主从关系,认为"道者文之根本,文者道之枝叶""文皆是从道中流出",主张文道合一。朱熹著述浩富,影响较大的有《四书集注》《诗集传》《大学、中庸章句》《论语、孟子集注》《楚辞集注》《韩文考异》等。

其中,不少文章明确表达其对于人的审美教育的关注,且认为美育归根到底是教育,尤其是德育的辅助手段。《诗集传序》中提出作诗之人为正、为善,"其言皆足以为教",才能"化天下";《答程允夫》讨论"理"不在深浅,而在于是否符合中和之道,是否可以指导人的行为,也即肯定"理"对于人的教育意义;《沧洲精舍谕学者》和《论文》均是从作文的角度出发,认为文章代表的不仅是创作者对天地的思想,还彰显其道德修养,所以作文只有多读书,才能"胸中豁然",久而久之,才能如流水般涌出;《大学章句序》以及《语录・论为学・穷理》均阐述"理"为万物之根本,仁义礼智信就是"理",诗人应该接受"理"的感化;《白鹿洞书院揭示》以"揭示"明宗旨,强调讲明封建义理以修身,是为学最根本的任务;《学校贡举私议》在论及学校贡举之弊和改革的办法时,提到教育目的在于传理送德,所以应该选有德行者为教官,以励实学。

引据朱杰人、严佐之、刘永翔主编:《朱子全书》第1册,上海古籍出版社

2002 年版。

或有问于余曰："诗何为而作也？"余应之曰："人生而静，天之性也；感于物而动，性之欲也。夫既有欲矣，则不能无思；既有思矣，则不能无言；既有言矣，则言之所不能尽，而发于咨嗟咏叹之余者，必有自然之音响节族而不能已焉。此诗之所以作也。"

曰："然则其所以教[①]者何也？"曰："诗者，人心之感物而形于言之余[②]也。心之所感有邪正，故言之所形有是非。惟圣人在上，则其所感者无不正，而其言皆足以为教。其或感之之杂，而所发不能无可择者，则上之人必思所以自反[③]，而因有以劝惩[④]之，是亦所以为教也。昔周盛时，上自郊庙朝廷，而下达于乡党闾巷[⑤]，其言粹然无不出于正者，圣人固已协之声律，而用之乡人，用之邦国，以化天下。至于列国之诗，则天子巡守，亦必陈而观之，以行黜陟[⑥]之典。降自昭穆而后，寖以陵夷[⑦]，至于东迁[⑧]，而遂废不讲矣。

---

① 教：教化，教育。
② 形：表现。言之余：言之难尽。
③ 自反：反躬自问，反求之于自己。
④ 劝惩：劝善惩恶。
⑤ 乡党闾巷：古代地方基层组织，泛指民间。乡党，乡里；闾巷，街巷。
⑥ 黜陟：指进退人才。黜，贬斥；陟，提升。
⑦ 寖：止息。陵夷：衰落。
⑧ 东迁：指周平王迁都洛阳。

大学章句序

朱　熹

引据朱杰人、严佐之、刘永翔主编：《朱子全书》第 6 册，上海古籍出版社 2002 年版。

《大学》之书，古之大学所以教人之法也。盖自天降生民，则既莫不与之以仁义礼智之性[①]矣。然其气质之禀或不能齐[②]，是以不能皆有以知其性之所有而全之也。一有聪明睿智能尽其性者出于其间，则天必命之以为亿兆之君师，使之治而教之，以复其性。此伏羲、神农、黄帝、尧、舜所以继天立极[③]，而司徒之职、典乐之官所由设也。

---

① 仁义礼智之性：朱熹认为"理"是万物的根本，"仁义礼智之性"，即人所禀受的"理"。

② 气质之禀或不能齐：朱熹认为人由"理"与"气"结合而成。人所禀受的"理"都是"纯然至善"的，但所禀受的"气"则有清浊厚薄之不同，后者对前者具有制约的作用，这是维护封建等级制度的先验论。

③ 继天立极：顺着天理为社会树立准则。

朱子语类

朱　熹

引据朱杰人、严佐之、刘永翔主编:《朱子全书》第 14—18 册,上海古籍出版社 2002 年版。

……为学者须从穷理上做功夫。若物格、知至,则意自诚;意诚,则道理合做底事自然行将去,自无下面许多病痛也。“扩然而大公,物来而顺应①”。(卷八)

读书以观圣贤之意,因圣贤之意,以观自然之理。(卷十)

本心陷溺之久,义理浸灌未透,且宜读书穷理,常不间断,则物欲之心自不能胜,而本心之义理自安且固矣。(卷十一)

读书理会一件了,又一件。不止是读书,如遇一件事,且就这事上思量合当如何做,处得来当,方理会别一件。书不可只就皮肤上看,事亦不可只就皮肤上理会。天下无书不是合读底,无事不是合做底。若一个书不读,这里便缺此一书之理;一件事不做,这里便缺此一事之理。大而天地阴阳,细而昆虫草木,皆当理会。一物不理会,这里便缺此一物之理。(卷一百十七)

学固不在乎读书,然不读书则义理无由明。要之,无事不要理会,无书不要读。若不读这一件书,便阙了这一件道理;不理会这一事,便阙这一事道理。要他底,须著些精彩方得,……(卷一百二十)

今人作文,皆不足为文。大抵专务节字,更易新好生面辞语②。至说义理处,又不肯分晓。观前辈欧、苏诸公作文,何尝如此?圣人之言坦易明白,因言以明道,正欲使天下后世由此求之。使圣人立言要教人难晓,圣人之经定不作矣。

① 扩然而大公,物来而顺应:意思是涵养仁心,主观上达到与宇宙万物为一体的状态,遇着事物便都能辨识而合理地反应。

② 新好生面辞语:新奇生僻的词语。

若其义理精奥处，人所未晓，自是其所见未到耳。学者须玩味深思，久之自可见。何尝如今人欲说又不敢分晓说，不知是甚所见！毕竟是自家所见不明，所以不敢深言，且鹘突说在里[①]。（卷一百三十九）

① 鹘突：同“糊涂”，因音近相转。在此指的是含糊其辞，说得不清楚。

答程允夫[①]

朱　熹

引据朱杰人、严佐之、刘永翔主编:《朱子全书》第22册,上海古籍出版社2002年版。

“穷理之要[②],不必深求”,此语有大病,殊骇闻听。“行得即是”,固为至论,然穷理不深,则安知所行之可否哉?宰予[③]以短丧为安,是以不可为可也;子路以正名为迂,是以可为不可也。彼亲见圣人,日闻善诱,犹有是失,况于余人,恐不但如此而已。穷理既明,则理之所在,动必由之,无论高而不可行之理,但世俗以苟且浅近之见,谓之不可行耳。如行不由径[④],固世俗之所谓迂;不行私谒[⑤],固世俗之所谓矫[⑥];又岂知理之所在,言之虽若甚高,而未尝不可行哉?理之所在,即是中道。惟穷之不深,则无所准则而有过、不及之患[⑦],未有穷理既深而反有此患也。《易》曰:“精义入神,以致用也[⑧]。”盖惟如此,然后可以应务;未至于此,则凡所作为皆出于私意之凿,冥行而已[⑨]。虽使或中,君子不贵也。

……

① 程允夫:即程洵,字允夫,婺源人,从朱熹游,与朱熹往复论为学之要及克己之功。该文为朱熹与程洵论学之书。

② 要:要点,纲要。

③ 宰予:春秋鲁人,字子我,亦称宰我,孔子弟子,长于辞令。

④ 行不由径:走路不插小道,比喻办事不图方便。

⑤ 私谒:以私事谒见请托。

⑥ 矫:强硬、高傲。

⑦ 过、不及之患:担忧过分或者不足。

⑧ “精义入神”二句:言圣人以精粹微妙之义入于神化,寂然不动,乃能致其所用。

⑨ 冥行:暗中摸索着行走,喻为学行事不得门径。

答曾景建[①]

朱　熹

引据朱杰人、严佐之、刘永翔主编：《朱子全书》第23册，上海古籍出版社2002年版。

……

然文字之设，要以达吾之意而已，政使极其高妙而于理无得焉，则亦何所益于吾身，而何所用于斯世？乡来前辈盖其天资超异，偶自能之，未必专以是为务也。故公家舍人公[②]谓王荆公曰："文字不必造语及摹拟前人，孟、韩文虽高，不必似之也。"况又圣贤道统正传见于经传者，初无一言之及此乎？

……

① 曾景建：宋曾滂之子曾极，字景建。朱熹得其书及诗，大异之。

② 公家舍人公：指曾巩。

学校贡举私议

朱　熹

引据朱杰人、严佐之、刘永翔主编：《朱子全书》第 23 册，上海古籍出版社 2002 年版。

古者学校选举之法，始于乡党，而达于国都。教之以德行道艺，而兴其贤者、能者。盖其所以居之者无异处，所以官之者无异术，所以取之者无异路，是以士有定志而无外慕，蚤[①]夜孜孜，唯惧德业之不修，而不忧爵禄之未至。夫子所谓“言寡尤，行寡悔，禄在其中”，孟子所谓“修其天爵[②]而人爵[③]从之”，盖谓此也。

若夫三代之教，艺为最下[④]，然皆犹有实用而不可阙。其为法制之密，又足以为治心养气之助，而进于道德之归。此古之为法，所以能成人材而厚风俗，济世务而兴太平也。

……

所以必立德行之科者，德行之于人大矣，然其实则皆人性所固有，人道所当为，以其得之于心，故谓之德，以其行之于身，故谓之行，非固有所作为增益而欲为观听之美也。士诚知用力于此，则不唯可以修身，而推之可以治人，又可以及夫天下国家。故古之教者，莫不以是为先。若舜之命司徒以敷五教，命典乐以教胄[⑤]子，皆此意也。……

① 蚤：通“早”。
② 天爵：自然的爵位。
③ 人爵：社会的爵位。
④ 三代：指夏、商、周。艺：才技。
⑤ 胄：帝王或贵族的子孙。

沧洲精舍谕学者

朱　熹

引据朱杰人、严佐之、刘永翔主编：《朱子全书》第 24 册，上海古籍出版社 2002 年版。

老苏[①]自言其初学为文时，取《论语》《孟子》《韩子》及其他圣贤之文，而兀然端坐，终日以读之者七八年。方其始也，入其中而惶然以博，观于其外而骇然以惊。及其久也，读之益精，而其胸中豁然以明，若人之言固当然者，然犹未敢自出其言也。历时既久，胸中之言日益多，不能自制，试出而书之。已而再三读之，浑浑乎[②]觉其来之易矣。……如此求师，徒费脚力，不如归家杜门，依老苏法，以二三年为期，正襟危坐，将《大学》《论语》《中庸》《孟子》，及《诗》《书》《礼记》、程、张[③]诸书分明易晓处，反复读之，更就自己身心上存养玩索，着实行履，有个入处，方好求师。证其所得而订其谬误，是乃所谓就有道而正焉者，而学之成也可冀矣。如其不然，未见其可，故书其说，以示来者云。

① 老苏：指苏洵，字明允，号老泉。

② 浑浑乎：水流奔涌的样子。

③ 程：指程颢、程颐兄弟，同为北宋理学创立者。张：指张载，与周敦颐、程颢、程颐、朱熹并称。

白鹿洞书院揭示

朱　熹

引据朱杰人、严佐之、刘永翔主编:《朱子全书》第 24 册,上海古籍出版社 2002 年版。

父子有亲,君臣有义,夫妇有别,长幼有序,朋友有信。

右五教[①]之目,尧舜使契为司徒,敬敷[②]五教,即此是也。学者学此而已,而其所以学之之序,亦有五焉,其别如左:

博学之,审问之,慎思之,明辨之,笃行之。

右为学之序。学、问、思、辨,四者所以穷理也。若夫笃行之事,则自修身以至于处事接物,亦各有要,其别如左:

言忠信,行笃敬,惩忿窒欲[③],迁善改过。

右修身之要。

正其义不谋其利,明其道不计其功。

右处事之要。

己所不欲,勿施于人。行有不得,反求诸己。

右接物之要。

熹窃观古昔圣贤所以教人为学之意,莫非使之讲明义理,以修其身,然后推以及人,非徒欲其务记览、为词章,以钓声名、取利禄而已也。今人之为学者,则既反是矣。然圣贤所以教人之法,具存于经,有志之士,固当熟读深思而问辨之。苟知其理之当然,而责其身以必然,则夫规矩禁防之具,岂待他人设之而后有所持循哉!近世于学有规,其待学者为已浅矣,而其为法又未必古人之意也。故今不复以施于此堂,而特取凡圣贤所以教人为学之大端,条列如右而揭之楣[④]间。

---

① 五教:即五常之教,包括父义、母慈、兄友、弟恭、子孝五种伦理道德的教育。

② 敷:安排、贯彻。

③ 惩忿窒欲:惩戒忿愤,抑止情欲。

④ 楣:门框。

诸君其相与讲明遵守而责之于身焉，则夫思虑云为之际，其所以戒谨而恐惧者，必有严于彼者矣。其有不然，而或出于此言之所弃，则彼所谓规者必将取之，固不得而略也。诸君其亦念之哉！

答綦君更生论文书

楼　钥

楼钥(1137—1213),字大防,自号攻媿主人,明州鄞县(今浙江宁波)人,南宋大臣、文学家。隆兴元年(1163)进士,试教官,授温州教授,后为翰林学士,拜吏部尚书,迁端明殿学士。嘉定初年,同知枢密院事,升参知政事,授资政殿大学士。嘉定六年卒,谥号宣献,赠少师。他通贯经史,文辞精博。有《攻媿集》。他推崇朱熹,提到音乐可以"感发人之良心",可见其对于音乐的感化功能的肯定。

引据曾枣庄、刘琳主编:《全宋文》第263册,上海辞书出版社2006年版。

……

来书谓长江东流,不见其怪,瞿唐滟滪①之所迫束而后有动心骇目之观,诚是也。然岂水之性也哉!水之性本平,彼遇风而纹,遇壑而奔,浙江之涛,蜀川之险,皆非有意于奇变,所谓湛然而平者,固自若也。滟滪之立中流,或谓其乃所以为平,此言尤有深致。故乐之未亡也,与天地同和,可以感发人之良心。而其既亡也,史纪其精者,谓能使人叹息凄怆,至泣下霑襟者,然后以为声之妙。曾不知哀以思者乃亡国之音,所谓安以乐者何在耶?清庙②之瑟,一唱而三叹,其亦异于后世之乐矣。妄意论文者当以是求之,不必惑于奇而先求其平。

① 滟滪:三峡入口处江心的巨石。
② 清庙:宗庙。

与吴子嗣书

陆九渊

陆九渊(1139—1193),字子静,自号存斋,抚州金溪(今江西金溪)人,南宋哲学家、教育家,陆王心学的代表人物。乾道八年(1172)进士,任敕令所删定官。有感于靖康时事,慨然有复仇之义。曾上奏因五事,遭事中王信所驳,遂还乡讲学,居贵溪之象山,自号象山翁,学者称"象山先生"。与朱熹见解多不合。朱主道学,陆主尊德性;朱好注经,陆谓"六经"皆我注脚。朱主张"理在气先",陆认为"心即是理"。光宗立,差陆九渊知荆门军,务以德化,民俗为变,政绩显著。卒于1193年,谥文安。著有《象山集》。其中《与吴子嗣书》和《象山语录》中均表达其对于"德"的推崇,他提出"有德者必有言",且认为文章代表一个人的道德修养;同时指出文章的宗旨在"理",真正的文章是"顺于道德而理于义",可见其强调文章对后世的教化功能。

引据钟哲点校:《陆九渊集》,《理学丛书》本,中华书局1980年版。

文字之及,条理粲然,弗畔于道,尤以为庆!第当勉致其实,毋倚于文辞。不言而信,存乎德行。有德者必有言,诚有其实,必有其文。实者,本也;文者,末也。今人之习,所重在末,岂惟丧本,终将并其末而失之矣。

陈教授旧亦曾略相从,惟其无本,故其学日谬。书末所纠三条属意精切。但前所取数语亦皆非是。学无端绪,虽依放圣贤而为言,要其指归实已悖戾[①],庞杂肤浅,何足为据。若所谓"致其誉闻,不泯泯碌碌"者,尤不可不辩。人有实德,则"知疾没世而名不称[②]"者,非疾无名,疾无德也;"今闻广誉施于身"者,实德之发,固如是也;"庶几夙夜,以永终誉"者,欲其德之常久而不已也。彼未尝深致自克之功,私意自为主宰,方懵于知德[③],则斯言殆适以附益其好名求胜之习耳。此尤不可不辩。

① 悖戾:粗糙混乱。

② 没世:死,终世。称:相符。

③ 懵于知德:不懂得从实德上下功夫。懵,无知,迷惑。

象山语录

陆九渊

引据钟哲点校:《陆九渊集》,《理学丛书》本,中华书局 1980 年版。

……

文以理为主,荀子于理有蔽①,所以文不雅驯②。

"风以动之,教以化之。"风是血脉,教是条目。

……

梭山③一日对学者言曰:"文所以明道,辞达足矣。"意有所属也。先生正色而言曰:"道有变动,故曰爻;爻有等,故曰物;物相杂,故曰文;文不当,故吉凶生焉。昔者圣人之作易也,幽赞于神明而生蓍④,参天两地而倚数,观变于阴阳而立卦,发挥于刚柔而生爻,和顺于道德而理于义,穷理尽性以至于命,这方是文。文不到这里,说甚文?"

---

① 蔽:遮住。

② 雅驯:文辞优美,典雅不俗。

③ 梭山:即陆九韶,字子美,陆九渊之兄,以讲学于梭山,故号梭山居士。学识渊粹,以切于日用为要。著有《梭山日记》《梭山文集》。

④ 蓍:一种草,古代常以其茎用作占卜。

诗学规范·学古人平易句要得其意义

张　镃

张镃(1153—?),字功甫,一字时可,号约斋,西秦(今甘肃天水)人,居临安(今浙江杭州)。官奉议郎,直秘阁。尝与陆游、杨万里等相唱和。杨万里《诚斋诗话》谓其诗"写物之工,绝似晚唐"。著有《仕学规范》四十卷、《南湖集》十卷。其《诗学规范》系后人从《仕学规范》中辑其论诗部分别出成书,强调诗的"意义",实则重视"意义"带给世人的影响,也即"意深义高"为的是感化世人、思想传承。

引据郭绍虞辑校:《宋诗话辑佚》,中华书局1980年版。

诗以意义为主,文词次之,或意深义高,虽文词平易,自是奇作。世人见古人句平易,仿效之而不得其意义,随便入鄙野可笑。卢仝[①]诗有云:"不唧嚁钝汉",非其篇前后意义可取,自可掩口矣,宁可效之耶?韩吏部古诗高卓,至其律诗虽可称善,要是有不工者。而好韩之人,句句称述,未可谓然也。

① 卢仝(775?—835):自号玉川子,范阳(今河北涿州)人,一说济源(今属河南)人,终生不仕。

沧浪诗话

严　羽

严羽，生卒年不详，字仪卿，一字丹丘，自号沧浪逋客，南宋诗人、诗论家。邵武(今福建邵武)人。一生未曾出仕，大半隐居家乡。所著《沧浪诗话》是一部极其重要的诗歌理论著作，对宋及宋以前的诗歌、诗人进行了创造性的评论。以禅理论诗，推崇汉魏盛唐，号召学古，主张“妙悟”与“兴趣”，开后来“神韵”说一派。对诗歌形象思维、艺术性特征进行深入探索，系统性、理论性较强。此外，还重视诗的艺术性对人心的感发，“博取盛唐名家，酝酿胸中，久之自然悟入”，且“诗道在于妙悟”。

引据郭绍虞校释：《沧浪诗话校释》，人民文学出版社 1983 年版。

夫学诗者以识①为主：人门须正，立志须高；以汉、魏、晋、盛唐为师，不作开元、天宝以下人物。若自退屈，即有下劣诗魔入其肺腑之间；由立志之不高也。行有未至，可加工力；路头②一差，愈骛③愈远；由入门之不正也。故曰，学其上，仅得其中；学其中，斯为下矣。又曰，见④过于师，仅堪传授；见与师齐，减师半德⑤也。工夫须从上做下，不可从下做上。先须熟读《楚词》，朝夕讽咏以为之本；及读《古诗十九首》，乐府四篇，李陵、苏武、汉、魏五言皆须熟读，即以李、杜二集枕藉观之⑥，如今人之治经，然后博取盛唐名家，酝酿胸中，久之自然悟入⑦。虽学之不至，亦不失正路。此乃是从顶𩕳⑧上做来，谓之向上一路⑨，谓之直截根

---

① 识：见解，见识。
② 路头：指学诗的门径。
③ 骛：快速奔跑。
④ 见：见解，见识。
⑤ 减师半德：意为犹如只反映师傅的一半才德。
⑥ 枕藉观之：以书为枕，喻书不离身，时时可阅读。
⑦ 悟入：凭自己主观体会达到理解。
⑧ 顶𩕳：头上。
⑨ 向上一路：指学问最妙处。

源[1]，谓之顿门[2]，谓之单刀直入[3]也。

……

禅家[4]者流，乘有大小[5]，宗有南北[6]，道有邪正；学者须从最上乘，具正法眼[7]，悟第一义。若小乘禅，声闻辟支[8]果，皆非正也。论诗如论禅：汉、魏、晋与盛唐之诗，则第一义也。大历以还[9]之诗，则小乘禅也，已落第二义矣。晚唐之诗，则声闻辟支果也。学汉、魏、晋与盛唐诗者，临济下也[10]。学大历以还之诗者，曹洞下也[11]。大抵禅道惟在妙悟[12]，诗道亦在妙悟。且孟襄阳学力下韩退之远甚，而其诗独出退之之上者，一味妙悟而已。惟悟乃为当行，乃为本色。然悟有浅深，有分限，有透彻之悟，有但得一知半解之悟。汉、魏尚矣，不假悟也。谢灵运至盛唐诸公，透彻之悟也；他虽有悟者，皆非第一义也。吾评之非僭也，辨之非妄也。天下有可废之人，无可废之言。诗道如是也。若以为不然，则是见诗之不广，参诗之不熟耳[13]。试取汉、魏之诗而熟参之，次取晋、宋之诗而熟参之，次取南北朝之诗而熟参之，次取沈、宋、王、杨、卢、骆、陈拾遗[14]之诗而熟参之，次取开元、天宝诸家之诗而熟参之，次独取李、杜二公之诗而熟参之，又取大历十才子[15]之诗而熟参之，又取元和[16]之诗而熟参之，又尽取晚唐诸家之诗而熟参之，又取本朝苏、黄以下诸家之诗而熟参之，其真是非自有不能隐者。倘犹于此而无见焉，则是野狐外道，蒙蔽其真识，不可救药，终不悟也。

---

① 直截根源：指学问最根本的东西。

② 顿门：犹言顿悟之门。佛家以速疾证悟妙果为顿悟。

③ 单刀直入：即直接抓住学问的精髓。

④ 禅家：此处指佛家。

⑤ 乘有大小：佛教分大乘小乘。

⑥ 宗有南北：初祖达摩倡禅，自西域来中国，传至五祖弘忍，下分二支，南为慧能，北为神秀，故有南北二宗。

⑦ 正法眼：即禅语所讲的“正法眼藏”，中正不偏、包罗万法的佛理真谛。

⑧ 声闻辟支：佛家三乘为菩萨、辟支、声闻，声闻辟支乃三乘之二。菩萨乘普济众生，为大乘；辟支、声闻，仅求自度，为小乘。声闻，梵语，即由诵经和师法而悟道。辟支，梵语，其义为独觉，即无师承，独自悟道。

⑨ 大历以还：指中唐时期。大历，唐代宗年号(766—779)。

⑩ 临济：指临济义玄禅师。

⑪ 曹洞：良价禅师和本寂禅师的合称。良价住福州洞山，本寂住抚州曹山，故合称曹洞。

⑫ 妙悟：禅道义为聪慧善悟。

⑬ 参：佛家语，集人坐禅说法，念诵谓之“参”。这里指琢磨领悟的意思。

⑭ 沈、宋、王、杨、卢、骆、陈拾遗：即沈佺期、宋之问、王勃、杨炯、卢照邻、骆宾王、陈子昂。

⑮ 大历十才子：唐代大历时期的十个诗人：卢纶、吉中孚、韩翃、钱起、司空曙、苗发、崔峒、耿沣、夏侯审、李端。

⑯ 元和：唐宪宗年号(806—820)。元和诗人以元稹、白居易为代表。

琴议篇

刘　籍

刘籍，生平不详。所著《琴议》收录于南宋嘉定间(1208—1224)《太古遗音》，其人活动年代当在1208年以前。该著分析了音乐的构成和音乐的作用之后，进一步探索音乐所以能够感人的道理。他认为琴音“禁邪归正，以和人心”，且“雅而能畅，乐而不淫，扶正国风，翼赞王化”。

引据北京古琴研究会编：《琴曲集成》第1册，中华书局2010年版。

琴者，禁也。禁邪归正，以和人心。始乎伏羲，成于文武，形像天地，气包阴阳，神思幽深，声韵清越，雅而能畅，乐而不淫，扶正国风，翼赞王化。善听者，知吉凶休咎，国家存亡。善鼓者，变动阴阳，聚散鬼神。是以古人左琴右书，无故则不彻。琴之为义大矣哉！夫和而鸣者谓之声，参叙相应谓之韵，韵而成文谓之音。夫人志于所守，蕴积于中而形于言。言之不足谓之文，文又不尽谓之音。故音哀乐、雅正、刚柔、怨怒必在乎人，由乎国风。理国治家，化人成俗，政教兴废，道德盛衰，于是听之。则声之音其道深矣！夫人多听声而不听音者，近而不知远也。俗谚云：“不惜歌者苦，但伤知音稀。”诚哉，是言也！余早味幽隐，酷嗜丝桐，颇曾留意时属，绝丝而能之。虽奇声雅韵，寂然而废，幽情远兴，缅想常存。今者以其端味，以传同好，但迹形容，列之于后：夫声意雅正，用指分明，运动闲和，取舍无迹，气格高峻，才思丰逸，美而不艳，哀而不伤，质而能文，辨而不诈，温润调畅，清迥幽奇，参韵曲折，立声孤秀，此琴之德也。如遇物发声，想像成曲，江山隐映，衔落月于弦中，松风飕飗，贯清风于指下，此则境之深矣。又若贤人烈士，失意伤时，结恨沉忧，写于声韵，始激切以畅鬼神，终练德而合雅颂，使千载之后，同声见知，此乃琴道深矣。若夫徇时弃本、艳巧多端，实伤琴德也。夫琴之五音者，宫、商、角、徵、羽也。宫象君，其声同。当与众同心，故曰同也。商象臣，其声行。君令臣行，故曰行也。角象民，其声从。君令臣行民从，故曰从也。徵象事，其声当。民从则事当，故曰当也。羽象物，其声繁。民从事当则物有繁植，故曰繁也。是以舜作五弦之琴，鼓《南风》而天下大治，此之谓也。后至文武各加一弦，故六名“文”、七名“武”也。夫琴之声弄各有异端，不可雷同，总呼为弄。合节者为声，不合节者为弄。音叶称音，音繁曰乐。禽兽但知声而不知音，常人但知音而不知乐，君子能知其乐者，明国之兴衰，察人之哀乐。故哀心感者，其声焦以杀；乐心感者，其声舒以缓；其喜心感者，其声发以散；其怒心感者，其声粗以厉；其敬心感者，其声和以柔。此非情也，感于物而动也。夫闻宫音者，使人温舒而广大；闻商者，使人方正而好义；闻角者，使人恻隐而爱人；闻徵者，使人乐善而好施；闻羽者，使人齐整而好礼。是以舜操五弦之音，其辞曰：“南风之薰兮，可以解吾民之愠兮。南风之时兮，可以阜吾民之财兮。”圣人音妙深矣！故凭言以求意，在得意以求言，言穷而意远也。

问　礼　乐

真德秀

真德秀(1178—1235),本姓慎,避孝宗讳,改姓真。字景元,后改景希(一作希元),世称“西山先生”,建州浦城(今福建浦城)人,南宋后期理学家、大臣。宋宁宗庆元五年(1199)进士,官至参知政事。为官正直有惠政,十年间奏疏达数十万言,皆切当世要务。1235 年卒,谥号文忠。其学宗于朱熹,与魏了翁齐名,创“西山真氏学派”,是宋末理学的主要人物。著有《西山集》《三礼考》《四书集编》《大学衍义》等。《问礼乐》尽管在谈礼与乐的关系,但二者均存在于生活中,且缺一不可,因此,礼乐作用于天地间,正如朱文公所说“严而泰,和而节”。《问兴立成》开篇肯定诗歌的教育感化作用,通过对古代诗歌“性情之真”——“正理”(即礼义)的讨论,提出“礼乐之原出于天地自然之理”,且“学者诚能以庄敬治其身,和乐养其心,则于礼乐之本得之矣”。

引据真德秀撰:《西山先生真文忠公文集》,王云五主编《万有文库》本,商务印书馆 1937 年版。

敬者,礼之本;制度威仪,礼之文[①]。和者,乐之本;钟鼓管磬,乐之文。礼乐二者,阙一不可。《记》曰:“乐由阳来,礼由阴作。[②]”“天高地下,万物散殊,而礼制行焉。”“流而不息,合同而化,而乐兴焉。”故礼属阴[③],乐属阳[④]。礼乐之不可阙一,如阴阳之不可偏胜。礼胜则离[⑤],以其太严而不通乎人情,故离而难合。乐胜则流[⑥],以其太和而无所限节,则流荡忘返。所以有礼须用有乐,有乐须用

---

① 文:与“本”相对,指外在表现形式。

② 乐由阳来,礼由阴作:语出《礼记·郊特牲》。《正义》:“阳,天也,天气化故作乐象之,乐以气为化,是乐由阳来者也。”“阴,地也,地以形生,故制礼象之,礼以形为教,是礼由阴作也。形教谓尊卑大小拜伏之事也。”

③ 礼属阴:凡天地间道理一定而不可易者皆属阴。

④ 乐属阳:凡天地间流行运转者皆属阳。

⑤ 离:指脱离人情。

⑥ 流:指放任自流。

有礼，此礼乐且是就性情上说，然精粗本末，亦初无二理。礼中有乐，乐中有礼，朱文公谓：严而泰，和而节[①]。

① 严而泰，和而节：严肃之中有自然之和，此即是礼中之乐；和乐之中有自然之节，此即是乐中之礼。

问兴立成

真德秀

引据真德秀撰：《西山先生真文忠公文集》，王云五主编《万有文库》，商务印书馆1937年版。

古之诗，出于性情之真。先王盛时，风教[①]兴行，人人得其性情之正，故其间虽喜怒哀乐之发[②]，微或有过差，终皆归于正理。故《大序》曰："变风[③]发乎情，本乎礼义。发乎情，民之性也；本乎礼义，先王之泽也。"三百篇《诗》，惟其皆合正理。故闻者，莫不兴起其良心，趋于善而去于恶，故曰：兴于诗。

礼乐之原，出于天地自然之理。《乐记》曰："天高地下，万物散殊，而礼制行矣。流而不息，合同而化，而乐兴焉。""礼者，天地之序也；乐者，天地之和也。"天高地下，此即自然之尊卑；万物散殊，有大有小，有隆有杀[④]，此即自然之等级。圣人因此，制为之礼，所以法天地之序也。阴阳五行之气，流行于天地之间，未尝少息，相摩相荡[⑤]，为雷霆，为风雨，以化生万物。圣人因此作为之乐，所以象天地之和也。五声十二律，亦皆阴阳变错而成，故乐音之和，与天地之和相应，可以养人心、成风俗也。自周衰，礼乐崩坏，然礼书犹有存者，制度文为，尚可考寻，乐书则尽缺不存。后之为礼者，既不能合先王之制，而乐尤甚焉。今世所用，大抵郑卫之音[⑥]，杂以夷狄之声而已，适足以荡人心、坏风俗，何能有补乎！故程子慨然发叹也。然礼乐之制虽亡，而乐之理则在，故《乐记》又谓"致礼以治身""致乐以治心"。外貌斯须[⑦]不庄不敬，则嫚易[⑧]之心入之矣；中心斯须不和不乐，则鄙

① 风教：指诗歌的教育感化作用。
② 发：显现，表现。
③ 变风：讽刺时政的作品。
④ 隆：盛；杀：衰。
⑤ 摩：摩擦。荡：移动。
⑥ 郑、卫之音：原指春秋战国时郑、卫等国的民间音乐，后用作淫靡之乐的代称。
⑦ 斯须：片刻。
⑧ 嫚易：轻浮、轻忽之意。

诈之心入之矣。庄敬者，礼之本也；和乐者，乐之本也。学者诚能以庄敬治其身，和乐养其心，则于礼乐之本，得之矣。是亦足以立身而成德也。三百篇之《诗》，虽云难晓，今诸老先生发明其义，了然可知，如能反覆涵泳，直可以感发其性情，则所谓“兴于诗”者，亦未尝不存也。

答傅当可论诗

包　恢

包恢(1182—1268),字宏父,字道夫,号宏斋,宋建昌南城(今江西南城)人,文学批评家。宁宗嘉定十三年(1220)进士,官至端明殿学士、签书枢密院事,廉吏,以政绩著称。幼受理学熏陶,曾被比为二程。著有《敝帚稿略》。论文强调天机自然,诗歌也同样崇尚自然,且认为"学诗浑似学参禅",作诗有法,以造化为诗的源头,且诗作应该"以汪洋澹泊为高",可见,诗文应承载创作者的德行,而诗人创作的目的恰恰也是希望其顿悟所得成为世人顿悟之始,也即"况造物气象,须自大化混浩中沙汰陶熔出来,方见精彩也"。此外,其提出诗作应"状理则理趣浑然,状事则事情昭然,状物则物态宛然",且认为杜甫诗作"其志浩然,未始一日少变,故其诗之光焰不可磨灭,不可不考也"。换言之,肯定杜甫诗歌对世人的感化功能。

引据曾枣庄、刘琳主编:《全宋文》第319册,上海辞书出版社2006年版。

某昨承不外,以佳句一帙见教,开警为多。盖始终皆欲追晋、宋之风,而绝不效晚唐之体,此其过于人远矣。某素不能诗,何能知诗?但尝得于所闻,大概以为诗家者流,以汪洋澹泊为高,其体有似造化之未发者,有似造化之已发者,而皆归于自然,不知所以然而然也。所谓造化之未发者,则冲漠[1]有际,冥会[2]无迹,空中之音,相中之色,欲有执着曾不可得,而自有尸居而龙见、渊默[3]而雷声者焉。所谓造化之已发者,真景见前,生意呈露。混然天成,无补天之缝罅[4];物各傅物,无刻楮[5]之痕迹。盖自有纯真而非影全是而非似者焉。故观之虽若天下之至质而实天下之至华,虽若天下之至枯而实天下之至腴。如彭泽[6]一派,来自

① 冲漠:指冲虚恬漠、幽幻空寂之境。
② 冥会:指默然契合、于心可会之境。
③ 尸居:闲居无事。渊默:沉静寡言。
④ 罅:缝隙,裂缝。
⑤ 刻楮:指刻镂于纸。楮,楮木,可以制纸。
⑥ 彭泽:指陶渊明,陶于归田园前曾为彭泽令,故称陶彭泽。

天稷[①]者，尚庶几焉，而亦岂能全合哉！然此惟天才生知，不假作为可以与此[②]，其余皆须以学而入。学则须习，恐未易径造也。所以前辈尝有“学诗浑似学参禅[③]”之语。彼参禅固有顿悟，亦须有渐修始得。顿悟如初生孩子，一日而肢体已成；渐修如长养成人，岁久而志气方立。此虽是异端语，亦有理可施之于诗也。半山云：“看似寻常最奇崛，成如容易却艰辛。”某谓寻常容易，须从事奇崛艰辛而入。又妄意以为《损》先难而后易，《益》长裕而不设，不外是诗法；况造物气象，须自大化混浩中沙汰陶熔出来，方见精彩也。唐称韦、柳有晋、宋高风，而柳实学陶者。山谷尝写柳诗，与学者云：“能如此，学陶乃能近似耳。”此语有味。

① 天稷：星名，主五谷之生长。借指自然之力。
② 与此：参与此境。
③ 参禅：静坐冥想参思佛理，谓之参禅。

答曾子华论诗

包　恢

引据曾枣庄、刘琳主编：《全宋文》第319册，上海辞书出版社2006年版。

承近多作诗赋等，欲以示拙者一观，虽未及观，然以子华平日之才华，决知其有可观者。《宏斋》一诗，亦足以窥一斑矣。但窃尝以为此等文不可轻易尝试为之，盖古人于诗不苟作，不多作，而或一诗之出，必极天下之至精。状理则理趣浑然，状事则事情昭然，状物则物态宛然，有穷智极力之所不能到者，犹造化自然之声也。盖天机自动，天籁自鸣，鼓以雷霆，豫顺以动，发自中节，声自成文。此诗之至也，孰发挥是？帝出乎《震》[①]，非虞之歌[②]、周之正[③]风、雅、颂，作乐殷荐[④]上帝之盛，其孰能与于此哉！其次则所谓未尝为诗而不能不为诗，亦顾其所遇如何耳。或遇感触，或遇扣击，而后诗出焉。如诗之变《风》、变《雅》[⑤]与后世诗之高者是矣。此盖如草木本无声，因有所触而后鸣，金石本无声，因有所击而后鸣，非自鸣也。如草木无所触而自发声，则为草木之妖矣；金石无所击而自发声，则为金石之妖矣。闻者或疑其为鬼物，而掩耳奔避之不暇矣。世之为诗者，鲜不类此。盖本无情而牵强以起其情，本无意而妄想以立其意，初非彼有所触而此乘之、彼有所击而此应之者，故言愈多而愈浮，词愈工而愈拙，无以异于草木金石之妖声矣。况在心为志，发言为诗，今人只容易看过，多不经思。诗自志出者也，不反求于志而徒外求于诗，犹表邪而求其影之正也，奚可得哉？志之所至，诗亦至焉，岂苟作者哉！后世诗之高者，若陶与李、杜者难矣。陶之冲澹闲静，自谓是羲皇上人[⑥]，此其志也。"种豆南山"之诗，其用志深矣。"羲农去我久"一篇，又直

---

① 帝出乎《震》：语见《易·说卦》，意谓天帝若出生万物则在乎震。震：万物发动之象。
② 虞之歌：指《孔子家语》所载传为舜弹五弦之琴而歌之《南风》之诗。
③ 周之正：指周公、成王时之诗。即《诗经》的正《小雅》、正《大雅》。
④ 殷荐：以隆重之礼乐荐祭天帝。荐：进献祭品。
⑤ 变《风》、变《雅》：《诗经》中之诗，据《毛诗序》所分，周盛时之诗为"正声"，周衰时之诗为变《风》、变《雅》。
⑥ 羲皇上人：伏羲氏以前之人，即太古之民。喻指心无俗念，身绝尘世。

叹孔子之学不传[1]而窃有志焉。惟其志如此，故其诗亦如之。今人读其诗，不知何如而读之哉！如李如杜，同此其选也。李之“宴坐寂不动，湛然冥真心”，杜之“愿闻第一义，回向心地初”，虽未免杂于异端，而其志亦高于人几等矣，宜其诗至于能泣鬼神，驱疟疠，非他人之所敢望也。今之言诗者，不知其果何如哉？近世名公尝有言曰：“人心惟危，天命不易。学者于日用之间，如排浮萍，画流水，随止合，则见于纸上山小水浅，无足疑者。”此可以言志与诗矣。子华之诗，谓因居闲处独，岑寂无聊而作，则亦不可谓无所击触而自鸣者。此亦后世骚人文士之常也。……好诗者如进于此也，诗当自别矣。太白常有超世之志，固非世态之所得而笼络。子美一生穷饿，固不掩于诗，而其志浩然，未始一日少变，故其诗之光焰不可磨灭，不可不考也。

……

① 羲农二句：陶渊明《饮酒二十首》最后一首，以“羲农去我久”为起句，诗中说道“洙泗辍微响，漂流逮狂秦；诗书复何罪，一朝成灰尘。”“叹孔子之学不传”，即指此。

雅　歌　序

王　柏

王柏(1197—1274)，字会之，自号长啸，三十岁以后为"长啸非圣门持敬之道"，改号鲁斋，婺州金华(今浙江金华)人，谥文宪。王柏的祖和父都是理学家，本人亦从朱熹门人黄榦之弟子何基学，一生未仕，曾掌教丽泽、上蔡二书院。所作诗文有"豪迈雄肆"之称。著有《王文宪公集》。论文发挥朱熹之说，以复古为主。其《雅歌序》一文中提到"古之诗犹今之歌曲也"，不论"雅""颂"，还是"国风"，均可以"兴起人心"，其中"惟《周南》《召南》，通上下而用之"，可见这些"歌曲"对世人心性的感化功能。

引据：《鲁斋集》，《丛书集成初编》本，中华书局1985年版。

古之诗，犹今之歌曲也。但《雅》《颂》作于公卿大夫，用于朝会燕享，用于宗庙祭祀，非庶人所敢僭。惟《周南》《召南》通上下而用之。被之于管弦之中，以约其情性之正，以范其风俗之美，此王化之所由基，非后世之所可及也。其余《国风》，杂出于小夫贱隶、妇人女子之口，以述其闾巷风土之情，善恶纷糅，而圣人亦存之以为世戒，非皆取之以为吟咏之当然。读之者悚然知所羞恶，则圣人之功用远矣，正不必句句抽绎，而字字精研。求其美者，玩味诵咏之可也。若以为圣人既删之后，列之经籍，而皆不可废，则又何以谓之"郑声淫"[①]而放绝之乎？今考《桑中》之诗曰："期我乎桑中，要我乎上宫，送我乎淇之上矣。"其《溱洧》之诗曰："维士与女，伊其相谑，赠之以芍药。"虽荡然无复羞愧悔悟之意，若概之以后世怨月恨花、殢[②]红偎翠之语，艳丽放浪、迷痼沉溺者，又不可同日而语矣！

予尝谓郑、卫之音，二《南》之罪人也；后世之乐府，又郑、卫之罪人也。凡今词家，所称脍炙人口者，则皆导淫之罪魁耳，而可一寓之于目乎！然《三百篇》之音调已亡，虽《鹿鸣》而下诸篇，腔律具于《仪礼》集传，又非乐工之所能通识。观

① "郑声淫"：语出《论语·卫灵公》："放郑声，远佞人。郑声淫，佞人殆。"
② 殢：沉溺于，困于。

其章叠句整，气韵和平，而渊永深穆之意，乃在于一唱三叹之表。孰能审其音，以转移其气质，涵咏于义理哉？至于习俗之歌谣，辞俚而韵窒，又无足取。所以学士大夫，尚从事于后世之词调者，既可倚之于弦索，泛之于唇指，宛转萦纡于喉舌之间，忧愤疏畅，思致流动，犹有可以兴起人心故也。

间因暇日有传寇忠愍[①]《阳关》之作；而子朱子[②]为之感慨题赞，其意深矣。因并及他作，可以丽[③]于此者，不间古今，类为《雅歌》若干卷，而窃有取于放郑声之遗意云。

---

① 寇忠愍：寇准，字平仲，华州下邽人，宋真宗朝累官尚书右仆射、集贤殿大学士、同中书门下平章事，封莱国公。乾兴初贬雷州司户，卒。仁宗时赠中书令，追谥忠愍。

② 子朱子：朱熹。“子”是其门徒对他表示尊敬的称法。

③ 丽：并列。

罗主簿一鹗诗序

文天祥

文天祥(1236—1283),初名云孙,字宋瑞,一字履善,号文山、浮修道人,江西吉州庐陵(今江西吉安富田镇)人,南宋末政治家、文学家、爱国诗人、抗元名臣、民族英雄,与陆秀夫、张世杰并称"宋末三杰"。宝祐四年(1256)进士第一,官至右丞相、信国公。著有《文山先生集》十八卷。平生所作诗文皆反映时事、描写平生所遭险难和战友事迹之作,一洗南宋卑陋凡庸诗风。他认为诗歌的"性情"很重要,性情可以直接影响到诗的"声音",即"性情未发,诗为无声,性情既发,诗为有声",在此,"声音"与"性情"相通,可见,性情"闳于无声诗之精,宣于有声诗之迹"。诗之"性情"在,便会有一种无声胜有声的感觉,也就是说,诗"发性情之和"。

引据世界书局点校:《文天祥全集》,中国书店 1985 年版。

诗所以发性情之和也。性情未发,诗为无声;性情既发,诗为有声。闳于无声诗之精,宣于有声诗之迹①。前之二谢,后之一苏②,其诗瑰伟卓荦,今世所脍炙,然此句之韵之者耳③。梦草池塘,精神相付属④;对床风雨,意思相怡愉。《传》曰:"立见其参于前;在舆见其倚于衡。"谢有焉。⑤ "乐则生,生则恶可已。"苏有焉⑥。东溪君嗜诗,叔曰北谷,而云谷又其弟。鹤鸣子和⑦,埙吹篪应⑧,

---

① 闳于二句:闳,藏。宣,抒发。

② 二谢、一苏:二谢指南朝诗人谢灵运、谢惠连。一苏,指苏轼。

③ 句之韵之者:给对方助成诗句,与对方叠韵唱和者。

④ 精神相付属:指谢灵运、谢惠连神魂相通。

⑤ "《传》曰"四句:喻兄弟之间神魂相通,仿佛对方时刻都在自己身旁,谢灵运、谢惠连兄弟之间就有这种情况。

⑥ "乐则生"三句:孟子原意谓"事亲"与"从兄"应是人之本性,明白了这一点就会努力去做,就会感到快乐,而且快乐一旦产生,就无法休止。此谓苏轼、苏辙兄弟做到了这一点。

⑦ 鹤鸣子和:原意指隐居山林的贤士,此谓罗一鹗一家相互酬和,情调高雅。

⑧ 埙:一种陶制乐器。篪:一种竹制乐器。应:和。

天和流动，雍于一堂，所谓无声之诗也。噫，谢之乐不能兼苏，苏之乐不能兼谢，东溪君合苏、谢而一之，其乐庸有既[1]乎！若夫君所以句之韵之者，予非能诗，又焉能评，其归问之二谷。

---

① 既：尽。

舌耕叙引

罗　烨

罗烨，生平不详，庐陵(今江西吉安)人。著有《醉翁谈录》。《舌耕叙引》为其所著《醉翁谈录》中的一篇，文章讨论宋代的说话艺术，其中提到这些说话艺术以“上古隐奥之文章”作为议论的对象，所以“言非无根”，最重要的是“听之有益”，可见各种说话艺术之于大众的感化作用。

引据罗烨著：《醉翁谈录》，古典文学出版社1957年版。

……小说者流，出于机戒之官，遂分百官记录之司。由是有说者纵横四海，驰骋百家。以上古隐奥之文章，为今日分明之议论。或名演史[①]，或谓合生[②]，或称舌耕[③]，或作挑闪[④]，皆有所据，不敢谬言。言其上世之贤者可为师，排其近世之愚者可为戒。言非无根，听之有益。

① 演史：也称讲史，宋元间说话的一种，后发展为演义。

② 合生：可能由两个人演出，一人指物为题，另一人应命成咏，有时或伴以音乐歌舞。

③ 舌耕：原喻指旧时授徒者恃口说以谋生，犹农夫耕田求得粟米。这里指“说话”中以说为主，凭口才和舌辩来达到效果和博取听众的一种伎艺。

④ 挑闪：挑，拨动，引申为挑拨、挑逗、引诱；闪，躲，引申为躲开、抛撇之义，犹如今日的“卖关子”，是说话人讲一点最精彩动人的情节等，来引诱听众，安排悬念，增强“说话”效果的一种艺术手段。

跋杨中斋诗词集

王义山

王义山(1214—1287),字元高,号稼村,富洲(今江西丰城)人,宋代文学大家王禹偁的后裔,宋末元初诗文家、词人。宋末进士,知新喻县,历永州司户、通判瑞安军府事,宋末罢官。至元十七年(1280),提举江西学事。后退居东湖,名其书室为"稼村"。著有《稼村类稿》。其诗作《跋杨中斋诗词集》中提到"把酒读君诗,一字一精神",可见其对于诗歌本身所蕴含的"精神"的关注,也即诗中"梅香"带给世人的影响。

引据杨镰主编:《全元诗》第3册,中华书局2013年版。

江西派已远,后来无闻人。许大[①]能诗声,来自浙之滨。
奚奴背锦囊,马蹄踏青春。来派江西诗,风月浩无垠。
翩翩佳公子,皆绮纨其身。惟君独不然,每恨无书贫[②]。
胸中国子监,所积皆轮囷[③]。把酒读君诗,一字一精神。
句里带梅香,不涴半点尘。家本住孤山,和靖与卜邻。
吾闻诗之天,不在巧与新。纤秾寄淡泊,清峭寓简淳。
古律尤崛奇,可与子建亲。此诗实兼之,体具众美纯。
载哦长短篇,音节中韶钧。少游词如诗,二者皆逼真。
再拜卷锦还,愿言宝所珍。

---

① 许大:如此大,这么大。
② 无书贫:东汉王充少时孤苦,家贫无书,常游于洛阳书肆,就中阅读。
③ 轮囷:指不同凡响的才能。

文 弊 解

郝　经

郝经(1223—1275),字伯常,泽州陵川(今山西晋城)人,宋末元初著名大儒。金朝灭亡后,迁居河北,在元将张柔家里饱读藏书,曾任翰林侍读学士。后入忽必烈王府,受忽必烈赏识,以翰林学士充任国信史使宋议和,被贾似道羁留于仪真达十六年,始得复归。曾求学于赵复,又从元好问学诗文。论文多持儒家名教、道统立场。著有《陵川集》。他的学术思想和文学观点,都受到理学的影响,为文崇实黜华,强调内心修养而轻视社会阅历。此外,《文弊解》开头点明"事虚文而弃实用"这一弊端时间很久了,主张"圣贤之膏腴,道德之精华",其"意味无穷,感化不已";《文说送孟驾之》则在论道之余,表达对重文轻道观点的批判;《答友人论文法书》尽管讨论文法与理的关系,但同时也表达其"明理"为"文法"之本的思想;《与撖彦举论诗书》认为诗歌虽寄托于花草风月,但其真正传递的是五常之礼,传递诗歌的教化功能。

引据秦雪清点校:《郝文忠公陵川文集》,山西人民出版社、山西古籍出版社2006年版。

事虚文而弃实用,弊亦久矣。自为己之学不明,天下之人狃于习而啗于利[①],是以背而驰之……

……

余尝熟读《语》《孟》二书,意味无穷,感化不已。师弟对问之间,而文若是,岂有意于文而后言邪!圣贤之膏腴,道德之精华,发而自然耳。故所以为孔子,所以为孟轲,后世亦莫能及也。孔氏之门,游、夏以文学称,未闻其执笔命题而作文也。则所谓文学者,亦异矣。

后世文士,工于文而拙于实,炫于辞章而忘于道义,故班、马不免于刑[②],范

① 狃:习惯。啗:即"啖",引诱。

② "班、马"句:东汉史学家、文学家班固因曾续写其父未完成的《史记后传》,而被误以为私改国史罪下狱。西汉史学家、文学家司马迁曾为兵败而投降匈奴的李陵辩护,得罪入狱,遭受腐刑。

晔、陆机、谢灵运不免于诛①，陈叔宝、杨广不免于覆宗社②，而柳柳州不免于小人③，文何益耶？苟有其实矣，何患无文！三代则亦已矣。至于后世，汉高帝奋起亡秦，王有天下，功并汤、武，未尝为文也，如《大风之歌》，声震海岳，而光犯日月。诸葛孔明仗义兴汉，委身事蜀，道合伊、吕④，而他文未见也，如《出师之表》，与商、周命训相上下，则有实者有文也必矣。

方今道丧时弊，正气湮塞，生民坠溺，志士振起之秋也。可拘于虚文、溺于浅浅哉？宜嘬⑤六经之实，尽躬行之道，精百代之典，革虚文之弊，断作为之工，存心养性，磨厉以须天下之清。其行也，其达也，必不与草木并朽而无闻矣。

---

① "范晔"句：南朝宋史学家、散文家范晔因参与拥立彭城王刘义康为帝，事泄被杀。西晋文学家陆机为成都王司马颖率兵讨长沙王，兵败遭谗，为颖所杀。南朝宋诗人谢灵运因在帝室与世族中失势，后以谋反罪流放广州，被杀。

② "陈叔宝"句：陈叔宝，即陈后主，因生活奢侈，溺于游宴，终被隋兵所俘，南朝陈亦覆灭。杨广，即隋炀帝，即位后，因耽奢侈，劳役百姓，致使农民起义不断，南巡至江都，仍沉缅酒色，无意北归，为禁军将领宇文化及等缢杀，隋王朝亦土崩瓦解。

③ "柳柳州"句：意思是说柳宗元被小人所伤。柳柳州，指柳宗元。

④ 伊、吕：指辅佐商汤的伊尹与辅佐周武王的吕尚，旧时并称为贤相。

⑤ 嘬：吸吮，在此指回味、琢磨。

文说送孟驾之

郝　经

引据秦雪清点校：《郝文忠公陵川文集》，山西人民出版社、山西古籍出版社2006年版。

或者尝曰："彼作文不工""彼工于作文"。愚窃听而惑之。盖文可顺，而不可作也。天地有真实正大之理，变而顺，有通明纯粹不已之文，是其所以为之，非矫揉造凿而然也。唯其变，是以有文，唯其顺，是以不已，皆自然也。故阴阳得以文乎天，刚柔得以文乎地，仁义得以文乎人，羽毛、鳞介、苞叶、根荄得以文乎物；清浊、高下得以文乎声，升降、舒缀得以文乎节，丽缛、华采得以文乎色，礼、乐、射、御、书、数得以文乎艺，德刑、殿最、号律得以文乎政①，城聚、都鄙、庐井得以文乎居，华虫、藻火、山龙、黼黻得以文乎服②。易其无有，利其兴革，化而新之，至至终终，为神道之极致，亦得其本然之理而已，焉有作为之赘哉！

大庭氏而上，文有理而无名；大庭氏而下，文有名而无书；陶唐氏而下，文有书而无法；仲尼氏而下，文有法而无作。仲尼之门，游、夏以文学称，未闻其执笔命题而作文也。物感于我，我应之以理而辞之耳，岂校其辞之工拙哉！是以六经之文，经天地，贯万世，与博厚高明并而不朽也。……

---

① "德刑"句：德，德化。刑，刑法。殿最，古代考核政绩或军功，上等者称最，下等者称殿。号律，号令与法令。

② "华虫"句：华虫、藻、火、山、龙、黼、黻，均为古代冕服上的画饰或图纹。

答友人论文法书

郝　经

引据秦雪清点校：《郝文忠公陵川文集》，山西人民出版社、山西古籍出版社2006年版。

……

经何人也，而敢复论文章之法乎？

顾有一焉不敢告也。为文则固自有法，故先儒谓作文“体制立而后文势成”。虽然，理者法之源，法者理之具，理致夫道，法工夫技，明理，法之本也。吾子所谓法度、利病，近世以文为技，与求夫法、资于人而作之者也。非古之以理为文，自为之意也。古之为文也，理明义熟，辞以达志尔。若源泉奋地而出，悠然而行，奔注曲折，自成态度，汇于江而注之海。不期于工而自工，无意于法而皆自为法。故古之为文，法在文成之后，辞由理出，文自辞生，法以文著，相因而成也……

夫理，文之本也；法，文之末也。有理则有法矣，未有无理而有法者也。六经，理之极，文之至，法之备也。故《易》有阳阴奇耦之理，然后有卦画爻象之法；《书》有道德仁义之理，而后有典谟训诰之法；《诗》有性情教化之理，而后有风赋比兴之法；《春秋》有是非邪正之理，而后有褒贬笔削之法；《礼》有卑高上下之理，然后有隆杀度数之法；《乐》有清浊盛衰之理，而后有律吕舒缀之法。始皆法在文中，文在理中，圣人制作裁成，然后为大法，使天下万世知理之所在而用之也。……

故今之为文者，不必求人之法以为法，明夫理而已矣。精穷天下之理，而造化在我。以是理为是辞，作是文成是法，皆自我作。志帅行权，多多益善。……

与撖彦举论诗书

郝　经

引据秦雪清点校：《郝文忠公陵川文集》，山西人民出版社、山西古籍出版社2006年版。

经白：

昨得足下诗一卷，瑰丽奇伟，固非时辈所及。然工于句字而乏风格，故有可论者。

诗，文之至精者也，所以歌咏性情，以为风雅[①]，故摅写襟素，托物寓怀，有言外之意，意外之味，味外之韵。凡喜怒哀乐，蕴而不尽发，托于江花野草、风云月露之中，莫非仁义礼智、喜怒哀乐之理。依违而不正言，恣睢而不迫切，若初无与于己，而读之者感叹激发，始知己之有罪焉。故三代之际，于以察安危，观治乱，知人情之好恶，风俗之美恶，以为王政之本焉。观圣人之所删定，至于今而不亡，诗之所以为诗，所以歌咏性情者，只见三百篇尔。……

---

① 风雅：本指《诗经》中的国风与大雅、小雅，因儒家诗论将其列为“六义”中两类，后借此指诗中有益于教化的雅正的社会内容。

赠宋氏序

胡祗遹

胡祗遹(1227—1293),字绍开,号紫山、少凯,磁州武安(今属河北)人,元代学者。元至元时曾任太常博士、左司员外郎、右司员外郎、河东山西道提刑按察副使等职。喜爱戏曲,与戏曲演员有密切交往。著有《紫山大全集》。他的成就在于为元曲研究呈现了珍贵的史料价值。其中《赠宋氏序》一文提出戏曲"宣其抑郁",实则因为"乐音与政通",在此,"乐"指元代戏曲,且包含内容极其丰富,"上则朝廷君臣政治之得失,下则闾里市井父子兄弟夫妇朋友之厚薄……"。这种艺术形式在被听众接受时,无形之中传播的内容也非常繁杂,其中包括道德仁义、人情物理及风土人情等等。

引据魏崇武、周思成校点:《胡祗遹集》,吉林文史出版社2008年版。

百物之中,莫灵莫贵于人,然莫愁苦于人。鸡鸣而兴,夜分而寐,十二时中,纷纷扰扰。役筋骸,劳志虑,口体之外,仰事俯畜①,吉凶庆吊乎乡党闾里,输税应役于官府边戍,十室而九不足。眉颦心结,郁抑而不得舒,七情之发,不中节而乖戾者,又十常八九②。得一二时安身于枕席,而梦寐惊惶,亦不少安。朝夕昼夜,起居寤寐③,一心百骸常不得其和平,所以无疾而呻吟,未半百而衰。于斯时也,不有解尘网、消世虑、熙熙皞皞④、畅然怡然少导欢适者一去其苦,则亦难乎其为人矣!此圣人所以作乐以宣其抑郁⑤,乐工伶人之亦可爱也。乐音与政通,而伎剧亦随时所尚而变。近代教坊院本之外,再变而为杂剧。既谓之杂,上则朝廷君臣政治之得失,下则闾里市井父子、兄弟、夫妇、朋友之厚薄,以至医药、卜

---

① 仰事俯畜:侍奉父母,抚养妻子儿女。

② "七情之发"三句:《礼记·中庸》谓"喜怒哀乐之未发,谓之中",又谓"发而皆中节,谓之和"。儒家以此作为人的情感表现的最适宜状态。这里是说人常常遭受种种欺凌而产生不正常的情感,有损于人体健康。

③ 寤:醒时;寐:睡着。

④ 熙熙皞皞:意思是看戏时高兴热闹的情形。熙熙,安乐的样子。皞,明亮。

⑤ 宣其抑郁:抑,压抑;郁,忧郁。意思是发散其压抑在胸中的忧郁。

筮、释道、商贾之人情物理，殊方异域风俗语言之不同，无一物不得其情、不穷其态。以一女子而兼万人之所为，尤可以悦耳目而舒心思，岂前古女乐之所拟伦也！全此义者，吾于宋氏见之矣。

跋吴友梅诗

方　回

方回(1227—1307)，字万里，号虚谷，徽州歙县(今属安徽)人，元朝诗人、诗论家。宋景定三年(1262)登第，知严州。后降元，授建德路总管，不久罢官。著有《桐江集》《桐江续集》。《跋吴友梅诗》一文提到诗歌风格像音乐一样各有不同，有的铿锵有力，有的轻微柔和，所以其内容有的歌颂，有的贬斥，无论歌颂还是贬斥，均供世人阅读，一直可以影响世人；《桐江续集序》中则直接表达《春秋》“权善恶，衡是非，正其谊，明其道”，《三礼》对于世人起到美化心灵的作用。

引据李修生主编：《全元文》第7册，江苏古籍出版社1998年版。

物之初，未始有声也，形相戛[①]，气相磨，而后声生焉。莫盛于《韶》，足以仪凤舞兽。老妪之篪[②]、牧子之笛，至微也，而或闻之者，为惊怛凄怆，何耶？是故诗人之诗，其盛者钟律铿锵，享帝荐庙之乐也；其微者亦犹一吹一弹之成音焉。三百五篇□□寒郊瘦岛虽微，可废乎哉？吾读吴君友梅诗旧矣，以《韶》喻之则褒，以坞壁村落喻之则贬。吴君精于琴，君之诗其犹琴乎？夫琴斫[③]以木，弦以丝、徽[④]以金石、吟之以指爪，亦声也。而其声与它声迥□不同，则是凡天地间之有声者，虽本于形与气之所为，而其所以感人动物之妙，殆必有超于形气之外者，以为其声欤。吾思其说而未之达也，试书之，以问吴君焉。

① 戛：击，刮。
② 篪：一种用竹管制成的古乐器。
③ 斫：砍、削的意思。
④ 徽：琴徽，琴面板一边的一排圆金点，可用金或石制成，共十三个。

桐江续集序

方　回

引据：《桐江续集》卷三十二，《影印文渊阁四库全书》第1193册，台北商务印书馆1986年版。

予自桐江休官闲居，万事废忘，独于读书作诗，未之或缀也。客或过予庐，见予之无一时不读书，无一日不作诗也，则问之曰："读书作诗亦各有法乎？"予应之曰："读书有法，作诗无法。"……读《春秋》而知天子、诸侯、大夫、陪臣，内夏外夷之名分，有正有变，权善恶，衡是非，正其谊①，明其道可也。读《三礼》②而知尊卑上下，等杀③衰隆，以节天理之正，以防人情之变，由今之变返古之正可也。盖人性无不善，道体无不该，自伏羲始作一画，以至二帝三王之君之臣世守之，未尝不明不行。至周之末，靡正不变，而几于不明且不行矣。孔子虽不能行，赖孔子之言正其变而复明，孔子之言赖颜、曾、思、孟而益明。更秦涉汉历唐，荀、董、扬、韩，醇疵④莫掩。不行之害小，而不明之害大。

① 谊：意义。
② 三礼：即《周礼》《仪礼》《礼记》。
③ 杀：等差。
④ 醇疵：指正确与错误。

陈竹性删后赘吟序

赵　文

赵文(1239—1315),字仪可,又字惟恭,号青山,庐陵(今江西吉安县)人,宋末元初文人。宋时入太学。宋亡,入闽,依文天祥。元兵下汀州,与文天祥相失,遁归故里。有《青山集》八卷。其词多为伤春感秋中抒写自己亡国之痛、爱国之情。此外,其对于诗词的教化功能也比较关注,他说“诗之为教,必悠扬讽咏乃得之”,且“解人颐”,诗在说诗者嘴里可以“使人悠然有得于眉睫之间”。

引据李修生主编:《全元文》第10册,江苏古籍出版社1999年版。

诗之为教,必悠扬讽咏乃得之。非如他经可徒以训诂为也。古之学诗者,必先求其声,以考其风俗,本其情性。后世学诗者,不复知所谓声矣,而训诂日繁,去诗寖远。汉人称说诗解人颐①。诗非痴物,说诗者必使人悠然,有得于眉睫之间,乃为善尔。近世横渠以诗说诗②,盖得之,然不过十数章止。横渠盖姑为之例尔。竹性陈君取风雅语,一用横渠例,谓之《删后赘吟》。余读之,《毛郑》以来奇书也。释氏之徒,演说大意,敷陈既竟,复五七其辞,谓之偈③言,不必皆有韵也。读之往往能使人悟入异教,自不当与吾书并论。要之教人方便,是或一道。吾欲取竹性吟,使童儿知习,即他诗传可束阁。竹性征余题吟后,辄用竹性例系之以吟:观诗妙处在吟哦,解说纷纷意转讹。记得富阳明月夜,篷窗闲听竹声歌。

---

① 解人颐:使人开颜欢笑。

② 以诗说诗:以诗论诗的意思。

③ 偈:佛经中的颂言。

李时可诗序

戴表元

戴表元(1244—1310),字帅初,一字曾伯,号剡源,庆元奉化(今浙江宁波)人,宋末元初文学家,被称作东南文章大家。南宋咸淳七年(1271)进士,曾官建宁府教授。入元,大德八年(1304),被荐信州教授。著有《剡源文集》三十卷。其学博而肆,论诗主张宗唐得古,诗风清深雅洁,多伤时悯乱、悲悠感愤之辞。此外,戴表元在论诗的过程中还反映出其对于诗歌教化功能的肯定,如"于诗之时事,忧乐险易、老稚疾徐之变,不可谓不知其概",甚至他认为词与诗一样,具有无可置疑的正统地位,也理当像《诗经》和古乐府一样,担当起陈礼义、舒性情、通政事、达时务的政治教化作用和抒情言志功能。

引据陈晓冬、黄天美点校:《戴表元集》,浙江古籍出版社2014年版。

余自五岁受《诗》家庭,于是四十有三年矣。于《诗》之时事,忧乐险易、老稚疾徐之变,不可谓不知其概,然而不能言也。夫不能言而何以为知《诗》? 然惟知诗者为不能言也。今夫人食之于可口,居之于佚,服之于燠①,而游之于适,谁不知美之。问其美之所以然,则不得而言之。昔尝有二人射,其一百发百中,若矢生于手而侯②生于目,其一时而中焉。时而中者,每中辄言,百发百中者未尝言也。揖百发百中者问之,其人哑然而笑曰:"吾初不知吾射之至此也。"问:"可学乎?"曰:"可学而不可言学之法。"固问之,曰:"日射而已矣。"夫学《诗》亦犹是也。故余平生作诗最多,而未尝言于人,亦不求人之言。

---

① 燠:暖。
② 侯:箭靶。

许长卿诗序

戴表元

引据陈晓冬、黄天美点校：《戴表元集》，浙江古籍出版社2014年版。

酸咸甘苦之于食，各不胜其味也，而善庖者调之，能使之无味；温凉平烈之于药，各不胜其性也，而善医者制之，能使之无性；风云月露，虫鱼草木，以至人情世故之托于诸物，各不胜其为迹也，而善诗者用之，能使之无迹。是三者所为其事不同，而同于为之之妙。

余景游乐府编序

戴表元

引据陈晓冬、黄天美点校：《戴表元集》，浙江古籍出版社2014年版。

词章之体，累变而为今之乐府，犹字书降于后世，累变而为草也。草之于书，乐府之于词章，礼法士所不为。余于童时亦弃不学。及后有闻，乃知二艺者，本为不悖于古，而余所知，特未尽也。今夫小学之家，钩毫布画，一人意而创之，千万人楷而习之者，世之所谓正书。而古法之坏，则自夫正书者始也。放焉而为草，草之自然，其视篆隶相去反无几耳。《国风》《雅》《颂》，古人所以被弦歌而荐郊庙，其流而不失正，犹用之房中[①]焉，此乐府之所由滥觞[②]也。余尝得先汉以来歌诗诵之，大抵乐府而已。宋梁之间，诗有律体，而继之作者，遂一守而不变。声病偶俪，岁深月盛，以至于唐人之衰，而诗始自为家矣。其为乐府者，又溢而陷于留连荒荡、杯酒狎邪[③]之辞，故学者讳而不言，以为必有托焉。陈礼义而不烦，舒性情而不乱，其事宁出于诗。刘梦得有言，五音与政通，而文章与时高下。乐府之道，岂端使然。……

① 房中：房为古代宗庙中陈列神主之所。此指汉高祖妃唐山夫人所作《房中祠乐》。惠帝时更名《安世乐》，《汉书·礼乐志》改题为《安世房中歌》。为宗庙所用乐章，多为对汉王朝的赞美与祝颂。

② 滥觞：比喻事情的开始。

③ 狎邪：行为放荡，品行不端。

刘孟质文集序

赵孟頫

赵孟頫（1254—1322），字子昂，号松雪道人，又号水晶宫道人，浙江吴兴（今浙江湖州）人，宋末元初著名书法家、画家、诗人。入元，以程钜夫荐，官刑部主事，累官至翰林学士承旨，卒谥文敏。有《松雪斋集》等。他在绘画理论方面成就突出，提出“作画贵有古意”“书画本来同”，以画寄意。此外，他还在诗文方面有自己的见解，认为“夫六经之为文也，一经之中，一章不可少，一句一字不可阙，盖其谨严如此，故立千万年，为世之经也”。可见六经对于后人作文章法的影响，以及作文之本在“理”的探索。他深刻认识到，文章中的“理”与“法”同样重要，“理”应是作文的目的。而在此，“理”更多地被理解为文章中所蕴含的可以感化、影响世人的那种内在的精神。

引据钱伟强点校：《赵孟頫集》，浙江古籍出版社 2015 年版。

文者所以明理也，自六经以来，何莫不然。其正者自正，奇者自奇，皆随其所发而合于理，非故为是平易险怪之别也。后世作文者不是之思，始夸诩以为富，剽①疾以为快，诙诡②以为戏，刻画以为工，而于理始远矣。故尝谓学为文者皆当以六经为师，舍六经无师矣。江右刘君某，年甚盛，气甚充，作为诗文数百篇，其锋殆不可当。然窃患刘君之才过多，若有不必作而作者。夫六经之为文也，一经之中，一章不可少，一句一字不可阙，盖其谨严如此，故立千万年，为世之经也。余老病废学，刘君不以余为不肖，一再下问，不敢不以诚告。刘君以余言为然耶，则一以经为法，一以理为本，必不可不作者勿使无，可不作者勿使剩。如此，他日当追配古人，岂止劘③屈、贾之垒，短曹、刘之墙而已哉！

---

① 剽：亦疾也。
② 诙：戏谑、嘲笑。诡，怪异。
③ 劘：逼迫，靠近。

方虚谷以诗饯余至松江因和韵奉答[①]

张之翰

张之翰，生卒年不详，字周卿，晚年号西岩老人，邯郸（今河北）人，元代词人。《元史》无传。据考证，张氏于至元末以翰林侍讲学士知松江府事。著有《西岩集》。《四库全书总目提要》称其诗清新宕逸，有苏轼、黄庭坚之遗风，其文亦颇具唐宋格调。他又与诗论家方回有诗唱和，其诗歌美学思想亦与方氏相接近。此外，其诗作中“最先胸中要参悟，不尔效颦徒献丑”一句点明无论何事，首先要自己参悟明白。他认为参悟透事物的本质即可使得心智通透明澈，也就落到严羽所讲的第一要义“悟”上。可见其对“审美心胸”的关注和对于个人修养的重视。

引据杨镰主编：《全元诗》第11册，中华书局2013年版。

文章须占第一手，落第二义世尽有[②]。
万物散在天地间，一寸毫端随力取。
最先胸中要参悟，不尔效颦徒献丑。
欲臻其妙千万亿，莫知其方十八九。
千篇虽富自绿鬓[③]，一字不传空白首。
前贤遥望愈莫及，中路逆行还倒走。
宋称欧苏及黄陈，唐尊李杜与韩柳。
自余作者非不多，殆类众星朝北斗。
忆初桐江共说诗，诗中之玄能得之。
只求形似岂识画？未断胜负焉知棋！
迩来武林论文法，同归正派夫奚疑。

---

① 方虚谷：即方回，字万里，号虚谷，徽州歙县人，元代有重要影响的诗论家。论诗主江西诗派，尊杜甫、黄庭坚、陈师道、陈与义为“一祖三宗”。

② 落第二义世尽有：朱熹曰：“今人不去讲义理，只去学诗文，已落第二义。”

③ 千篇虽富自绿鬓：著作达千篇之富，文章自以为美。绿鬓：指青丝貌美之女子。

风行水上本平易[1]，偶遇湍石始出奇[2]。
作诗作文乃如此，况复大小乐府词。
留连光景足妖态，悲歌慷慨多雄姿。
秦晁贺晏周柳康，气骨渐弱孰纲维？
稼翁独发坡仙秘，圣处往往非人为。
末又谈经不及史，能挽诸儒来眼底。
如颜四勿曾三省，此段话言尤可纪。
本期同涂入圣门，何用两家为敌垒！
后学妄自树彼我，不务身心专口耳。
文耶道耶果二物，名虽不同实同矣。
往年光岳分南北，今日车书混文轨。
先生生长紫阳乡，尝学紫阳子朱子。
不知疏凿伊洛源[3]，端可贯通洙泗水[4]。

---

① 风行水上本平易：以风行水上、涣然文章为“天下之至文”，见苏洵《仲兄字文甫说》。

② 偶遇湍石始出奇：苏轼《文说》曰：“吾文如万斛泉源，不择地而出，在平地滔滔汩汩，虽一日千里无难。及其与山石曲折，随物赋形而不可知也。”

③ 不知疏凿伊洛源：不只是明晰宋代理学之源流。程颐、程颢讲学于伊洛间，世称伊洛之学。

④ 贯通洙泗水：贯通儒家孔子之学说。孔子曾居于洙泗之间，教授弟子，故云。

送郭以是序

吴　澄

吴澄(1249—1333),字幼清,晚字伯清,抚州崇仁(今江西乐安县)人,元代杰出的理学家、经学家、教育家,学者称“草庐先生”。吴氏自幼颖悟好学,致力于诸子百家之书,以圣人之学为己任,著述甚丰。澄虽为理学家,但亦讲求词章文采。他为文崇尚自然,且重视在作诗、作文前的积累。只有积淀达到一定的量,所作诗文才能流露出自然之气,曰“声之精为言,言之精为文,如噫气之号”。而所谓积累就像采花酿蜜一样,广泛学习前人而日臻于化、日近于道的过程,也即自我美化的过程。所以,“诗以道情性之真”,“因诗悟道,因道成诗”,且认为乐府“道人情思,使听者悠然而感发”,此外,强调佛教对人心性的感化,曰“佛教自达磨西来,离去文字,直露真秘”。

引据李修生主编:《全元文》第 14 册,江苏古籍出版社 1999 年版。

或曰为文不可以不读书,杜诗、韩文盖无一字无所本;或曰声之精为言,言之精为文,如噫气①之号,万窍随所触而喁于②有自然之籁,奚以古人已陈之糟粕③为?二说孰近?夫所贵乎读书者,非必袭其语以为吾文也。蜂之酿蜜,不采取于花,可乎?融液浑成而无滓,人见其为蜜,而不见其为花也。世有博记览者,其发于声,形于言,乃或窒塞而不通,固滞而不化,观者厌之,则谓曾不若空疏者之谐协畅达也。噫!是岂书之能累夫文哉!庐陵郭以是,古近体、五七言远跻盛唐,长短句、骈俪语近轧后宋。渔猎之富,援据之审,空疏无本者俯首不敢仰视,而不窒塞,不固滞,竟日玩之而不厌。庐陵自欧阳公为百世文章之宗,其后往往多能文章士。以是父其可与议韩、杜者夫!

---

① 噫气:本指人吐气,此指自然之风。

② 随所触而喁于:自然触发,互为唱和。喁于,相互唱和。

③ 已陈之糟粕:指前人之言辞。

镡津文集[1]后题

吴　澄

引据李修生主编：《全元文》第14册，江苏古籍出版社1999年版。

儒者之学一降再降而为词章，汉贾、马，唐韩、柳，宋欧阳、苏遂挺然独步，得以称雄于百世之下。佛教自达磨[2]西来，离去文字[3]，直露真秘[4]，由是悟入者，一弹指顷超诣佛地，卓乎其不可及也。其徒口舌机锋铦利捷巧，逢者披靡，莫之敢婴，然未有操弄豪管，若儒流之滔滔滚滚演迤于词章者。镡津嵩仲灵生值宋代文运之隆，与欧阳、曾、苏同时，才思之赡蔚，笔力之横放，视一时文儒不少逊也。噫！世间多少魁杰人在佛氏笼罩之内，如嵩者，岂易得哉？其文之行世久矣，疏山住半间[5]重绣诸梓[6]以传，盖喜其教中之有是人也。昔欧阳公一见而推奖之，予亦曾闻而嘉叹焉。倘论词章，当为佛徒中第一。或问嵩佛法何如，予儒流，弗能知。弗能知，请俟它日质之半间师。

---

① 镡津文集：宋契嵩和尚撰。契嵩（1007—1072），俗姓李氏，字仲灵，藤州镡津人，博通内典，善文章。庆历间居杭州灵隐寺，皇祐间入京师，两度作万言书上之，仁宗赐号明教大师。

② 达磨：即菩提达摩，相传为南天竺人，南朝宋末（一说梁普通年间）来到中国，后居嵩山少林寺，面壁九年，为中国禅宗之创始人。

③ 离去文字：达摩禅法主张“教外别传，不立文字”，故云。

④ 直露真秘：以心传心，直指本心。

⑤ 半间：了一片云，号半间。《吴文正集》卷三十有《赠泮屠师了一片云半间序》。

⑥ 重绣诸梓：重新刻版印刷。

谭晋明诗序

吴　澄

引据李修生主编:《全元文》第14册,江苏古籍出版社1999年版。

诗以道情性之真[1]。十五国风有田夫闺妇之辞,而后世文士不能及者,何也?发乎自然,而非造作也。汉魏逮今,诗凡几变。其间宏才硕学之士纵横放肆,千汇万状,字以炼而精,句以琢而巧;用事取其切,模拟取其似,功力极矣。而识者乃或舍旃[2]而尚陶、韦[3],则亦以其不炼字、不琢句、不用事,而情性之真近于古也。今之诗人随其能而有所尚,各是其是,孰有能知真是之归者哉?宜黄谭德生晋明,天才飘逸,绰有晋人风致。其为诗也,无所造作,无所模拟,一皆本乎情之真。潇洒不尘,略无拘挛局束之态。世之以炼字、琢句、用事为工者,或不相合,而予独喜之之深。盖非学陶、韦,而可入陶、韦家数者也。故观其诗,可以见其人。彼诗自诗,人自人,邈乎不相类者,又何足以知之?

---

① 诗以道情性之真:《毛诗序》曰:"诗者,志之所之也。在心为志,发言为诗。情动于中而形于言,言之不足故嗟叹之,嗟叹之不足故永歌之。"

② 舍旃:舍之焉。"旃"为助词,"之焉"两字的合音。

③ 陶、韦:陶渊明、韦应物。陶、韦并称,始于唐代诗人白居易。

张仲美乐府序

吴　澄

引据李修生主编:《全元文》第 14 册,江苏古籍出版社 1999 年版。

风者,民俗之谣;雅者,士大夫之作,故风葩而雅正①。后世诗人之诗,往往雅体在而风体亡。道人情思,使听者悠然而感发,犹有风人遗意者,其惟乐府乎?宋诸人所工尚矣。国初太原元裕之以此擅名,近时涿郡卢处道亦有可取。河南张仲美,年与卢相若,而尝同游,韵度酷似之。盖能文能诗,而乐府为尤长。然仲美,正人也,其辞丽以则,而岂丽以淫者之所可同也哉?

① 风葩而雅正:风诗文采华美而雅诗内容醇正。

萧独清诗序

吴　澄

引据李修生主编：《全元文》第14册，江苏古籍出版社1999年版。

诗也者，乾坤清气所成也。屈子《离骚》《九歌》《九章》《远游》等作可追十五国风，何哉？盖其蝉蜕污浊之中，浮游尘埃之外，皭然不滓，于楚俗为独清故也。陈拾遗《感寓》三十八，如丹砂空青，金膏水碧，超然为唐诗人第一。李翰林仙风道骨，神游八极，其诗清新俊逸，继拾遗而勃兴，未能或之先者，非以其清欤？朱子论作诗，亦欲净洗肠胃间荤血腥羶，而漱芳润。故曰诗也者，乾坤清气所成也。道家者流，物外之翛然独清者也。今世道流，其浊秽乃或甚于凡庶，而万安道士萧独清不然。观其诗，莹莹如冬冰，溓溓如秋露；湛湛如石井之泉，泠泠如松林之风。岂意道流中之有是诗也，又岂意道流中之有是人也，噫！不有是人，何以有是诗哉？故曰：诗也者，乾坤清气所成也。虽然，独清将为诗人乎？抑为道士乎？因诗悟道，因道成诗，阶有名之清，跻无为之清，至是，则诗其天矣乎！若今之诗，清则清矣，而犹未离乎人也。独清名复清云。

乐侍郎诗集序

袁　桷

袁桷(1266—1327),字伯长,别号清容,庆元鄞县(今浙江宁波)人。曾为丽泽书院山长。官国史院编修、翰林直学士、侍讲学士。少从戴表元等,其文学思想亦受表元影响。著有《清容居士集》。其对于诗歌风格观点与戴表元一致,主张学习唐声,并不反对"理"入诗歌,举例"五经言理,莫详于《易》,其词深且密,阐幽显微",只要"命意深切,用事精远",便可"振数百年之远响",足见其对于诗歌教化功能的重视。

引据杨亮校注:《袁桷集校注》,《中国古典文学基本丛书》本,中华书局2012年版。

故吏部侍郎、河南尹乐公诗一编,其季子克诚,以家集散轶,守其记忆者,得若干篇,将刻于梓,俾有叙。

桷读而作曰:呜呼,旨哉!方南北分裂,两帝所尚,唯眉山苏氏学。至理学兴而诗始废,大率皆以模写宛曲为非道。夫明于理者,犹足以发先王之底蕴。其不明理,则错冗猥俚[①],散焉不能以成章,而诿曰吾唯理是言,诗实病焉。今夫途歌巷语,《风》见之矣。至于二《雅》,公卿大夫之言,缜而有度,曲而不倨,将尽夫万物之藻丽,以极其形容赞美之盛。若是者,非夸且诬也。

《五经》言理,莫详于《易》,其词深且密,阐幽显微,不敢以直易言之,考于经皆然也。宋之亡也,诗不胜其弊。金之亡,一时儒先,犹秉旧闻于感慨穷困之际,不改其度,出语若一。故中统、至元间,皆昔时之绪余,一一能有以自见。

若吏部公,则亲受承安、贞祐[②]之传,故其诗清切俊迈,足以振数百年之远响。俾置诸《中州》之所编次,其何能以辨!公讳举,字用之,号藏斋,与父运副皆金进士,家世源委,所从来有据。传以永久,孰曰不宜?

---

① 错冗猥俚:繁杂且趋向平民化。

② 承安、贞祐:分别为金章宗、金宣宗年号。此处借指金文学家元好问。

书汤西楼诗后

袁　桷

引据杨亮校注:《袁桷集校注》,《中国古典文学基本丛书》本,中华书局2012年版。

玉溪生[①]往学草堂诗,久而知其力不能逮,遂别为一体。然命意深切,用事精远,非止于浮声切响[②]而已也。自西昆体[③]盛,襞积[④]组错,梅欧诸公,发为自然之声,穷极幽隐。而诗有三宗焉:夫律正不拘,语腴意赡者为临川[⑤]之宗;气盛而力夸,穷抉变化,浩浩焉沧海之夹碣石也,为眉山[⑥]之宗;神清骨爽,声振金石,有穿云裂竹之势,为江西[⑦]之宗。二宗为盛,惟临川莫有继者,于是唐声绝矣!

至乾淳间,诸老以道德性命为宗,其发为声诗,不过若释氏辈,条达明朗,而眉山江西之宗亦绝。永嘉叶正则始取徐、翁、赵氏为四灵[⑧],而唐声渐复。至于末造,号为诗人者,极凄切于风云花月之摹写,力孱气消,规规晚唐之音调,而三宗泯然无余矣。

夫粹[⑨]书以为诗,非诗之正也。谓舍书而能名诗者,又诗之靡也。若玉溪生,其几于二者之间矣。

---

① 玉溪生:晚唐诗人李商隐,字义山,号玉溪生。

② 浮声切响:指古汉语中的平仄声。浮声,平声;切响,仄声。

③ 西昆体:宋初出现的一种形式主义诗风。专从形式上摹拟李商隐诗,摭拾典故,堆积词藻,讲求声韵、对偶。

④ 襞积:本为衣服上的褶子。此处指文字的装点修饰。

⑤ 临川:指宋代诗人王安石,因其为抚州临川(今属江西)人。

⑥ 眉山:指宋代诗人苏轼,因其为眉山(今属四川)人。

⑦ 江西:指以黄庭坚为代表的江西诗派。

⑧ "永嘉叶正则"句:南宋学者叶适(1150—1223),字正则,温州永嘉(今属浙江)人,晚年讲学于永嘉城外水心村,人称水心先生。在文学领域,他是"四灵诗派"的鼓吹者。"四灵"为徐照(字灵辉)、徐玑(字灵渊)、翁卷(字灵舒)、赵师秀(号灵秀)的合称,因均系永嘉人,又称"永嘉四灵"。此派因不满理学家论诗主张,又欲救江西诗派之失,极力推崇晚唐诗人贾岛、姚合之五言律诗,标榜野逸清瘦的风格。

⑨ 粹:通"萃",聚集,汇聚。

本此诗序

刘将孙

刘将孙（1257—?），字尚友，庐陵（今江西吉安）人。曾为延平教官、临江书院山长。著有《养吾斋集》四十卷。南宋诗人刘辰翁之子，耳濡目染，文风近乎其父。其文不仅书写国家沦亡之恸，而且深刻反映下层人民疾苦。同时，其在审美教育方面也做出了很大努力，他提出“诗本出于情性，哀乐俯仰，各尽其兴”，言外之意是，作诗需要以内化自身为前提，同时诗文又能达到感化他人的目的；对于诗歌，“得其味”“悟其境”。而对于“词之妙”，认为应是“横中而起者，颠倒而出之者，与离而去、推而远者，如堕、如吐、如拾而得”，传递“法”同时将“和”内化于人，且提出“时文之精即古文之理也”，强调文章中“理”的重要性。

引据李修生主编：《全元文》第20册，江苏古籍出版社2000年版。

古今诗人自得语，非其自道，未必人能得之。如谢灵运“池塘生春草”，自谓梦惠连至，如有神助。非其郑重自爱，兼家庭昆弟之乐，托之里许①，此五字本无工致，或者人亦皆能及也。其二语为“园树双鸣禽”，此句乃似作意。又或以“双”为“变”，“变”不如“双”，“双”乃有一时自然之趣。灵运倘不自发其趣，后人当更爱下句耳。诗本出于情性，哀乐俯仰，各尽其兴。后之为诗者，锻炼夺其天成②，删改失其初意，欣悲远而变化非矣。人间好语，无非悠然自得于幽闲之表，而留意于兹事者，仅以为禽犊之资③，此诗气之所以不昌也。本此卷中诗，往往皆昆弟宾客之集，酒边花下，乘兴倡酬，非无谓而作。此其一笑倾怀，或四顾感赏，“池塘春草”之兴具在目中，故其词情酣畅，如和风之醉人，更不自觉，正不必点缀清

① 里许：里面。

② 天成：天然成就，不借助人工雕琢。

③ 禽犊之资：意思是小人之学。

妍。词皆清美融适，四六俱料[1]实句称。予尝评郊、岛之诗，仅能作寒瘦语，如昌谷[2]，亦特宜苦。如昌黎，非不奇古，然沛然者有文字之福焉。文章可能也，福不可能也。本此作虽不多，皆隐隐得福意，此予所以深喜而乐赞之也。

① 料：材料，此处指骈文的材料。

② 昌谷：即唐诗人李贺，李贺为河南昌谷人。

如禅集序

刘将孙

引据李修生主编：《全元文》第20册，江苏古籍出版社2000年版。

诗固有不得不如禅者也。今夫山川草木，风烟云月，皆有耳目所共知识。其入于吾语也，使人爽然而得其味于意外焉，悠然而悟其境于言外焉，矫然而其趣其感他有所发者焉。夫岂独如禅而已。禅之捷解，殆不能及也。然禅者，借滉瀁[1]以使人不可测；诗者，则眼前景，望中兴，古今之情性，使觉者咏歌之，嗟叹之，至于手舞足蹈而不能已。登高望远，兴怀触目，百世之上，千载之下，不啻[2]如自其口出。诗之禅至此极矣！……

---

① 滉瀁：深广的样子。

② 不啻：无异于。

胡以实诗词序

刘将孙

引据李修生主编：《全元文》第20册，江苏古籍出版社2000年版。

……天之文为星斗，离离高下，未始纵横如一。水之文为风行波，鳞鳞汹涌，浪浪不相似。声成文谓之音，诗乃文之精者，词又近。自吾家先生教人，始乃有悟者。然或谓好奇，或谓非规矩绳墨，惟作者证之大方而信。对以意称者，重于字。字以精炼者，过于篇。篇以脉贯者，严于法。脱落蹊径而折旋蚁封[①]，狭袖屈伸而舞有余地。是固未易为不知者道。诚不意姻亲中有以实诗若词也。凡天趣语难得，以实自证自悟，故一出而高。其远者，矫首发于寥廓；近者，悠然出于情愫。意空尘俗，径解悬合。所谓诗若词之妙，横中而起者，颠倒而出之者，与离而去、推而远者，如堕、如吐、如拾而得，了莫之测者，往往有焉。……

① 蚁封：蚁洞外隆起的小土堆。

题曾同父文后

刘将孙

引据李修生主编:《全元文》第 20 册,江苏古籍出版社 1997 年版。

同父,复观之子,少好读书为文,尝以所业诣刘将孙。将孙题之曰:文字无二法。自韩退之创为古文之名,而后之谈文者,必以经、赋、论、策为时文,碑、铭、叙、题、赞、箴、颂为古文,不知辞达而已,时文之精,即古文之理也。……时文起伏高下、先后变化之不知,所以宜腴而约,方畅而涩,可引而信之者,乃隐而不发;不必舒而长之者,乃推之而极。若究极而论,亦本无所谓古文。虽退之,政未免时文耳。由此言之,必有悟于文之趣,而后能不以愚言为疑也。吾友曾观复之子同父自予汀归时,以俪语为贽,予爽然异之。既以乙集请,时文杂著俱有焉。其词赋妥帖而精神,诸论春容而理致①。科废三十年②,前辈之涩欲无,后进之宕不省。求如同父,难也。故以之为它作,无不如意。予深为期于它日也。故举时文、古文之相似,概于予心者以语之。老泉自写其悟于文者,自孟、荀、迁、固,以及于孙、吴、申、韩,无非所取以为资者。回视柳子厚举《诗》《书》《易》《礼》《春秋》,未尝不同,而但觉老泉语深远有味。文字悟入各有取,而浅深高下政复如谷帘③水品不可易。予言未必同之,所以同而亦世俗之所谓俗也。

---

① 春容而理致:春容,雍容畅达。理致,思想情趣。

② 科废三十年:宋亡科举废,至元仁宗皇庆二年(1313)始下诏恢复科举。

③ 谷帘:泉名,在庐山康王谷中。陆羽品其水,推为天下第一。

诗法家数

杨 载

杨载(1271—1323),字仲弘,建宁浦城(今属福建)人,后徙杭州,元代中期著名诗人,与虞集、范梈、揭傒斯号称"元诗四大家"。初以布衣召为翰林国史院编修官,与修《武宗实录》。延祐二年(1315)登进士第,官终宁国路总管府推官。其工诗文,文名颇大,文章以气为主,诗作含蓄,颇有意境。著有《杨仲弘诗集》八卷、《诗法家数》。其《诗法家数》中论及诗体、诗之忌、诗之戒、诗之为难、诗之作法等问题,对于"诗之为难"所提到的"造理""精神"均是对文章教化功能的要求。

引据何文焕辑:《历代诗话》,中华书局1981年版。

夫诗之为法也,有其说焉。赋、比、兴者,皆诗制作之法也。然有赋起,有比起,有兴起,有主意在上一句,下则贴承一句,而后方发出其意者;有双起两句,而分作两股以发其意者;有一意作出者;有前六句俱若散缓,而收拾在后两句者。诗之为体有六:曰雄浑,曰悲壮,曰平淡,曰苍古,曰沉着痛快,曰优游不迫。诗之忌有四:曰俗意,曰俗字,曰俗语,曰俗韵。诗之戒有十:曰不可硬碍人口,曰陈烂不新,曰差错不贯串,曰直置不宛转,曰妄诞事不实,曰绮靡不典重,曰蹈袭不识使,曰秽浊不清新,曰砌合不纯粹,曰俳徊而劣弱。诗之为难有十:曰造理,曰精神,曰高古,曰风流,曰典丽,曰质干,曰体裁,曰劲健,曰耿介,曰凄切。大抵诗之作法有八:曰起句要高远;曰结句要不着迹;曰承句要稳健;曰下字要有金石声;曰上下相生;曰首尾相应;曰转折要不着力,曰占地步,盖首两句先须阔占地步,然后六句若有本之泉,源源而来矣。地步一狭,譬犹无根之潦,可立而竭也。今之学者,倘有志乎诗,须先将汉魏盛唐诸诗,日夕沉潜讽咏,熟其词,究其旨,则又访诸善诗之士,以讲明之。若今人之治经,日就月将,而自然有得,则取之左右逢其源。苟为不然,我见其能诗者鲜矣!是犹孩提之童,未能行者而欲行,鲜不仆也。余于诗之一事,用工凡二十余年,乃能会诸法,而得其一二,然于盛唐大家数,抑亦未敢望其有所似焉。

国朝风雅序

虞　集

虞集(1272—1348),字伯生,号道园,世称邵庵先生,祖籍仁寿(今属四川),宋亡后随父徙居临川崇仁(今属江西),元代著名学者、诗人。南宋左丞相虞允文五世孙。少从吴澄学,大德初荐授大都路儒学教授,官至国子祭酒、奎章阁侍书学士,修《经世大典》,卒谥文靖。著述甚丰,有《道园学古录》五十卷、《道园遗稿》六卷。其中,在讨论作诗、作文时均涉及诗文对人的感化,如"学道之君子,德业盛大,发为言诗,光著深远""朱子继先圣之绝学,成诸儒之遗言,固不以一艺而成名,而义精理明,德盛仁熟,出诸其口者,无所择而无不当"。

引据王颋点校:《虞集全集》,天津古籍出版社2007年版。

天欲观于国家声文之盛,莫善于诗矣,类而求焉,是为得之。昔者延陵季子,见诗与乐于中国,心会意识,如身在其时而亲见其人,盖以此耳。梁昭明著《文选》,其诗不必出于一时之作、一人之手,徒以文辞之善,惟意所取而已。然数百年间,篇籍散轶,幸有此可观焉。而衰陋之习,或取此以为学,则已微矣。河汾君子,有意于续经,汉、魏之诗,殆必有取,然而其书不传,盖非偶然也。盖尝闻之:诗三百,一言以蔽之,曰思无邪。又曰:王者之迹熄而诗亡,诗亡然后春秋作。邵子亦曰:自从删后更无诗。盖知圣人之意尔。昔者盛时,学道之君子德业盛大,发为言诗,光著深远。其小人蒙被德泽,风行草偃,变化融液,莫或间焉。此所以一言可蔽之曰思无邪也,此所以王者之迹熄而后诗亡也,此所以删后之无诗也。……

庐陵刘桂隐存稿序

虞　集

引据王颋点校：《虞集全集》，天津古籍出版社2007年版。

昔者庐陵欧阳公秉粹美之质，生熙洽之朝①，涵淳茹和，作为文章，上接孟、韩，发挥一代之盛。英华浓郁，前后千百年，人与世相期，未有如此者也。苏子瞻以不世之才，起于西蜀，英迈雄伟，亦前世之所未有。南丰曾子固博考经传，知道修己，伊洛之学未显于世，而道说古今，反复世变，已不失其正，亦孰能及之哉？然苏氏之于欧公也，则曰："我老归休，付子斯文。虽无以报，不辱其门。"子固之言曰："今未知公之难遇也；后千百世，思欲见公而不可得，然后知公之难遇也。"然则二君子之所以心悦诚服于公者，返而观其所存，至于欧公，则闇然而无迹，渊然而有容，挹②之时无尽者乎？三公之迹熄，而宋亦南渡矣。乾、淳③之间，东南之文相望而起者，何啻十数。若益公④之温雅，近出于庐陵、永嘉⑤诸贤；若季宣⑥之奇博，而有得于经，正则⑦之明丽，而不失其正。彼功利之说，驰骋纵横其间者，其锋亦未易婴也。文运随时而中兴，概可见焉。然予窃观之，朱子继先圣之绝学⑧，成诸儒之遗言，固不以一艺而成名。而义精理明，德盛仁熟，出诸其口者，无所择而无不当，本治而末修，领挈而裔⑨委，所谓立德立言者，其此之谓乎？学者出乎其后，知所从事而有得焉。则苏、曾二子望欧公而不可见者，岂不安然有拱足之地，超然有造极之时乎？而宋之末年，说理者鄙薄文词之丧志，而经学、文艺判为专门。……

---

① 熙洽：指时世清明安定。

② 挹：谦退之意。

③ 乾、淳：乾道、淳熙，南宋孝宗（赵昚）年号。

④ 益公：周必大，字子充，一字洪道，南宋吉州庐陵人。著有《益国周文忠公全集》。

⑤ 永嘉：指南宋永嘉学派，主要成员有薛季宣、陈傅良、叶适等人。

⑥ 季宣：薛季宣（1134—1173），字士龙，号尼斋，南宋学者。

⑦ 正则：叶适（1150—1223），字正则，人称水心先生，南宋哲学家。

⑧ 绝学：宏伟独到的学术。

⑨ 裔：衣服的边缘。

诗法正宗

揭傒斯

揭傒斯(1274—1344),字硕曼,龙兴富洲(今属江西)人。官至翰林侍学士。其诗受杜甫、岑参、元结影响,文亦严整简当。谥文安。著有《揭文安公全集》。其提出“文章有法度”,认为《变风》《变雅》是“发乎情,止乎礼义,此人心之诗”,揭示诗歌对于人的心性的养成,也即“诗本”;同时,也说明“养性以立诗本”,可见“诗本”与“养性”相辅相成。

引据张健编校:《元代诗法校考》,北京大学出版2001年版。

学问有渊源,文章有法度。文有文法,诗有诗法,字有字法。凡世间一能一艺,无不有法。得之则成,失之则否。信手拈来,出意妄作,本无根源,未经师友,名曰杜撰。正如有修无证①,纵是一闻千悟,尽属天魔外道②。世言三代无文人,《六经》无文法。不知文人莫盛于三代,文法尽出于《六经》。……《三百五篇》出于先王之泽,沉浸浓郁,道化所及,南北同风,性情既正,雅颂自作。及变雅、变风,犹且发乎情,止乎礼义,此人心之诗也。云何《三百五篇》,删后之诗不能仿佛一语?盖非王者之民,不能作也。岂特删后,《春秋》之时,已不能作,……

一曰诗本。吟咏本出情性,古人各有风致。学诗者,必先调燮性灵,砥砺风义,必优游敦厚,必风流酝藉,必人品清高,必神情简逸,则出辞吐气,自然与古人相似。

……

四曰诗味。唐司空图教人学诗,须识味外味,坡公尝举以为名言。如所举“绿树连村暗”“棋声花院间”“花影午时天”等句是也。人之饮食,为有滋味,若无滋味之物,谁复饮食之为。古人尽精力于此,要见语少意多,句穷篇尽,目中恍然别有一境界意思,而其妙者,意外生意,境外见境,风味之美,悠然甘辛酸咸之表,

---

① 证:证悟。佛家谓精修久之而悟道为证果。

② 天魔外道:即邪魔外道。天魔,指恶魔;外道原指释迦牟尼在世时的六师外道和九十六种外道,后泛指佛教以外其他教派。

使千载隽永，常在颊舌。

……

诸君倘能养性以立诗本，读书以厚诗资，识诗体于源委正变之余，求诗味于盐梅姜桂之表，运诗妙于神通游戏之境，则古人不难到，而诗道昌矣。愚见如此，幸相与勉之。

鹿皮子文集序

杨维桢

杨维桢(1296—1370),字廉夫,号铁崖、东维子,别字铁笛道人。会稽(今属浙江)人,元末明初诗人、文学家、书画家。官至建德路总管府推官。入明后,不仕。尤能词,工书法,于戏曲批评亦有建树。著有诗文集《东维子文集》《铁崖古乐府》。最富特色的是他的古乐府诗,婉丽动人,豪迈自然;书法以行草最工。《鹿皮子文集序》一文中讨论既高又奥的文章应该具备四个条件:“精神坚完”“志虑纯一”“考览博大”“超然所得者”,只有满足以上条件,文章“足以立事”“足以穷物”“足以通乎典故”“足以达乎鬼神天地之宜”,而这些方面正说明文章输送的是思想、观点、立场,同时也希望收获世人的认可,而艺术家个体差异直接导致文章之旨的不同,但文章感化人的目的不会变。如下其余文章也散见其审美教育方面的思想,如“古之情性、神气,则古之诗在也”“诗得于言,言得于志”“媟邪正豪俊鄙野,则亦随人品而得之”等。

引据:《东维子文集》卷六,《四部丛刊初编集部》影印旧抄本。

言有高而弗当,义有奥而弗通,若是者,后世有传焉?无有也。又况言庞而弗律,义淫而无轨者乎?自孔氏后,立言传世者不知几人焉,其灭没不传,卒与齐民共腐者亦不知几人焉。姑以唐人言之,卢殷之文凡千余篇,李础之诗凡八百篇,樊绍述著《樊子》书六十卷,集诗文凡九百余篇,今皆安在哉?非其文不传也,言庞义淫,非传世之器也。自今观之,孔孟而下,人乐传其文者,屈原、荀况、董仲舒、司马迁;又其次,王通、韩愈、欧阳修、周敦颐、苏洵父子;逮乎我朝,姚公燧、虞公集、吴公澄、李公孝光。凡此十数君子,其言皆高而当,其义皆奥而通也。虞李之次,复有鹿皮子者焉,著书凡二百余卷,予殆读其诗,曰:“李长吉之流也。”又读其赋,曰:“刘禹锡之流也。”至读其所著书,而后知其可继李、虞,以达乎欧、韩、王、董,以羽仪[1]乎孔孟子。盖公生于盛时,不习训诂,文而抱道太山长谷之间,

---

① 羽仪:作为表率被别人尊重。

其精神坚完，足以立事。其志虑纯一，足以穷物。其考览博大，足以通乎典故。而其超然所得者，又足以达乎鬼神天地之宜。其文之所就，可必行于人，为传世之器无疑也。……

吴复诗录序

杨维桢

引据：《东维子文集》卷七，《四部丛刊初编集部》影印旧抄本。

古风人之诗类出于闾夫鄙隶①，非尽公卿大夫士之作也。而传之后世，有非今公卿大夫士之所可及，则何也？古者人有士君子之行，其学之成也尚已，故其出言，如山出云、水出文、草木之出华实也。后之人执笔呻吟，模朱拟白以为诗，尚为有诗也哉？故摹拟愈逼而去古愈远。吾观后之模拟为诗而为世道感也，远矣。间尝求诗于摹拟之外而未见其何人。富阳吴复见心持诗来，读其古什凡若干首，决非摹拟而成者，知学有古风人之旨矣。吁，使复达而有位，为朝廷道盛德，制雅颂，复之作不为右公卿大夫士之作乎？吁，又使人人如复，不以摹拟为诗，古诗不复作者，吾其无望于后乎？复益勉之，以征吾言焉可也。

① 闾夫鄙隶：指平民与职位低下的吏役。

赵氏诗录序

杨维桢

引据：《东维子文集》卷七，《四部丛刊初编集部》影印旧抄本。

评诗之品，无异人品也。人有面目骨骼，有情性神气。诗之丑好高下亦然。《风》《雅》而降为《骚》，而降为《十九首》，《十九首》而降为陶杜，为二李，其情性不野，神气不群，故其骨骼不庳①，面目不鄙。嘻！此诗之品，在后无尚也。下是为齐、梁，为晚唐、季宋，其面目日鄙，骨骼日庳，其情性神气可知已。嘻！学诗于晚唐、季宋之后，而欲上下陶、杜、二李，以薄②乎《骚》《雅》，亦落落③乎其难哉！然诗之情性神气，古今无间也。得古之情性神气，则古之诗在也。然而面目未识，而谓得其骨骼，妄矣。骨骼未得，而谓得其情性，妄矣。情性未得，而谓得其神气，益妄矣！吾友宋生无逸，送其乡人赵璋之诗来，曰："璋诗有志于古，非锢于代之积习而弗变者也。是敢晋于先生，求一言自信。"余既讶宋言，而覆其诗，如《桃源》《月蚀》，颇能力拔于晚唐、季宋者。它日进不止，其于二李、杜、陶庶亦识其面目。识其面目之久，庶乎情性神气者并得之。璋父勉乎哉！毋曰"吾诗止于是"而已也。至正丁亥九月望，在姑苏锦秀坊写。

---

① 庳：矮小。

② 薄：迫近。

③ 落落：难以遇合。

张北山和陶集序

杨维桢

引据:《东维子文集》卷七,《四部丛刊初编集部》影印旧抄本。

诗得于言,言得于志。人各有志、有言以为诗,非迹人[①]以得之者也。东坡和渊明诗,非故假诗于渊明也。具解有合于渊明者,故和其诗,不知诗之为渊明、为东坡也。涪翁曰:“渊明千载人,东坡百世士。出处固不同,气味乃相似。”盖知东坡之诗可比渊明矣。

① 迹人:跟着别人脚印走。

沈氏今乐府序

杨维桢

引据：《东维子文集》卷十一，《四部丛刊初编集部》影印旧抄本。

或问《骚》可以被弦乎？曰：《骚》《诗》之流，《诗》可以弦，则《骚》其不可乎？或于曰：《骚》无古今，而乐府有古今，何也？曰：《骚》之下为乐府，则亦《骚》之今矣。然乐府出于汉，可以言古；六朝而下皆今矣，又况今之今乎？吁！乐府曰今，则乐府之去汉也远矣！士之操觚①于是者，文墨之游耳。其于声文，缀于君臣、夫妇、仙释氏之典故，以警人视听，使痴儿女知有古今美恶成败之观惩，则出于关、庾氏传奇②之变。或者以为治世之音，则辱国甚矣。吁！《关雎》《麟趾》③之化，渐渍于声乐者，固若是其班乎？故曰：今乐府者，文墨之士之游也④。然而媟邪正豪俊鄙野⑤，则亦随人品而得之。……

---

① 操觚：执笔。

② 关、庾氏传奇：指关汉卿和庾天锡的杂剧。

③《关雎》《麟趾》：《关雎》是《诗·周南》篇名，为《诗经》首篇。《诗序》说是歌咏后妃之德，实是写上层社会男女恋爱的作品。《麟趾》是《诗·周南》篇名。旧谓赞美文王子孙繁衍而多贤，后人遂以麟趾比喻子孙的众多与贤能。

④ 今乐府者，文墨之士之游也：由于古人对戏曲的轻视，往往称戏曲作品为游戏之作。

⑤ 媟邪正豪俊鄙野：即褒善贬恶于群众之间。媟，轻侮。

衍　极

郑　杓

郑杓，字子经，莆田人，元代书法家、书法理论家，生平事迹不详。泰定年间任南安教谕，与当时"善古隶，行楷亦有法"的书法家陈旅意气相投，为文字之交。他善大字，工八分，尤精字学。在书法理论上，他崇"六书"，尚篆隶，重古法，称"六书"是"通天地之幽秘，为百王之宪章"；认为蔡邕以隶书所写《石经》是"古今不刊之典"。对晋、唐大书法家亦赞颂备至，而对"五代而宋"出现的"持法外之意"，使书法"日趋姿媚"的现象十分不满，指责为"奔驰崩溃，靡所底止"，但对北宋大书法家蔡襄之书，却颇为赞赏，称之为"间世豪杰之士"。正因如此，他才作《衍极》来阐述其论点，目的是倡古法、矫世风，引导学书者重新踏上"不偏不倚，无过不及"的中极之道，阐述书法如何才合乎中庸之道，实则希望书者创作书法艺术的同时要遵循"中和"之道，这样作品随即也相应地收获"中庸"之气质。

引据：《衍极》，《丛书集成新编》本，新文丰出版公司 1986 年版。

造书篇

至哉圣人之造书也！其得天地之用乎？盈虚消长之理，奇雄雅异之观，静而思之，漠然无眹；散而观之，万物纷错，书之义大矣哉！自秦以来，知书者不少，知造书之妙者为独少。无他，由师法之不传也。……

或曰：三代不闻其嚣嚣[①]也，汉魏以降，何其琐琐[②]耶？曰：古昔之民，天淳未堕，动静云为，自中乎矩。夏商以前，非无传也，略也。保氏之教，立乎周官，后世渐尚巧智，设官司以训敕之。去本俞[③]远，而防之俞密；去道俞疏，而言之

---

① 嚣嚣：言语纷纭貌。

② 琐琐：声音细碎貌。在此是形容汉魏以后，书法及书论受重视的盛况。

③ 俞：通"愈"，更加之意。

俞切。

夫法者，书之正路也。正则直，直则易，易则可至，至则妙，未至亦不为迷人。偭则邪，邪则曲[①]，曲则难，于是闇中苏援转脱淫夸[②]，以枭乱世俗。学者审其正易邪难，几于向方矣。

天五篇

……书不尽言，言不尽意。孔氏遗迹，阳冰独神会之；鲁公之书，怀素喜而有得，似不在语言文字之苴乎[③]？诸子之穷高极微，长于词说，知本者[④]厌其言。

……或问衍极[⑤]曰：极者，中之至也，曷为而作也？曰：吾惧夫学者之不至也。

① 偭：违背。此言背离“书之正路”。曲：此谓学书不由正途，必入弯路。

② 闇：同“暗”。苏援：取援。转脱淫夸：转相虚夸的意思。脱，出；淫夸，夸大失实。

③ 苴：通“粗”。

④ 知本者：此指懂得学书要领会古人笔意的人。

⑤ 衍极：此有不偏不倚、无过不及之意。极，中。

周刚善文稿序

王 沂

王沂，祖籍云中，徙于真定（今河北正定），字师鲁（一作思鲁）。延祐二年（1315）中进士。历任临淮县尹、嵩州同知；元文宗至顺间为翰林编修，后历国子博士、翰林待制，元顺帝至正初，任礼部尚书。曾主持元统元年（1333）科举，以“总裁官”的身份编定辽、金、宋三朝史。卒于至正二十二年（1362）以后。有《伊滨集》。曾筑石田山房以居。有文名，并能诗。王沂与当时的名诗人傅若金、周伯琦、许有壬、陈旅等多有唱和，《四库全书提要》评价他的诗“春容和雅，有先正规度”，其词作也被称赞。其所言“昔之为文者，大之如天地”“如是而充拓之远也，如是而含容之深也；如此其精丽也，如此其雄深也。然其论者实理，其序者实事”“言出而为诗，原于人情之真；声发而为歌，本于土风之素”等句反映出诗作包含深刻的义理，换言之，义理成为诗文创作的目的，那么必然也会影响世人。

引据李修生主编：《全元文》第 60 册，凤凰出版社 2004 年版。

昔之为文者，大之如天地而人不敢以为远，幽之如鬼神而人不敢以为深，文之为珠玑珪璧而人不敢以为华，质之为瓦棺古篆、蒉桴土鼓[1]而人不敢以为朴。是皆得于自然之理，有所不能自已而作者。后之人见其然，莫知其所由然。于是殚精毕力而追之，其雕锼藻缋[2]、刻画破碎之工益多而文益下。讵[3]有意为之者未必造其妙，而造其妙者在于无意而为之者欤！《传》称禹之治水，行其所无事也，文岂异是哉！余读周刚善文如干篇，俊健而不迫，衍溢而不流；析理指事，比物托喻，疏畅条达无间断，何其工也。其视雕锼藻缋、刻画破碎以求工者，又何其寥绝也。而刚善歉[4]然不自足，方将穷探远取，合众美以为己用，超伦类而独得，殆所谓不能自已而作者与？嘻！其可量也哉！

① 蒉桴：土块捏成的鼓槌，祭祀所用。蒉，土块；桴，鼓槌。土鼓：古乐器，以瓦作框，用皮革蒙两面，敲打合乐。
② 锼：雕刻。缋：绘画，通“绘”。
③ 讵：难道。
④ 歉：不自满。

王叔善文稿序

王　沂

引据李修生主编：《全元文》第60册，凤凰出版社2004年版。

《易》曰："公用射隼于高墉[①]之上。"孔子之训曰："隼者，禽也。弓矢者，器也。射之者，人也。"其简易明白若此，故曰："辞达而已矣。"韩退之言其始为文，非三代两汉之书不敢观，非圣人之志不敢存。处若忘，行若遗，戛戛乎难矣。及年益老而学益成，则曰："文无难易，惟其是耳。"退之之是，孔子之达也。文至于是，辞至于达而已。余幼时，侍先子官江南，时宿儒老先生尚在。听其议论，读其文辞，如是而充拓之远也，如是而含容之深也。如此其精丽也，如此其雄深也。然其论者实理，其序者实事，又以悟文之果止于是，而辞之果止于达也。心既识其所以然，及其自为之则不至焉。既而曰："夫既识其所以然而未至焉者，不学之过也。事皆然，独文乎哉？"其后年长而涉世，不得殚岁月，尽心力，追古之作者为并，而足其所好慕。其仅有之者，未敢自谓能至焉也。金华王叔善出其文与诗一编示余，请序其端。叔善之文，华泽谨绳尺；诗，流丽富情致。余所未至焉者，叔善盖已先我至。又闻其先世潜斋枢密[②]，以文名江左，则其所得于家传者，又非余所能知欤！

---

① 隼：一种猛禽，又名"鹘"。墉：城墙。

② 潜斋枢密：王埜，字子文，号潜斋，金华人。嘉定十二年进士，理宗朝，拜端明殿学士，签书枢密院事，提举洞霄宫。有文集。

隐轩诗序

王　沂

引据李修生主编:《全元文》第 60 册,凤凰出版社 2004 年版。

言出而为诗,原于人情之真;声发而为歌,本于土风之素[①]。方其未有诗与歌也,岂无言若声哉?尚而击壤、康衢之谣,降而越棹讴、楚舂相[②]。情有感发,流自性真。又若辽、交、凉、蓟[③],生而殊言;青、越、函、胡[④],声亦各异。于是有唐俭魏狭、卫靡郑淫,盖有得于天地之自然,莫之为而为之者矣。余尝怪世之宗唐诗者陋中州,是盖不知一代之文有一代之体,犹大而忠质文之异尚,小而咸酸之殊嗜。夫以一己之好恶而欲人之我同,惑矣!三百篇以降,由楚汉迄唐宋金二千余年,作者盖尽心极力而追之,然卒莫与之并,诗岂易言哉!太原李君文美早从遗山元先生游,其为诗与乐歌,质不近俚,华不至浮,婉约而达,敷畅而则,甚有似乎遗山也。既没之年,其里之士相与集其遗文为如干卷,曰《隐轩集》以传于世。隐轩其自号也。国子伴读康某来求余引[⑤],余故推其渊源所自而书,且俾学者知学之必有师法也如此。是为序。

---

① 土风:乡土风俗习惯。素:诚心,真情。

② 越棹讴:似指《越人歌》。棹讴,划船时唱的歌。舂相:舂米时唱以助力的号子。

③ 辽、交、凉、蓟:均为地名。辽,辽州,今山西左权。交,今广西、越南一带。凉,今甘肃武威一带。蓟,今河北蓟县一带。

④ 青、越、函、胡:均为地名。青,山东一带。越,浙江绍兴一带。函,函谷关,在今河南灵宝东北。胡,有二,一为西周时国,在今河南郾城县西南,一为春秋时国,在今安徽阜阳县。

⑤ 引:一种文体,如序而稍简,此处即指序。

文　说

陈绎曾

陈绎曾，字伯敷，号汶阳左客。本为处州（今浙江丽水）人，后徙居吴兴（今浙江湖州），生卒年不详。至顺中官国子助教。曾从学戴表元。《文说》一书，乃因延祐重开科举，为呈试而作。同时，其在审美教育层面立场鲜明，观点明确，认为"为人之法"首要在"养气"，而养气"宜澄心静虑，以此景此事此人此物默存于胸中，使之融化，与吾心为一"，且在"立意"层面认为"喜、怒、哀、乐、爱、恶、欲之真趣，皆情也"，可见，文章应该传递"情"，以"情"化人。对于好文章的定论是"六经之意不可及者，其实理致精故耳"。

引据王水照编：《历代文话》第 2 册，复旦大学出版社 2007 年版。

陈文靖公问为文之法，绎曾以所闻于先人者对曰："一养气，二抱题，三明体，四分间，五立意，六用事，七造语，八下字。"

养气法

肃：朝廷之文宜肃，圣贤道德宜肃。

壮：长江大海之文宜壮，军阵英雄之文宜壮。

清：山林之文宜清，风月贞逸宜清。

和：宴乐之文宜和，通人达士宜和。

奇：鬼神之文宜奇，侠客高士宜奇。

丽：宫苑之文宜丽，富贵美人宜丽。

古：游览古迹之文宜古，上古人事宜古。

远：登高眺远之文宜远，大功业人宜远。

右养气之法，宜澄心静虑，以此景此事此人此物默存于胸中，使之融化，与吾心为一，则此气油然自生，当有乐处，文思自然流动充满而不可遏矣。切不可作气，气不能养而作之，则昏而不可用。所出之言，皆浮辞客气，非文也。气之变化无方，当以此类推之。

……

立意法

景：凡天文地理物象皆景也。景以气为主。

意：凡议论思致曲折皆意也。意以理为主。

事：凡实事故事皆事也。事生于景则真。

情：凡喜怒哀乐爱恶欲之真趣皆情也。意出于情则切。

凡文体虽众，其意之所从来，必由于此四者而出。故立意之法，必依此四者而求之。各随所宜，以一为主，而统三者于中。凡文无景则枯，无意则粗，无事则虚，无情则诬，立意之法必兼四者。……

诗　　谱

陈绎曾

引据丁福保辑:《历代诗话续编》,中华书局 1983 年版。

古　　体

《周南》,不离日用间,有福天下万世意。

《召南》,至诚谆恪,秋毫不犯。

《邶风》,君子处变,渊静自守。

《齐风》,翩翩有侠气。

《唐风》,忧思深远。

《秦风》,秋声朝气。

《豳风》,深知民情而真体之。

《小雅》,忠厚。

宣王《小雅》,振刷精神。

《大雅》,深远。

宣王《大雅》,铺张事业。

《周颂》,天心布声。

《鲁颂》,谨守礼法。

《商颂》,天威大声。

凡读《三百篇》,要会其情不足性有余处。情不足,故寓之景;性有余,故见乎情。

凡读《骚》,要见情有余处。

凡读汉诗,先真实,后文华。

凡读建安诗,于文华中取真实。

三国六朝乐府,犹有真意,胜于当时文人之诗。

凡读《文选》诗，分三节，东都以上主情，建安以下主意，三谢以下主辞。齐梁诸家，五言未成律体，七言乃多古制，韵度独出盛唐人上一等，但理不胜情，气不胜辞耳。

……

杂　体

晋傅咸作《七经》诗，其《毛诗》一篇略曰："聿修厥德，令终有淑。勉尔遁思，我言维服。盗言孔甘，其何能淑。谗人罔极，有靦面目。"此乃集句诗之始。或谓集句起于王安石，非也。

嵇　康

人品胸次高，自然流出。

阮　籍

天识清虚，礼法疏短。

陆　机

士衡才思有余，但胸中书太多，所拟能痛割舍乃佳耳。

郭　璞

构思险怪而造语精圆，三谢皆出于此。杜李精奇处皆取此。本出自淮南小山。

刘琨　卢谌

忠义之气，自然形见，非有意于诗也。杜子美以此为根本。

陶渊明

心存忠义，心处闲逸，情真景真，事真意真，几于《十九首》矣，但气差缓耳。至其工夫精密，天然无斧凿痕迹，又有出于《十九首》之表者。盛唐诸家风韵皆出此。

江　淹

善观古作，曲尽心手之妙，其自作乃不能尔。故君子贵自立，不可随流俗也。

文 筌 序

陈绎曾

引据王水照编:《历代文话》第2册,复旦大学出版社2007年版。

文者何?理之至精者也。三代以上行于礼乐刑政之中,三代以下明于《书》《易》《诗》《春秋》之策。秦人以刑法为文,靡而上者也。自汉以来,以笔札为文[①],靡斯下矣。乌乎,经天纬地曰文,笔札其能尽诸?战国以上,笔札所著,虽舆歌巷谣,牛医狗相之书,类非汉魏以来高文大策之所能及,其故可知也:彼精于事理之文,假笔札以著之耳;非若后世置事理于精神之表,而唯求笔札之华者也。

……

夫筌所以得鱼器也,鱼得则筌忘矣[②]。文将以见道也,岂其以笔札而害道哉!且余闻之,《诗》者情之实也,《书》者事之实也,《礼》有节文之实,《乐》有音声之实,《春秋》有褒贬,《易》有天人,莫不因其实而著之笔札。所以六经之文不可及者,其实理致精故耳。人之好于文者求之此,则鱼不可胜食,何以筌为?

---

① 以笔札为文:谓文士驰骋笔端以为文。笔札,本指笔与纸。

② "夫筌"两句:语出《庄子·外物》:"筌者所以在鱼,得鱼而忘筌;蹄者所以在兔,得兔而忘蹄;言者所以在意,得意而忘言。"筌,捕鱼的工具。

修辞鉴衡序

王　理

王理，南郑（今陕西汉中）人。生卒年不详。元统二年（1334）官江南诸道监察御史。此篇系为王构《修辞鉴衡》一书所作的序文。他认为好的文章是"达辞""于道"，如此一来，"文以载物适事，诗以言情道和"，界定诗作的教化功能。此外，"观氏风者，采诗谣以知俗，观礼乐以知政"，同样也印证这一观点。

引据：《修辞鉴衡》卷首，影印元至顺集庆路学刊本，中华书局1958年版。

文章之作尚矣，自书契始，古者积学而言成文，益降益坏，其法不传。后之学者不得其术，尚辞者义亏，植意者事逸。义亏竭塞，事逸耗枯，皆不足以达辞辅理，于道则眊[①]矣。文以载物适事，诗以言情道和。事适则行，情感则通，于政有稽焉。文至于华习，诗至于不近情，则几乎息矣。《修辞鉴衡》之编，所以教为文与诗之术也。文止于两汉而延及乎韩、柳，诗止于汉、魏而延及乎唐人，所以难也。若话言之成文，俚诵之成诗，夫岂能之哉！琢玉者以磨砺，冶金者以熔范[②]，若玉不磨、金不范，则射可无习弓，御可无调马矣。文岂异哉！……

① 眊：不明。

② 熔范：按一定的模型熔铸。

元文类序

王　理

引据：《元文类》卷首，《影印文渊阁四库全书》第 1367 册，台北商务印书馆 1986 年版。

庀[1]文统事，太史之职也。史官放失，而文学之士得以备其辞焉。古者自策书简牍，下及星历卜祝之事，属于太史。故三坟五典八索九丘在焉。《书》与《易》皆是也，而《春秋》出焉。教于国都州里者，《诗》《礼》《乐》而已矣。观民风者，采诗谣以知俗，观礼乐以知政，亦集于太史。后之学者，考六艺之辞，发而为文章，是故文章称西汉，记事宗左氏、司马子长，与世为变，其间必有名者出焉。

国初学士大夫，祖述金人、江左余风，车书大同，风气为一。至元大德之间，庠序兴，礼乐成，迄于延祐以来极盛矣。大凡国朝文类，合金人、江左以考国初之作述，至元大德以观其成定，延祐以来以彰其盛，斯著矣。网罗放失，采拾名家，最以载事为首，文章次之，华习又次之。表事称辞者，则读而知之者存焉。伯修于是亦勤矣哉，固忠厚之道也。文章之体备矣：因类物以知好尚，本敷丽以知情性，辞赋第一。……衷蕴之发，油然恢彻，其变不动者鲜矣，书启第八。物触则感，感则思，思则郁，郁则不可遏，有裨于道，杂说题跋第九。……尔雅其言，煜煜然归其辞，其事宣焉，诸杂文第十二。……是则史官之职，天下必有取于是也。

① 庀：治理。

诗法源流

傅若金

傅若金(1304—1343),字与砺,新喻(今江西新余)人。家甚贫,以织席为生,又改业针工,后有所激,乃始读书,工诗文。受业于同郡范梈,后得虞集等人以异才荐,佐使安南。著有《傅与砺诗文集》。《诗法源流》一文首先提出对作诗者的要求,“作诗者必先定是体于胸中而后作焉”,其次讨论不同文体其言所述不同,但“述先德,通下情”“主于美盛德,告成功”等均是对各种文体教化功能的表达。

引据张健编著:《元代诗法校考》,北京大学出版社2001年版。

夫诗权舆于《击壤》《康衢》之谣,演迤[①]于《卿云》《南风》之歌,制作于国风、雅、颂《三百篇》之体,此诗道之大原也。《周官》:诗有六义。风、雅、颂为之经,赋、比、兴为之纬。风、雅、颂各有体,作诗者必先定是体于胸中,而后作焉。风之体,如后世之歌谣,采之民间而被之声乐者也。其言主于达事情,通讽喻。《二南》为风之始,纯乎美者也,故谓之正风。诸国之风兼美刺,故谓之变风。《豳风》则诗之正而事之变,故亦以属于变风焉。雅之体,如后世之五、七言古诗,作于公卿大夫,而用之朝会燕飨者也。其言主于述先德,通下情。事有大小,故有大雅焉,有小雅焉。成、康[②]以上之诗,专于美,故谓之正雅;成、康以后之诗,兼美刺,故谓之变雅。变风、变雅皆因正风、正雅而附见焉。颂之体,如后世之古乐府,作于公卿大夫,而用之宗庙,告于神明者也。其言主于美盛德,告成功。《商颂》《周颂》其正,而《鲁颂》则不当作而作,比之风雅,盖亦变之类也。

---

① 迤:延伸之意。

② 成、康:指周成王、周康王,因其巩固了西周王朝统治,旧时称之为“成康之治”。

宋　史

脱　脱

脱脱(1314—1356)，字大用，蔑里乞氏。童时即就学浦江吴直方，接受汉文化教育。年十五，为皇太子怯怜口怯薛官。至元六年(1340)发动政变，驱逐其伯父、专肆凶虐的丞相伯颜。次年改元至正，任中书右丞相录军国重事。又恢复被伯颜废止的科举、学校。至正三年(1343)，修辽、金、宋三史，任都总裁官。其文中，"'观乎天文，以察时变；观乎人文，以化成天下。'文之有关于世运，尚矣""试使知乐者，由今之器，寄古之声，去惉懘靡曼，而归之中和雅正，则感人心、导和气""言之不文，行之不远"分别从文章、音乐方面来论述这些形式的根本在于囊括天下以感化天地的宗旨。

引据中华书局点校：《宋史》卷二百二，中华书局1985年版。

艺文志序

《易》曰："观乎天文，以察时变；观乎人文，以化成天下①。"文之有关于世运②，尚矣。然书契以来，文字多而世代日降；秦火而后，文字多而世教日兴，其故何哉？盖世道升降，人心习俗之致然，非徒文字之所为也。然去古既远，苟无斯文以范防之，则愈趋而愈下矣。故由秦而降，每以斯文之盛衰，占斯世之治忽③焉。

① "观乎天文"四句：语出《易·贲》。天文，指日月星辰等天体在宇宙间分布运行现象。人文，泛指包括文字、文学艺术在内的文化礼乐制度。
② 世运：时代盛衰治乱的变化。
③ 占：观察；治忽：国家的安定与荒乱。

乐　志

天圣[①]中，帝尝问辅臣以古今乐之异同，王曾[②]对曰："古乐祀天地、宗庙、社稷、山川、鬼神，而听者莫不和悦。今乐则不然，徒虞人耳目而荡人心志。自昔人君流连荒亡者，莫不繇此。"帝曰："朕于声技固未尝留意，内外宴游皆勉强耳。"张知白曰："陛下盛德，外人岂知之，愿备书时政记。"

世号太常为雅乐，而未尝施于宴享，岂以正声为不美听哉！夫乐者，乐也，其道虽微妙难知，至于奏之而使人悦豫和平，则不待知音而后能也。今太常乐悬钟、磬、埙、篪、搏拊之器，与夫舞缀羽、籥、干、戚之制，类皆仿古，逮振作之，则听者不知为乐而观者厌焉，古乐岂真若此哉！……其大略以谓："……试使知乐者，由今之器，寄古之声，去惉懘[③]靡曼而归之中和雅正，则感人心、导和气，不曰治世之音乎！……"

---

① 天圣：北宋仁宗赵祯年号（1023—1032）。

② 王曾：北宋仁宗时为中书侍郎，封沂国公，卒谥文正，有《王文正笔录》。

③ 惉懘：声音不和谐，烦乱不安。

金史·文艺传序赞

脱脱

引据中华书局点校:《金史》卷一二五,中华书局 1975 年版。

金初未有文字。世祖以来渐立条教。太祖既兴,得辽旧人用之,使介往复,其言已文。太宗继统,乃行选举之法,及伐宋,取汴经籍图①,宋士多归之。熙宗款谒②先圣,北面如弟子礼。世宗、章宗之世,儒风丕变,庠序日盛,士繇科第位至宰辅者接踵。当时儒者虽无专门名家之学,然而朝廷典策、邻国书命,粲然有可观者矣。金用武得国,无以异于辽,而一代制作能自树立唐、宋之间,有非辽世所及,以文而不以武也。《传》曰:"言之不文,行之不远。"文治有补于人之家国,岂一日之效哉。作《文艺传》。

① 经籍图:图书目录。

② 谒:拜见。

伯颜子中诗集序

王　礼

王礼(1314—1386),字子尚,庐陵(今江西吉安)人。元至正十六年(1356),授兴国县主薄,次年迁广东道宣慰使司都元帅府照磨。入明,不仕,聘为考官,亦不就。工于文章,著述甚丰。时人称其蔼然仁义之词,凛然忠愤之气,深切恳至,无不可人意。有《麟原集》二十四卷(前集、后集各十二卷)。他文章中除了对诗文创作的论述外,还阐明诗歌感化功用的思想以及包罗万象的特点,也就是说,诗歌承载着世人的情感,但同时也包含着天地间万物,如“夫文之在天地间,二气之为也”“诗之为道,似易而实难,言近指远者,天下之至言也”“镞砺括羽之益以成其德”“诗之道本乎性情,寓乎景物,其妙在于有所感发”“意见言外,盖其风化所及,涵养所致而然,此诗之本也”。

引据李修生主编:《全元文》第60册,凤凰出版社2004年版。

子中既断发自废为民,忠愤邑郁,仰屋浩叹,付之无可奈何。而心不能自平,时时以其慷慨之情,憔悴之色,一寓于诗,又记其旧作,辑为一卷,俾予序之。余三复而叹曰:美哉!沨沨[①]乎,殆有唐之正音,而阳明之气也。夫文之在天地间,二气之为也。盖阳明之气,在天为日月星辰,在人为刚直,为朴厚,为恺悌君子。其于物也,为金,为玉,为麟,为凤,为龙,为虎,为后凋木。在地,为原,为阜,为冈陵。发为文章也,英华俊伟,明白正大。如春阳,如海运。神妙变化,而光彩不可掩抑。阴晦之气,在天为雨雪,为云雾。在人为谀佞[②],为残忍。其于物也,为铅,为石,为枭,为乌,为虺,为狐,为葭菼[③]。在地为汜,为巷,为洼薮[④],为沮洳[⑤]。

① 沨沨:水流声,在此形容宏大。
② 谀佞:奉承献媚。
③ 葭菼:芦与荻。均为水生植物名。
④ 薮:生长着很多草的湖泽。
⑤ 沮洳:低湿之地。

得之于文也，浅涩尘浊，晻昧骫骳[①]。如寒萤光，如焦谷芽。读之无足快人意者，则是气之为也。然二气升降无常，而人之气质可变，而况于文乎。自科举来，致力程试之文者，虽一诗歌，一尺牍，往往如吃[②]，是小技之末，且未能变，况其大者乎？由是观之，子中天赋高，学力至，其过人也远矣。虽然，诗之为道，似易而实难。言近指远者，天下之至言也。先辈有云：诗如镜中灯，水中盐，谓之真不可，谓非真亦不可。盖所咏在此，而意见于彼。言有尽，思无穷，非风人所以感物者乎？

① 晻昧骫骳：意为文笔纡曲，作文曲意迎合人意，风格卑下。晻昧，昏暗不明，指义理幽晦不明；骫骳，胫曲残疾。

② 吃：行动迟缓艰难。

魏松壑吟稿集序

王　礼

引据李修生主编：《全元文》第 60 册，凤凰出版社 2004 年版。

《诗大序》曰："在心为志，发言为诗。"传曰："志之所至，诗亦至焉。"三代古诗，何莫非其志之所之也。五言起于苏、李，其离别赠答，中情缱绻，蔼然词气之表。下至晋、隋，陆机之论诗则曰："缘情而绮丽。"而文中子亦云："诗者，民之情性也。"故诗无情性，不得名诗。其卓然可得于后世者，皆其善言情性者也。奈何世道日降，温柔敦厚之教无闻，遂启邵子删后无诗之叹。盖不求其本，而夸奇斗靡者病之也。古人托物比兴，其鸟兽草木之名，皆取人所同知者，庶几咏歌，有足感发。何尝采掇珍异，如丹砂、空青、金膏、水碧①，《山海经》所未载，《博物志》所不录，皆左抽右撷，取青媲白。令人乍见，如入武库，骇神荡目，不可名状。徐而味之，求其缠绵要眇，如山阳之笛，依依不能去心，何可得也。嗟乎！安得起吾庐陵刘先生九京之下，与论风雅之妙哉。古燕魏松壑，翩翩佳公子也，早有能诗声。凡可悲、可愤、可乐、可感，辄形讴吟。未尝探赜摭怪，而语必不可俗。余读之尽卷，快意，快意！使其不以崎岖风尘汩其中，所诣殆不止此。抑文章者士之末也，余于松壑尚有所加敬焉。夫名师胜友，辅己之药石也。尤宜亲近，庶几变化气质，讲切问学，其或嚣嚣②耻于自下，则贤者日远矣。松壑资禀如此，而视斯文之友如骨肉，人亦孰不倾囷倒廪而竭情焉。将见镞砺括羽③之益以成其德，奚独驰骋乎翰墨之林而已哉？余也归钦青原之下，杜门读书以娱其晚，尚取四方名胜之作，萃而刻之，则松壑在所不可少云。

① 空青：中药名，色青中空，破之有浆，能治眼疾。金膏：传为仙药。水碧：水晶。

② 嚣嚣：自我得意的样子。

③ 镞砺括羽：磨砺箭头，束括箭尾。比喻学习修治以成有用之才。

陈子泰诗稿序

王　礼

引据李修生主编:《全元文》第 60 册,凤凰出版社 2004 年版。

余闻辨于味,而后可以言诗,信也。今夫适于口者若醯[①],非不酸也,止于酸而已。若鹾,非不咸也,止于咸而已。以充饥者,或辍焉。知其咸、酸之外,醇美、膏腴,有所乏耳。苟有物焉,既充乎饥,又适于口,岂不餍饫[②]爽快乎人哉?江西,自德机范先生用太白风格[③],一变旧习。流动开合,春容条畅,音响节奏,咸赴以合,类皆和平之音。于是学者翕然[④]从之,遂无复涛怒电蹴,鳌掀鲸吼,镵空擢壁,峥冰掷戟之态。然求其一联一句之间,涵滀[⑤]涵永,有无穷之思,得至足之味,使人不知手之舞之,足之蹈之,则眇见焉。泰和陈通子泰,故家子弟之淳愿者也。为诗业进士,遭乱,感时伤事,发于咏歌。刘君子高,又从而维之。抑扬浏亮,甚非琐琐者所能及也。自是少加以思,将见韵外之致,景外之趣,超诣沉郁,如蓝田日暖,良玉生烟,可望而不可致之。目睫之前,斯可名家矣。若然,醇美、咸、酸之味,有不备者欤?子泰示余诗稿,欲闻所益。于余最厚,故乐题其简端云。

---

① 醯:醋。

② 餍饫:原指食品极丰盛,在此为博览之意。

③ 德机范先生:范梈,字亨甫,一字德机,清江(今属江西)人。少孤贫,然独行特立,耽诗工文,用力精深,为人所称道。"太白风格",清抄本作"太白风气"。

④ 翕然:一致。

⑤ 滀:积聚。

吴伯渊吟稿序

王　礼

引据李修生主编：《全元文》第60册，凤凰出版社2004年版。

余儿时从师学诗，辱教之曰："吾之道，本乎性情，寓乎景物。其妙在于有所感发，苟无得于斯，不名为诗。"因举古诗优游不迫，意在言外者，每夜讽咏数语。久之，真觉淘去尘俗，神思清远。于是令录《三百篇》中可兴、可怨者，及《离骚》而下，苏、李、汉、魏等作，沉潜诵玩，参以盛唐诸名家而止。常曰："诗在山巅、水涯、人情、物态。故纸上踵袭①，非诗。"暇日率子弟徜徉临眺，仰掇俯拾，无不可诵。然后戒以语忌俗，意忌陈，调忌卑，味忌短，小者不可使多，难者不可使近。得之悠然，挹②之渊然，而诗在是矣。其后年益上，思干禄以养亲，竭力为举子业，终岁不一吟者有年。然旧闻隐隐在耳，梦寐犹未忘也。近见一二学者，喜铺张而乏变化，尚朴厚而无兴趣。多或未精，短或未畅，安得起是翁九京之下与共论哉？临川吴君伯渊，以其诗示余。有春容而无急迫，有蕴藉而无斫雕，有情景而无典故，真可与言诗矣。由是溯而求之，而盛唐，而骚选，而三百。优柔涵泳③之久，且将有得于诗教，温然为成德，奚啻小技之精而已哉？余之期君也远，故以所得于师者竭焉。使三复斯言，有助我之欢，则非吴下阿蒙④矣。用序其稿，俟良会之再，卜之。

① 踵袭：亦步亦趋。
② 挹：舀，把液体盛出来。
③ 涵泳：深入领会。
④ 吴下阿蒙：三国吴吕蒙。孙权勉励吕蒙当致力学问，吕蒙于是力学，笃志不倦。

黄允济樵唱稿序

王　礼

引据李修生主编:《全元文》第60册,凤凰出版社2004年版。

客有问诗法于予者,予应之曰:"六义之经纬,古诗法也。而世鲜能明之,况其微妙者乎?三代民性淳厚,诗之美者无溢辞,刺者亦优柔不迫。意见言外,盖其风化所及,涵养所致而然,此诗之本也。本既立矣,音响节奏又各有说焉。五言古诗,贵乎高古朴茂,如汉、魏而渊永有至味。七言歌行,沉郁雄浑,开阖曲折,词气如百经战马,乃为尽善。近体律诗,又在壮丽痛快,首尾意绎如而不杂。至若绝句,必折旋婉媚,悠然樵歌牧唱之有遗音,妩然宫妆院靓之有姿态。知此,则骎骎乎入作者町哇矣,复何法之可言乎?"里中小友黄允济,以其所吟示予。音韵铿锵,布置缜密。读之犁然有当于人心,可敬可爱,而意欲有闻于予者。以允济之才之美,何藉予言。而予犹惓惓以语客者告之,亦爱助之心也,允济勉乎哉!予望子者,不今日而已也。姑题其首简而归之。

玉笥集序

戴　良

戴良(1317—1383),字叔能,号九灵山人,浦江建溪(今浙江诸暨)人,元代著名诗人。曾任淮南、江北等处行中书省儒学提举。后至吴中,依张士诚。又复泛海至登莱,欲归元军。元亡,隐居四明山。明太祖召至京师,欲官之,托病固辞,忤逆太祖意入狱,作书告别亲旧,仍以忠孝大节为语。次年,卒于狱中。著有《九灵山房集》。其诗文多悲凉感慨、颂扬与怀念故元之作,博通经史,旁及诸子百家。其大部分诗文具济世救民的理想,但也不乏对于诗文创作的深入探索。对于诗歌的创作,他认为功用在于"可以观时政而论治道也"。因为诗歌可以使人"感愤激烈""涕泗横流"。他崇尚唐诗,究其原因在于其"主性情"。"语其为体,固有山林、馆阁之不同,然皆本之性情之正,基之德泽之深,流风遗俗,班班而在"一句,重点谈性情、德泽,而这些均能从诗文中体会。

引据李修生主编:《全元文》第53册,凤凰出版社2004年版。

古者学成而用,故其为志在乎行事而已。然方未用时,有其志而无其行事,则以其性情之发,寓诸吟咏之间焉。及其既用也,而前日之吟咏,乃皆今日行事之所资,则所以发诸性情以明吾志之有在者,夫岂见之空言而已哉?

余尝以此求诸昔人之作,自《三百篇》而下,则杜子美其人也。子美之诗,或谓之诗史者,盖其可以观时政而论治道也。今思廉[①]之诗,语其音节步骤,固以兼取二李诸人之所长,而不尽出于子美。若夫时政之有系,治道之有补,则其得之子美者深矣。思廉之齿少于余,而余学诗乃在其后。当其始学时,尝闻诸故老曰:"诗之道,行事其根也,政治其干也,学其培也。"余以是求之二十年,而未得其

① 思廉:张宪,字思廉,山阴人,家玉笥山,晚为张士诚所招,官枢密院都事。元亡,变姓名寄食僧寺以终。有《玉笥集》。

要归。及观思廉之作，然后悟向者之所闻为足取。而思廉之惠我至矣，余于思廉，又安敢以年齿之已长而自弃乎？因书此于卷首，使观思廉之诗者，或取于斯言，而有所感发也夫！

鹤年吟稿序

戴　良

引据李修生主编：《全元文》第53册，凤凰出版社2004年版。

……鹤年乃泊然无意于仕进，凡幽忧愤闷、悲哀愉悦之情，一于诗焉发之。观其古体歌行诸作，要皆雄浑清丽可喜，而注意之深，用工之苦，尤在于七言律。但一篇之作，一语之出，皆所以寓夫忧国爱君之心，闵①乱思治之意，读之使人感愤激烈，不知涕泗之横流也。盖其音节格调，绝类杜子美，而措辞命意，则又兼得我朝诸阁老之所长。故其入人之深，感人之妙，有非他诗人之所可及。

① 闵：怜恤，哀伤之意。

皇元风雅序

戴　良

引据李修生主编：《全元文》第53册，凤凰出版社2004年版。

昔者孔子删诗，盖以周之盛世，其言出于民俗之歌谣，施之邦国乡人，而有以为教于天下者谓之《风》；作于公卿大夫，陈之朝廷，而有以知其政之废兴者谓之《雅》。及其衰也，先王之政教虽不行，而流风遗俗，犹未尽泯，此陈古刺今之作，又所以为《风》《雅》之变也。然而气运有升降，人物有盛衰，是诗之变化，亦每与之相为于无穷。汉兴，李陵、苏武五言之作，与凡乐府诗词之见于汉武之采录者，一皆去古未远，《风》《雅》遗音，犹有所征也。魏晋而降，三光五岳之气分，而浮靡卑弱之辞，遂不能以复古。唐一函夏①，文运重兴，而李、杜出焉。议者谓李之诗似《风》，杜之诗似《雅》。聚奎②启宋，欧、苏、王、黄之徒，亦皆视唐为无愧。然唐诗主性情，故于《风》《雅》为犹近，宋诗主议论，则其去《风》《雅》远矣。然能得夫《风》《雅》之正声，以一扫宋人之积弊，其惟我朝乎！我朝舆地之广，旷古所未有，学士大夫乘其雄浑之气，以为诗者，固未易一二数。然自姚、卢、刘、赵诸先达以来，若范公德机、虞公伯生、揭公曼硕、杨公仲宏，以及马公伯庸、萨公天锡、余公廷心，皆其卓卓然者也。至于岩穴之隐人，江湖之羁客，殆又不可以数计。盖方是时，祖宗以深仁厚德，涵养天下垂五六十年之久，而戴白③之老、垂髫④之童，相与欢呼鼓舞于闾巷间，熙熙然有非汉、唐、宋之所可及。故一时作者，悉皆餐淳茹和，以鸣太平之盛治。其格调固拟诸汉唐，理趣固资诸宋氏，至于陈政之大、施教之远，则能优入乎周德之未衰，盖至是而本朝之盛极矣。继此而后，以诗名世者犹累累焉。语其为体，固有山林、馆阁之不同，然皆本之性情之正，基之德泽之深，流风遗俗，班班而在。刘禹锡谓八音与政通，文章与时高下，岂不信

---

① 函夏：全中国。夏，华夏。

② 聚奎：五星聚奎，旧时以为祥瑞。宋太祖乾德五年(967)五星聚奎。

③ 戴白：头顶着白发。

④ 垂髫：儿童。

然欤？顾其为言，或散见于诸集，或为世之徼名售利者所采择，传之于世，往往获细而遗大，得此而失彼。学者于此或不能尽大观而无憾，此《皇元风雅》之书所为辑也。

密庵文集序

戴　良

引据李修生主编：《全元文》第53册，凤凰出版社2004年版。

文主于气，而气之所充，非本于学不可也。六经而下以文雄世者，称孟轲氏、韩愈氏。孟轲氏曰："我善养吾浩然之气。"韩愈氏曰："气盛则言之短长、声之高下皆宜。"然孟轲氏之养气，则既始之以知言，而韩愈氏之气盛，亦惟三代两汉之书是观，圣人之志是存耳。文以气为主，气由学以充，见之二氏，可考而知也。后之学者，乃或不是之求，方贵华尚、采粉泽以为工，遒密[1]以为能。吁！亦末矣。是故有见于此而思务去之者，岂不谓之有志之士乎？若吾友谢君原功，斯为有志之士矣。

……原功之文肖其为人，其立论闲以梃[2]，其书事简以悉[3]，其序记铭赞雅健而奇警，其诗歌彬蔚[4]而秾丽，庶几杰出一时，流辈无敢与并者。……使世知原功之文，非徒粉泽遒密之是务，而其杰出一时者，盖由有气以充之，而又能本之以学也。

---

① 遒密：雄健缜密。
② 梃：突出。
③ 悉：全。
④ 彬蔚：文彩华盛。

文 章 宗 旨

陶宗仪

陶宗仪，字九成，号南村，黄岩(今属浙江)人。生卒年不详，约1360年前后在世。工诗文，深究古学，勤于记述典章制度、琐闻轶事。长居松江时，著有《辍耕录》(又称《南村辍耕录》)。此书涉及内容广泛，是研究元代社会生活的宝贵资料。另著有《南村诗集》《书史会要》等。《文章宗旨》一文继承前人观点，认为作诗必须关于世教、存于比兴，曰“大凡作诗须用《三百篇》与《离骚》，言不关于世教，义不存于比兴，诗亦徒作”，体现其对诗作应该感化人心这一功能的关注。

引据：《南村辍耕录》，《元明史料笔记丛刊》本，中华书局1959年版。

卢疏斋[①]先生《文章宗旨》云：大凡作诗，须用《三百篇》与《离骚》，言不关于世教，义不存于比兴，诗亦徒作。夫诗，发乎情，止乎礼义。《关雎》乐而不淫，哀而不伤，斯得性情之正，古人丁此观风焉。赋者，古诗之流也。前极宏侈之规，后归简约之制。故班固《二都》之赋，冠绝千古。前极铺张巨丽，故后必称典谟训诰之作终焉。厥后十数作者，仿而效之，盖诗人之赋必丽以则也。古今文章，大家数甚不多见。

① 卢疏斋：即卢挚，字处道，一字莘老，号疏斋。元初文学家，与姚燧并称“姚卢”。

五、 明清近代

文　原

宋　濂

宋濂(1310—1381),初名寿,字景濂,号潜溪,别号龙门子、玄真遁叟等,浙江金华人。明初著名政治家、文学家,与高启、刘基并称为“明初诗文三大家”,官至翰林学士,著有《宋学士全集》三十六卷。

引据黄灵庚辑校:《宋濂全集》第3册,人民文学出版社2014年版。

余讳人以文生相命。丈夫七尺之躯,其所学者独文乎哉?虽然,余之所谓文者,乃尧、舜、文王、孔子之文,非流俗之文也,学之固宜。浦江郑楷、义乌刘刚、楷之弟柏尝从予学,已知以道为文,因作《文原》二篇以贻之。

其上篇曰:人文之显,始于何时?实肇于庖牺①之世。庖牺仰观俯察,画奇偶以象阳阴,变而通之,生生不穷,遂成天地自然之文。非惟至道含括无遗,而其制器尚象亦非文不能成。如垂衣裳而治取诸《乾》《坤》,上栋下宇而取诸《大壮》,书契之造而取诸《夬》,舟楫牛马之利而取诸《涣》《随》,杵臼②棺椁之制而取诸《小过》《大过》,重门击柝而取诸《豫》,弧矢之用而取诸《睽》,何莫非粲然之文?自是推而存之,天衷民彝之叙,礼乐刑政之施,师旅征伐之法,井牧州里之辨,华夷内外之别,复皆则而象之。故凡有关民用及一切弥纶范围之具,悉囿乎文,非文之外别有其他也。

然而事为既著,无以纪载之则不能以行远,始托诸词翰③以昭其文。略举一二言之:禹敷土,随山刊木,奠高山大川,既成功矣,然后笔之为《禹贡》之文。周制,聘觐燕享馈食婚丧诸礼,其升降揖让之节,既行之矣,然后笔之为《仪礼》之文。孔子居乡党,容色言动之间,从容中道④,门人弟子既习见之矣,然后笔之为《乡党》之文。其他格言大训亦莫不然,必有其实而后文随之,初未尝以徒言为

---

① 庖牺:即伏羲,传说中的中华民族人文始祖。
② 杵臼(chǔ jiù):泛指捣粮食或药物等的工具。
③ 词翰:诗词文章等的总称。
④ 从容中道:语出《中庸》:“诚者不勉而中,不思而得,从容中道,圣人也。”

也。譬犹聆众乐于洞庭之野，而后知其音声之抑扬、缀兆之舒疾也；习大射于矍相之圃，而彼见观者如堵墙，序点之扬觯也。苟逾度而臆决之，终不近也。昔者游、夏以文学名，谓观其会通而酌其损益之宜而已，非专指乎辞翰之文也。呜呼，吾之所谓文者，天生之，地载之，圣人宣之，本建则其末治，体著则其用彰，斯所谓乘阴阳之大化，正三纲而齐六纪者也，亘宇宙之始终，类万物而周八极者也。呜呼，非知经天纬地之文者，恶足以语此！

其下篇曰：为文必在养气。气与天地同，苟能充之，则可配序三灵[①]，管摄万汇。不然，则一介之小夫尔。君子所以攻内不攻外，图大不图小也。力可以举鼎，人之所难也，而乌获能之，君子不贵之者，以其局乎小也。智可以搏虎，人之所难也，而冯妇能之，君子不贵之者，以其骛乎外也。气得其养，无所不周，无所不极也。揽而为文，无所不参，无所不包也。九天之属，其高不可窥；八柱之列，其厚不可测。吾文之量得之。规毁魄渊，运行不息，棋地万荧，缠次弗紊，吾文之焰得之。昆仑悬圃之崇清，层城九重之严邃，吾文之峻得之。南桂北瀚，东瀛西溟[②]，杳眇而无际，涵负而不竭，鱼龙生焉，波涛兴焉，吾文之深得之。雷霆鼓舞之，风云翕张之，雨露润泽之，鬼神恍惚，曾莫穷其端倪，吾文之变化得之。上下之间，自色自形，羽而飞，足而奔，潜而泳，植而茂，若洪若纤，若高若卑，不可以数计，吾文之随物赋形得之。呜呼，斯文也，圣人得之，则传之万世为经。贤者得之，则放诸四海而准。辅相天地而不过，昭明日月而不忒，调燮四时而无愆。此岂非文之至者乎？

大道堙微，文气日削，骛乎外而不攻其内，局乎小而不图其大，此无他，四瑕八冥九蠹有以累之也。何谓四瑕？《雅》《郑》不分之谓荒，本末不比之谓断，筋骸不束之谓缓，旨趣不超之谓凡。是四者，贼文之形也。何谓八冥？讦者将以疾夫诚，椭者将以蚀夫圜，庸者将以混夫奇，瘠者将以胜夫腴，粗者将以乱夫精，碎者将以害夫完，陋者将以革夫博，昧者将以损夫明。是八者，伤文之膏髓也。何谓九蠹？滑其真，散其神，揉其氛，徇其私，灭其知，丽其蔽，违其天，昧其几，爽其贞。是九者，死文之心也。有一于此，则心受死而文丧矣。春葩秋卉之争丽也，猿号林而蛩吟砌也，水涌蹄涔[③]而火炫萤尾也，衣被土偶而不能视听也，蠛蠓死生于瓮盎，不知四海之大、六合之广也，斯皆不知养气之故也。呜呼，人能养气，则情深而文明，气盛而化神，当与天地同功也。与天地同功，而其智卒归之一介小夫，不亦可悲也哉？

予既作《文原》上、下篇，言虽大而非夸，唯智者然后能择焉。去古远矣，世之

---

① 三灵：指天、地、人。

② 东瀛西溟：日出和日落的地方。

③ 蹄涔：指容量、体积等微小。

论文者有二：曰载道，曰纪事。纪事之文，当本之司马迁、班固，而载道之文，舍六籍[①]吾将焉从？虽然，六籍者，本与根也；迁、固者，枝与叶也，此固近代唐子西之论，而予之所见，则有异于是也。六籍之外，当以孟子为宗，韩子次之，欧阳子又次之。此则国之通衢[②]，无榛荆之塞，无蛇虎之祸，可以直趋圣贤之大道，去此则曲狭僻径耳，荦埆邪蹊耳，胡可行哉？予窃怪世之为文者不为不多，骋新奇者，钩摘隐伏，变更庸常，甚至不可句读，且曰："不诘曲聱牙，非古文也。"乐陈腐者，一假场屋委靡之文，纷揉庞杂，略不见端绪，且曰："不浅易轻顺，非古文也。"予皆不知其何说？大抵为文者，欲其辞达而道明耳，吾道既明，何问其余哉？虽然，道未易明也，必能知言养气，始为得之。予复悲世之为文者不知其故，颇能操觚[③]遣辞，毅然以文章家自居，所以益摧落而不自振也。今以二三子所学日进于道，聊一言之。

① 六籍：指《诗》《书》《礼》《乐》《易》《春秋》六经。

② 通衢（qú）：指四通八达、宽敞平坦的道路。

③ 操觚：指写作。

太和正音谱

朱　权

朱权(1378—1448),朱元璋第十七子,封宁王,号臞仙,又号涵虚子、丹丘先生,明代著名戏曲作家,著有《宁国仪范》《汉唐秘史》《史断》《文谱》《诗谱》等。

引据中国戏曲研究院编:《中国古典戏曲论著集成》第3集,中国戏剧出版社1959年版。

大概作乐府①切忌有伤于音律,乃作者之大病也。且如女真《风流体》等乐章,皆以女真人音声歌之,虽字有舛讹②,不伤于音律者,不为害也。大抵先要明腔,后要识谱。审其音而作之,庶不有忝于先辈焉。

且如词中有字多难唱处,横放杰出者,皆是才人拴缚不住的豪气。然此若非老于文学者,则为劣调矣。

① 乐府:指民间诗歌。

② 舛(chuǎn)讹:差错。

传 习 录

王守仁

王守仁(1472—1528),字伯安,别号阳明,余姚(今浙江余姚)人。官至南京兵部尚书。曾在故乡阳明洞中筑室,世称"阳明先生"。著作由门人辑成《王文成公全书》。王守仁发挥了陆九渊的心学思想,认为:"心之本体无所不该""天下无心外之物"。从这种以"心"为本体的哲学、美学思想出发,他提出了一系列的美育观点和命题,如"凡诱之歌诗者,非但发其志意而已,亦所以泄其跳号呼啸于咏歌,宣其幽抑结滞于音节""古人为治,先养人心和平,然后作乐"等,对今日实施美育仍有参考价值和重要意义。

引据王晓昕、赵平略点校:《王文成公全书》,《理学丛书》本,中华书局2015年版。

一

古之教者,教以人伦[①]。后世记诵词章[②]之习起,而先王之教亡。今教童子,惟当以孝弟[③]忠信礼义廉耻为专务[④]。其栽培涵养[⑤]之方,则宜诱之歌诗以发其志意[⑥],导之习礼以肃其威仪[⑦],讽[⑧]之读书以开其知觉[⑨]。今人往往以歌诗习礼为不切时务[⑩],此皆末俗庸鄙之见,乌足以知古人立教[⑪]之意哉!

---

① 人伦:封建社会中人与人礼教所规定的君臣、父子、夫妇、兄弟、朋友及各种尊卑长幼关系。
② 记诵词章:反复诵读诗文。
③ 弟:同"悌",孝悌。
④ 专务:专心致力之事。
⑤ 栽培涵养:培养、教育。
⑥ 发其志意:激发他们(小孩)的志向和兴趣。
⑦ 肃其威仪:使仪表严肃得体。
⑧ 讽:劝告。
⑨ 知觉:觉察能力。
⑩ 不切时务:不合时宜。
⑪ 立教:推行教育。

大抵童子之情[①]，乐嬉游而惮拘检[②]，如草木之始萌芽，舒畅之则条达[③]，摧挠[④]之则衰痿。今教童子，必使其趋向鼓舞[⑤]，中心喜悦，则其进自不能已[⑥]。譬之时雨春风，沾被[⑦]卉木，莫不萌动发越[⑧]，自然日长月化；若冰霜剥落[⑨]，则生意萧索[⑩]，日就枯槁矣。故凡诱之歌诗者，非但发其志意而已，亦所以洩其跳号呼啸[⑪]于咏歌，宣其幽抑结滞[⑫]于音节也；导之习礼者，非但肃其威仪而已，亦所以周旋揖让[⑬]而动荡其血脉，拜起屈伸[⑭]而固束其筋骸[⑮]也；讽之读书者，非但开其知觉而已，亦所以沉潜[⑯]反复而存其心[⑰]，抑扬讽诵以宣其志[⑱]也。凡此皆所以顺导其志意，调理其性情，潜消其鄙吝[⑲]，默化其粗顽[⑳]，日使之渐于礼义而不苦其难，入于中和[㉑]而不知其故[㉒]。是盖先王立教之微意[㉓]也。

二

先生[㉔]曰："古乐[㉕]不作久矣。今之戏子[㉖]，尚与古乐意思[㉗]相近。"未达[㉘]，请

---

① 情：习性。
② 惮拘检：讨厌约束。
③ 条达：枝繁叶茂。
④ 摧挠：摧残压抑。
⑤ 鼓舞：欢悦、兴奋。
⑥ 进自不能已：进步自然不会停止。
⑦ 沾被：滋润庇荫。
⑧ 萌动发越：抽枝发芽。
⑨ 冰霜剥落：遭受到冰霜而成片地脱落。
⑩ 萧索：衰败、凋零。
⑪ 跳号呼啸：跳跃、欢呼。
⑫ 幽抑结滞：忧郁压抑的情绪。
⑬ 周旋揖让：揖让的行为。
⑭ 拜起屈伸：叩拜的行为。
⑮ 固束其筋骸：强健筋骨。
⑯ 沉潜：沉浸其中，深入探究。
⑰ 存其心：修心养性。
⑱ 宣其志：明确志向。
⑲ 潜消其鄙吝：潜移默化地消除其鄙陋和吝啬。
⑳ 默化其粗顽：潜移默化地改变其粗疏和愚顽。
㉑ 中和：中正平和。
㉒ 不知其故：不知不觉。
㉓ 微意：精深之意。
㉔ 先生：指王阳明。
㉕ 古乐：先王之乐、雅正之乐、中和之乐。
㉖ 戏子：戏剧。
㉗ 意思：意旨、意义。
㉘ 未达：没有理解。

问。先生曰："《韶》之九成[1]，便是舜的一本戏子。《武》之九变[2]，便是武王的一本戏子。圣人一生实事，俱播[3]在乐中。所以有德者闻之，便知他尽善尽美，与尽美未尽善[4]处。若后世作乐，只是做些词调[5]，于民俗风化[6]绝无关涉，何以化民善俗[7]？今要民俗反朴还淳，取今之戏子，将妖淫词调俱去了，只取忠臣孝子故事，使愚俗百姓[8]人人易晓，无意中感激他良知[9]起来，却于风化[10]有益。然后古乐渐次[11]可复矣。"

……

先生曰："你说元声[12]在何处求？"对曰："古人制管候气[13]，恐是求元声之法。"先生曰："若要去葭灰黍粒[14]中求元声，却如水底捞月，如何可得？元声只在你心上求。"曰："心如何求？"先生曰："古人为治[15]，先养得人心和平，然后作乐。比如在此歌诗，你的心气和平，听者自然悦怿兴起[16]。只此便是元声之始。《书》[17]云：'诗言志[18]'，志便是乐的本。'歌永言[19]'，歌便是作乐的本。'声依永，律和声[20]'，律只要和声，和声便是制律的本。何尝求之于外？"

---

① 《韶》之九成：《韶》，相传为上古舜帝的音乐，后指代雅乐；九成，犹九阕，乐曲终止叫成。
② 《武》之九变：《武》，歌颂武王伐纣的音乐；九变，指多次演奏。
③ 播：散布、传播。
④ 尽善尽美，与尽美未尽善：《论语·八佾》载："子谓《韶》：'尽美矣，又尽善也。'谓《武》：'尽美矣，未尽善也。'"
⑤ 词调：指小曲小调。
⑥ 民俗风化：风俗教化。
⑦ 化民善俗：导民向善。
⑧ 愚俗百姓：普通百姓。
⑨ 良知：指天生本然、不学而得的智慧和道德。
⑩ 风化：移风易俗。
⑪ 渐次：逐渐。
⑫ 元声：古人定十二律以黄钟之管为基准，故名黄钟为元声。
⑬ 制管候气：古人将苇膜烧成灰，放在律管内，到某一节气，相应律管内的灰就会自行飞出，据此，可预测节气的变化。
⑭ 葭灰黍粒：葭灰，芦苇秆烧成的灰；黍粒，一年生草本植物，叶线形，子实淡黄色，去皮后称黄米。
⑮ 治：治理天下。
⑯ 悦怿兴起：愉快兴奋。
⑰ 《书》：指儒家十三经之一的《尚书》。
⑱ 诗言志：诗歌是用来表达思想、志向和抱负的。
⑲ 歌永言：歌借助语言将(诗的)情感咏唱出来。
⑳ 声依永，律和声：歌声要以思想情感为依据，同时也要符合音律。

与滁阳诸生书并问答语

王守仁

引据王晓昕、赵平略点校：《王文成公全书》，《理学丛书》本，中华书局 2015 年版。

诸生之在滁者，吾心未尝一日而忘之。然而阔焉无一字之往，非简也，不欲以世俗无益之谈徒往复为也。有志者，虽吾无一字，固朝夕如面也。其无志者，盖对面千里，况千里之外、盈尺之牍乎！孟生归，聊寓此于有志者，然不尽列名，且为无志者讳，其因是而尚能兴起也。

或患思虑纷杂，不能强禁绝。阳明子曰："纷杂思虑，亦强禁绝不得，只就思虑萌动处省察克治，到天理[①]精明后，有个物各付物的意思，自然静专，无纷杂之念。《大学》所谓'知止而后有定'也。"

德洪[②]曰：滁阳为师讲学首地，四方弟子，从游日众。嘉靖癸丑秋，太仆少卿吕子怀复聚徒于师祠。洪往游焉，见同门高年有能道师遗事者。当时师惩末俗卑污，引接学者多就高明一路，以救时弊[③]。既后渐有流入空虚，为脱落新奇之论。在金陵时，已心切忧焉。故居赣则教学者存天理，去人欲，致省察克治实功。而征宁藩之后，专发致良知[④]宗旨，则益明切简易矣。兹见滁中子弟尚多能道静坐中光景。洪与吕子相论致良知之学无间于动静，则相庆以为新得。是书孟源、伯生得之金陵。时闻滁士有身背斯学者，故书中多愤激之辞。后附问答语，岂亦因静坐顽空而不修省察克治之功者发耶？

---

① 天理：理学家所认为的客观存在的道德法则。

② 德洪：钱德洪（1496—1574），名宽，字洪甫，号绪山。王守仁的学生，明代中后期哲学家，教育家，思想家。

③ 时弊：当时社会的弊病。

④ 良知：心学家认为的天赋道德观念。

睡起写怀

王守仁

引据王晓昕、赵平略点校：《王文成公全书》，《理学丛书》本，中华书局2015年版。

江日熙熙春睡醒，江云飞尽楚山青。
闲观物态皆生意，静悟天机入窅冥①。
道在险夷随地乐，心忘鱼鸟自流形。
未须更觅羲唐②事，一曲沧浪击壤听。

① 窅冥：深邃的样子。
② 羲唐：伏羲和唐尧。

月夜二首(与诸生歌于天泉桥)

王守仁

引据王晓昕、赵平略点校:《王文成公全书》,《理学丛书》本,中华书局 2015 年版。

万里中秋月正晴,四山云霭忽然生。
须臾浊雾随风散,依旧青天此月明。
肯信良知原不昧,从他外物岂能撄①!
老夫今夜狂歌发,化作钧天②满太清。

处处中秋此月明,不知何处亦群英?
须怜绝学经千载,莫负男儿过一生。
影响尚疑朱仲晦③,支离羞作郑康成④。
铿然舍瑟春风里,点也虽狂得我情。

① 撄:扰乱。
② 钧天:天的中央。
③ 朱仲晦:朱熹,字仲晦。
④ 郑康成:郑玄,字康成。

论　中

徐　渭

徐渭(1521—1593),初字文清,后改字文长,号青藤老人、青藤道士、天池生、天池山人等,绍兴府山阴(今浙江绍兴)人,明代著名文学家、书画家、戏曲家。他多才多艺,在诗文、戏剧、书画等领域都有所建树,与解缙、杨慎并称"明代三才子",著有《徐文长集》《南词叙录》《四声猿》等。

引据中华书局整理:《徐渭集》,《中国古典文学基本丛书》本,中华书局1983年版。

论中一

语中之至者,必圣人而始无遗,此则难也。然习为中者,与不习为中者,甚且悖其中者,皆不能外中而他之也。似易也,何者,之中也者,人之情也,故曰易也。语不为中,必二氏①之圣而始尽。然习不为中者,未有果能不为中者也。此则非直不易也,难而难者也。何者,不为中、不之中者,非人之情也。鱼处水而饮水,清浊不同,悉饮也,鱼之情也。故曰为中似犹易也,而不饮水者,非鱼之情也,故曰不为中,难而难者也。二氏之所以自为异者,其于不饮水不异也,求为鱼与不求为鱼者异也,不求为鱼者,求无失其所以为鱼者而已矣,不求为鱼也。重曰为中者,布而衣,衣而量者也,自童而老,自侏儒而长人,量悉视其人也。夫人未有不衣者,衣未有不布,布未有不量者,衣童以老,为过中,衣长人以侏儒,是为不及于中,圣人不如此其量也。若夫释也者,则不衣矣,不衣不布矣,不布而量何施,故曰不为中。黄②之异缁③也,则首譬曰,尚欲为鱼也,尽之矣。虽然,鱼有跃者化者,时离水而彻饮者,有矣,似难而易也,鱼不化不跃而不离水也,而饮必无不

① 二氏:指佛教和道教。

② 黄:指道士。

③ 缁:指僧人。

清者，有之乎？似易而难也。故曰“中庸不可能也”。

论中二

天与人，其得一同也。人有骸[1]，天无骸，无骸则一不役于骸，一不役于骸，故一不病。一役于骸，故一病。一不病者何？尧传舜，舜传禹，曰道心者是也。一病者何？尧传舜，舜传禹，曰人心者是也。微者何？骸胜一，而一者膏日火以消矣。危者何？一不能胜骸，而骸者土日篑以高矣。中之云者，酌其人之骸而天之之谓也。犹曰半其道心者，亦半其人心者之谓也。故曰中也，是中也，难言也，言半则几于堕而执矣。故曰中也者，贵时之也，难言也。凡二圣人者，其始之治其心于土阶者，不过三尺中，治其躯于形者，不过七尺中，治其夔及其象，九其男二其女者，多亦不过数人中，而卒之利亿兆争三两者，皆是物也，是二圣人之善因也。因其人而人之也，不可以天之也，然而莫非天也，亦因其不可纯以一而一之也，然而莫非以一也。故精也者，精之乎此中也，一也者，一之乎此中也。精也者，治玉者之切与磨也，玉玉而切与磨之则一也，此二圣人之中之者之功也。二圣人者，以骸治骸，以人治人者也。骸者何？窍也，鞟[2]也，躯也，壳也。噫，二圣人不能强人以纯天也，以其人人也，是二圣人之不得已也，至语其得一也，则人也，犹之天也。

论中三

自上古以至今，圣人者不少矣，必多矣，自君四海、主亿兆、琐至治一曲之艺，凡利人者，皆圣人也。周[3]所谓道在瓦砾，在屎溺，意岂引且触于斯耶，故马医、酱师、治尺棰、洒寸铁而初之者，皆圣人也。吾且以治者举，人出一思也，人创一事也，又人累千百人也，年累千万年也，而后天下之治具始大以明备，忠而质，质而文，文而至于不可加，而具之枚亦不可数。使令者一人也，而曰我自为之，而自用之，而又必待其全而后用，则终古不治矣。故治必累圣人而后治，夫既已如是而足以治矣，而彼一人者又曰，我必自为之而后治之，则非愚则病惑者矣。故治莫利于因，因而博，则其去自为而自用者不远也，惟因而不博者得之。夫孔子学

---

① 骸：身体。

② 鞟(kuò)：皮。

③ 周：指庄周。

几七十矣，老矣，炼而酌且审矣，亦博而且约矣，而所删所定所赞而所修者几何哉？治备是矣，民可以使由而止矣，而今之治者，顾曰我且博焉，则非愚且病惑者矣，故曰贵因，故又曰因又不贵博。农咀草，轩与岐也，区也，缓也，和也，鹊也，仓也，而方也，而七者必曰，我自为农也，自为轩也，自为岐也，而区而缓而和而鹊而仓而自方也，非苦悖且不暇，故曰贵因。因又贵不博，孔所删诸者是矣，故曰孔子集大成，集其大于帝王者也。虽然，之方也而方之，抑末也，而方方者一也，一者方方者也。故旦也者，以其因者思兼于方，则不必皆合，不合则思，思则得，得则待旦，待旦则果用而果合，是之谓因方而不病于方，是之谓药之王，医之纲。乃民德则丑矣，分则有常，必使之农其农而商其商，视其木以梁。今之乱学者，类以梁而不视其木者也，故强齐民而学帝与王之学，以为尽帝与王之梁。

诗说序（代）

徐　渭

引据中华书局整理：《徐渭集》，《中国古典文学基本丛书》本，中华书局 1983 年版。

予尝阅孟德所解《孙子》十三篇，及李卫公与唐太宗之所谈说者，其言多非孙子本意。至论二人用兵，随其平日之所说解而以施之于战争营守之间，其功反出孙子上。以知凡书之所载，有不可尽知者，不必正为之解，其要在于取吾心之所通，以求适于用而已。用吾心之所通，以求书之所未通，虽未尽释也，辟诸痒者，指摩以为搔，未为不济也。用吾心之所未通，以必求书之通，虽尽释也，辟诸痹者，指搔以为搔，未为济也。夫《诗》多至三百篇，孔子约其旨，乃曰兴而已矣，曰思无邪而已矣，此则未尝解之也，而其所以寓劝戒，使人感善端而惩逸志者，自蔼然溢于言外。至于所解见于鲁《论》、邹书者，有若《淇澳》《蒸民》，裁数语耳。他若《棠棣》志怀也，而以警遗，《巧笑》美质也，而以订礼，《雄雉》思君子也，而以激门人之进善，是皆非正解者矣。会稽季先生所著《诗说解颐》凡四十卷，吾取而读之，其大概实有得于是。其志正，其见远，其意悉本于经而不泥于旧闻，是以其为说也卓而专，其成书也勇而敢，虽古诗人与吾相去数千载之上，诸家所注无虑数十百计，未可以必知其彼之尽非，而吾之尽是，至论取吾心之通以适于用，深有得于孔氏之遗者，先生一人而已。夫以孟德与卫公摘其所述兵家者流耳，有济于用，而吾犹然取之，矧是书也，讵邪说，正人心，上发先儒所未明，下有裨于后学者哉？吾读之解颐焉，因为之刻，刻成而请序，遂序之。若其剔隐伏，刺缺漏[1]，按驳禁持，胃掏而肾擢之，虽善避者无所逃，如子唐子所谓古经师不及者，多散见于诸所著述，不独是书已也。

---

① 缺漏：欠缺、漏洞。

童　心　说

李　贽

李贽(1527—1602),字宏甫,号卓吾,别号温陵居士、百泉居士等,福建泉州人,明代著名思想家、文学家、史学家,泰州学派的宗师。他的学术思想具有反程朱理学的特点,著有《焚书》《藏书》《续焚书》《续藏书》等。

引据中华书局整理:《焚书·续焚书》,《中国思想史资料丛刊》本,中华书局2009年版。

龙洞山农叙《西厢》末语云:“知者勿谓我尚有童心可也。”夫童心者,真心也。若以童心为不可,是以真心为不可也。夫童心者,绝假纯真,最初一念之本心也。若失却童心,便失却真心;失却真心,便失却真人。人而非真,全不复有初矣。

童子者,人之初也;童心者,心之初也。夫心之初曷可失也!然童心胡然而遽失也?盖方其始也,有闻见从耳目而入,而以为主于其内而童心失。其长也,有道理从闻见而入,而以为主于其内而童心失。其久也,道理闻见日以益多,则所知所觉日以益广,于是焉又知美名之可好也,而务欲以扬之而童心失;知不美之名之可丑也,而务欲以掩之而童心失。夫道理闻见,皆自多读书识义理而来也。古之圣人,曷尝不读书哉!然纵不读书,童心固自在也,纵多读书,亦以护此童心而使之勿失焉耳,非若学者反以多读书识义理而反障之也。夫学者既以多读书识义理障其童心矣,圣人又何用多著书立言以障学人为耶?童心既障,于是发而为言语,则言语不由衷;见而为政事,则政事无根柢;著而为文辞,则文辞不能达。非内含于章美也,非笃实生辉光也,欲求一句有德之言,卒不可得。所以者何?以童心既障,而以从外入者闻见道理为之心也。

夫既以闻见道理为心矣,则所言者皆闻见道理之言,非童心自出之言也。言虽工,于我何与,岂非以假人言假言,而事假事文假文乎?盖其人既假,则无所不假矣。由是而以假言与假人言,则假人喜;以假事与假人道,则假人喜;以假文与假人谈,则假人喜。无所不假,则无所不喜。满场是假,矮人何辩也?然则虽有天下之至文,其湮灭于假人而不尽见于后世者,又岂少哉!何也?天下之至文,未有不出于童心焉者也。苟童心常存，则道理不行，闻见不立，无时不文，无人不文，无一样创制体格文字而非文者。诗何必古选[1]，文何必先秦。降而为六朝，变而为近体，又变而为传奇[2]，变而为院本[3]，为杂剧，为《西厢曲》，为《水浒传》，为今之举子业，皆古今至文，不可得而时势先后论也。故吾因是而有感于童心者之自文也，更说甚么《六经》，更说甚么《语》《孟》乎？

夫《六经》《语》《孟》，非其史官过为褒崇之词[4]，则其臣子极为赞美之语。又不然，则其迂阔门徒，懵懂弟子，记忆师说，有头无尾，得后遗前，随其所见，笔之于书。后学不察，便谓出自圣人之口也，决定目之为经矣，孰知其大半非圣人之言乎？纵出自圣人，要亦有为而发，不过因病发药，随时处方，以救此一等懵懂弟子，迂阔门徒云耳。药医假病，方难定执，是岂可遽以为万世之至论乎？然则《六经》《语》《孟》，乃道学之口实，假人之渊薮也，断断乎其不可以语于童心之言明矣。呜呼！吾又安得真正大圣人童心未曾失者而与之一言文哉！

---

① 古选：指《文选》。
② 传奇：指唐宋时期短篇小说的一种。
③ 院本：元朝时行院进行戏曲表演时的脚本。
④ 褒崇：赞扬推崇之词。

二十分识

李　贽

引据中华书局整理：《焚书·续焚书》，《中国思想史资料丛刊》本，中华书局2009年版。

有二十分见识，便能成就得十分才，盖有此见识，则虽只有五六分才料，便成十分矣。有二十分见识，便能使发得十分胆，盖识见既大，虽只有四五分胆，亦成十分去矣。是才与胆皆因识见而后充者也。空有其才而无其胆，则有所怯而不敢；空有其胆而无其才，则不过冥行妄作①之人耳。盖才胆实由识而济，故天下唯识为难。有其识，则虽四五分才与胆，皆可建立而成事也。然天下又有因才而生胆者，有因胆而发才者，又未可以一概也。然则识也、才也、胆也，非但学道为然，举凡出世处世，治国治家，以至于平治天下，总不能舍此矣，故曰"智者不惑，仁者不忧，勇者不惧"。智即识，仁即才，勇即胆。蜀之谯周，以识胜者也。姜伯约以胆胜而无识，故事不成而身死；费袆以才胜而识次之，故事亦未成而身死。此可以观英杰作用之大略矣。三者俱全，学道则有三教大圣人在，经世则有吕尚、管夷吾、张子房在。空山岑寂，长夜无声，偶论及此，亦一快也。怀林在旁，起而问曰："和尚于此三者何缺?"余谓我有五分胆，三分才，二十分识，故处世仅仅得免于祸。若在参禅学道之辈，我有二十分胆，十分才，五分识，不敢比于释迦老子明矣。若出词为经，落笔惊人，我有二十分识，二十分才，二十分胆。呜呼！足矣，我安得不快乎！虽无可语者，而林能以是为问，亦是空谷足音也，安得而不快也！

① 冥行妄作：盲目胡乱行事。

四 勿 说

李 贽

引据中华书局整理：《焚书·续焚书》，《中国思想史资料丛刊》本，中华书局2009年版。

人所同者谓礼，我所独者谓己。学者多执一己定见，而不能大同于俗，是以入于非礼也。非礼之礼，大人勿为；真己无己，有己即克。此颜子[①]之四勿也。是四勿也，即四绝也，即四无也，即四不也。四绝者，绝意、绝必、绝固、绝我是也。四无者，无适、无莫、无可、无不可是也。四不者，《中庸》卒章所谓不见、不动、不言、不显是也。颜子得之而不迁不贰，则即勿而不；由之而勿视勿听，则即不而勿。此千古绝学，惟颜子足以当之。颜子没而其学遂亡，故曰“未闻好学者”。虽曾子、孟子亦已不能得乎此矣，况濂、洛诸君子乎！未至乎此而轻谈四勿，多见其不知量也。聊且博为注解，以质正诸君何如？盖由中而出者谓之礼，从外而入者谓之非礼；从天降者谓之礼，从人得者谓之非礼；由不学、不虑、不思、不勉、不识、不知而至者谓之礼，由耳目闻见，心思测度，前言往行，仿佛比拟而至者谓之非礼。语言道断，心行路绝，无蹊径可寻，无涂辙[②]可由，无藩卫[③]可守，无界量可限，无扃钥[④]可启，则于四勿也当不言而喻矣。未至乎此而轻谈四勿，是以圣人谓之曰“不好学”。

① 颜子：孔子的弟子颜渊。

② 涂辙：车轮的痕迹，比喻行事的途径。

③ 藩卫：屏障。

④ 扃钥(jiōng yuè)：门户锁钥。

牡丹亭记题词

汤显祖

汤显祖(1550—1616)，字义仍，号海若、若士、清远道人，江西临川人，明代戏曲家、文学家，任太常寺博士、詹事府主簿、礼部祠祭司主事等职。代表作品有《牡丹亭》《邯郸记》《南柯记》《紫钗记》等。

引据徐朔方笺校：《汤显祖诗文集》，《中国古典文学丛书》本，上海古籍出版社1982年版。

天下女子有情宁有如杜丽娘者乎！梦其人即病，病即弥连[1]，至手画形容传于世而后死。死三年矣，复能溟莫中求得其所梦者而生。如丽娘者，乃可谓之有情人耳。情不知所起。一往而深，生者可以死，死可以生。生而不可与死，死而不可复生者，皆非情之至也。梦中之情，何必非真。天下岂少梦中之人耶？必因荐枕[2]而成亲，待挂冠[3]而为密者，皆形骸之论也。

传杜太守事者，仿佛晋武都守李仲文、广州守冯孝将儿女事。予稍为更而演之。至于杜守收考柳生，亦如汉睢阳王收考谈生也。

嗟夫，人世之事，非人世所可尽。自非通人，恒以理相格耳。第云理之所必无，安知情之所必有邪！

---

① 病即弥连：指久病不愈。

② 荐枕：指侍寝。

③ 挂冠：比喻辞官。

宜黄县戏神清源师庙记

汤显祖

引据徐朔方笺校：《汤显祖诗文集》，《中国古典文学丛书》本，上海古籍出版社 1982 年版。

人生而有情。思欢怒愁，感于幽微，流乎啸歌，形诸动摇。或一往而尽，或积日而不能自休。盖自凤凰鸟兽以至巴渝夷鬼，无不能舞能歌，以灵机自相转活，而况吾人。奇哉清源师，演古先神圣八能千唱之节，而为此道。初止爨弄[1]参鹘，后稍为末泥三姑旦等杂剧传奇。长者折至半百，短者折才四耳。生天生地生鬼生神，极人物之万途，攒古今之千变。一勾栏[2]之上，几色目之中，无不纡徐焕眩，顿挫徘徊。恍然如见千秋之人，发梦中之事。使天下之人无故而喜，无故而悲。或语或嘿，或鼓或疲，或端冕而听，或侧弁而咍，或窥观而笑，或市涌而排。乃至贵倨弛傲，贫啬[3]争施。瞽者欲玩，聋者欲听，哑者欲叹，跛者欲起。无情者可使有情，无声者可使有声。寂可使喧，喧可使寂，饥可使饱，醉可使醒，行可以留，卧可以兴。鄙者欲艳，顽者欲灵。可以合君臣之节，可以浃父子之恩，可以增长幼之睦，可以动夫妇之欢，可以发宾友之仪，可以释怨毒之结，可以已愁愦之疾，可以浑庸鄙之好。然则斯道也，孝子以事其亲，敬长而娱死；仁人以此奉其尊，享帝而事鬼；老者以此终，少者以此长。外户可以不闭，嗜欲可以少营。人有此声，家有此道，疫疠不作，天下和平。岂非以人情之大窦，为名教之至乐也哉。

予闻清源，西川灌口神也。为人美好，以游戏而得道，流此教于人间。讫无祠者。子弟开呵时一醪之，唱啰哩嗹而已。予每为恨。诸生诵法孔子，所在有祠；佛老氏弟子各有其祠。清源师号为得道，弟子盈天下，不减二氏，而无祠者。岂非非乐之徒，以其道为戏相诟病耶。

此道有南北。南则昆山之次为海盐。吴浙音也。其体局静好，以拍为之节。

---

① 爨(cuàn)弄：金元时院本的别称。

② 勾栏：宋元戏曲在城市中的主要表演场所。

③ 贫啬：指贫穷吝啬的人。

江以西弋阳，其节以鼓。其调喧。至嘉靖而弋阳之调绝，变为乐平，为徽青阳。我宜黄谭大司马纶闻而恶之。自喜得治兵于浙，以浙人归教其乡子弟，能为海盐声。大司马死二十余年矣，食其技者殆千余人。聚而谂于予曰："吾属以此养老长幼长世，而清源祖师无祠，不可。"予问倘以大司马从祀乎。曰："不敢。止以田窦二将军配食也。"予额之，而进诸弟子语之曰："汝知所以为清源祖师之道乎？一汝神，端而虚。择良师妙侣，博解其词，而通领其意。动则观天地人鬼世器之变，静则思之。绝父母骨肉之累，忘寝与食。少者守精魂以修容，长者食恬淡以修声。为旦者常自作女想，为男者常欲如其人。其奏之也，抗之入青云，抑者如绝丝，圆好如珠环，不竭如清泉。微妙之极，乃至有闻而无声，目击而道存。使舞蹈者不知情之所自来，赏叹者不知神之所自止。若观幻人者之欲杀偃师而奏《咸池》者之无怠也。若然者，乃可为清源祖师之弟子。进于道矣。诸生旦其勉之，无令大司马长叹于夜台，曰，奈何我死而道绝也。"乃为序之以记。

论　文

袁宗道

袁宗道(1560—1600),字伯修,号玉蟠,又号石浦,明湖广公安(今属湖北)人,明代文学家,公安派的创始人,与弟宏道、中道并称"公安三袁"。万历十四年(1586)进士,官至右庶子。其作品保存在《白苏斋集》中。

引据钱伯城标点:《白苏斋类集》,《中国古典文学丛书》本,上海古籍出版社2007年版。

上

口舌代心者也,文章又代口舌者也。展转隔碍,虽写得畅显,已恐不如口舌矣,况能如心之所存乎?故孔子论文曰:"辞达而已。"达不达,文不文之辨也。唐、虞、三代之文,无不达者。今人读古书,不即通晓,辄谓古文奇奥,今人下笔不宜平易。夫时有古今,语言亦有古今。今人所诧谓奇字奥句,安知非古之街谈巷语耶?《方言》谓楚人称知曰党,称慧曰譾,称跳曰踸,称取曰梃。余生长楚国,未闻此言。今语异古,此亦一证。故《史记·五帝三王纪》,改古语从今字者甚多:畴改为谁,俾为使,格奸为至奸,厥田厥赋为其田其赋,不可胜记。左氏去古不远,然传中字句,未尝肖《书》也。司马去左亦不远,然《史记》句字,亦未尝肖《左》也。至于今日,逆数前汉,不知几千年远矣,自司马不能同于左氏,而今日乃欲兼同左、马,不亦谬乎!中间历晋、唐,经宋、元,文士非乏,未有公然挦扯古文,奄为已有者。昌黎好奇,偶一为之,如《毛颖》等传,一时戏剧,他文不然也。

空同不知,篇篇模拟,亦谓反正。后之文人,遂视为定例,尊若令甲,凡有一语不肖古者,即大怒,骂为野路恶道。不知空同摹拟,自一人创之,犹不甚可厌。迨其后以一传百,以讹益讹,愈趋愈下,不足观矣。且空同诸文,尚多己意,纪事述情,往往逼真。其尤可取者,地名官衔,俱用时制。今却嫌时制不文,取秦、汉名衔以文之。观者若不检《一统志》,几不识为何乡贯矣。且文之佳恶,不在地名官衔也。司马迁之文，其佳处在叙事如画，议论超越。而近说乃云西京以还，封建宫殿，官师郡邑，其名不驯雅，虽子长复出，不能成史。则子长佳处，彼尚未梦见也，而况能肖子长也乎？或曰："信如子言，古不必学耶？"余曰："古文贵达，学达即所谓学古也，学其意不必泥其字句也。"今之圆领方袍，所以学古人之缀叶蔽皮也；今之五味煎熬，所以学古人之茹毛饮血也。何也？古人之意期于饱口腹，蔽形体。今人之意亦期于饱口腹，蔽形体，未尝异也。彼摘古字句入己著作者，是无异缀皮叶于衣袂之中，投毛血于肴核之内也。大抵古人之文，专期于达；而今人之文，专期于不达。以不达学达，是可谓学古者乎！

下

爇香者，沉则沉烟，檀则檀气。何也？其性异也。奏乐者钟不借鼓响，鼓不假钟音，何也？其器殊也。文章亦然。有一派学问，则酿出一种意见。有一种意见，则创出一般言语。无意见则虚浮，虚浮则雷同矣。故大喜者必绝倒，大哀者必号痛，大怒者必叫吼动地，发上指冠。惟戏场中人，心中本无可喜事，而欲强笑；亦无可哀事，而欲强哭。其势不得不假借模拟耳。今之文士，浮浮泛泛，原不曾的然做一项学问，叩其胸中，亦茫然不曾具一丝意见，徒见古人有立言不朽之说，又见前辈有能诗能文之名，亦欲搦管①伸纸，入此行市；连篇累牍，图人称扬。夫以茫昧之胸，而妄意鸿钜之裁，自非行乞左、马之侧，募缘残溺，盗窃遗矢，安能写满卷帙乎？试将诸公一编，抹去古语陈句，几不免于曳白矣。其可愧如此，而又号于人曰引古词，传今事，谓之属文。然则二《典》三《谟》②，非天下至文乎？而其所引，果何代之词乎？

余少时喜读沧溟、凤洲二先生集。二集佳处，固不可掩，其持论大谬，迷误后学，有不容不辨者。沧溟赠王序，谓"视古修词，宁失诸理"。夫孔子所云辞达者，正达此理耳，无理则所达为何物乎？无论《典》《谟》《语》《孟》，即诸子百氏，谁非谈理者？道家则明清净之理，法家则明赏罚之理，阴阳家则述鬼神之理，墨家则揭俭慈之理，农家则叙耕桑之理，兵家则列奇正变化之理。汉、唐、宋诸名家，如董、贾、韩、柳、欧、苏、曾、王诸公，及国朝阳明、荆川，皆理充于腹而文随之。彼何所见，乃强赖古人失理耶？凤洲《艺苑卮言》，不可具驳，其赠李序曰："《六经》固理薮已尽，不复措语矣。"沧溟强赖古人无理，而凤洲则不许今人有理，何说乎？

---

① 搦(nuò)管：握笔。

② 二《典》三《谟》：二《典》即《尧典》《舜典》，三《谟》即《大禹谟》《皋陶谟》《益稷》。

此一时遁辞[①]，聊以解一二识者模拟之嘲，而不知其流毒后学，使人狂醉，至于今不可解喻也。然其病源则不在模拟，而在无识。若使胸中的有所见，苞塞于中，将墨不暇研，笔不暇挥，兔起鹘落，犹恐或逸；况有闲力暇晷，引用古人词句耶？故学者诚能从学生理，从理生文，虽驱之使模，不可得矣。

① 遁辞：搪塞的话。

士先器识而后文艺

袁宗道

引据钱伯城标点：《白苏斋类集》，《中国古典文学丛书》本，上海古籍出版社2007年版。

夫士戒乎有意耀其才也，有运才之本存焉。有意耀其才，则无论其本拨而神泄于外，而其才亦龌龊趑趄，无纤毫之用于天下。夫惟杜机葆贞，凝定于渊默[①]之中，即自韬[②]其才，卒不得不显。盖其本立，其用自不可秘也。今夫花萼蕃郁，人睹木之华，而树木者固未尝先溉其枝叶，而先溉其根；丹雘绀碧，人睹室之华，而治室者固未尝先营其榱栋，而先营其基者。何也？所培在本也。良玉韫于石，不待剖而山自润；明珠含于渊，不待摘而川自媚；莫邪藏于匣，不待操而精光自烁，人不可正睨者。何也？有本在焉，其用自不可秘也。

而挽代[③]文士，未窥厥本，呶呶焉日私其土苴而诧于人。单辞偶合，辄气志凌厉；片语会意，辄傲睨千古。谓左、屈以外，别无人品；词章以外，别无学问。是故长卿摛藻于《上林》，而聆窃赀之行者汗颊矣。子云苦心于《太玄》，而诵《美新》之辞者覥颜[④]矣。正平弄笔于《鹦鹉》，而诵江夏之厄者扪舌矣。杨修斗捷于色丝，而悲舐犊之语者惊魄矣。康乐吐奇于春草，而耳其逆叛之谋者秽谭矣。下逮卢、骆、王、杨，亦皆用以负俗而贾祸，此岂其才之不赡哉？本不立也。本不立者，何也？其器诚狭，其识诚卑也。故君子者，口不言文艺，而先植其本。凝神而敛志，回光而内鉴，锷敛而藏声。其器若万斛之舟，无所不载也；若乔岳之屹立，莫撼莫震也；若大海之吐纳百川，弗涸弗盈也。其识若登泰巅而瞭远，尺寸千里也；若镜明水止，纤芥眉须，无留形也；若龟卜蓍筮，今古得失，凶吉修短，无遗策也。故方其韬光养嘿，退然不胜，如田畯野夫之胸无一能。而比其不得已而鸣，则矢

---

① 渊默：沉默不言。

② 韬：隐蔽、隐藏。

③ 挽代：近代。

④ 覥颜：面容羞愧。

口皆经济，吐咳成谟谋；振球琅之音，炳龙虎之文；星日比光，天壤不朽。岂比夫操觚[1]属辞，矜骈丽而夸月露，拟之涂糈土羹，无裨缓急之用者哉！

盖昔者咎、禹、尹、虺、召、毕之徒，皆备明圣显懿之德，其器识深沉浑厚，莫可涯涘。而乃今读其训诰谟典诗歌，抑何尔雅闳伟哉！千古而下，端拜颂哦，不敢以文人目之，而亦争推为万世文章之祖。则吾所谓其本立，其用自不可秘者也。譬之麟之仁，凤之德，日为陆离炳焕之文，是为天下瑞。而长卿以下，有意耀其才者，何异山鸡而凤毛，犬羊而麟趾，人反异而逐之，而或以贾鬻，乌睹其文乎！信乎器识文艺，表里相须，而器识猖薄者，即文艺并失之矣。虽然，器识先矣，而识尤要焉。盖识不宏远者，其器必且浮浅；而包罗一世之襟度，固赖有昭晰六合之识见也。大其识者宜何如？曰：豁之以致知，养之以无欲，其庶乎！此又足以补行俭未发之意也。

① 操觚（gū）：指写作。

龚惟长先生

袁宏道

袁宏道(1568—1610),字中郎,号石公,湖北公安(今湖北省公安县)人,与兄宗道、弟中道并称“公安三袁”。万历二十年(1592年)进士,官至稽勋郎中。

引据钱伯城笺校:《袁宏道集笺校》,《中国古典文学丛书》本,上海古籍出版社2008年版。

数年闲散甚,惹一场忙在后。如此人置如此地,作如此事,奈之何?嗟夫,电光泡影,后岁知几何时?而奔走尘土,无复生人半刻之乐,名虽作官,实当官耳。尊家道隆崇,百无一阙,岁月如花,乐何可言。然真乐有五,不可不知。目极世间之色,耳极世间之声,身极世间之鲜,口极世间之谭,一快活也。堂前列鼎,堂后度曲,宾客满席,男女交舄①,烛气熏天,珠翠委地,金钱不足,继以田土,二快活也。箧中藏万卷书,书皆珍异。宅畔置一馆,馆中约真正同心友十余人,人中立一识见极高,如司马迁、罗贯中、关汉卿者为主,分曹部署,各成一书,远文唐宋酸儒之陋,近完一代未竟之篇,三快活也。千金买一舟,舟中置鼓吹一部,妓妾数人,游闲数人,泛家浮宅,不知老之将至,四快活也。然人生受用至此,不及十年,家资田地荡尽矣。然后一身狼狈,朝不谋夕,托钵歌妓之院,分餐孤老之盘,往来乡亲,恬不知耻,五快活也。士有此一者,生可无愧,死可不朽矣。若只幽闲无事,挨排度日,此最世间不紧要人,不可为训。古来圣贤,公孙朝穆、谢安、孙玚辈,皆信得此一着,此所以他一生受用。不然,与东邻某子甲蒿目而死者,何异哉!

---

① 舄(xì):鞋,此处指脚。

叙小修诗

袁宏道

引据钱伯城笺校：《袁宏道集笺校》，《中国古典文学丛书》本，上海古籍出版社 2008 年版。

弟小修诗，散逸者多矣，存者仅此耳。余惧其复逸也，故刻之。弟少也慧，十岁余即著《黄山》《雪》二赋，几五千余言，虽不大佳，然刻画饤饾[①]，傅以相如、太冲之法，视今之文士矜重以垂不朽者，无以异也。然弟自厌薄之，弃去。顾独喜读老子、庄周、列御寇诸家言，皆自作注疏，多言外趣，旁及西方之书、教外之语，备极研究。既长，胆量愈廓，识见愈朗，的然以豪杰自命，而欲与一世之豪杰为友。其视妻子之相聚，如鹿豕之与群而不相属也；其视乡里小儿，如牛马之尾行而不可与一日居也。泛舟西陵，走马塞上，穷览燕、赵、齐、鲁、吴、越之地，足迹所至，几半天下，而诗文亦因之以日进。大都独抒性灵[②]，不拘格套，非从自己胸臆流出，不肯下笔。有时情与境会，顷刻千言，如水东注，令人夺魂。其间有佳处，亦有疵处，佳处自不必言，即疵处亦多本色独造语。然予则极喜其疵处；而所谓佳者，尚不能不以粉饰蹈袭[③]为恨，以为未能尽脱近代文人气习故也。

盖诗文至近代而卑极矣，文则必欲准于秦、汉，诗则必欲准于盛唐，剿袭模拟，影响步趋，见人有一语不相肖者，则共指以为野狐外道。曾不知文准秦、汉矣，秦、汉人曷尝字字学《六经》欤？诗准盛唐矣，盛唐人曷尝字字学汉、魏欤？秦、汉而学《六经》，岂复有秦、汉之文？盛唐而学汉、魏，岂复有盛唐之诗？唯夫代有升降，而法不相沿，各极其变，各穷其趣，所以可贵，原不可以优劣论也。且夫天下之物，孤行则必不可无，必不可无，虽欲废焉而不能；雷同则可以不有，可以不有，则虽欲存焉而不能。故吾谓今之诗文不传矣。其万一传者，或今闾

---

① 饤饾：指词句的安排罗列。

② 性灵：指人的精神、性情、情感等。

③ 蹈袭：因循、沿循。

阎[①]妇人孺子所唱《擘破玉》《打草竿》之类，犹是无闻无识真人所作，故多真声，不效颦于汉、魏，不学步于盛唐，任性发展，尚能通于人之喜怒哀乐嗜好情欲，是可喜也。

盖弟既不得志于时，多感慨；又性喜豪华，不安贫窘；爱念光景，不受寂寞。百金到手，顷刻都尽，故尝贫；而沉湎嬉戏，不知樽节[②]，故尝病；贫复不任贫，病复不任病，故多愁。愁极则吟，故尝以贫病无聊之苦，发之于诗，每每若哭若骂，不胜其哀生失路之感。予读而悲之。大概情至之语，自能感人，是谓真诗，可传也。而或者犹以太露病之，曾不知情随境变，字逐情生，但恐不达，何露之有？且《离骚》一经，忿怼之极，党人偷乐，众女谣诼[③]，不揆中情，信谗齌怒[④]，皆明示唾骂，安在所谓怨而不伤者乎？穷愁之时，痛哭流涕，颠倒反覆，不暇择音，怨矣，宁有不伤者？且燥湿异地，刚柔异性，若夫劲质而多怼，峭急而多露，是之谓楚风，又何疑焉！

---

① 闾阎：泛指平民百姓。
② 樽节：节制、约束。
③ 谣诼：造谣毁谤。
④ 齌（jī）怒：暴怒。

情　史

冯梦龙

冯梦龙(1574—1646),字犹龙,又字子犹,号龙子犹、墨憨斋主人、顾曲散人等,苏州府长洲县(今江苏苏州)人,明代著名文学家、戏曲家、思想家。他对小说、戏曲、民歌、笑话等通俗文学的创作、搜集与整理做出了重要贡献,其代表作品有《喻世明言》《警世通言》《醒世恒言》等。

引据高洪钧编著:《冯梦龙集笺注》,天津古籍出版社2006年版。

叙　一

六经皆以情教也。《易》尊夫妇,《诗》有关雎,《书》序嫔虞之文,《礼》谨聘奔之别,《春秋》于姬、姜之际详然言之,岂非以情始于男女。凡民之所必开者,圣人亦因而导之,俾勿作于凉,于是流注于君臣、父子、兄弟、朋友之间而汪然有余乎!异端之学,欲人鳏旷①以求清净,其究不至无君父不止,情之功效亦可知已。是编也,始乎"贞",令人慕义;继乎"缘",令人知命;"私""爱"以畅其悦;"仇""憾"以伸其气;"豪""侠"以大其胸;"灵""感"以神其事;"痴""幻"以开其悟;"秽""累"以窒其淫;"通""化"以达其类;"芽"非以诬圣贤,而"疑"亦不敢以诬鬼神。譬诸《诗》云兴、观、群、怨、多识,种种具足,或亦有情者之朗鉴,而无情者之磁石乎!耳目不广,识见未超,姑就睹记,凭臆成书,其愧雅裁,仅当谐史。后有作者,吾为裨谌,因题曰《类略》,以俟博雅者择焉。

---

① 鳏(guān)旷:即鳏男和旷女,泛指没有配偶的人。

叙 二

情史，余志也。余少负情痴，遇朋侪必倾赤相与，吉凶同患。闻人有奇穷奇枉，虽不相识，求为之地。或力所不及，则嗟叹累日，中夜辗转不寐。见一有情人，辄欲下拜；或无情者，志言相忤，必委曲以情导之，万万不从乃已。尝戏言：我死后不能忘情世人，必当作佛度世，其佛号当云"多情欢喜如来"。有人称赞名号，信心奉持，即有无数喜神前后拥护，虽遇仇敌冤家，悉变欢喜，无有嗔恶妒嫉种种恶念。又尝欲择取古今情事之美者，各著小传，使人知情之可久，于是乎无情化有，私情化公，庶乡国天下，蔼然以情相与，于浇俗[①]冀有更焉。而落魄奔走，砚田尽芜，乃为詹詹外史氏所先，亦快事也。是编分类著断，恢诡非常，虽事专男女，未尽雅驯[②]，而曲终之奏，要归于正。善读者可以广情，不善读者亦不至于导欲。余因为叙而作《情偈》以付之。偈曰：

天地若无情，不生一切物。一切物无情，不能环相生。生生而不灭，由情不灭故。四大皆幻设，惟情不虚假。有情疏者亲，无情亲者疏。无情与有情，相去不可量。我欲立情教，教诲诸众生。子有情于父，臣有情于君。推之种种相，俱作如是观。万物如散钱，一情为线索。散钱就索穿，天涯成眷属。若有贼害等，则自伤其情。如睹春花发，齐生欢喜意。盗贼必不作，奸宄必不起。佛亦何慈悲，圣亦何仁义。倒却情种子，天地亦混沌。无奈我情多，无奈人情少。愿得有情人，一齐来演法。

情秽类

情主人曰：情犹水也，慎而防之，过溢不止，则虽江海之洪，必有沟浍[③]之辱矣。情之所悦，惟力是视。田舍翁多收十斛麦，遂欲易妻。何者？其力余也。况履极富贵之地，而行其意于人之所不得禁，其又何堤焉？始乎宫掖，继以戚里，皆乘力之余而溢焉者也。上以淫导，下亦风靡。生斯世也，虽化九阈而为河间，吾不怪焉。夫有奇淫者，必有奇祸。汉唐贻笑，至今齿冷。宋渚清矣，元复浊之。大圣人出，而宫内外肃然，天下之情不波，猗与休哉[④]！

---

① 浇俗：浮薄的社会风气。
② 雅驯：文辞优美，典雅不俗。
③ 沟浍：田间水道。
④ 猗与休哉：多么美好。

叙《山歌》

冯梦龙

引据高洪钧编著：《冯梦龙集笺注》，天津古籍出版社 2006 年版。

书契以来，代有歌谣，太史所陈，并称风雅，尚矣。自楚骚唐律，争妍竞畅，而民间性情之响，遂不得列于诗坛，于是别之曰“山歌”。言田夫野竖①矢口寄兴之所为，荐绅学士家不道也。唯诗坛不列，荐绅学士不道，而歌之权愈轻，歌者之心亦愈浅。今所盛行者，皆私情谱耳。虽然，桑间濮上，国风刺之，尼父②录焉，以是为情真而不可废也。山歌虽俚甚矣，独非郑、卫之遗欤！且今虽季世，而但有假诗文，无假山歌，则以山歌不与诗文争名，故不屑假。苟其不屑假，而吾藉以存真，不亦可乎？抑今人想见上古之陈于太史者如彼，而近代之留于民间者如此，倘亦论世之林云尔。若夫借男女之真情，发名教之伪药，其功于《挂枝儿》等，故录《挂枝词》而次及《山歌》。

---

① 野竖：村野小童。
② 尼父：孔子。

《警世通言》叙

冯梦龙

引据高洪钧编著:《冯梦龙集笺注》,天津古籍出版社2006年版。

野史尽真乎?曰:不必也。尽赝乎?曰:不必也。然则去其赝而存其真乎?曰:不必也。《六经》《语》《孟》,谭[①]者纷如,归于令人为忠臣、为孝子、为贤牧[②]、为良友、为义夫、为节妇、为树德之士、为积善之家,如是而已矣。经书著其理,史传述其事,其揆一也。理著而世不皆切磋之彦,事述而世不皆博雅之儒,于是乎村妇稚子、里妇估儿,以甲是乙非为喜怒,以前因后果为劝惩,以道听途说为学问,而通俗演义一种,遂足以佐经书史传之穷。

而或者曰:村醪市脯不入宾筵,乌用是齐东娓娓者为?呜呼!《大人》《子虚》,曲终奏雅,顾其旨何如耳。人不必有其事,事不必丽其人。其真者可以补金匮古室之遗,而赝者亦必有一番激扬劝诱、悲歌感慨之意。事真而理不赝,即事赝而理亦真;不害于风化,不谬于圣贤,不戾于诗书经史。若此者,其可废乎?

里中儿代庖而创其指,不呼痛,或怪之。曰:"吾顷从玄妙观听说《三国志》来,关云长刮骨疗毒,且谈笑自若,我何痛为?"夫能使里中儿顿有刮骨疗毒之勇,推此说孝而孝,说忠而忠,说节义而节义,触性性通,导情情出。视彼切磋之彦[③],貌而不清;博雅之儒,文而丧质,所得竟未知孰赝而孰真也。

---

① 谭:同"谈"。

② 贤牧:贤明的州郡长官。

③ 彦:有才学的人。

《醒世恒言》序

冯梦龙

引据高洪钧编著：《冯梦龙集笺注》，天津古籍出版社 2006 年版。

六经国史而外，凡著述皆小说也。而尚理或病于艰深，修词或伤于藻绘，则不足以触里耳而振恒心。此《醒世恒言》四十种所以断《明言》《通言》而刻也。明者，取其可以导愚也；通者，取其可以适俗也；恒则习之而不厌，传之而可久。三刻殊名，其义一耳。夫人居恒动作言语不甚相悬，一旦弄酒[①]，则叫号踯躅[②]，视堑如沟，度城如槛。何则？酒浊其神也。然而斟酌有时，虽毕吏部、刘太常，未有时时如滥泥者。岂非醒者恒而醉者暂乎？由此推之，惕孺为醒，下石为醉；却呼为醒，食嗟为醉；剖玉为醒，题石为醉。又推之，忠孝为醒，而悖逆为醉；节俭为醒，而淫荡为醉；耳和目章，口顺心贞为醒，而即聋从昧与顽用嚚为醉。人之恒心，亦可思已。从恒者吉，背恒者凶。心恒心，言恒言，行恒行，入夫妇而不惊，质天地而无怍。下之巫医可作，而上之善人君子圣人亦可见。恒之时义大矣哉！自昔浊乱之世，谓之天醉。天不自醉人醉之，则天不自醒人醒之。以醒天之权与人，而以醒人之权与言。言恒而人恒，人恒而天亦得其恒。万世太平之福，其可量乎！则兹刻者，虽与《康衢》《击壤》之歌并传不朽可矣。崇儒之代，不废二教[③]，亦谓导愚适俗。或有藉焉，以二教为儒之辅可也，以《明言》《通言》《恒言》为六经国史之辅，不亦可乎？若夫淫谭亵语，取快一时，贻秽百世。夫先自醉也，而又以狂药饮人，吾不知视此"三言"者得失何如也。

天启丁卯中秋，陇西可一居士题于白下之栖霞山房。

① 弄酒：醉后使性子。

② 踯躅（zhízhú）：徘徊不前。

③ 二教：佛教和道教。

书法雅言

项　穆

项穆，生卒年不详，字德纯，号贞元，亦号无称子，秀水（今浙江嘉兴）人，明代万历年间书法家。著有《贞元子诗草》和《书法雅言》。

引据卢辅圣主编：《中国书画全书》第4册，上海书画出版社1992年版。

知　识

嗟哉！能书者固绝真手，善鉴者甚罕真眼也。学书者，不可视之为易，不可视之为难；易则忽而怠心生，难则畏而止心起矣。鉴书者，不可求之浅，不可求之深，浅则涉略泛观而不究其妙，深则吹毛索瘢[①]而反过于谲矣。学书之法，考之往言，参之今论，无事再喙也。姑以鉴书之法，诏后贤焉。大要开卷之初，犹高人君子之远来，遥而望之，标格威仪，清秀端伟，飘飖若神仙，魁梧如尊贵矣。及其入门，近而察之，气体充和，容止雍穆，厚德若虚愚，威重如山岳矣。迨其在席，器宇恢乎有容，辞气溢然倾听。挫之不怒，惕之不惊，诱之不移，陵之不屈，道气德辉，蔼然服众，令人鄙吝自消矣。又如佳人之艳丽含情，若美玉之润彩夺目，玩之而愈可爱，见之而不忍离，此即真手真眼，意气相投也。故论书如论相，观书如观人，人品既殊，识见亦异。有耳鉴，有目鉴，有心鉴。若遇卷初展，邪正得失，何手何代，明如亲睹，不俟终阅，此谓识书之神，心鉴也。若据若贤有若帖，其卷在某处，不恤货财而远购焉，此盈钱之徒收藏以夸耀，耳鉴也。若开卷未玩意法，先查跋语谁贤，纸墨不辨古今，只据印章孰赏，聊指几笔，虚口重赞，此目鉴也。耳鉴者，谓之莽儿审乐。目鉴者，谓之村妪玩花。至于昏愦[②]应声之流，妄傲无稽之辈，胸中毫无实见，遇字便称能知，家藏一二帖卷，真伪漫尔弗求，笔才岁月，涂描

① 吹毛索瘢（bān）：吹开皮上的毛寻疤痕，比喻故意挑剔别人的缺点。

② 昏愦：愚昧、糊涂。

点画，茫焉未晓。设神通佳迹，每嗟精妙无奇，或经邪俗伪书，反叹误惩多致。此谓吠日吠雪，骇麢骇龙，考索拘乎浅陋，好恶任彼偏私，先有成心，将何定见？不若村野愚氓，反有公论也。评鉴书迹，要诀何存？温而厉，威而不猛，恭而安。宣尼德性，气质浑然，中和气象也。执此以观人，味此以自学，善书善鉴，具得之矣。

家　训

傅　山

傅山(1607—1684),初名鼎臣,字青竹,改字青主,又有浊翁、观化等别名,山西太原人,明末清初思想家、书画家、医学家。他继承了道家思想,常以老庄之徒自居,著有《霜红龛集》等。《家训》是傅山对其子孙谈话的汇辑,包括为人处世、文学艺术等多方面内容,体现出他的美育观点。

引据尹协理主编:《傅山全书》第2册,山西人民出版社2016年版。

文　训

贫道昔编《性史》,深论孝友①之理,于古今常变多所发明,取廿一史应在孝友传而不入者,与在孝友传而不足为经者,兼以近代所闻见者,去取轩轾②之,二年而稿几完。遭乱失矣。间有其说存之故纸者,友人家或有一二条,亦一斑也。然皆反常之论。不存此书者,天也。

凡人养性作人,皆有一安身立命之所,即文章小技亦然。尔两小子皆读《左氏春秋》,其中犯教伤义大节目,一眼便知,不待讲解也。至于文章之妙,大段大段,细曲细曲,铺张组织,补缉波澜,前人多少评论,总不能尽。尔小子若有眼色,读之既久,自得悟入,别生机轴。依傍不依傍,熏习变化,全非我所得与尔拈出者。以后凡遇古人用此法论此义者,莫要置之,皆须留心分晰。明经处到不甚难,以其是非邪正显然易见,而文心掂播③窭谑,实鏖糟所难得窥测。尔们便将此书作一安身立命之所,作人、养生、学文,都向此中求之。每事相与辨论,所谓"奇文共欣赏,疑义相与析"也。

文者,情之动也;情者,文之机也。文乃性情之华。情动中而发于外,是故情

① 孝友:事父母孝顺、对兄弟友爱。
② 轩轾:车前高后低为"轩",车前低后高为"轾",喻指高低轻重。
③ 掂播:比喻过分计较小事。

深而文精，气盛而化神；才挚而气盛，气取盛而才见奇。

文章未有高而不简、简而不挚者。

诗　　训

杜诗不可测之才人，振古一老，亦不得但以诗读，共中气化精微，极文士心手之妙，常目在之。

韦公诗多清言。李肇《国史补》云：“韦性高洁，鲜食无欲，所居常焚香扫地而坐。”观其《逢杨开府》诗，清静者固如此耶！公与陶公，皆知其不可奈何而安之者也。

谢道韫《登山》诗，如“气象尔何物，遂令我屡迁”十字，今古词人能有此几句？唐之辋川翁、浣花老，往往得此妙境。偶见谢林风此首“气象”二句，男子未必能道此句也。尔看之，可造词入微。

辋川诗全不事炉锤，纯任天机，淡处、静处、高处、简处、雄浑处，皆有不多之妙道情真语，人不能似者。以其一诗之心在无诗，而心平气和，不骂人，不自己占地步，不傍刚寻事，不隐刺讥，不急急怨望，不骋辨才连犿[1]。

造语却非一意雕琢，在理明义惬，天机适来，不刻而工。杜诗之“惬当久忘筌”最妙。“惬”当读作上声，楷雅切。

字　　训

谕画人物，点睛如能左右顾者，只是点得最正，即能尔。此固然，然亦须于左右观视之物上用情。画视难，画听尤难。写字之妙，亦不过一正。然正不是板，不是死，只是古法。且说人手作字，定是左下右高，背面看之皆然，对面不觉。若要左右最平，除非写时令左高右下。如勒横画，信手画去则一，加心要平则不一矣。难说此便是正耶！

作小楷须用大力，柱笔著纸，如以千金铁杖拄地。若谓小字无须重力，可以飘忽点缀而就，便于此技说梦。写《黄庭》[2]数千过了，用圆锋笔、香象力，竭诚运腕，肩臂供筋骨之输，久久从右天柱涌起，然后可语奇正之变。

---

① 连犿：宛转随和貌。

②《黄庭》：道教经典《黄庭经》。

写字只在不放肆，一笔一画，平平稳稳，结构得去，有甚行不得？静光好书法，收此武拔甫数纸，皆是兢业谨慎时作，惜乎死矣。静光颇学此笔法，而青于蓝矣。水木之源，装而藏之，礼也。

写字无奇巧，只有正拙。正极奇生，归之大巧若拙已矣。不信时，但于落笔时先萌一意，我要使此为如何一势，及成字后，与意之结构全乖，亦可以知此中天倪，造作不得矣。手熟为能，迩言道破。王铎四十年前字极力造作，四十年后无意合拍，遂能大家。

晋自晋，六朝自六朝，唐自唐，宋自宋，元自元。好好笔法，近来被一家写坏：晋不晋，六朝不六朝，唐不唐，宋元不宋元，尚燠燠姝姝，自以为集大成。有眼者一见，便窥见室家之好。

予极不喜赵子昂，薄其人，遂恶其书。近细视之，亦未可厚非。熟媚绰约，自是贱态；润秀圆转，尚属正脉。盖自《兰亭》内稍变而至此。与时高下，亦由气运，不独文章然也。

吾极知书法佳境，第始欲如此而不得如此者，心手纸笔，主客互有乖左之故也。期于如此而能如此者，工也；不期如此而能如此者，天也。一行有一行之天，一字有一字之天。神至而笔至，天也；笔不至而神至，天也。至与不至，莫非天也。吾复何言？盖难言之。

第五才子书施耐庵水浒传

金圣叹

金圣叹（1608—1661），名采，字若采，长洲（今江苏苏州）人，明末清初著名文学家、文学批评家。他著述等身，一生颇好衡文评书，对《水浒传》《西厢记》《左传》等书及杜甫诸家唐诗都有评点，且其美育思想也大多包含在其中。

引据陆林整理：《金圣叹全集》第 3 册，凤凰出版社 2008 年版。

序　三

施耐庵《水浒》正传七十卷，又楔子[①]一卷，原序一篇亦作一卷，共七十二卷。今与汝释弓。

序曰：吾年十岁，方入乡塾，随例读《大学》《中庸》《论语》《孟子》等书，意惛如也。每与同塾儿窃作是语：不知习此将何为者？又窥见大人彻夜吟诵，其意乐甚，殊不知其何所得乐，又不知尽天下书当有几许，其中皆何所言，不雷同耶？如是之事，总未能明于心。明年十一岁，身体时时有小病。病作，辄得告假出塾。吾既不好弄，大人又禁不许弄，仍以书为消息而已。吾最初得见者，是《妙法莲华经》；次之，则见屈子《离骚》；次之，则见太史公《史记》；次之，则见俗本《水浒传》：是皆十一岁病中之创获也。《离骚》苦多生字，好之而不甚解，记其一句两句吟唱而已。《法华经》《史记》解处为多，然而胆未坚刚，终亦不能常读。其无晨无夜不在怀抱者，吾于《水浒传》可谓无间然矣。

吾每见今世之父兄，类不许其子弟读一切书，亦未尝引之见于一切大人先生，此皆大错。夫儿子十岁，神智生矣，不纵其读一切书，且有他好；又不使之列于大人先生之间，是驱之与婢仆为伍也。汝昔五岁时，吾即容汝出坐一隅；今年始十岁，便以此书相授者，非过有所宠爱，或者教汝之道当如是也。吾犹自记十

---

① 楔子：戏曲、小说的引子。

一岁读《水浒》后，便有于书无所不窥之势。吾实何曾得见一书，心知其然，则有之耳。然就今思之，诚不谬矣。天下之文章，无有出《水浒》右者；天下之格物君子，无有出施耐庵先生右者。学者诚能澄怀格物，发皇[①]文章，岂不一代文物之林？然但能善读《水浒》，而已为其人绰绰有余也。《水浒》所叙，叙一百八人，人有其性情，人有其气质，人有其形状，人有其声口。夫以一手而画数面，则将有兄弟之形；一口而吹数声，斯不免再映也。施耐庵以一心所运，而一百八人各自入妙者，无他，十年格物而一朝物格，斯以一笔而写百千万人，固不以为难也。

格物亦有法，汝应知之。格物之法，以忠恕为门。何谓忠？天下因缘生法，故忠不必学而至于忠，天下自然，无法不忠。火亦忠，眼亦忠，故吾之见忠；钟忠，耳忠，故闻无不忠。吾既忠，则人亦忠，盗贼亦忠，犬鼠亦忠。盗贼犬鼠无不忠者，所谓恕也。夫然后物格，夫然后能尽人之性，而可以赞化育、参天地。今世之人，吾知之，是先不知因缘生法；不知因缘生法，则不知忠；不知忠，乌知恕哉？是人生二子而不能自解也。谓其妻曰：眉犹眉也，目犹目也，鼻犹鼻，口犹口，而大儿非小儿，小儿非大儿者，何故？而不自知实与其妻亲造作之也。夫不知子，问之妻。夫妻因缘，是生其子。天下之忠，无有过于夫妻之事者；天下之忠，无有过于其子之面者。审知其理，而睹天下人之面，察天下夫妻之事，彼万面不同，岂不甚宜哉！忠恕，量万物之斗斛也；因缘生法，裁世界之刀尺也。施耐庵左手握如是斗斛，右手持如是刀尺，而仅乃叙一百八人之性情、气质、形状、声口者，是犹小试其端也。若其文章，字有字法，句有句法，章有章法，部有部法，又何异哉！

吾既喜读《水浒》，十二岁便得贯华堂所藏古本，吾日夜手钞，谬自评释，历四五六七八月，而其事方竣，即今此本是已。如此者，非吾有读《水浒》之法，若《水浒》固自为读一切书之法矣。吾旧闻有人言：庄生[②]之文放浪，《史记》之文雄奇。始亦以之为然，至是忽哑然其笑。古今之人，以瞽语瞽，真可谓一无所知，徒令小儿肠痛耳！夫庄生之文，何尝放浪？《史记》之文，何尝雄奇？彼殆不知庄生之所云，而徒见其忽言化鱼，忽言解牛，寻之不得其端，则以为放浪；徒见《史记》所记皆刘项争斗之事，其他又不出于杀人报仇、捐金重义为多，则以为雄奇也。若诚以吾读《水浒》之法读之，正可谓庄生之文精严，《史记》之文亦精严。不宁惟是而已，盖天下之书，诚欲藏之名山，传之后人，即无有不精严者。何谓之精严？字有字法，句有句法，章有章法，部有部法是也。夫以庄生之文杂之《史记》，不似《史记》；以《史记》之文杂之庄生，不似庄生者，庄生意思欲言圣人之道，《史记》摅其怨愤而已。其志不同，不相为谋，有固然者，毋足怪也。若复置其中之所论，而直

---

① 发皇：发展提高。

② 庄生：庄子。

取其文心，则惟庄生能作《史记》，惟子长能作《庄子》。吾恶乎知之？吾读《水浒》而知之矣。

夫文章小道，必有可观，吾党斐然，尚须裁夺。古来至圣大贤，无不以其笔墨为身光耀。只如《论语》一书，岂非仲尼之微言，洁净之篇节？然而善论道者论道，善论文者论文，吾尝观其制作，又何其甚妙也！《学而》一章，三唱“不亦”；“叹觚”之篇，有四“觚”字，余者一“不”两“哉”而已。“质胜文则野，文胜质则史”，其文交互而成；“知之者不如好之者，好之者不如乐之者”，其法传接而出。山、水，动、静，乐、寿，譬禁树之对生；“子路问闻斯行”，如晨鼓之频发。其他不可悉数，约略皆佳构也。彼《庄子》《史记》，各以其书独步万年，万年之人，莫不叹其何处得来。若自吾观之，彼亦岂能有其多才者乎？皆不过以此数章引而伸之，触类而长之者也。

《水浒》所叙，叙一百八人，其人不出绿林，其事不出劫杀，失教丧心，诚不可训。然而吾独欲略其形迹，伸其神理者，盖此书七十回、数十万言，可谓多矣，而举其神理，正如《论语》之一节两节，浏然以清，湛然以明，轩然以轻，濯然以新，彼岂非《庄子》《史记》之流哉！不然，何以有此？如必欲苛其形迹，则夫十五《国风》，淫污居半；《春秋》所书，弑夺十九。不闻恶神奸而弃禹鼎，憎《梼杌》而诛倚相，此理至明，亦易晓矣。

嗟乎！人生十岁，耳目渐吐，如日在东，光明发挥。如此书，吾即欲禁汝不见，亦岂可得？今知不可相禁，而反出其旧所批释，脱然授之于手也。夫固以为《水浒》之文精严，读之即得读一切书之法也。汝真能善得此法，而明年经业既毕，便以之遍读天下之书，其易果如破竹也者，夫而后叹施耐庵《水浒传》真为文章之总持。不然，而犹如常儿之泛览者而已，是不惟负施耐庵，亦殊负吾。汝试思之，吾如之何其不郁郁乎哉！

读第五才子书法

大凡读书，先要晓得作书之人是何心胸。如《史记》，须是太史公一肚皮宿怨发挥出来，所以他于《游侠》《货殖》传特地着精神；乃至其余诸记、传中，凡遇挥金杀人之事，他便啧啧赏叹不置。一部《史记》，只是“缓急人所时有”六个字，是他一生著书旨意。《水浒传》却不然。施耐庵本无一肚皮宿怨要发挥出来，只是饱暖无事，又值心闲，不免伸纸弄笔，寻个题目，写出自家许多锦心绣口，故其是非皆不谬于圣人。后来人不知，却于《水浒》上加“忠义”字，遂并比于史公发愤著书一例，正是使不得。

文　质

黄宗羲

黄宗羲(1610—1695),字太冲,一字德冰,号梨洲老人、梨洲山人等,学者称"梨洲先生",浙江绍兴府余姚县人,明末清初经学家、史学家、思想家。明亡后不仕,居乡里讲学授徒,一生著述颇丰,如《明儒学案》《宋元学案》《明夷待访录》《明文海》等。

引据吴光主编:《明夷待访录》《黄宗羲全集》第1册,浙江古籍出版社2012年版。

苏洵曰:"忠之变而入于质,质之变而入于文,其势使也。及其文之变而又欲反之于忠也,是犹欲移山河而行之山也。人之喜文而恶质与忠也,犹水之不肯避下而就高也。"余以为不然。其自忠而至于文者,圣王救世之事也;喜质而恶文者,凡人之情也。逮其相趋而之于质,虽圣贤亦莫如之何矣!

人徒见宫室棺椁舆服俎豆之制,吉凶相见馈食之礼。殷之时备于夏,周之时备于殷,遂以为自忠而入质,自质而入文,由人之喜恶而然也。人诚喜文而恶质与忠,则宫室棺椁舆服俎豆之制宜日趋于烦,吉凶相见馈食之礼宜有加而无已,何以皮弁①废为巾帻②,鼎彝废为陶旊,易车以乘马,易贽为门状?

古者天子之棺四重,诸公三重,诸侯再重,大夫一重,士不重;今天子之棺不重,则是古者士之制矣。古者设折俎③,荐脯醢,酒清肴干,宾主百拜而后脱屦升堂乃羞;今宾至而羞,则是古者燕饮之事矣。古者设奠于奥,迎尸于前,谓之阴厌,尸谡之后改馔于西北隅,谓之阳厌,殇则不备;今无尸而厌,则是古者祭殇之礼也。唐有孙昌胤者独行冠礼,明日造朝,至外庭荐笏,言于卿士曰:"某子冠毕!"京兆尹郑叔则怫然曳笏却立,言曰:"何预我也耶?"庭中皆大笑。岂惟冠礼乎哉?凡礼之存于今者皆苟然而已。

---

① 皮弁(biàn):指用鹿皮制成的帽子,是华夏衣冠体系中首服的一种。

② 巾帻:古代男子包裹鬓发、遮掩发髻的巾帕。

③ 折俎:指国家大典。

是故百工之所造，商贾之所鬻[1]，士女之所服者，日益狭陋，吾见世运未有不自文而趋夫质也。当周之盛时，要荒之人，其文画革旁行，未尝有《诗》《书》《易》《春秋》也；其法斗杀，未尝有礼乐刑政也；其民射猎禽兽为生业，未尝有士农工贾也；其居随畜牧转移，未尝有宫室也；其形科头露紒，未尝有冕服也；其食污尊抔饮，未尝有俎豆也；其居处若鸟兽，未尝有长幼男女之别也。然则同是时也，中国之人既喜文而恶质与忠，要荒之人何独不然与？是故中国而无后圣之作，虽周之盛时，亦未必不如要荒；要荒之人而后圣有作，亦未必不如鲁、卫之士也。其谓喜文而恶质与忠者，然乎？否耶？以三代圣人相续而治，圣功不可为不久矣。其末王不能守圣教者：彼帝辛使男女裸逐，厉王发龙漦[2]而使妇人裸而噪之。其非喜质之过乎？然则先王使忠之变而为质，质之变而为文，其势若此之难也！

昔者由余之语秦缪公曰："尧有天下，饭于土簋，饮于土铏，其地南至交趾，北至幽都，东西至日月之所出入者莫不宾服。虞舜作为食器，国之不服者十三。禹作酒器，缦帛为茵，鼎食席额缘，觞酌布采而樽俎有饰，国之不服者三十三。殷人作为大辂而建九旒，食器雕琢，觞酌刻镂，四壁垩墀，茵席雕文，国之不服者五十三。君子皆知文章矣，而欲服者弥少。臣故曰'俭，其道也'。"呜呼！此由余之所谓道，戎狄之道也，而缪公以为圣人。天下之为文者劳，而为质者逸，人情喜逸而恶劳，故其趋质也，犹水之就下。子游曰："直情而径行者，戎狄之道也。"缪公之谥为"缪"，不亦宜乎！

---

① 鬻（yù）：卖。

② 龙漦（chí）：龙所吐的唾沫。

闲情偶寄

李 渔

李渔(1611—1680),本名仙侣,后改名渔,字笠翁,号笠道人、湖上笠翁等,祖籍浙江兰溪,生于江苏如皋,清代戏曲家、小说家。他一生创作有大量戏曲和小说,如《十二楼》《笠翁十种曲》。他所撰写的《闲情偶寄》是我国古代戏曲理论的集大成者,他的美学、美育思想也蕴含其中。

引据中国戏曲研究院编:《中国古典戏曲论著集成》第 7 集,中国戏剧出版社 1959 年版。

戒讽刺

窃怪传奇一书,昔人以代木铎[①]。因愚夫愚妇识字知书者少,劝使为善,诫使勿恶,其道无由,故设此种文词,借优人说法,与大众齐听,谓善者如此收场,不善者如此结果,使人知所趋避,是药人寿世之方,救苦弭灾之具也。后世刻薄之流,以此意倒行逆施,借此文报仇泄怨,心之所喜者,处以生、旦之位;意之所怒者,变以净、丑之形,且举千百年未闻之丑行,幻设而加于一人之身,使梨园习而传之,几为定案,虽有孝子慈孙不能改也。噫!岂千古文章,止为杀人而设;一生诵读,徒备行凶造孽之需乎?苍颉造字而鬼夜哭,造物之心,未必非逆料至此也。凡作传奇者,先要涤去此种肺肠,务存忠厚之心,勿为残毒之事。以之报恩则可,以之报怨则不可。以之劝善、惩恶则可,以之欺善、作恶则不可。

① 木铎:古代用以警众的响器。

戒荒唐

吾谓剧本非他，即三代以后之《韶》《濩》也。殷俗尚鬼，犹不闻以怪诞不经之事被诸声乐，奏于庙堂，矧辟谬崇真之盛世乎？王道本乎人情，凡作传奇，只当求于耳目之前，不当索诸闻见之外。无论词曲，古今文字皆然。凡说人情、物理者，千古相传；凡涉荒唐、怪异者，当日即朽。

芥子园画传序

李　渔

引据：《芥子园画传》，影印光绪间刊巢勋临本，中国书店 1982 年版。

今人爱真山水与画山水无异也。当其屏幛列前，帧册盈几，面彼峥嵘遐旷，峰翠欲流，泉声若答，时而烟云晻霭，时而景物清和，宛然置身于一丘一壑之间，不必蜡屐扶筇[①]，而已有登临之乐。独是观人画犹不若其自能画。人画之妙从外入，自画之妙由心出。其所契于山水之浅深必有间矣。余生平爱山水，但能观人画，而不能自为画。间尝舟车所至，不乏摩诘、长康之流，降心问道，多蹙頞[②]曰："此道可以意会，难以形传。"予甚为不解。今一病经年，不能出游，坐卧斗室[③]，屏绝人事。犹幸湖山在我几席，寝食披对，颇得卧游之乐。因署一联云："尽收城郭归檐下，全贮湖山在目中。"独恨不能为之写照，以当枚生《七发》。因语家倩因伯曰："绘图一事，相传久矣。奈何人物、翎毛、花卉诸品皆有写生佳谱，至山水一途，独泯泯无传？岂画山水之法洵可意会，不可形传耶？抑画家自秘其传，不以公世耶？"因伯遂出一册，谓予曰："是先世所遗，相传已久。"予见而奇之，细为玩赏，委曲详尽，无体不备，如出数十人之手。其行间标释书法，多似吾家长蘅手笔，及览末幅，得"李氏家藏"及"流芳"印记，益信为长蘅旧物云。但此系家藏秘本，随意点染，未有伦次，难以启示后学耳。因伯又出一帙笑谓予曰："向居金陵芥子园时，已嘱王子安节增辑编次久矣，迄今三易寒暑，始获竣事。"予急把玩，不禁击节，有观止之叹。计此图原帙凡四十三页，若为分枝、若为点叶、若为峦头、若为水口，与夫坡石、桥道、宫室、舟车，琐细要法，无不毕具。安节于读书之暇，分类仿摹，补其不逮，广为百三十三页，更为上穷历代，近辑名流，汇诸家所长，得全图四十页，为初学宗式。其间用墨先后，渲染浓澹，配合远近诸法，莫不较若列眉。依其法以成画，则向之全贮目中者，今可出之腕下矣。有是不可磨灭

---

① 蜡屐：以蜡涂木屐。扶筇：杵着拐杖。

② 蹙頞(cù è)：愁苦的样子。

③ 斗室：形容房子狭小。

之奇书，而不以公世，岂非天地间一大缺陷事哉！急命付梓，俾世之爱真山水者，皆有画山水之乐，不必居画师之名，而已得虎头之实。所谓“咫尺应须论万里”者，其为卧游不亦远乎？

时康熙十有八年，岁次己未，长至后三日，湖上笠翁李渔题于吴山之层园。

日　知　录

顾炎武

顾炎武(1613—1682),本名绛,乳名藩汉,别名继坤、圭年,字忠清、宁人,亦自署蒋山佣,苏州府昆山(今江苏昆山)千灯镇人,明清之际思想家、经学家、史地学家。他学识渊博,著述等身,代表性著作有《日知录》《天下郡国利病书》《肇域志》《音学五书》《韵补正》《古音表》《诗本音》《唐韵正》《音论》《金石文字记》《亭林诗文集》等。

引据栾保群、吕宗力校点:《日知录集释全校本》,《清代学术名著丛刊》本,上海古籍出版社 2013 年版。

修　　辞

典谟、爻象,此二帝三王之言也。《论语》《孝经》,此夫子之言也。文章在是,性与天道亦不外乎是。故曰:“有德者必有言。”善乎游定夫之言曰:“不能文章而欲闻性与天道,譬犹筑数仞之墙,而浮埃聚沫以为基,无是理矣。”后之君子,于下学之初即谈性道,乃以文章为小技而不必用力。然则夫子不曰“其旨远,其辞文”乎?不曰“言之无文,行而不远”乎?曾子曰:“出辞气,斯远鄙倍矣。”尝见今讲学先生从语录入门者,多不善于修辞,或乃反子贡之言以讥之曰:“夫子之言性与天道,可得而闻,夫子之文章,不可得而闻也。”

文须有益于天下

文之不可绝于天地间者,曰明道也,纪政事也,察民隐也,乐道人之善也。若此者，有益于天下，有益于将来，多一篇，多一篇之益矣。若夫怪力乱神[1]之事，无稽之言，剿袭之说，谀佞之文，若此者，有损于己，无益于人，多一篇，多一篇之损矣。

作诗之旨

舜曰："诗言志。"此诗之本也。《王制》："命太师陈诗以观民风。"此诗之用也。《荀子》论《小雅》曰："疾今之政以思往者，其言有文焉，其声有哀焉。"此诗之情也。故诗者王者之迹也。建安以下，洎乎齐、梁，所谓"辞人之赋丽以淫"，而于作诗之旨失之远矣。

唐白居易《与元微之书》曰："年齿渐长，阅事渐多，每与人言，多询时务，每读书史，多求理道。始知文章合为时而著，歌诗合为事而作。"又自叙其诗，关于美刺者谓之讽谕诗，自比于梁鸿《五噫》之作，而谓"好其诗者，邓鲂、唐衢俱死，吾与足下又困踬，岂六义四始之风，天将破坏不可支持邪？又不知天意不欲使下人病苦闻于上邪？"嗟乎，可谓知立言之旨者矣。

晋葛洪《抱朴子》曰："古诗刺过失，故有益而贵。今诗纯虚誉，故有损而贱。"

---

① 怪力乱神：怪异、勇力、叛乱、鬼神。

方月斯诗草序

顾炎武

引据黄珅、严佐之、刘永翔主编：《顾炎武全集》第 21 册，上海古籍出版社 2011 年版。

与方子定交，自单阏[①]之岁，今且六年。余客钟山，而方子亦侨居云间，不数数见。顷冬春之际，余以仇家之讼至云间，逆旅中困不自聊，而方子时时相过慰藉，与余周旋两月，因出其诗草示余。读之，如听河上之歌，令人感慨欷歔[②]而不能止也。

方子生于楚，长于吴，以绝群之姿，遭离困厄，发而为言，磊块历落，自其所宜。余独喜方子之诗，在楚，无楚人剽悍之气；在吴，无吴人浮靡之风。不独诗也，其人亦然。夫方子以妙年轶才，当天下有事之日，明习掌故，往往为设方略，可见之行，岂独区区称能言之士哉！

子曰："诵《诗三百》，授之以政，不达；使于四方，不能专对，虽多，亦奚以为？"若方子者，吾望其能从政，继先公为名臣矣。

① 单阏：卯年的别称。

② 欷歔（xī xū）：哭泣后不由自主地急促呼吸。

尚书引义

王夫之

王夫之（1619—1692），字而农，号姜斋，又号夕堂，湖广衡州府衡阳县（今湖南衡阳）人，他与顾炎武、黄宗羲并称明清之际三大思想家，主要著作有《宋论》《读通鉴论》《张子正蒙注》等。

引据《船山全书》编辑委员会编：《船山全书》第2册，岳麓书社2011年版。

顾　　命

老氏曰："五色令人目盲，五声令人耳聋，五味令人口爽"，是其不求诸己而徒归怨于物也，亦愚矣哉！

色、声、味之在天下，天下之故也。（故谓已然之迹。）色、声、味之显于天下，耳、目、口之所察也。故告子之以食色言性，既未达于天下已然之迹；老氏之以虚无言性，抑未体夫辨色、审声、知味之原也。

由目辨色，色以五显；由耳审声，声以五殊；由口知味，味以五别。不然，则色、声、味固与人漠不相亲，何为其与吾相遇于一朝而皆不昧也！故五色、五声、五味者，性之显也。

天下固有五色，而辨之者人人不殊；天下固有五声，而审之者古今不忒；天下固有五味，而知之者久暂不违。不然，则色、声、味惟人所命，何为乎胥天下而有其同然者？故五色、五声、五味，道之撰[①]也。

夫其为性之所显，则与仁、义、礼、智互相为体用；其为道之所撰，则与礼、乐、刑、政互相为功效。劣者不知所择，而兴怨焉，则噎而怨农人之耕，火而怨樵者之薪也。人之所供，移怨于人；物之所具，移怨于物；天之所产，移怨于天。故老氏以为盲目、聋耳、爽口之毒，而浮屠亦谓之曰"尘"。

---

① 撰：指自然现象的变化规律。

夫欲无色，则无如无目；欲无声，则无如无耳；欲无味，则无如无口；固将致忿疾①夫父母所生之身，而移怨于父母。故老氏以有身为大患，而浮屠之恶，直以孩提之爱亲，为贪痴之大惑。是其恶之淫于桀、蹠也。

始以愚惰之情不给于经理，而委罪于进前之利用以分其疚恶；继以忿戾之气危致其攻击，而侥幸于一旦之轻安以谓之天宁；厚怨于物而恕于己，故曰："小人求诸人。"洵哉，其为小人之无忌惮者矣！知然，则《顾命》之言曰："夫人自乱于威仪"，斯君子求己之道也。

威仪者，礼之昭也。其发见也，于五官四支；其摄持也惟心；其相为用也，则色、声、味之品节也。色、声、味相授以求称吾情者，文质也。视、听、食相受而得当于物者，威仪也。文质者，著见之迹，而以定威仪之则。威仪者，心身之所察，而以适文质之中。文质在物，而威仪在己，己与物相得而礼成焉，成之者己也。故曰："克己复礼为仁，为仁由己，而由人乎哉！"君子求诸己而已，故曰"自乱"也。

己有礼，故可求而复，非吾之但有甘食、悦色之情也。天下皆礼之所显，而求之者由己，非食必使我甘，色必使我悦也。故乱者自乱（乱，不治也），乱之者自乱之（乱，治也），而色、声、味其何与焉！狂荡佻达先生于心而征于色，淫声美色因与之合。非己求之，物不我致，而又何怨焉？

色、声、味自成其天产、地产，而以为德于人者也。己有其良贵，而天下非其可贱；己有其至善，而天下非其皆恶。于己求之，于天下得之，色、声、味皆亹亹之用也。求己以己，则授物有权；求天下以己，则受物有主。授受之际而威仪生焉，治乱分焉。故曰："威仪所以定命。"命定而性乃见其功，性见其功而物皆载德。优优大哉！威仪三千，一色、声、味之效其质以成我之文者也。至道以有所丽而凝矣。

是故丽于色而目之威仪著焉，丽于声而耳之威仪著焉，丽于味而口之威仪著焉。威仪有则，惟物之则；威仪有章，惟物之章。则应乎性之则，章成乎道之章，入五色而用其明，入五声而用其聪，入五味而观其所养，乃可以周旋进退，与万物交，而尽性以立人道之常。色、声、味之授我也以道，吾之受之也以性。吾授色、声、味也以性，色、声、味之受我也各以其道。乐用其万殊，相亲于一本，昭然天理之不昧，其何咎焉！

故五色不能令盲也，盲者盲之，而色失其色矣。五声不能令聋也，聋者聋之，而声失其声矣。五味不能令口爽也，爽者爽之，而味失其味矣。冶容、淫声、醲甘②之味，非物之固然也。目不明，耳不聪，求口实而不贞者，自乱其威仪，取色、

---

① 忿疾：忿怒憎恶。
② 醲：酒性浓烈。甘：美味。

声、味之所未有而揉乱之也。

若其为五色、五声、五味之固然者，天下诚然而有之，吾心诚然而喻之；天下诚然而授之，吾心诚然而受之；吾身诚然而授之，天下诚然而受之。礼所生焉，仁所显焉，非是而人道废。虽废人道，而终不能舍此以孤存于天下，徒以丧其威仪，等人道于马牛而已矣。故君子非不求之天下也，求天下以己，则天下者其天下矣。

君子之求己，求诸心也。求诸心者，以其心求其威仪，威仪皆足以见心矣。君子之自求于威仪，求诸色、声、味也。求诸色、声、味者，审知其品节而慎用之，则色、声、味皆威仪之章矣。目历玄黄，耳历钟鼓，口历肥甘，而道无不行，性无不率。何也？惟以其不盲、不聋、不爽者受天下之色、声、味而正也。

藉如彼说，则是天生不令之物以诱人而乱之，将衣冠阀阅无君子，则陋巷深山无小人。充其义类，必且弃君亲，捐妻子，薙须发，火髑髅，延食息于日中树下，而耳目口体得以灵也。庶物不明，则人伦不察，老释异派而同归，以趋于乱，无他，莫求诸己而已矣。

柳下见饴，曰可以养老；盗蹠见饴，曰可以粘牡。弗求诸执酱、馈酳、授筵、设几之威仪，以善饴之用，则是天下之为饴者，皆可以盗蹠之罪罪之也。失饴之理，妄计以为盗媒，盲、聋、狂、爽，莫有甚焉者矣。

故求诸己，则天下之至乱，皆可宰制以成大治；设宫县，广嫔御，四饭太牢，而非几不贡。求诸天下，则于天下之无不治者，而皆可以乱。将瓮牖、绳枢、疏食、独宿之中，而庭草、溪花，亦眩其目，鸟语、蛙吹，亦惑其耳，一薇、半李，亦失口腹之正。如露卧驱蚊，扑之于额而已嚼其膂[①]，屏营终夕，而曾莫安枕，则惟帷幛不施而徒为焦苦也。故曰："君子坦荡荡，小人长戚戚。"老、释之于天下，日构怨而未有宁，故喻世法于火宅之内，哀有生在羿彀之中，心劳日拙，岂有瘳与！

黼黻文章，大禹之明也。琴瑟钟鼓，《关雎》之化也。食精、脍细，孔子之节也。优优大哉！威仪三千，以行于天下而复礼于己，待其人而后行也。成王凭玉几，扬末命，惟此之云，其居要也夫！

---

① 膂：脊梁骨。

姜斋诗话

王夫之

引据戴鸿森笺注:《姜斋诗话笺注》,《中国古典文学理论批评专著选辑》本,人民文学出版社 1981 年版。

夕堂永日绪论序

《周礼》大司乐以乐德、乐语教国子,成童而习之,迨圣德已成,而学《韶》者三月。上以迪士,君子以自成,一惟于此。盖涵泳淫泆,引性情以入微,而超事功之烦黩[①],其用神矣。

世教沦夷,乐崩而降于优俳[②]。乃天机不可式遏,旁出而生学士之心,乐语孤传为诗。诗抑不足以尽乐德之形容,又旁出而为经义。经义虽无音律,而比次成章,才以舒,情以导,亦所谓言之不足而长言之,则固乐语之流也。二者一以心之元声为至。舍固有之心,受陈人之束,则其卑陋不灵,病相若也。韵以之谐,度以之雅,微以之发,远以之致;有宣昭而无罷靄,有淡宕而无犷戾:明于乐者,可以论诗,可以论经义矣。

余自束发[③]受业经义,十六而学韵语,阅古今人所作诗不下十万,经义亦数万首。既乘山中孤寂之暇,有所点定,因论其大约如此。可言者,言及之;有不可言者,谁其知之?庚午补天穿日,船山老夫叙。

---

① 烦黩:冒渎、打扰。
② 优俳:指表演杂戏的艺人。
③ 束发:指 15 岁。

原　诗

叶　燮

叶燮(1627—1703),字星期,号已畦,浙江嘉兴人,清初诗论家。康熙九年(1670)进士,晚年定居江苏吴江,讲学授徒。《原诗》是他所撰的诗论专著,其中含有他的审美教育思想。

引据霍松林校注:《原诗》,《中国古典文学理论批评专著选辑》本,人民文学出版社1979年版。

外篇上

“作诗者在抒写性情”。此语夫人能知之,夫人能言之;而未尽夫人能然之者矣。“作诗有性情必有面目”。此不但未尽夫人能然之,并未尽夫人能知之而言之者也。如杜甫之诗,随举其一篇,篇举其一句,无处不可见其忧国爱君,悯时伤乱,遭颠沛而不苟,处穷约而不滥,崎岖兵戈盗贼之地,而以山川景物友朋杯酒抒愤陶情:此杜甫之面目也。我一读之,甫之面目跃然于前。读其诗一日,一日与之对;读其诗终身,日日与之对也。故可慕可乐而可敬也。举韩愈之一篇一句,无处不可见其骨相棱嶒[①],俯视一切;进则不能容于朝,退又不肯独善于野,疾恶甚严,爱才若渴:此韩愈之面目也。举苏轼之一篇一句,无处不可见其凌空如天马,游戏如飞仙,风流儒雅,无入不得,好善而乐与,嬉笑怒骂,四时之气皆备:此苏轼之面目也。此外诸大家,虽所就各有差别,而面目无不于诗见之。其中有全见者,有半见者。如陶潜、李白之诗,皆全见面目。王维五言,则面目见;七言,则面目不见。此外面目可见不可见,分数多寡,各各不同;然未有全不可见者。读古人诗,以此推之,无不得也。余尝于近代一二闻人,展其诗卷,自始至终,亦未尝不工;乃读之数过,卒未能睹其面目何若,窃不敢谓作者如是也。

---

① 棱嶒(léng céng):比喻才气、品格等卓越超群。

……

诗是心声，不可违心而出，亦不能违心而出。功名之士，决不能为泉石淡泊之音；轻浮之子，必不能为敦庞大雅之响。故陶潜多素心之语，李白有遗世之句，杜甫兴“广厦万间”之愿，苏轼师“四海弟昆”之言。凡如此类，皆应声而出。其心如日月，其诗如日月之光。随其光之所至，即日月见焉。故每诗以人见，人又以诗见。使其人其心不然，勉强造作，而为欺人欺世之语；能欺一人一时，决不能欺天下后世。究之阅其全帙，其陋必呈。其人既陋，其气必荼，安能振其辞乎！故不取诸中心而浮慕著作，必无是理也。

古人之诗，必有古人之品量①。其诗百代者，品量亦百代。古人之品量，见之古人之居心；其所居之心，即古盛世贤宰相之心也。宰相所有事，经纶宰制，无所不急，而必以乐善、爱才为首务。无毫发娼嫉忌忮之心，方为真宰相。百代之诗人亦然。如高适、岑参之才，远逊于杜；观甫赠寄高岑诸作，极其推崇赞叹。孟郊之才，不及韩愈远甚；而愈推高郊，至低头拜东野，愿郊为龙身为云，四方上下逐东野。卢仝、贾岛、张籍等诸人，其人地与才，愈俱十百之；而愈一一为之叹赏推美。史称其“奖借后辈，称荐公卿间，寒暑不避”。欧阳修于诗，极推重梅尧臣、苏舜钦。苏轼于黄庭坚、秦观、张耒等诸人，皆爱之如己，所以好之者无不至。盖自有天地以来，文章之能事，萃于此数人，决无更有胜之而出其上者；及观其乐善爱才之心，竟若欿然不自足。此其中怀阔大，天下之才皆其才，而何娼嫉忌忮之有！不然者，自炫一长，自矜一得，而惟恐有一人之出其上，又惟恐人之议己，日以攻击诋毁其类为事：此其中怀狭隘，即有著作，如其心术，尚堪垂后乎！昔人惟沈约闻人一善，如万箭攒心；而约之所就，亦何足云！是犹以李林甫、卢杞之居心，而欲博贤宰相之名，使天下后世称之，亦事理所必无者尔！

① 品量：品味。

文 史 通 义

章学诚

章学诚(1738—1801),字实斋,号少岩,浙江会稽(今浙江绍兴)人,清代著名思想家、史论家。乾隆四十三年(1778)进士,长期在永平、保定等地讲学,著有《文史通义》《校雠通义》等。

引据叶瑛校注:《文史通义校注》,中华书局 1983 年版。

易教上

六经皆史也。古人不著书,古人未尝离事而言理,六经皆先王之政典也。或曰:《诗》《书》《礼》《乐》《春秋》,则既闻命矣。《易》以道阴阳,愿闻所以为政典,而与史同科之义焉。曰:闻诸夫子之言矣。“夫《易》开物成务,冒天下之道。”“知来藏往,吉凶与民同患。”其道盖包政教典章之所不及矣。象天法地,“是兴神物,以前民用。”其教盖出政教典章之先矣。《周官》太卜掌三《易》之法,夏曰《连山》,殷曰《归藏》,周曰《周易》,各有其象与数,各殊其变与占,不相袭也。然三《易》各有所本,《大传》所谓庖羲、神农与黄帝、尧、舜,是也。由所本而观之,不特三王不相袭,三皇、五帝亦不相沿矣。盖圣人首出御世,作新视听,神道设教,以弥纶乎礼乐刑政之所不及者,一本天理之自然;非如后世托之诡异妖祥,谶纬[1]术数,以愚天下也。

夫子曰:“我观夏道,杞不足征,吾得夏时焉。我观殷道,宋不足征,吾得坤乾焉。”夫夏时,夏正书也。坤乾,《易》类也。夫子憾夏、商之文献无所征矣,而坤乾乃与夏正之书同为观于夏、商之所得;则其所以厚民生与利民用者,盖与治历明时,同为一代之法宪;而非圣人一己之心思,离事物而特著一书,以谓明道也。夫悬象设教,与治历授时,天道也。《礼》《乐》《诗》《书》,与刑、政、教、令,人事也。

① 谶纬:谶是秦汉间巫师、方士编造的预示吉凶的隐语,纬是汉代迷信附会儒家经义的一类书。

天与人参，王者治世之大权也。……

易教下

《易》之象也，《诗》之兴也，变化而不可方物矣。《礼》之官也，《春秋》之例也，谨严而不可假借矣。夫子曰："天下同归而殊途，一致而百虑。"君子之于六艺，一以贯之，斯可矣。物相杂而为之文，事得比而有其类。知事物名义之杂出而比处也，非文不足以达之，非类不足以通之；六艺之文，可以一言尽也。夫象欤，兴欤，例欤，官欤，风马牛之不相及也，其辞可谓文矣，其理则不过曰通于类也。故学者之要，贵乎知类。

象之所包广矣，非徒《易》而已，六艺莫不兼之；盖道体之将形而未显者也。雎鸠之于好逑，樛木之于贞淑，甚而熊蛇之于男女，象之通于《诗》也。五行之征五事，箕毕之验雨风，甚而傅岩之入梦赉，象之通于《书》也。古官之纪云鸟，《周官》之法天地四时，以至龙翟章衣，熊虎志射，象之通于《礼》也。歌协阴阳，舞分文武，以至磬念封疆，鼓思将帅，象之通于《乐》也。笔削不废灾异，《左氏》遂广妖祥，象之通于《春秋》也。《易》与天地准，故能弥纶天地之道。万事万物，当其自静而动，形迹未彰而象见矣。故道不可见，人求道而恍若有见者，皆其象也。

有天地自然之象，有人心营构之象。天地自然之象，《说卦》为天为圜诸条，约略足以尽之。人心营构之象，睽车之载鬼，翰音之登天，意之所至，无不可也。然而心虚用灵，人累于天地之间，不能不受阴阳之消息；心之营构，则情之变易为之也。情之变易，感于人世之接构，而乘于阴阳倚伏为之也。是则人心营构之象，亦出天地自然之象也。

《易》象虽包六艺①，与《诗》之比兴，尤为表里。夫《诗》之流别，盛于战国人文，所谓长于讽喻，不学《诗》，则无以言也。然战国之文，深于比兴，即其深于取象者也。《庄》《列》之寓言也，则触蛮②可以立国，蕉鹿可以听讼。《离骚》之抒愤也，则帝阙可上九天，鬼情可察九地。他若纵横驰说之士，飞箝捭阖之流，徒蛇引虎之营谋，桃梗土偶之问答，愈出愈奇，不可思议。然而指迷从道，固有其功；饰奸售欺，亦受其毒。故人心营构之象，有吉有凶；宜察天地自然之象，而衷之以理，此《易》教之所以范天下也。

诸子百家，不衷大道，其所以持之有故而言之成理者，则以本原所出，皆不外

---

① 六艺：礼、乐、射、御、书、数。

② 触蛮：古代寓言中蜗牛角上的两个小国。

于《周官》之典守。其支离而不合道者，师失官守，末流之学，各以私意恣其说尔。非于先王之道，全无所得，而自树一家之学也。至于佛氏之学，来自西域，毋论彼非世官典守之遗，且亦生于中国，言语不通，没于中国，文字未达也。然其所言与其文字，持之有故而言之成理者，殆较诸子百家为尤盛。反复审之，而知其本原出于《易》教也。盖其所谓心性理道，名目有殊，推其义指，初不异于圣人之言。其异于圣人者，惟舍事物而别见有所谓道尔。至于丈六金身，庄严色相，以至天堂清明，地狱阴惨，天女散花，夜叉披发，种种诡幻，非人所见，儒者斥之为妄，不知彼以象教，不啻《易》之龙血玄黄，张弧载鬼。是以阎摩变相，皆即人心营构之象而言，非彼造作诳诬以惑世也。至于末流失传，凿而实之，夫妇之愚，偶见形于形凭于声者，而附会出之，遂谓光天之下，别有境焉。儒者又不察其本末，攘臂以争，愤若不共戴天，而不知非其实也。令彼所学，与夫文字之所指拟，但切入于人伦之所日用，即圣人之道也。以象为教，非无本也。

《易》象通于《诗》之比兴；《易》辞通于《春秋》之例。严天泽之分则二多誉，四多惧焉。谨治乱之际，则阳君子，阴小人也。杜微渐之端，姤一阴，而已惕女壮。临二阳，而即虑八月焉。慎名器之假，五戒阴柔，三多危惕焉。至于四德尊，元而无异称，亨有小亨，利贞有小利贞，贞有贞吉贞凶，吉有元吉，悔有悔亡，咎有无咎，一字出入，谨严甚于《春秋》。盖圣人于天人之际，以谓甚可畏也。《易》以天道而切人事，《春秋》以人事而协天道，其义例之见于文辞，圣人有戒心焉。

诗教上

周衰文弊，六艺道息，而诸子争鸣。盖至战国而文章之变尽，至战国而著述之事专，至战国而后世之文体备；故论文于战国，而升降盛衰之故可知也。战国之文，奇邪错出，而裂于道，人知之；其源皆出于六艺，人不知也。后世之文，其体皆备于战国，人不知；其源多出于《诗》教，人愈不知也。知文体备于战国，而始可与论后世之文。知诸家本于六艺，而后可与论战国之文，知战国多出于《诗》教，而后可与论六艺之文；可与论六艺之文，而后可与离文而见道；可与离文而见道，而后可与奉道而折诸家之文也。

……

战国之文，既源于六艺，又谓多出于《诗》教，何谓也？曰：战国者，纵横之世也。纵横之学，本于古者行人之官。观春秋之辞命，列国大夫，聘问诸侯，出使专对，盖欲文其言以达旨而已。至战国而抵掌揣摩，腾说[1]以取富贵，其辞敷张而扬厉，变其本而加恢奇焉，不可谓非行人辞命之极也。孔子曰："诵诗三百，授之以政，不达；使于四方，不能专对，虽多奚为？"是则比兴之旨，讽喻之义，固行人之所肄也。纵横者流，推而衍之，是以能委折而入情，微婉而善讽也。九流之学，承官曲于六典，虽或原于《书》《易》《春秋》，其质多本于礼教，为其体之有所该也。及其出而用世，必兼纵横，所以文其质也。古之文质合于一，至战国而各具之质；当其用也，必兼纵横之辞以文之，周衰文弊之效也。故曰：战国者，纵横之世也。

① 腾说：传播言论，宣扬主张。

以美育代宗教说

蔡元培

蔡元培(1868—1940),字鹤卿,又字仲申、民友、孑民,乳名阿培,浙江绍兴府山阴县(今浙江绍兴)人,近代著名教育家、革命家、政治家。他为中国传统美学走向现代和审美教育的确立、推广做出了重大贡献。

引据高平叔编:《蔡元培全集》第3卷,中华书局1984年版。

兄弟于学问界未曾为系统的研究,在学会中本无可以表示之意见。惟既承学会诸君子责以讲演,则以无可如何中,择一于我国有研究价值之问题为到会诸君一言,即"以美育代宗教"之说是也。

夫宗教之为物,在彼欧西各国,已为过去问题。盖宗教之内容,现皆经学者以科学的研究解决之矣。吾人游历欧洲,虽见教堂棋布,一般人民亦多入堂礼拜,此则一种历史上之习惯。譬如前清时代之袍褂,在民国本不适用,然因其存积甚多,毁之可惜,则定为乙种礼服而沿用之,未尝不可。又如祝寿、会葬之仪,在学理上了无价值,然戚友中既以请帖、讣闻相招,势不能不循例参加,藉通情愫。欧人之沿习宗教仪式,亦犹是耳。所可怪者,我中国既无欧人此种特别之习惯,乃以彼邦过去之事实作为新知,竟有多人提出讨论。此则由于留学外国之学生,见彼国社会之进化,而误听教士之言,一切归功于宗教,遂欲以基督教劝导国人,而一部分之沿习旧思想者,则承前说而稍变之,以孔子为我国之基督,遂欲组织孔教,奔走呼号,视为今日重要问题。

自兄弟观之,宗教之原始,不外因吾人精神之作用构成。吾人精神上之作用,普通分为三种:一曰知识;二曰意志;三曰感情。最早之宗教,常兼此三作用而有之。盖以吾人当未开化时代,脑力简单,视吾人一身与世界万物,均为一种不可思议之事。生自何来?死将何往?创造之者何人?管理之者何术?凡此种种,皆当时之人所提出之问题,以求解答者也。于是有宗教家勉强解答之。如基督教推本于上帝,印度旧教则归之梵天,我国神话则归之盘古。其他各种现象,亦皆以神道为惟一之理由。此知识作用之附丽于宗教者也。且吾人生而有生存之欲望，由此欲望而发生一种利己之心。其初以为非损人不能利己，故恃强凌弱，掠夺攫取之事，所在多有。其后经验稍多，知利人之不可少，于是有宗教家提倡利他主义。此意志作用之附丽于宗教者也。又如跳舞、唱歌，虽野蛮人亦皆乐此不疲。而对于居室、雕刻、图画等事，虽石器时代之遗迹，皆足以考见其爱美之思想。此皆人情之常，而宗教家利用之以为诱人信仰之方法。于是未开化人之美术，无一不与宗教相关联。此又情感作用之附丽于宗教者也。天演之例，由浑而昼。当时精神作用至为浑沌，遂结合而为宗教。又并无他种学术与之对，故宗教在社会上遂具有特别之势力焉。

迨后社会文化日渐进步，科学发达，学者遂举古人所谓不可思议者，皆一一解释之以科学。日星之现象，地球之缘起，动植物之分布，人种之差别，皆得以理化、博物、人种、古物诸科学证明之。而宗教家所谓吾人为上帝所创造者，从生物进化论观之，吾人最初之始祖，实为一种极小之动物，后始日渐进化为人耳。此知识作用离宗教而独立之证也。宗教家对于人群之规则，以为神之所定，可以永远不变。然希腊诡辩家，因巡游各地之故，知各民族之所谓道德，往往互相抵触，已怀疑于一成不变之原则。近世学者据生理学、心理学、社会学之公例，以应用于伦理，则知具体之道德不能不随时随地而变迁。而道德之原理则可由种种不同之具体者而归纳以得之；而宗教家之演绎法，全不适用。此意志作用离宗教而独立之证也。

知识、意志两作用，既皆脱离宗教以外，于是宗教所最有密切关系者，惟有情感作用，即所谓美感。凡宗教之建筑，多择山水最胜之处，吾国人所谓天下名山僧占多，即其例也。其间恒有古木名花，传播于诗人之笔，是皆利用自然之美以感人者。其建筑也，恒有峻秀之塔，崇闳幽邃之殿堂，饰以精致之造像，瑰丽之壁画，构成黯淡之光线，佐以微妙之音乐。赞美者必有著名之歌词，演说者必有雄辩之素养，凡此种种，皆为美术作用，故能引人入胜。苟举以上种种设施而屏弃之，恐无能为役矣。然而美术之进化史，实亦有脱离宗教之趋势。例如吾国南北朝著名之建筑则伽蓝耳，其雕刻则造像耳，图画则佛像及地狱变相之属为多；文学之一部分，亦与佛教为缘。而唐以后诗文，遂多以风景人情世事为对象；宋元以后之图画，多写山水花鸟等自然之美。周以前之鼎彝，皆用诸祭祀。汉唐之吉金，宋元以来之名瓷，则专供把玩。野蛮时代之跳舞，专以娱神，而今则以之自娱。欧洲中古时代留遗之建筑，其最著者率为教堂，其雕刻图画之资料，多取诸新旧约；其音乐，则附丽于赞美歌；其演剧，亦排演耶稣故事，与我国旧剧“目莲救母”相类。及文艺复兴以后，各种美术，渐离宗教而尚人文。至于今日，宏丽之建筑，多为学校、剧院、博物院。而新设之教堂，有美学上价值者，几无可指数。其他美术，亦多取资于自然现象及社会状态。于是以美育论，已有与宗教分合之两派。以此两派相较，美育之附丽于宗教者，常受宗教之累，失其陶养之作用，而转以激刺感情。盖无论何等宗教，无不有扩张己教、攻击异教之条件。回教之谟罕默德，左手持《可兰经》，而右手持剑，不从其教者杀之。基督教与回教冲突，而有十字军之战，几及百年。基督教中又有新旧教之战，亦亘数十年之久。至佛教之圆通，非他教所能及。而学佛者苟有拘牵教义之成见，则崇拜舍利受持经忏之陋习，虽通人亦肯为之。甚至为护法起见，不惜于共和时代，附和帝制。宗教之为累，一至于此，皆激刺感情之作用为之也。

鉴激刺感情之弊，而专尚陶养感情之术，则莫如舍宗教而易以纯粹之美育。纯粹之美育，所以陶养吾人之感情，使有高尚纯洁之习惯，而使人我之见、利己损人之思念，以渐消沮者也。盖以美为普遍性，决无人我差别之见能参入其中。食物之入我口者，不能兼果他人之腹；衣服之在我身者，不能兼供他人之温，以其非普遍性也。美则不然。即如北京左近之西山，我游之，人亦游之；我无损于人，人亦无损于我也。隔千里兮共明月，我与人均不得而私之。中央公园之花石，农事试验场之水木，人人得而赏之。埃及之金字塔，希腊之神祠，罗马之剧场，瞻望赏叹者若干人，且历若干年，而价值如故。各国之博物院，无不公开者，即私人收藏之珍品，亦时供同志之赏览。各地方之音乐会、演剧场，均以容多数人为快。所谓独乐乐不如人乐乐，与寡乐乐不如与众乐乐，以齐宣王之惛，尚能承认之，美之为普遍性可知矣。且美之批评，虽间亦因人而异，然不曰是于我为美，而曰是为美，是亦以普遍性为标准之一证也。

美以普遍性之故，不复有人我之关系，遂亦不能有利害之关系。马牛，人之所利用者，而戴嵩所画之牛，韩幹所画之马，决无对之而作服乘之想者。狮虎，人之所畏也，而芦沟桥之石狮，神虎桥之石虎，决无对之而生搏噬之恐者。植物之花，所以成实也，而吾人赏花，决非作果实可食之想。善歌之鸟，恒非食品。灿烂之蛇，多含毒液。而以审美之观念对之，其价值自若。美色，人之所好也；对希腊之裸像，决不敢作龙阳之想；对拉飞尔若鲁滨司之裸体画，决不敢有周昉秘戏图之想。盖美之超绝实际也如是。且于普通之美以外，就特别之美而观察之，则其义益显。例如崇闳之美，有至大至刚两种。至大者如吾人在大海中，惟见天水相连，茫无涯涘。又如夜中仰数恒星，知一星为一世界，而不能得其止境，顿觉吾身之小虽微尘不足以喻，而不知何者为所有。其至刚者，如疾风震霆，覆舟倾屋，洪水横流，火山喷薄，虽拔山盖世之气力，亦无所施，而不知何者为好胜。夫所谓大也，刚也，皆对待之名也。今既自以为无大之可言，无刚之可恃，则且忽然超出乎对待之境，而与前所谓至大至刚者肸合而为一体，其愉快遂无限量。当斯时也，又岂尚有利害得丧之见能参入其间耶！其他美育中，如悲剧之美，以其能破除吾人贪恋幸福之思想。《小雅》之怨悱，屈子之离忧，均能特别感人。《西厢记》若终于崔、张团圆，则平淡无奇；惟如原本之终于草桥一梦，始足发人深省。《石头记》若如《红楼后梦》等，必使宝、黛成婚，则此书可以不作；原本之所以动人者，正以宝、黛之结果一死一亡，与吾人之所谓幸福全然相反也。又如滑稽之美，以不与事实相应为条件。如人物之状态，各部分互有比例。而滑稽画中之人物，则故使一部分特别长大或特别短小。作诗则故为不谐之声调，用字则取资于同音异义者。方朔割肉以遗细君，不自责而反自夸。优旃谏漆城，不言其无益，而反谓漆城荡荡，寇来不得上，皆与实际不相容，故令人失笑耳。要之，美学之中，其大别为都丽之美、崇闳之美（日本人译言优美、壮美）。而附丽于崇闳之悲剧，附丽于都丽之滑稽，皆足以破人我之见，去利害得失之计较，则其所以陶养性灵，使之日进于高尚者，固已足矣。又何取乎侈言阴骘、攻击异派之宗教，以激刺人心，而使之渐丧其纯粹之美感为耶。

论小说与群治之关系

梁启超

梁启超(1873—1929),字卓如,号任公,又号饮冰室主人,广东新会人,近代思想家、政治家、教育家、美学家。他重视小说的美育功能,曾倡导"小说界革命"。

引据张品兴主编:《梁启超全集》第4卷,北京出版社1999年版。

欲新一国之民,不可不先新一国之小说。故欲新道德,必新小说;欲新宗教,必新小说;欲新政治,必新小说;欲新风俗,必新小说;欲新学艺,必新小说;乃至欲新人心,欲新人格,必新小说。何以故?小说有不可思议之力支配人道故。

吾今且发一问:人类之普通性,何以嗜他书不如其嗜小说?答者必曰:以其浅而易解故,以其乐而多趣故。是固然;虽然,未足以尽其情也。文之浅而易解者,不必小说;寻常妇孺之函札,官样之文牍,亦非有艰深难读者存也,顾谁则嗜之?不宁惟是,彼高才赡学之士,能读《坟》《典》《索》《邱》,能注虫鱼草木,彼其视渊古之文,与平易之文,应无所择,而何以独嗜小说?是第一说有所未尽也。小说之以赏心乐事为目的者固多,然此等顾不甚为世所重;其最受欢迎者,则必其可惊、可愕、可悲、可感,读之而生出无量噩梦,抹出无量眼泪者也。夫使以欲乐故而嗜此也,而何为偏取此反比例之物而自苦也?是第二说有所未尽也。吾冥思之,穷鞫之,殆有两因:凡人之性,常非能以现境界而自满足者也;而此蠢蠢躯壳,其所能触能受之境界,又顽狭短局而至有限也。故常欲于其直接以触以受之外,而间接有所触有所受,所谓身外之身,世界外之世界也。此等识想,不独利根众生有之,即钝根众生亦有焉。而导其根器使日趋于钝、日趋于利者,其力量无大于小说。小说者,常导人游于他境界,而变换其常触常受之空气者也。此其一。人之恒情,于其所怀抱之想象,所经阅之境界,往往有行之不知、习矣不察者;无论为哀、为乐、为怨、为怒、为恋、为骇、为忧、为惭,常若知其然而不知其所以然。欲摹写其情状,而心不能自喻,口不能自宣,笔不能自传。有人焉和盘托出,澈底而发露之,则拍案叫绝曰:善哉善哉,如是如是。所谓"夫子言之,于我心有戚戚焉”。感人之深，莫此为甚。此其二。此二者实文章之真谛，笔舌之能事。苟能批此窾、导此窍，则无论为何等之文，皆足以移人。而诸文之中能极其妙而神其技者，莫小说若。故曰小说为文学之最上乘也。由前之说，则理想派小说尚焉；由后之说，则写实派小说尚焉。小说种目虽多，未有能出此两派范围外者也。

抑小说之支配人道也，复有四种力：一曰熏。熏也者，如入云烟中而为其所烘，如近墨朱处而为其所染。《楞伽经》所谓“迷智为识，转识成智”者，皆恃此力。人之读一小说也，不知不觉之间，而眼识为之迷漾，而脑筋为之摇飏，而神经为之营注；今日变一二焉，明日变一二焉，刹那刹那，相断相续；久之而此小说之境界，遂入其灵台而据之，成为一特别之原质之种子。有此种子故，他日又更有所触所受者，旦旦而熏之，种子愈盛，而又以之熏他人，故此种子遂可以遍世界。一切器世间、有情世间之所以成、所以住，皆此为因缘也。而小说则巍巍焉具此威德以操纵众生者也。二曰浸。熏以空间言，故其力之大小，存其界之广狭；浸以时间言，故其力之大小，存其界之长短。浸也者，入而与之俱化者也。人之读一小说也，往往既终卷后数日或数旬而终不能释然。读《红楼》竟者必有余恋有余悲，读《水浒》竟者必有余快有余怒。何也？浸之力使然也。等是佳作也，而其卷帙愈繁事实愈多者，则其浸人也亦愈甚。如酒焉，作十日饮，则作百日醉。我佛从菩提树下起，便说偌大一部《华严》，正以此也。三曰刺。刺也者，刺激之义也。熏浸之力利用渐，刺之力利用顿：熏浸之力在使感受者不觉，刺之力在使感受者骤觉。刺也者，能入于一刹那顷，忽起异感而不能自制者也。我本蔼然和也，乃读林冲雪天三限，武松飞云浦厄，何以忽然发指？我本愉然乐也，乃读晴雯出大观园，黛玉死潇湘馆，何以忽然泪流？我本肃然庄也，乃读实甫之《琴心》《酬简》，东塘之《眠香》《访翠》，何以忽然情动？若是者，皆所谓刺激也。大抵脑筋愈敏之人，则其受刺激力也愈速且剧，而要之必以其书所含刺激力之大小为比例。禅宗之一棒一喝，皆利用此刺激力以度人者也。此力之为用也，文字不如语言。然语言力所被不能广不能久也，于是不得不乞灵于文字。在文字中，则文言不如其俗语，庄论不如其寓言。故具此力最大者，非小说末由。四曰提。前三者之力，自外而灌之使入；提之力，自内而脱之使出，实佛法之最上乘也。凡读小说者，必常若自化其身焉，入于书中，而为其书之主人翁。读《野叟曝言》者必自拟文素臣，读《石头记》者必自拟贾宝玉，读《花月痕》者必自拟韩荷生若韦痴珠，读《梁山泊》者必自拟黑旋风若花和尚。虽读者自辩其无是心焉，吾不信也。夫既化其身以入书中矣，则当其读此书时，此身已非我有，截然去此界以入于彼界，所谓华严楼阁，帝网重重，一毛孔中万亿莲花，一弹指顷百千浩劫，文字移人，至此而极。然则吾书中主人翁而华盛顿，则读者将化身为华盛顿；主人翁而拿破仑，则读者将化身为拿破仑；主人翁而释迦、孔子，则读者将化身为释迦、孔子，有断然也。度世之不二法门，岂有过此！此四力者，可以卢牟一世，亭毒群伦，教主之所以能立教门，政治家所以能组织政党，莫不赖是。文家能得其一，则为文豪；能兼其四，则为文圣。有此四力而用之于善，则可以福亿兆人；有此四力而用之于恶，则可以毒万千载。而此四力所最易寄者惟小说。可爱哉小说！可畏哉小说！

小说之为体其易入人也既如彼，其为用之易感人也又如此，故人类之普通性，嗜他文终不如其嗜小说。此殆心理学自然之作用，非人力之所得而易也；此天下万国凡有血气者莫不皆然，非直吾赤县神州之民也。夫既已嗜之矣，且遍嗜之矣，则小说之在一群也，既已如空气如菽粟，欲避不得避，欲屏不得屏，而日日相与呼吸之餐嚼之矣。于此其空气而苟含有秽质也，其菽粟而苟含有毒性也，则其人之食息于此间者，必憔悴，必萎病，必惨死，必堕落，此不待蓍龟而决也。于此而不洁净其空气，不别择其菽粟，则虽日饵以参苓，日施以刀圭，而此群中人之老病死苦，终不可得救。知此义，则吾中国群治腐败之总根原，可以识矣。吾中国人状元宰相之思想何自来乎？小说也。吾中国人佳人才子之思想何自来乎？小说也。吾中国人江湖盗贼之思想何自来乎？小说也。吾中国人妖巫狐鬼之思想何自来乎？小说也。若是者，岂尝有人焉提其耳而诲之，传诸钵而授之也？而下自屠爨贩卒、妪娃童稚，上至大人先生、高才硕学，凡此诸思想必居一于是，莫或使之，若或使之，盖百数十种小说之力，直接间接以毒人，如此其甚也。（即有不好读小说者，而此等小说，既已渐溃社会，成为风气，其未出胎也，固已承此遗传焉，其既入世也，又复受此感染焉，虽有贤智，亦不以自拔，故谓之间接。）今我国民惑堪舆，惑相命，惑卜筮，惑祈禳，因风水而阻止铁路，阻止开矿，争坟墓而阖族械斗、杀人如草，因迎神赛会而岁耗百万金钱、废时生事、消耗国力者，曰惟小说之故。今我国民慕科第若膻，趋爵禄若鹜，奴颜婢膝，寡廉鲜耻，惟思以十年萤雪、暮夜苞苴，易其归骄妻妾、武断乡曲一日之快，遂至名节大防，扫地以尽者，曰惟小说之故。今我国民轻弃信义，权谋诡诈，云翻雨覆，苛刻凉薄，驯至尽人皆机心，举国皆荆棘者，曰惟小说之故。今我国民轻薄无行，沉溺声色，绻恋床第，缠绵歌泣于春花秋月，销磨其少壮活泼之气，青年子弟，自十五岁至三十岁，惟以多情多感、多愁多病为一大事业，儿女情多，风云气少，甚者为伤风败俗之行，毒遍社会，曰惟小说之故。今我国民绿林豪杰，遍地皆是，日日有桃园之拜，处处为梁山之盟，所谓“大碗酒，大块肉，分秤称金银，论套穿衣服”等思想，充塞于下等社会之脑中，遂成为哥老、大刀等会，卒至有如义和拳者起，沦陷京国，启召外戎，曰惟小说之故。呜呼！小说之陷溺人群，乃至如是，乃至如是！大圣鸿哲数万言谆诲之而不足者，华士坊贾一二书败坏之而有余。斯事既愈为大雅君子所不屑道，则愈不得不专归于华士坊贾之手。而其性质其位置，又如空气然，如菽粟然，为一社会中不可得避、不可得屏之物，于是华士坊贾，遂至握一国之主权而操纵之矣。呜呼！使长此而终古也，则吾国前途，尚可问耶，尚可问耶！故今日欲改良群治，必自小说界革命始；欲新民，必自新小说始。

论小学校唱歌科之材料

王国维

王国维(1877—1927),字静安,亦字伯隅,晚号观堂,浙江海宁人,近代著名国学大师、美学家。他将西方美育思想与中国传统美育思想相结合,提出了十分有价值的观点,代表着我国近代美育思想的最高水准。

引据谢维扬、房鑫亮主编:《王国维全集》,浙江教育出版社2010年版。

今日教育上有一可喜之现象,则音乐研究之勃兴是也。二三年来,学校唱歌集之出版者以数十计,大都会之小学校亦往往设唱歌一科,至夏期音乐研究会等时有所闻焉。然就唱歌集之材料观之,则吾人不能不谓提倡音乐、研究音乐者之大半于此科之价值实尚未尽晓也。夫音乐之形而上学的意义(如古代希腊毕达哥拉斯及近世叔本华之音乐说)姑不具论,但就小学校所以设此科之本意言之,则一、调和其感情,二、陶冶其意志,三、练习其聪明官及发生器是也。一与三为唱歌科自己之事业,而二则为修身科与唱歌科公共之事业,故唱歌科之目的,自以前者为重,即就后者言之,则唱歌科之补助修身科,亦在形式而不在内容(歌词)。虽有声无词之音乐,自有陶冶品性,使之高尚和平之力,固不必用修身科之材料为唱歌科之材料也。故选择歌词之标准,宁从前者而不从后者,若徒以干燥拙劣之辞述道德上之教训,恐第二目的未达,而已失其第一之目的矣。欲达第一目的,则于声音之美外,自当益以歌词之美。而就歌词之美言之,则今日作者之自制曲,其不如古人之名作审矣。或谓古人之名作,不必合于小学教育之目的与程度。然古诗中之咏自然之美及古迹者,亦正不乏此等材料,以有具体的性质而可以呈于儿童之直观故,故较之道德上抽象之教训反为易解,且可与历史、地理及理科中之材料相联络。而其对修身科之联络,则宁与体操科等。盖一在养其感情,一在强其意志,其关系乃普遍关系,而不关于材质之意义也。循此标准,则唱歌科庶不致为修身科之奴隶,而得保其独立之位置欤。